METHODOLOGY FOR INTERPRETATION OF CRIMINAL STATUTES

형벌조항의 해석방법

안성수

박영사

● 서문

2009년도『형사소송법-쟁점과 미래』책자를 발간한지 13년이 지났다.

나는 2009년 이후에는 검찰 중간 간부로서 주로 검사들이 작성한 결정문에 대해 결재를 했다. 그러던 중 2018년 7월 서울고등검찰청 발령 후에는 직접 결정문을 작성하게 되었다.

중간 간부의 핵심 역할은 검사들을 지도하고, 결재를 통해 오류를 시정하여 사건을 적정하게 처리하는 데 있다. 그런데 주임 검사의 시각도 존중해야 하고, 많은 수의 사건을 처리해야 하는 업무 부담 때문에 내가 원하는 그대로 결정문을 작성하게 할 수는 없었다. 몇 번 반려를 해서 고치도록 해도 한계가 있었다. 세부적인 내용은 결국 자판을 잡은 사람의 생각대로 작성하게 되어 있다. 이러한 점에 아쉬움이 있었다. 그런데 마침 스스로 직접 결정문의 내용을 작성할 기회가 온 것이다.

2009년경 검찰에서는 종전과 다른「새로운 검찰 결정문」작성 방법을 마련했다. 나는 이 제도의 시행을 담당한 대검 연구관이었다. 당시 사법경찰관이 작성한 의견서를 검사 결정문에서 원용하는 이른바 '기재동'을 없애려 했었다. 그러나 일선청의 검사들의 업무량이 많아 현실적으로 시행하기 어려웠다. 결국 '기재동'은 현재까지 유지되어 있다. 그런데 '기재동' 결정문을 받은 고소인·고발인은 검사가 직접 작성한 결정문이 없기 때문에 과연 검사가 기록을 제대로 검토했는지에 대한 의문을 갖는다. 자신이 경찰에 이의 신청하거나 검찰 단계에서 주장한 내용이 결정문에 반영되어 있지 않기 때문이다.

검찰청법 제10조에 근거를 둔 항고는 불기소 결정에 대해 불복하는 고소인·고발인이 상급청에 재판단(再判斷)을 요청하는 제도이다. 항고인, 즉 고소인·고발인이 작성한 항고 이유서에는 불기소 결정의 주문뿐만 아니라 결정문 이유의 세부적인 잘못을 지적하는 내용도 포함되어 있다.

나는 직접 결정문을 작성할 수 있게 된 기회에 항고인이 주장하는 내용에 대해 가급적 자세하게 설명하고 판단해 주기로 결심했다. 왜냐하면 항고인의 주장 중에는 법에 대한 오해와 지나친 기대가 포함되어 있었기 때문이다. 또 '기재동' 처분으로 인한 항고인의 불신도 줄여줄 필요가 있다고 생각했다. 이러한 생각으로 결정문을 작성하다보니 자연스럽게 배경 이론과 결정에 이르게 된 논리 과정이 결정문 내용에 포함되게 되었다. 어떤 결정문은 약 90페이지에 이르기도 했다. 문제는 이렇게 작성하다 보면 연구와 검토, 작성에 많은 시간이 필요하다는 점이다.

내가 항고 기각 처리한 사건에 대한 재정신청 건수가 적지 않은 것에 비추어 보면, 내 결정에도 상당한 불만이 있음을 짐작할 수 있다. 그러나 이유를 상세히 기재한 결정문을 받아 본 항고인으로부터 '이런 내용의 결정이라면 납득할 수 있다.'는 전화를 받거나 혹은 '검찰의 대부분은 정의가 살아 있는 정당한 결정을 하는구나하는 감동을 받았다.'는 국민신문고 민원을 접수한 적도 있다.

이러한 과정 속에서 나는 형벌조항을 명확하게 입법하고, 해석과 적용을 투명하고 일관성 있게 함으로써 형사 사법 결정에 대한 불필요한 오해를 줄이며, 이해를 돕고, 자의적 집행을 줄일 필요가 있다는 것을 알게 되었다. 이것이 이 책을 발간하게 된 동기이다.

『형사소송법-쟁점과 미래』의 서문에서도 밝혔었지만, 실무를 담당하는 일선 검사에게 이론 연구는 늘 부담되는 일이다. 이론을 검토한다고 해서 배당되는 사건의 수나 처리해야 할 업무가 줄지 않는다. 뿐만 아니다. 이론 연구로는 인정받기 어렵다. 대개 순종적이고, 감각적이며, 현실적으로 급박한 쟁점을 처리해야 보상받는다. 1970년대 이전에는 엄상섭 의원처럼 형법과 형사소송법 이론가 검사들이 있었는데, 그 이후에는 좀처럼 찾기 어려운 것도 이러한 현실의 반영이 아닌가 한다.

나는 2011년에는 법무연수원에서 1기 법학전문대학원 출신 초임검사 교육을 설계하고, 강의 교재 등을 작성했다. 나는 미국, 일본 등의 판결문을 읽고 분석하는 강의를 하려고 했다. 대한민국 판례 요지의 암기를 넘어, 문제를 분석하는 비평적 숙고 능력을 키워주고 싶어서였다. 우리보다 오랜 역사적 경험이 있는 나라들의 판결문에는 우리가 알고, 믿고 있는 것과 다른 새로운 정보가 담겨 있다. 이러한 판결문을 탐색하고, 읽을 수 있는 능력은 사건을 보다 섬세하고 차원 높게 결정할 수 있도록 하는데 도움이 된다. 그러나 단순 암기만으로도 시간이 부족하다고 주장하는 동료 교수의 반대로 결국 할 수 없게 되었다.

현안에만 집중하고 지적 이론에 대한 존중심이 없는 사람은 장기적 전망을 불필요하거나 낭비라고 여긴다. 이들은 어떠한 제도도 당연하게 받아들이고 재빨리 적용한다. 그러나 전문적 이론가는 추상적 사고를 한다. 지적 상상력을 통해 제도가 가져올 문제를 예상한다. 구체적 정확성과 전략적 사고로 현재의 문제를 지적하고, 개선하여 더 나은 결과를 이끌어 내기 위해 노력한다. 그렇지만 현실에 저항하기 때문에 불이익이 기다린다.

그런데 현실에만 주목하는 사람에게는 한계가 있다. 이들은 일정한 수준의 처리는 하지만 대개 복잡한 문제를 정교하게 처리하지는 못한다. 장기적으로 바람직한 성과를 내지 못한다. 다음과 같은 아프리카 우화가 있다.

「아이들이 강물에 휩쓸려 떠내려 왔다. 젊은이가 강에 뛰어 들어갔다. 최선을 다해 물에 떠내려 온 아이들을 하나씩 꺼냈다. 옆에는 노인이 있었다. 노인이 그곳을 떠나 다른 곳으로 가려고 했다. 젊은이가 노인에게 "왜 아이들을 구하지 않아요?"라고 소리쳤다. 노인이 대답했다. "네가 할 수 있는 만 큰 아이들을 구해라. 나는 강 위로 가서 누가 아이를 강에 버리는지 알아보겠다."」

　장기적 전망을 담은 이론은 환상이 아니다. 현실에서 좋은 성과를 만들기 위한 지향점이다. 손으로 만질 수는 없지만, 어두운 망망대해에서 선원에게 방향을 보여주는 별처럼 마침내 운명에 도달할 수 있게 해 준다. 무엇을 원하는지, 그것을 왜 원하는지, 그것이 현실과 진실에 부합하여 더 나은 삶에 기여하는지를 숙고하게 한다.

　사람들은 다양한 가치관을 가진다. 신념도 각자 다르다. 따라서 모두를 완전한 합의에 이르게 할 수 없다. 인간에게는 한계가 있으니, 연구에도 한계가 있다. 그러니 가령 연구의 근거로 어떤 해외 사례를 제시하면, 반대 이해와 시각을 가진 사람들은 반대 사례를 든다. 이렇게 되면 전문지식이 없는 사람들은 누구의 연구가 맞는지 알 수 없게 된다.

　그러나 가짜 정보에 기초한 이론, 객관적 사실에 어긋나는 주관적 인상(印象)을 근거로 한 주장, 얕은 지식과 무책임한 선동은 더 나은 삶을 방해한다. 결과에 대해 구체적인 책임을 지지 않는 지위를 이용해서 자신이 모르는 것, 모르는지도 모르는 것을 마치 잘 아는 것처럼 떠들어 대는 자는 도덕적 자질이 부족한 사람이다. 이들은 실제로는 더 나은 것이 아님에도 단지 새로움을 위한 새로운 것을 마치 더 나은 것처럼 포장한다. 이들이 주장하는 것 중에는 이전 보다 더 나쁜 것이 있다. 내용을 더 깊이 알려고도 하지 않고 기존의 것을 살짝 혹은 크게 바꾸는 것을 개혁이라고 부른다. 머릿속 상상으로부터 도출된 사회주의는 현실성이 없다고 증명되었다. 통제와 강제력을 동원해 물질적 평등을 실현한다는 이데올로기는 독재자의 권력 획득을 위한 장식물에 지나지 않는다. 장기적 발전에 기여하지 못할 뿐더러 그 파괴적인 힘은 대단하다. 이들을 따르다가는 피해보기 십상이다. 이기심이나 사악한 의도가 아니라 정직한 신념, 선한 의도라고 해도 결과가 달라지지 않는다. 그러나 이들을 쉽게 구별할 수 없다는 것이 문제다. 이들의 잘못을 분별하고 지적하기 위해서는 현안은 물론 현실에서 멀리 떨어진 추상적 쟁점에 대한 지적 진전이 필요하다.

악마의 도구로서의 지식은 타락의 증거이다. 현실의 결과가 문명사회에 위협이 되는데도 그대로 방치할 수 없다. 이를 제압하는 것은 전문 지식인이 담당해야 할 역할이자 의무이다. 햇빛이 곰팡이에 대한 가장 좋은 살균제인 것처럼 일반 지식인을 설득하는 합리적 이론은 현재의 문제를 개선하고 장차 더 나은 결과를 이끌어 낸다. 이론은 머지않은 장래에 사회의 견해로 수용된다. 이에 따라 이론은 미래를 결정하고, 현실이 된 미래에서 작동하게 된다. 그러므로 이론을 단순한 아카데미의 이해에 불과하다고 할 수 없다.

법조인은 파렴치한 피고인을 변호해야 하거나, 평범해 보이는 사람을 중하게 처벌해야 하는 상황에 처한다. 그래서 빛의 천사가 아니라 어두움의 조력자가 되기도 한다. 돈의 유혹과 권력의 영향에 저항하지 못하는 일도 생긴다. 그러나 나는 건전한 상식을 가지고, 법률에 따라 바른 결정을 하기 위해 열심히 일하는 많은 법조인이 있음을 안다. 그러니 비판만 할 일이 아니다. 오히려 원칙을 고수하며 아무리 멀더라도 완전한 이상의 실현을 포기하지 말아야 한다.

내가 생각하는 추구해야 할 이상 중의 일부는 다음과 같다.

「국회는 형벌조항을 명확하게 입법해야 한다. 법조항 자체를 통해 일반인이 자신의 행위가 범죄가 되는지 예견할 수 있는 수준이 되도록 노력해야 한다. 특히 특별법의 형벌조항은 형법과 일관되고, 법 적격성에 부합하게 정비해야 한다. 사법부는 형벌조항을 엄격하고 일관되게 해석·적용함으로써 입법부와 행정부에 독립하여 인권을 보호하는 사명을 다해야 한다. 변호인은 불명확하고 자의적인 법집행이 있는지를 확인하고 이를 지적해야 한다. 법률은 일반인이 더욱 알기 쉽고, 접근이 쉽도록 해야 한다. 국민은 이를 요구해야 한다.」

테니스 경기에서는 공이 선 안에 떨어졌는지, 밖에 떨어졌는지에 대한 심판 판정이 항상 시비의 대상이 되었었다. 테니스공이 떨어지는 속도가 매우 빨라 사람의 눈으로 정확히 판단하기 어렵다. 사람마다 각자 달리 볼 수 있기 때문에 오해가 생긴다. 그런데 몇 년 전 고속 카메라와 컴퓨터로 만든 '호크아이'라는 기계를 도입하여 이제는 시비가 사라졌다. 공이 떨어지는 장면을 정확히 재연해서 보여주니 이를 두고 싸울 필요가 없게 되었다. 선수들은 경기에 더욱 집중할 수 있게 되었고, 관객은 불쾌한 다툼을 더 이상 보지 않는다. 명확성과 투명성은 이런 것이다.

　법치주의 현실은 국가마다 다르다. 살인과 테러가 만연한 나라, 독재로 인권이 의미 없는 나라, 부패가 만연해 사법 기반이 없는 나라도 있다. 이런 국가에서는 명확한 형벌조항 보다 강력한 법집행을 통한 범죄통제, 독재에 대한 저항, 경제발전의 추구가 더 중요할 것이다. 대한민국은 이러한 상황에서는 벗어났다고 할 수 있다. 이제는 개인에게 더 많은 예견 가능한 자유를 주어 창조성을 발휘하도록 하고, 중산층을 더욱 두텁고 부유하게 하고, 국민을 자의적 지배 대상이 아닌 존엄성을 가진 주체가 되도록 해야 하는 시점이다. 질서 있는 자유는 저절로 생기지 않는다. 우리 몸의 피와 근육처럼 자연스럽게 만들어지지도 않는다. 관찰하고, 지키고, 후손들에게 가르치고 전달해야 한다. 순간의 완성이 아닌 지속되는 과정이다.

　나는 관념론이 아닌 이론과 실제를 책 내용에 반영하고자 했다. 이 책을 통해 형벌조항의 해석에 대한 사고를 형성하고, 구체적인 문제에 어떻게 대응해야 하는지 스스로 생각할 수 있도록 하는데 중점을 두었다. 그러다 보니 논리적 설명이 풍부한 미국 판례를 소개하게 되었다. 물론 미국이라고 해서 완벽하지는 않다. 이 책도 부족함이 있을 것이다. 그러나 다소나마 지적 진전에의 기여를 기대한다.

　이 책을 발간함에 있어 많은 분들께 감사드린다. 먼저 하나님과 부모님, 장인과 장모님께 감사드린다. 제주도를 주제로 꾸준히 그림을 전시하는 처, 서울대 법학전문대학원에서 열심히 공부하는 딸, 어릴 적부터의 꿈인 해군사관학교에 입학한 뒤 수석 졸업을 하게 된 아들은 모두 조언을 아끼지 않으며 든든한 힘이 되어 주고 있다.

이 책의 발간, 편집과 교정에 큰 도움을 준 박영사 조성호 이사님, 편집부 장유나 과장님께도 고마움을 표한다.

이 책을 쓸 동기를 마련해 주고, 완성도를 높일 수 있도록 고견을 제시해 준 선후배 검사님들과 직원 분들에게도 감사드린다. 이름을 일일이 거명하며 감사의 마음을 전하고 싶지만 혹시라도 누가 될 수도 있어 생략한다. 그러나 항상 고마움을 잊지 않을 것임을 밝혀 둔다.

마지막으로 책 발간에 용기를 가지도록 도움을 준 친구들에게도 진심어린 감사를 전한다.

2022. 3.
저자 씀

To dream the impossible dream.	이룰 수 없는 꿈을 꾸고
To fight the unbearable foe.	감당할 수 없는 상대와 싸우고
To bear the unbearable sorrow.	참을 수 없는 슬픔을 견디고
To run where the brave dare not go.	용감한 사람도 가지 않을 곳으로 달려가고
This is my quest.	이것이 나의 열망이다.
To follow that star.	아무리 희망이 없다 할지라도
No matter how hopeless.	아무리 멀더라도
No matter how far.	별을 좇아간다.
To fight for the right.	일체의 의심도 중단도 없이
Without question or pause.	옳은 것을 위해 싸운다.
To be willing to march into hell for that	하늘이 준 소명을 위해 지옥이더라도 기꺼이
heavenly cause.	달려간다.
And the world will be better for this.	잡을 수 없는 그 별에 가기 위해
That one man, scorned and covered with	조롱받고 상처로 가득 찬
scars.	그러나 마지막 남은 용기를 부여안고
Still strove with his last ounce of courage.	멈추지 않고 싸우는 바로 이 한 사람
To reach the unreachable star.	그 때문에 세상은 더 나아 질 것이다.

- The Impossible Dream. 뮤지컬 「Man of La Mancha」 중에서

● 목차

Ⅰ. 형벌조항 해석의 중요성

■■■ A와 B가 자동차를 50%지분으로 공유한다고 하자.

공유는 자동차 전체에 대해 각자 절반의 소유권을 함께 가짐을 의미한다. 그러므로 예를 들면 앞바퀴 2개는 A의 소유, 뒷바퀴 2개는 B의 소유로 분류할 수 없다. A와 B는 바퀴 4개 전부의 전체에 대해 50%씩 소유권을 가지기 때문이다.

A가 B의 허락 없이 자동차를 팔아버렸다고 하자.

이때 A와 B의 공유인 자동차를 A의 소유로 해석하면 횡령죄가 되지 않는다. A는 자기의 물건을 처분한 것이 되기 때문이다. 그러나 B의 소유로 해석하면 횡령죄가 된다. 이때는 타인의 물건을 처분한 것이 되기 때문이다.

미국 법원은 공유자는 그 공유물 전체에 대하여 불가분의 소유권을 가지므로 특별규정이 없는 한 공유자 1인이 이를 임의로 처분하더라도 엄격 해석의 원칙에 따라 횡령죄로 처벌할 수 없다고 판결했다.[1] 즉 이 경우 소유권이 ① '타인에게 있다.'와 ② '피고인에게 있다.'는 두 가지 합리적 해석이 가능한데, 피고인에게 소유권이 있다는 해석이 가능하므로 처벌할 수 없다고 보았다.

또한 동업자가 동업 재산을 임의로 처분한 때, 절도나 사기로 처벌할 수

---

[1]　State v. Quinn, 64 N.W.2d 323 (1954)

도 없다고 판결했다. 이때에도 동업 재산을 피고인의 재산으로 볼 수 있다
고 관용의 원칙에 따라 엄격 해석했다.[2]

타인과 공동 소유한 건물에 대해서는 피고인의 지분이 전체에 미치므로
피고인의 소유로도 해석할 수 있어 피고인에게 유리하게 타인의 소유가 아
니라고 본다.[3] 그러므로 '공유' 건물의 방화는 '타인의' 건물에 대한 방화가
아니다.

대한민국에서는 이러한 사건에 있어 타인의 재물로 해석해서 처벌한다.
미국과 반대다.

이 문제는 횡령죄를 처벌하는 조항의 유무 문제가 아니다. 같은 형벌조항
을 어떻게 해석하느냐의 문제이다. 형벌조항을 어떻게 해석하는가에 따라
피고인의 유무죄가 결정된다.

법은 개인과 사회가 어떻게 하면 더 잘 살 수 있는지에 대한 이성적 대답
이다. 법은 개인과 사회의 번영을 추구해야 한다.

형벌로 국민의 행위의 방향을 설정하고, 통제하면 더 잘 사는 삶에 기여
한다는 사고는 정당성이 없다. 오히려 그때그때의 필요에 따른 자의적 형벌
권 행사는 국민을 굴종의 상태에 처하게 한다. 일관된 죄형 법정주의 실현
은 순간적 열정에 따른 처벌보다 궁극적으로 더 잘 사는 삶에 기여한다. 이
는 역사적 경험을 통해 습득한 문명의 지혜이다.

죄형 법정주의는 사회적으로 부적절하거나 도덕적인 책임이 있더라도 미
리 정한 형벌조항에 해당하지 않는 한 처벌받지 않는 불편한 현실을 감수하
는 원리이다. 감성과 분노보다 이성에 따른 처벌이 장기적으로 더 잘 사는
삶에 도움이 되기 때문에 부정의해 보이는 현실을 감수하기로 한 것이다.

죄형 법정주의에 따르면 형벌조항은 문언의 의미를 엄격하게 해석해야

---

2 Patterson v. Bogan, 261 S.C. 87 (1973)

3 John Poulos, "The Metamorphosis of the Law of Arson", 51 Mo. L. Rev. 295 (1986), 312쪽;
Snyder v. People, 26 Mich 106(1872); Kopcyzski v. State, 118 N.W.863 (1908)

한다. 총론과 원칙에서 죄형 법정주의와 엄격 해석을 선언한 이상 각칙과 개별 형벌조항에서도 엄격 해석을 일관되게 적용해야 한다. 그렇지 않으면 죄형 법정주의는 일관성을 잃은 장식물에 지나지 않게 된다.

그렇다면 동업자의 재산을 빼돌린 행위는 비록 도덕적으로 용납할 수 없지만 엄격 해석을 적용하면 횡령죄로 처벌할 수는 없다는 결론에 이르게 된다.

형벌조항의 해석은 기소·불기소 처분, 유무죄 판결의 한 부분이다. 사건을 처리하고 판결을 선고하는 검사나 판사에게 법해석은 실제로 발생한 구체적인 사건에 대해 결론을 내는 과정의 하나다. 추상적인 이론에 머무르지 않는다. 따라서 검사나 판사는 특정한 구체적 사실관계가 형벌조항의 적용 범위 내에 있는지, 외에 있는지에 대해 결론을 내려야만 한다. 이러한 상황에서 결정을 내리기 전까지는 형벌조항의 의미는 아직 결정되지 않은 만들어지는 과정에 있다. 구체적 사건에 있어서의 형벌조항의 의미는 해당 사실 관계를 바탕으로 법을 해석하는 사람의 사실 인식과 법해석이 상호 작동하는 일련의 사고 과정을 통해 정해진다.[4] 따라서 각각의 사건마다 새로운 마음가짐으로 법조항의 의미를 탐색하게 된다.

문자를 읽고 의미를 부여하는 행위는 종이 위의 표시에서 의미를 추론하는 정신적 사고 과정이다. 법해석의 방법은 이러한 사고 과정에 있어 결론에 이르는 기준을 제시한다.

법해석 방법은 강제력과 확정력을 가지는 실체적 규칙(Substantive Rules)은 아니다. 예외가 허용되지 않는 법칙이라고도 할 수 없다.[5] 법해석 방법은 순수한 도구에 그치지도 않는다. 자유 민주주의와 법치주의, 죄형 법정주의, 엄격 해석과 같은 실질적 가치를 반영하고 있기 때문이다.

4　Morell E. Mullins, Sr., "Tools, Not Rules: The Heuristic Nature of Statutory Interpretation", 30 J. Legis 1 (2003), 45쪽

5　Morell E. Mullins, Sr., "Tools, Not Rules: The Heuristic Nature of Statutory Interpretation", 30 J. Legis 1 (2003), 72쪽

법해석 방법은 법조항의 의미를 해석함에 있어 법 적용의 대상자인 국민과 소통하는 판단 원칙(Principles of Communication)이다. 판단을 하는 자와 판단을 받는 대상자가 공유하는 법해석 방법은 법의 해석과 적용에 있어 투명성과 일관성을 제고하고 설득력을 높이는 수단이 된다. 법해석이 예견 가능하고 일관되며 견고한 이성에 기초한 투명한 결정과 명료한 설명에 기여해야만 하는 이유이다.

이를 위해 먼저 비슷하지만 구별하지 않으면 혼동을 일으키는 개념들을 살펴본다. 그리고 법해석이 왜 필요한지, 역사적으로 법해석을 어떻게 이해 했는지에 관한 이론을 소개한다. 다음으로 민주주의와 법치주의라는 토대 안에서 법해석의 원칙을 설명한다. 이어서 형벌조항 해석의 원칙과 구체적 방법, 법해석의 지도 원리 등을 순차 설명한다. 이 책은 형벌조항의 해석 방법을 설명하는데 목적이 있으므로 시간을 절약하고자 한다면 형벌조항의 해석 방법, 법해석의 지도 원리, 형벌조항의 해석 원칙 부분을 먼저 읽어도 좋을 듯하다.

일반인이 법을 이해하기는 어렵다. 법조인도 자신이 전담하지 않는 영역의 법을 이해하기 위해서는 많은 노력이 필요하다.

이해를 돕기 위한 좋은 설명 방식의 하나는 사례이다. 100년 전 미국 하버드 로스쿨의 크리스토퍼 콜럼부스 랑델(Christopher Columbus Langdell) 교수가 사례 수업법(Case Method)을 개발한 이유이다. 사례를 통하면 법조항과 법원칙이 어떻게 실제 사건의 특정한 사실에 적용되는지를 비교적 용이하게 알 수 있다. 이를 통해 원칙이 존재하게 된 근본 원리를 이해하고, 근거 논리와 이성을 추론할 수도 있다. 이러한 단계에 이르면 결론만 암기하는 것이 아니라 유사하지만 다른 사실에는 다른 결론에 도달하게 됨을 깨달을 수 있다.[6]

이 책에서도 비교적 생소한 법해석 방법을 정확하고 혼돈 없이 이해할 수

---

6   Alfredo Contreras, Joe McGrath, "Law, Technology, And Pedagogy: Teaching Coding To Build A "Future-Proof" Lawyer", 21 Minn. J. L. Sci. & Tech. 297 (2020), 299쪽

있도록 다양한 사례를 소개한다. 저자가 업무 중 발견한 개정이 필요하다고 본 사항에 대해 의견도 제시하였다. 이러한 제시는 실증적인 것이다. 물론 여기에서 제시한 논거는 제시되지 않은 다른 사안에서도 적용될 수 있다.

저자의 경험은 ━, 대한민국 판례는 ▶, 미국 판례는 ◆로 표시하였다.

미국 판례의 영어는 상응하는 대한민국 단어가 없는 경우도 적지 않아 그 의미를 한국어로 정확하게 전달하는 데는 한계가 있다. 따라서 읽기 쉽도록 의역을 하되 원어를 ( )로 표기하여 두었다. 그러므로 의역한 문자에 갇히지 말고 원어를 참조하거나, 혹은 앞·뒷부분에서 저자가 전달하고자 하는 의도를 이해하였다면 넘어가도 좋을 것이다.

대한민국 판례와 미국 판례의 밑줄은 저자가 표시한 것이다. 저자의 입장과 동일한 부분임을 강조하거나 핵심 단어임을 나타내기 위하여 표시한 것이다. 대한민국 판례도 저자의 의도를 이해하였다면 넘어가도 좋을 것이다. 저자의 견해는 검찰의 입장은 아니므로 오해 없기 바란다.

Ⅱ. 용어의 명확성

1. 필요성

　용어는 명료한 이해를 반영한다. 용어를 제대로 설명하지 못한다면 대체로 정확하게 이해하지 못하고 있다고 보아도 좋다. 발전된 분야일수록 세분된 언어가 존재한다. 세분된 언어는 그에 상응한 현상과 관념을 표상한다. 다양하고, 정확한 언어는 그 영역에 대한 깊은 이해를 나타낸다. 명확한 언어는 의사소통에 있어 오해를 줄이고 정확성을 높인다.

　예를 들면 '예견 가능성'과 '예측 가능성'은 흔히 혼용된다. 그러나 이를 구별해야 할 필요가 있다. 예측 가능성은 어떤 결과의 발생 가능성, 즉 확률인 반면, 예견 가능성은 발생 가능한 결과의 범위를 말한다. 가령, 고장으로 인한 자동차 사고나 비행기 추락은 확률적으로 예측 가능하다. 이러한 그 확률을 근거로 보험료 등을 산정한다. 그런데 일정한 확률로 사고가 날 것임을 예측할 수 있음에도 자동차나 비행기 제조사나 대표자는 법적 책임을 지지 않는다. 이에 반해, 예견 가능성은 가령, 아로마 입욕제를 어린아이가 먹기 좋게 만들어 판매하여 어린아이가 입욕제를 먹고 질식사한 경우와 같이 사용자가 제품을 본래의 용도대로 사용하지 않고 예견 가능한 다른 용도로 사용했을 때에도 제조자가 법적 책임을 지는 것과 같다. 예견 가능성은 확률적 예측이 아니라 자신의 작위 또는 부작위라는 행위로 인한 결과 발생의 가능성을 인식할 수 있다는 의미이다.

페인트로 도로에 주차 안내 표지 선을 그었는데 지나던 사람이 빗길에 미끄러져 넘어진 때 그와 같은 사고가 보행자 100만 명 중 1번 일어 난 것이라면 선을 그은 사람이 혹시라도 사고가 날 확률이 있다고 예측하였다고 하여 처벌할 수는 없다. 합리적인 사람의 입장에서 도로에 표지 선을 긋는 행위가 통행인에게 위험한 행위이어서 통행인을 다치게 할 수 있다는 것을 예견할 수는 없기 때문이다.

이처럼 두 가지 용어를 정확하게 구별하면 두 가지를 혼용함으로써 발생하는 오해를 줄일 수 있다.

법치주의의 발전을 위해서는 세분되고 명확한 법률 용어가 필요하다. 법치주의가 발전하면 정확한 의미 전달이라는 현실적 필요를 반영하기 위해 더욱 세분되고 명확한 법률 용어를 만들어야 한다.

2. 구별할 개념

가) 규정과 사실

가령 레어(rare), 미디엄 레어, 미디엄(medium)의 기준이 불분명하면, 구워진 스테이크가 어디에 해당하는지 알 수 없다. 즉 실제로 스테이크의 구워진 상태를 눈으로 확인하더라도 기준이 불명확하기 때문에 구별할 수 없다. 이는 해석 또는 평가에 관한 규정의 불명확성이다. 이 경우에는 레어, 미디엄 레어, 미디엄의 기준을 해석하는 방법으로 해결한다.

한편 기준이 분명한 경우에도 스테이크 자체를 실제로 눈으로 확인할 수 없다면 어디에 속하는지 알 수 없다. 이는 사실의 불명확성이다. 사실의 불명확성은 사실을 자세히 관찰하는 방법으로 해결한다. 예를 들면 증거자료를 충분히 확보하여 확인한다.

불명확성은 규정, 사실에 대한 것일 수 있지만 양자 모두에 대한 것일 수 있다.[7]

　■　화재예방·소방시설설치·유지 및 안전관리에 관한 법률 제25조 제1항은 정기점검을 실시해야 하는 주체를 특정소방대상물의 '관계인'으로 규정한다. '관계인'은 소방기본법 제2조 제3호에 따르면 소방대상물의 '소유자·관리자 또는 점유자'이다.

A와 동업자 B는 중앙시장의 공동 관리인이다. 중앙시장은 특정소방대상물인데, 소방시설 자체점검을 실시하지 않았다. 그런데 A는 동업자 B와 동업을 하기로 약정하고, 자금만 출자했다. 실제 관리는 B가 했다. 여기서 A가 특정소방대상물의 정기점검을 실시해야하는 주체인 '관계인'에 해당하는지가 문제된다.

먼저 '관계인', 즉 소유자·관리자·점유자의 의미가 무엇인지를 명확히 해야 한다. 이를 알지 못하면 법 적용여부를 정확히 판단할 수 없다. '규정의 명확성' 문제이다.

A는 등기부상 위 중앙시장의 소유자가 아니고, B에게 지분을 투자하고 수익과 지출에 대해 B가 알려주는 내용을 알고 있을 뿐인 사실이 확인되었다. 그러나 A가 중앙시장에 간 사실이 있는지, 관리하려는 의사가 있는지 등은 확인되지 않았다. '사실의 명확성' 문제이다.

7　YoungJae Lee, "Reasonable Doubt And Moral Elements", 105 J. Crim. L. & Criminology 1 (2015), 3쪽

나) 일상 언어와 규범 언어

언어는 일상에서 사용되기도 하지만 법률에 규칙(Rule)으로도 사용된다.

"대리인 A의 말을 듣고 B는 마침내 A에게 선의로 주었다."라는 문장이 있다고 하자. 이 표현이 일상적으로 사용되었다면 B가 착한 마음으로 A의 어려운 사정을 헤아려 A에게 주었다는 의미일 수 있다. 그러나 법률 문장에서 사용되었다면 B가 A가 적법한 대리인이 아님을 모른 채, 즉 A가 정당한 대리인으로 잘못 알고 주었다는 의미일 수 있다. '선의'가 일상 언어라면 착한 마음으로, 규범 언어라면 어떤 사실을 모른 상태로 해석한다.

이처럼 같은 단어라고 하더라도 일상 언어와 규범 언어는 서로 다르게 해석된다. 그러므로 규범 언어인 '선의'를 '착한 뜻'이라고 바꾼다고 해서 일반인이 '선의'를 일상 언어처럼 쉽게 이해할 수 있게 되지는 않는다.

전통적으로 인간은 언어의 의미를 해당 언어가 포섭하는 미리 정해진 필요충분조건을 통해 파악한다고 생각했다. 가령 누이는 여자 혈족, 총각은 남성 미혼자와 같이 미리 정해진 정의가 있고 이를 통해 언어의 의미를 파악한다고 보았다.

그러나 1970년대 심리학자 엘리너 로쉬(Eleanor Rosch)는 언어의 정의는 경계가 불명확하고, 필요충분조건이 없는 경우가 많다고 했다. 오히려 인간은 새로운 대상을 접하면 대상을 모두 분석하기보다는 패턴을 파악하고 연결하고(Pattern Associator) 유형화(Categorizing)하여 과거 경험을 통해 형성한 전형(Prototype) 중 가장 가까운 전형에 새로 경험한 대상을 맞추어 결정한다고 했다. 예를 들면 사람들은 타조가 새라거나, 벽시계가 가구라는 점에 대하여 확신하지 못한다. 반면 독수리가 새라거나 옷장이 가구라는 점에 대해서는 명확하다고 생각한다. 만일 새나 가구의 개념에 대한 명확한 정의가 있다면 타조와 시계에 대하여 새나 가구에 해당하는지를 명확하게 판단할 것이다. 그러나 새는 하늘을 자유롭게 날아다닌다는 전형을 가지고 있다면 타조는 날지 못하므로 새라고 확신하지 못하게 된다. 가구는 침대, 옷장, 식탁과 같이 집안에 비치되어 사람이 이용하는 도구라는 전형을 가지고 있다면 벽에 부착되어 있는 벽시계를 가구라고 확신하지 못한다.

인간이 단어를 정의가 아니라 미리 생각하고 있는 전형에 의존해 이해하기 때문에 이러한 현상이 발생한다. 이는 새를 하늘을 나는 독수리, 비둘기와 같은 유형으로 이해하고 있지, 몸통에 깃털이 있고, 다리가 둘이며, 알을 낳고, 하늘을 나는 짐승과 같은 개념으로 이해하고 있지 않음을 보여 준다. 이처럼 인간은 어떤 언어에 독특한 특성이 있으면 그 특성을 미리 형성하여 인식하고 있는 어떤 전형에 포함시킨다. 어떤 대상이 기존의 전형에 가까울수록 더 쉽게 포함시킨다.[8]

그런데 실제로는 인간은 언어를 이해함에 있어 '정의'와 '전형'을 모두 사용한다. 즉 국어사전에 기재되어 있는 정의와 같은 개념으로부터 의미를 파악하는 방법과 일상의 전형으로부터 의미를 파악하는 방법 모두를 사용한다. 전자는 가능한 모든 의미의 해석이다. 반면 후자는 일반적으로 사용되는 의미의 해석이다. 법조항의 언어도 정의에 따라 해석하려 하지만, 정의가 모호하면 자신의 경험에 기초하여 형성된, 이미 머릿속에 형성되어 있는 전형에 의존하여 해석한다.

법률에 정의되어 있지 않거나 법을 통해 개념을 파악할 수 없는 법조항의 언어의 해석에서 이처럼 일상 언어와 규범 언어가 상이할 때에는 두 가지 언어의 의미를 모두 고려해 해석한다.

◆ 마약 범죄와 관련하여 무기를 '이용한' 자[9]를 처벌하는 조항이 있다.

A는 마약 구입의 대가로 총을 주었다.

이러한 행위를 한 A의 처벌 여부를 결정하기 위해서는 A의 행위가 무기의 '이용'에

8　Lawrence M. Solan, "Why Laws Work Pretty Well, but Not Great: Words and Rules in Legal Interpretation", 26 Law & Soc. Inquiry 243 (2001), 257쪽

9　(using a firearm in relation to a drug trafficking offense)

해당하는지를 해석해야 한다. 즉 '이용'의 의미에 총을 마약의 '교환 대가로 지불'하
는 것이 포함되는지 결정해야 한다.

   미 연방법원은 교환 대가로 총을 주는 행위도 이용에 해당한다고 해석했다. 그 취
지는 다음과 같다.

   「일상적으로는 무기를 '이용한다.'는 의미는 총을 쏘거나 겨누는 등 무기로서의 용
도로 사용함을 말한다. 일반적으로 마약과의 교환 대가로 총을 주는 행위는 무기를
이용한다는 의미의 전형에 속하지는 않는다.

   그러나 사전(辭典)에 있는 '이용'의 개념은 '1. 대상을 필요에 따라 이롭게 씀, 2.
다른 사람이나 대상을 자신의 이익을 채우기 위한 방편으로 씀'[10]이다. 그러므로 사전
에 기재된 정의에 의하면 교환 대가로의 지불도 포함된다. 나아가 무기의 용도로 사
용해야 한다는 내용이 법조항에 명시되어 있지도 않다. 법해석으로 형벌조항에 없는
구성요건, 즉 '무기의 용도로'라는 문구를 추가할 수도 없다.」[11]

   한편 언어의 이해를 위해 컴퓨터의 데이터를 분석하는 방법도 등장했다.
언어 연구를 위해 텍스트를 컴퓨터가 읽을 수 있는 형태로 모아 놓은 언
어 자료, 즉 언어 묶음을 '언어 코퍼라(Linguistic Corpora)'라고 한다. 코퍼스
언어학(Corpus Linguistics)은 언어의 기능과 용법을 공부하기 위해 코퍼라
(Corpora)를 사용한다.[12]

   현대 미국 영어의 묶음(Corpus of Contemporary American English; COCA)은
무료 서비스다.[13] 구글의 'N-gram Viewer'는 구글 북스에서 등장하는 단어
의 빈도수 등을 그래프로 확인할 수 있다.[14] 컴퓨터 데이터에 축적된 언어를

---

10 네이버 어학사전

11 Smith v. U.S., 508 U.S. 223 (1993) 원문에는 사전에 의하면 이용(using)은 '자신의 서비스에 제
    공 또는 사용하는 것(to convert to one's service or to employ)'으로 되어 있다고 했다.

12 Valerie. C. Brannon, "Statutory Interpretation: Theories, Tools, and Trends", CONG, RSCH.
    SERV. R45153 (2018), 48쪽

13   english-corpora.org/coca/ 이외 english-corpora.org에서는 다양한 서비스를 제공하고 있다.

14 Marziah Karch, How to Use NGram Viewer Tool in Google Books, LifeWire, (3. 15, 2018)

분석하여 사용 빈도 등을 파악하는데 활용되고 있다.

다) 정확성과 예견 가능성

예견 가능성(Predictability)과 정확성(Certainty)은 구별된다.

정확성은 결론의 타당성을 말한다. 따라서 다른 사람들의 예견이나 견해의 다양성과 무관하다. 정확한 답은 다수자의 견해와 다를 수 있다.

예견 가능성은 일반인이라면 일정한 결론에 이를 가능성을 말한다. 이는 결론의 타당함과 무관하다. 다른 사람들도 일정한 결론에 이른다면 그 결론은 예견 가능한 결론이 된다. 예견 가능성은 안정성, 효율성과 연관이 있다.

예를 들어 수학 문제가 요구하는 정답은 정확성이다. 일반인이 문제를 풀지 못하거나 일정한 결론을 기재하는 것과 무관하다. 일반인이 일정한 결론에 이를 것이라고 예견하는 것과는 무관하게 별도로 정확한 정답이 있다.

반면에 가령 약속 장소를 단순히 '지난 번 모였던 시계탑 앞'이라고 한 경우 위치 전문가라도 그곳이 정확히 어디인지를 알 수는 없다. 그러나 지난 번 모임에 참가했던 사람이라면 일반인 수준에서도 그 장소가 어디인지를 예견할 수 있다.

언어의 의미는 정확성과 일반인의 예견 가능성을 모두 포섭한다. 따라서 언어의 명확성은 정확성을 의미하는지 혹은 예견 가능성을 의미하는 지에 따라 판단 기준이 달라진다.

법해석에 있어 정확성을 목적으로 하면 결론의 타당성을 찾는다. 판단자의 시각에 따라, 판단자의 판단 시점을 기준으로, 전문가의 시각을 반영한 모든 사정을 고려하여 결론의 타당성을 높이는 해석을 추구한다. 결론의 타당성이 중점이 되므로 법조항의 추상적 문구는 당연히 허용된다.

반면에 예견 가능성을 목적으로 하면 일반인이 그 법조항으로 예견할 수 있는 범위를 찾는다. 따라서 판단자가 아닌 행위자의 시각에 따라, 행위자의 행위 시점을 기준으로, 행위자가 알거나 알 수 있었던 정보에 기초하여, 비록 결론이 타당하지 않더라도 일반적으로 용인될 수 있는 해석을 추구한다. 문구가 추상적이면 예견할 수 없거나 단순한 어림짐작 또는 오인을 유발하므로 예견 가능성을 위해서는 법조항은 구체적 문구로 기재되어야 한다.[15]

법조항의 의미가 분명하면 사법부는 법해석을 하지 않는다는 원칙은 예견 가능성을 고려한 것이다.[16] 법조항의 의미가 문구에 의해 분명하면 사법부는 그 이상 결론의 정확성을 따지는 등의 법해석을 하지 않는다고 일반인이 예견하기 때문이다.

입법부는 예견 가능성보다도 결론의 정확성을 추구하는 입법을 할 수 있다. 가령 법조항 해석에 있어 관련 행정부서의 합리적 유권해석을 사법부 해석보다 우위에 둔다고 입법함으로써 행정부의 전문성에 의한 결론의 정확성을 높이려 할 수 있다.

이를 위해 법조항에 행정부의 법해석이 합리적이면 사법부가 행정부의 해석에 찬성하지 않더라도 행정부의 해석을 우위에 둔다고 규정되어 있는 때에는 사법부는 행정부의 해석을 우위에 두어야 한다.[17] 이는 행정부의 전문성을 고려한 해석의 정확성, 즉 타당한 결론을 염두에 둔 것이다.

위 법조항에 의하면 만일 행정부의 해석이 비합리적이면 사법부는 다른 해석을 할 수 있다. 만일 사법부가 정답이 X라고 확신하면 Y라는 행정부의 해석을 합리적이라고 보지 않을 것이다. 그러나 행정부의 입장에서 본 Y라는 해석도 합리성이 있을 수 있다. 이 경우 사법부의 확실성 X와 행정부의 합리성 Y가 양립할 때 위 법조항이 행정부의 해석을 우위에 두도록 한 것인지가 문제된다. 이는 위 법조항을 어떻게 해석하는지와 연관되어 있다.[18] 사법부는 이러한 경우 위 법조항이 행정부 해석을 우위에 두도록 한 것인지 명

---

15 Richard M. Re, "Clarity Doctrines", 86 U. Chi. L. Rev. 1497 (2019), 1522쪽

16 Richard M. Re, "Clarity Doctrines", 86 U. Chi. L. Rev. 1497 (2019), 1531쪽

17 Cheveron U.S.A. Inc v. Natural Resources Defense Council, Inc, 467 U.S. 837 (1984)

18 Richard M. Re, "Clarity Doctrines", 86 U. Chi. L. Rev. 1497 (2019), 1535쪽

확하지 않다고 해석하며 사법부의 판단을 우위에 둘 수도 있게 된다.

라) 규칙과 기준

법은 명확한 성격의 규칙(Rule)과 불명확한 성격의 기준(Standard)으로 나눌 수 있다.

"60km/h 이상은 금지한다."와 같이 명확한 성격의 규정은 규칙이라 할 수 있다. 반면 "합리적 수준을 넘는 속도는 금지한다."와 같이 불명확한 성격의 규정은 기준이라 할 수 있다.[19] 그러나 규칙도 예외를 인정하면서 어떤 경우 예외에 해당하는지를 알 수 없게 할 수 있다. 즉 "60km/h 이상은 금지한다. 다만 정당한 사정이 있을 때에는 예외로 한다."라는 규정은 정당한 사정이 무엇인지 미리 알 수 없다.[20] 이러한 때에는 기준에 가깝게 된다.

규칙은 명확성 때문에 어떤 특정 사건에 적용되거나, 적용되지 않는(All or Nothing Fashion) 성격이 있고 그 실질적 결과 내용이 어떤지를 감안하지 않는다. 그러므로 규칙은 일관성이 있다. 만일 2개의 규칙이 서로 상충한다면 그 중 하나는 반드시 효력이 없게 된다.[21] 규칙은 법칙이라고 할 수 있다. 법칙(Rule)은 필연적인 불변의 관계로서 예외를 인정하지 않는다. 원칙(Principle)에 대응하는 개념이다. 원칙은 개별 사건에서의 정의, 공정성 또는 다른 영역의 도덕성의 요구 때문에 예외를 인정한다.[22]

기준은 일반적으로 인정되는 표준이다. 기준은 어떤 방향으로 판단하도

---

19 Russell B. Korobkin, "Behavioral Analysis and Legal Form: Rules vs. Standards Revisited", 79 Or. L. Rev. 23 (2000), 23쪽

20 Russell B. Korobkin, "Behavioral Analysis and Legal Form: Rules vs. Standards Revisited", 79 Or. L. Rev. 23 (2000), 26쪽

21 Edgar Bodenheimer, "Hart, Dworkin, and the Problem of Judicial Lawmaking Discretion", 11 GA. L. REV. 1143 (1977), 1151~1152쪽

22 Edgar Bodenheimer, "Hart, Dworkin, and the Problem of Judicial Lawmaking Discretion", 11 GA. L. REV. 1143 (1977), 1152쪽

록 이끌기는 하지만 결정적이지는 않다. 따라서 기준은 상황에 따라서 적용되지 않을 수 있다. 그러므로 서로 다른 기준이 충돌한다고 하더라도 양립이 가능하다. 가령 일반적으로 60km/h를 합리적 수준을 넘는 속도의 기준으로 하더라도 특정한 경우 예를 들면 고속도로에서는 이를 적용하지 않을 수 있다. 일반도로에서 60km/h를 합리적 수준을 넘는 속도의 기준으로 삼았더라도 임산부가 양수가 터진 긴급한 상황인 때에는 이를 적용하지 않을 수도 있다.

규칙은 미리 행위가 법에 위반되는지 알 수 있게 해준다. 65km/h로 달리고 있다면 규칙 위반임을 알 수 있다. 그러나 기준은 미리 위반 여부를 예견하기 어렵다. 가령 65km/h가 합리적 수준의 속도인지를 미리 알 수 없다. 이는 판단자의 해석에 따라 달라진다.

한편 예외를 인정하는 규칙이나 특정 인자만으로 기계적인 판단을 하도록 되어 있는 기준은 양자의 성격이 혼재되어 있다고 할 수 있다.

언어는 대개 위에서 본 60km/h와 같은 수학적 정확성을 가진 표현이 아니다. 언어에 추상성이 강하면 형벌조항은 기준에 가깝다. 특히 일반론을 정의하는 형법 총칙 조항은 이러한 성격이 강하다.

마) 규범적 언어와 경합적 언어

1) 의의

● **아동복지법**

제3조 제7호 "아동학대"란 보호자를 포함한 성인이 아동의 건강 또는 복지를 해치거나 정상적 발달을 저해할 수 있는 신체적·정신적·성적 폭력이나 가혹행위를 하는 것과 아동의 보호자가 아동을 유기하거나 방임하는 것을 말한다.

제17조(금지행위) 누구든지 다음 각 호의 어느 하나에 해당하는 행위를 하여서는 아니 된다.
3. 아동의 신체에 손상을 주거나 신체의 건강 및 발달을 해치는 신체적 학대행위
5. 아동의 정신건강 및 발달에 해를 끼치는 정서적 학대행위

제71조(벌칙) ① 제17조를 위반한 자는 다음 각 호의 구분에 따라 처벌한다.
2. 제3호부터 제8호까지의 규정에 해당하는 행위를 한 자는 5년 이하의 징역 또는 5천만원 이하의 벌금에 처한다.

▶ 아동복지법의 입법 목적(제1조), 기본이념(제2조 제3항) 및 같은 법 제3조 제7호, 제17조 제5호의 내용 등을 종합하면, 아동복지법상 금지되는 정서적 학대행위란 정신적 폭력이나 가혹행위로서 아동의 정신건강 또는 복지를 해치거나 정신건강의 정상적 발달을 저해할 정도 혹은 그러한 결과를 초래할 위험을 발생시킬 정도에 이르는 것을 말하고, 어떠한 행위가 이에 해당하는지 여부는 행위자와 피해아동의 관계, 행위 당시 행위자가 피해아동에게 보인 태도, 피해아동의 연령, 성별, 성향, 정신적 발달상태 및 건강상태, 행위에 대한 피해아동의 반응 및 행위를 전후로 한 피해아동의 상태 변화, 행위가 발생한 장소와 시기, 행위의 정도와 태양, 행위에 이르게 된 경위, 행위의 반복성이나 기간, 행위가 피해아동 정신건강의 정상적 발달에 미치는 영향 등을 종합적으로 고려하여 판단하여야 한다.(대법원 2020. 3. 12. 선고 2017도5769 판결)

▶ 아동복지법상 신체적 학대행위에 해당하는지 여부를 판단함에 있어서는 아동이 건강하게 출생하여 행복하고 안전하게 자라나도록 복지를 보장하기 위한 아동복지법의 목적(제1조)에 비추어 행위가 발생한 장소와 시기, 행위에 이른 동기와 경위, 행위의 정도와 태양, 아동의 반응 등 구체적인 행위 전후의 사정과 더불어 아동의 연령 및 건강 상태, 행위자의 평소 성향이나 유사 행위의 반복성 여부 및 기간까지도 고려하여 종합적으로 판단하여야 한다.(대법원 2020. 1. 16. 선고 2017도12742 판결)

아이가 공부하기 싫다고 하였다. 어머니가 '그러면 안 된다.'고 하면서 아이의 등 부위를 손으로 때려 등에 손자국이 남았다. 이때 어머니를 아동복지법으로 처벌할 수 있는지를 결정하려면 어머니의 행위가 아동학대에 해당하는지를 판단해야 한다. 이를 위해서는 어머니가 아이를 때린 정도, 아이의 상처 등의 사실을 확인해야 한다.

그러나 무엇보다 아동학대의 의미를 해석해야 한다.

아동학대의 의미를 해석하는 데 있어서는 먼저 구성요건의 개념이 문제된다. 구성요건인 '아동의 건강 또는 복지를 해치거나 정상적 발달을 저해할 수 있는 신체적·정신적 폭력'의 의미가 무엇인지에 대한 불명확성이 있다. 이 때문에 어머니의 위 행위가 이에 해당하는지를 결정하기 어렵다. 이러한 비결정성을 '적합성(Fitness)'이라고 한다.

다음으로 아동학대의 개념이 해결된다고 하더라도 그 형벌조항으로 처벌받을 행위인지에 대한 철학적 함의가 문제된다.

아동은 자기 스스로를 보호하지 못하므로 국가가 적극적으로 보호해야 하지만 부모가 아이를 어떻게 키울지를 결정하는 양심과 사생활은 인간으로서의 존엄과 개인 자율성의 핵심 영역에 해당한다. 그러므로 훈육 방법에 있어 부모의 개별적 판단을 존중해야 하는데 이때 어디까지가 처벌받지 않는 훈육이고, 어디서부터 처벌받는 학대인지에 대해서는 철학적 차이로 인해 의견이 대립할 수 있다. 이와 같은 종류의 비결정성(Indeterminancy)을 '경합성(Contestability)'이라고 한다.[23] 아동학대의 의미를 해석함에 있어서는 언어가 내포한 규범적 가치에 대한 철학적 불합의(Normative Disagreement)가 있다. 이와 같은 단어를 '경합적 단어(Contestable Term)'라고 한다.[24]

경합성은 그 행위의 철학적·도덕적 정당성에 관한 것이다. 반면 적합성은 도덕적·철학적 정당성과 무관하게 법조항의 언어의 의미에 속하는지에 관한 것이다.

---

23 YoungJae Lee, "Reasonable Doubt And Moral Elements", 105 J. Crim. L. & Criminology 1 (2015), 17쪽

24 YoungJae Lee, "Reasonable Doubt And Moral Elements", 105 J. Crim. L. & Criminology 1 (2015), 18쪽

위에서 본 것과 같이 어머니가 아이를 때린 행위가 학대인지 애매한 이유는 법조항이 정한 학대의 개념이 모호해서 명확한 경계를 설정해 주지 못해 주었기 때문일 수도 있다. 그러나 학대에 대한 경험과 철학이 다르기 때문일 수도 있다. 즉 아동학대는 아동에 대한 극단적인 방치 및 가혹행위를 방지하려는 데서 기원하였다는 경험과 양심의 자유 및 가족 간의 사적 영역을 지켜주어야 한다는 철학적 사고에 기초하면 학대를 심한 수치심이나 모욕감, 고통 따위를 주는 모질고 악한 행위로서 훈육의 목적이 없는 매우 잔혹한 학대행위만을 포섭하고 그에 이르지 못하면 학대에 해당하지 않는다고 해석할 수 있다. 이때에는 어머니가 아이를 때린 행위는 매우 잔혹한 학대 (Extremely Cruel)가 아니고, 약간의 학대라고 보기 때문에 학대가 아니라고 해석하게 된다. 이와 같이 규범적 구성요건을 해석함에 있어 철학적 의미를 부여하면 극단적으로 좁거나 넓은 해석을 하는 경우가 발생할 수 있다.

판례가 "행위자와 피해아동의 관계, 행위 당시 행위자가 피해아동에게 보인 태도, 피해아동의 연령, 성별, 성향, 정신적 발달상태 및 건강상태, 행위에 대한 피해아동의 반응 및 행위를 전후로 한 피해아동의 상태 변화, 행위가 발생한 장소와 시기, 행위의 정도와 태양, 행위에 이르게 된 경위, 행위의 반복성이나 기간, 행위가 피해아동 정신건강의 정상적 발달에 미치는 영향 등을 종합적으로 고려하여 판단"하는 것은 경합성을 반영하기 위한 것으로도 볼 수 있다.

그러나 행위자의 입장에서는 이러한 기준으로는 자신의 행위가 아동학대에 해당하는지 미리 알기 어려운 경우가 많다.

2) 예

(1) 상해

▶ 강간 피해자가 입은 좌전경부흡입상은 인체의 생활기능에 장애를 주고

건강상태를 불량하게 변경하였다고도 보기 어려워 강간치상죄의 상해에 해당한다 할 수 없다.(대법원 1991. 11. 8. 선고 91도2188 판결)

▶ 피해자를 강간하려다가 미수에 그치고 그 과정에서 피해자에게 경부 및 전흉부 피하출혈, 통증으로 약 7일 간의 가료를 요하는 상처가 발생하였으나 그 상처가 굳이 치료를 받지 않더라도 일상생활을 하는 데 아무런 지장이 없고 시일이 경과함에 따라 자연적으로 치유될 수 있는 정도라면 그로 인하여 신체의 완전성이 손상되고 생활기능에 장애가 왔다거나 건강상태가 불량하게 변경되었다고 보기는 어려워 강간치상죄의 상해에 해당하지 않는다.(대법원 1994. 11. 4. 선고 94도1311 판결)

▶ 형법 제257조의 '상해'는 피해자의 신체의 완전성을 훼손하거나 생리적 기능에 장애를 초래하는 것을 의미하는 것으로서 (대법원 1999. 1. 26. 선고 98도3732 판결, 대법원 2000. 2. 25. 선고 99도4305 판결 등 참조), 특수공무집행방해치상죄에서의 상해가 형법 제257조의 '상해'로 평가될 수 없을 정도의 극히 하찮은 상처로서 굳이 치료할 필요가 없는 것이어서 그로 인하여 건강상태를 침해하였다고 보기 어려운 경우에는 위 죄가 성립하지 않는다. 원심은, 이 사건 물리적 충돌과정에서 피해자들이 입은 상처는 특별히 치료를 하지 않아도 시간이 지나면 자연치유가 가능한 정도라고 보아 이는 특수공무집행방해치상죄에 규정된 상해에 해당하지 않는다고 하여 무죄를 선고한 제1심을 유지하였는바, 앞서 본 법리와 기록에 비추어 살펴보면, 위와 같은 원심의 판단은 옳은 것으로 수긍이 가고……(대법원 2011. 5. 26. 선고 2010도10305 판결)

▽ 원심: 이 사건 물리적인 충돌과정에서 부산시청 청원경찰인 피해자 정O재는 입주위 타박상, 김O석은 찰과상, 황O용은 좌측 주관절 타박상 및 좌측 대퇴부 타박상, 이O종은 타박상의 상해를 입었으나, 위 피해자들을

진단한 부산광역시의료원에서는 <u>피해자들에게 특별한 처치를 시행하지</u>
<u>아니하고 휴식 등 보존적 치료만을</u> 시행하였는바, 피해자들이 입은 위 상
처들은 자연치유가 가능한 정도로 보이고, 피해자들이 피고인들의 처벌을
원하지 않고 있는 점에 비추어 볼 때, 피해자들이 입은 위 상처들은 특별
히 치료를 하지 않아도 시간이 지나면 자연히 완치된다고 보이므로 이를
가지고 특수공무집행방해치상죄에 규정한 상해에 해당한다고는 볼 수 없
다.(부산고등법원 2007. 12. 7. 선고 2007노908 판결)

　이들 판례에서의 '전경부흡입상'이나 '경부 및 전흉부 피하출혈, 통증으로
약 7일 간의 가료를 요하는 상처'는 물리적으로 상해가 아니라고 할 수 없
다. 이는 약간의 상해는 무기 또는 5년 이상의 중한 죄로 처벌할 강간치상
의 상해가 아니라는 철학적 의미가 부여되었다고 할 수 있다.
　이러한 해석은 일관성에서 문제된다. 약간의 상처는 상해가 아니라는 해
석을 교통사고, 상해 사안에서도 일관되게 해석한다면 상해의 기준이 불명
확하게 되어, 예견 가능성이 줄어들기 때문이다.
　따라서 이후 법원은 강간 등에 있어서도 피해자의 반항을 억압할 만한 폭
행 또는 협박이 없어도 일상생활 중 발생할 수 있는 것이거나 합의에 따른
성교행위에서도 통상 발생할 수 있는 상해와 같은 정도를 넘는 상해가 그
폭행 또는 협박에 의하여 생긴 경우라면 상해에 해당된다고 하여, 피해자의
건강상태가 나쁘게 변경되고 생활기능에 장애가 초래된 것인지는 객관적,
일률적으로 판단될 것이 아니라 피해자의 연령, 성별, 체격 등 신체, 정신상
의 구체적 상태를 기준으로 판단하여야 하다는 기준을 제시하였다.

　▶ 1. 원심의 인정과 판단
　원심은 강제추행치상죄에 있어서의 상해는 피해자의 신체의 건강상태가
불량하게 변경되고 생활기능에 장애가 초래되는 것을 말하는 것으로서,
신체의 외모에 변화가 생겼다고 하더라도 신체의 생리적 기능에 장애를

초래하지 아니하는 이상 상해에 해당한다고 할 수 없는 것인데, 피해자가 수사기관 이래 피고인으로부터 추행을 당한 후 음부에서 이상한 노란 것과 피가 함께 묻어나왔고 아파서 잘 걸어 다니지도 못했다고 진술하고 있는 사실, 이 사건 범행 10일 후인 2002. 11. 22. 피해자를 진찰한 의사 공소외 1은 진료소견서에서 요도염 의증으로 2002. 11. 19. 내원하여 주사와 동시에 3일분의 치료약을 투약하고, 당시 증상은 소변 볼 때 통증을 호소하고 있었다고 기재하고 있는 사실, 2002. 11. 28. 피해자를 진찰한 의사 공소외 2는 진료의뢰서에서 음핵부위에 궤양이 있는 듯하다고 하며 병명을 음부염증으로 기재하고 있는 사실 등은 인정되나, 진료소견서의 '의증'이라는 기재만으로는 구체적으로 그것이 어떠한 상처인지 불명확하고, 진료의뢰서의 기재만으로는 그 상처의 정도 및 치유기간을 알 수 없다는 점에 비추어, 피해자의 진술만으로는 피해자에게 발생한 상처로 인하여 신체의 완전성이 손상되고 생활기능에 장애가 초래되었다거나 건강상태가 불량하게 변경되었다고는 보기 어려우므로 이를 성폭력범죄의처벌및피해자보호등에관한법률위반(강간등치상)죄에서 정한 상해에 해당한다고 할 수 없다고 하여 이 사건 공소사실 중 치상부분은 범죄의 증명이 없는 때에 해당하여 무죄라고 판단하였다.

2. 이 법원의 판단

강간행위에 수반하여 생긴 상해가 극히 경미한 것으로서 굳이 치료할 필요가 없어서 자연적으로 치유되며 일상생활을 하는 데 아무런 지장이 없는 경우에는 강간치상죄의 상해에 해당되지 아니한다고 할 수 있을 터이다. 그러나 그러한 논거는 피해자의 반항을 억압할 만한 폭행 또는 협박이 없어도 일상생활 중 발생할 수 있는 것이거나 합의에 따른 성교행위에서도 통상 발생할 수 있는 상해와 같은 정도임을 전제로 하는 것이므로 그러한 정도를 넘는 상해가 그 폭행 또는 협박에 의하여 생긴 경우라면 상해에 해당된다고 할 것이며, 피해자의 건강상태가 나쁘게 변경되고 생활기능에 장애가 초래된 것인지는 객관적, 일률적으로 판단될 것이 아니라 피

해자의 연령, 성별, 체격 등 신체, 정신상의 구체적 상태를 기준으로 판단
되어야 할 것이다. 기록상의 증거들에 따르니, 피해자는 이 사건 범행을
당한 후 상처부위에 출혈이 있었으며 아파서 잘 걸어 다니지도 못하고 소
변시 통증을 느끼다가 범행 7일 후에야 병원을 찾아간 사실, 나아가 병원
에 대한 지식이 없어 산부인과 아닌 정형외과를 찾아 치료를 받고 3일 후
병명이 요도염 의증으로 된 진료소견서를 발부받은 사실, 이어 범행 16일
후에 산부인과를 찾아갔으나 그 산부인과에서는 2차 진료기관으로의 진
료의뢰서를 작성하여 준 사실을 알 수 있는바, 원심이 인정한 사실들에 이
러한 사실들을 보태어 위의 법리에 비추어 보니, 비록 정식의 상해진단서
는 제출되어 있지 아니하나 피해자가 입은 상처의 부위와 내용도 특정이
된다고 할 것이고 그 상해의 정도나 치유기간도 일응 알 수 있다고 보이
며, 또한 그 상해의 정도를 일상생활에 지장이 없고 단기간 내에 자연치유
가 가능한 극히 경미한 상처라고도 할 수 없으므로, 다른 사정이 드러나지
않는 한 그러한 정도의 상처로 인하여 피해자의 신체의 건강상태가 불량
하게 변경되고 생활기능에 장애가 초래된 것이 아니라고 단정하기는 어렵
다. 원심으로서는 피해자의 그 범행피해 전의 신체상태, 각 병원 방문 경
위, 치료내역, 구체적인 증상과 원인, 진료의뢰서의 작성 경위, 치유결과
등에 관하여 더욱 자세히 심리한 후 판단하였어야 옳았다.(대법원 2003.
9. 26. 선고 2003도4606 판결)

▶ 성폭력범죄의처벌및피해자보호등에관한법률 제9조 제1항의 상해는 피
해자의 신체의 완전성을 훼손하거나 생리적 기능에 장애를 초래하는 것으
로, 반드시 외부적인 상처가 있어야만 하는 것이 아니고, 여기서의 생리적
기능에는 육체적 기능뿐만 아니라 정신적 기능도 포함된다고 전제한 후,
제1심이 조사·채택한 증거들에 장신경외과의원 원장 장○○에 대한 사실
조회에 대한 회신의 기재를 종합하여 피고인들의 강간행위로 인하여 피해
자가 불안, 불면, 악몽, 자책감, 우울감정, 대인관계 회피, 일상생활에 대

한 무관심, 흥미상실 등의 증상을 보였고, 이와 같은 증세는 의학적으로는 통상적인 상황에서는 겪을 수 없는 극심한 위협적 사건에서 심리적인 충격을 경험한 후 일으키는 특수한 정신과적 증상인 외상 후 스트레스 장애에 해당하고, 피해자는 그와 같은 증세로 인하여 2일간 치료약을 복용하였고, 6개월간의 치료를 요하는 사실을 인정하고, 피해자가 겪은 위와 같은 증상은 강간을 당한 모든 피해자가 필연적으로 겪는 증상이라고 할 수도 없으므로 결국 피해자는 피고인들의 강간행위로 말미암아 위 법률 제9조 제1항이 정하는 상해를 입은 것이라고 판단하였는바, 원심의 위와 같은 사실인정 및 판단은 모두 수긍할 수 있고……(대법원 1999. 1. 26. 선고 98도3732 판결)

▶ 원심판결 이유에 의하면, 원심은 이 사건 진단서를 발부한 의사 작성의 확인서에 따르면 '상처 자체는 치유되는 데 있어 큰 문제가 되지 않을 것으로 사료된다.'고 기재되어 있는 점, 피해자의 아버지 진술서에 따르면 '무릎 상처는 크지 않고 조금 까진 정도이다. 병원에는 2004. 7. 17. 오후에 한 번 갔으며 그 이후로는 병원에 가지 않고 집에서 머큐롬을 바르는 정도이다. 생활에 전혀 지장은 없다.'고 기재되어 있고, 피해자의 확인서에도 '공군 중위 아저씨의 사무실에 가서야 무릎이 까진 것을 알았습니다.'라고 기재되어 있는 점, 제1심 증인 공소외인이 '저희 병사가 무릎 상처 난 것을 보고 약을 발라주고 밴드를 붙여주는 것을 보았습니다.'라고 진술하는 점에 비추어 보면, 이 사건 피해자의 상해는 그 상처가 굳이 치료를 받지 않더라도 일상생활을 하는 데 아무런 지장이 없고 시일이 경과함에 따라 자연적으로 치유될 수 있는 정도로, 이로 인하여 신체의 완전성이 손상되고 생활 기능에 장해가 왔다거나 건강상태가 불량하게 변경되었다고 보기는 어려워 강간치상죄의 상해에 해당한다고 할 수 없어 피고인의 이 사건 행위는 강간죄에만 해당된다고 판단한 후, 피해자의 고소가 취소되었다는 이유로 이 사건 공소를 기각하였다.

강간행위에 수반하여 생긴 상해가 극히 경미한 것으로서 굳이 치료할 필요가 없어서 자연적으로 치유되며 일상생활을 하는 데 아무런 지장이 없는 경우에는 강간치상죄의 상해에 해당되지 아니한다고 할 수 있을 터이나, 그러한 논거는 피해자의 반항을 억압할 만한 폭행 또는 협박이 없어도 일상생활 중 발생할 수 있는 것이거나 합의에 따른 성교행위에서도 통상 발생할 수 있는 상해와 같은 정도임을 전제로 하는 것이므로 그러한 정도를 넘는 상해가 그 폭행 또는 협박에 의하여 생긴 경우라면 상해에 해당된다고 할 것이며, 피해자의 건강상태가 나쁘게 변경되고 생활기능에 장애가 초래된 것인지는 객관적, 일률적으로 판단될 것이 아니라 피해자의 연령, 성별, 체격 등 신체, 정신상의 구체적 상태를 기준으로 판단되어야 한다.(대법원 2003. 9. 26. 선고 2003도4606 판결 참조)

기록에 의하면, 피해자는 이 사건 사고 당일 16:00경 병원을 방문하여 팔꿈치 부위에 대한 X-Ray 촬영과 무릎부분의 치료를 하였고, 위 병원에서 발부한 상해진단서에 의하면, 피해자의 상해부위는 '우측 슬관절 부위 찰과상 및 타박상, 우측 주관절 부위 찰과상'이고, 예상치료기간은 수상일로부터 2주이며, 입원 및 향후 치료(정신과적 치료를 포함)가 필요할 수도 있는 사실, 피해자는 만 14세의 중학교 3학년 여학생으로 154cm의 신장에 40kg의 체구인데, 이러한 피해자가 40대의 건장한 군인인 피고인과 소형승용차의 좁은 공간에서 밖으로 빠져나오려고 실랑이를 하고 위 차량을 벗어난 후에는 다시 타지 않으려고 격렬한 몸싸움을 하는 과정에서 적지 않은 물리적 충돌로 인하여 위와 같은 상해를 입게 된 사실을 알 수 있는 바, 이러한 사실들을 위의 법리에 비추어 보면, 피해자가 입은 위 상해의 정도가 일상생활에 지장이 없고 단기간 내에 자연치유가 가능한 극히 경미한 상처라고 할 수 없고, 그러한 정도의 상처로 인하여 피해자의 신체의 건강상태가 불량하게 변경되고 생활기능에 장애가 초래된 것이 아니라고 단정하기도 어렵다고 할 것이다.(대법원 2005. 5. 26. 선고 2005도1039 판결)

한편 교통사고에서는 다음과 같이 '상해'를 인정하고 있다.

▶ 피해자는 사고 직후 목과 허리 등에 통증이 있었으나 특별한 외상은 입지 않았고, 사고 다음날인 2004. 6. 11. 12:00경부터 약 5일 간 허○영 정형외과의원에서 경추부·요추부 염좌, 양측 무릎 좌상, 좌 손목의 염좌 및 긴장에 대한 치료를 받고, 2004. 6. 14. 위 병명으로 약 2주간의 치료를 요한다는 진단서를 발급받은 사안(부산지방법원 2005. 5. 20. 선고 2005노 708 판결; 대법원 2005. 9. 29. 선고 2005도4046 판결)

▶ 실제로 피해자의 딸은 이 사건 사고로 약 2주간의 치료를 요하는 '뇌진 탕'의 상해를 입게 되었고, 피해자 부부도 각각 약 2주간의 치료를 요하는 '경추 및 요추 염좌상 등'의 진단을 받아 병원에서 투약 등 치료를 받았으 며......(대법원 2011. 3. 10. 선고 2010도16027 판결)

▶ 피해자들 3명은 모두 각 2주간의 치료를 요하는 경추부 염좌 등의 상 해를 입어 물리치료를 받은 후 주사를 맞고 1~3일간 약을 복용하는 등 치 료를 받았다......(대법원 2008. 7. 10. 선고 2008도1339 판결)

▶ 피해자(당시 2세)가 이 사건 사고로 인하여 약 2주간의 치료를 요하는 우두정부, 전두부, 안면부, 코에 다발성좌상 및 찰과상 등의 상해를 입었 고, 특히 찰과상은 상처부위가 벗겨지고 피가 맺혀 부어 있었거나 피가 나 는 곳도 있었으며, 얼굴이 창백하고 멍한 상태라서 뇌진탕까지 의심되는 정도이었던 사실......(대법원 1994. 10. 14. 선고 94도1651 판결)

▶ 피해자들이 이 사건 교통사고로 입은 상해부위에는 압통 등이 있어 일 상생활에 지장을 줄 정도이고 사고 다음날인 2003. 4. 4.부터 같은 달 16 일까지 병원에 입원하여 약물치료(근육주사, 근이완제, 진통제 등) 및 1

일 2회씩의 물리치료를 한 사실이 인정되므로, 이러한 상해를 형법 제257
조 제1항에 규정된 '상해'로 평가될 수 없을 정도의 극히 하찮은 상처로서
굳이 치료할 필요가 없는 것이라고 할 수는 없고......,(대법원 2005. 9. 30.
선고 2005도2654 판결)

한편 하급심 판결에서는 차량 대 차량의 충돌사고에 있어 충격이 미미한
때 피해차량 운전자의 상해에 대하여 인과관계를 인정하지 않거나,[25] 극히
경미하여 굳이 치료하지 않더라도 자연적으로 치유될 수 있는 것이고, 피해
자가 사고로 인하여 형법상 상해로 평가될 수 있을 정도의 상해를 입었다는
점에 관한 충분한 입증이 되었다고 보기 부족하다는 이유로 무죄를 선고한
사례[26]들이 있다.

(2) 폭행

폭행이라는 용어의 개념에도 일정한 불명확성이 있다. 즉 팔을 잡아끌거
나 고성을 지르는 행위는 객관적으로 물리력의 행사에는 해당하지만 다음
판례에서는 팔을 잡아끌거나 전화하면서 고성을 지르는 행위는 폭행죄에
해당하지 않는다고 보았다.

▶ 상대방의 시비를 만류하면서 조용히 얘기나 하자며 그의 팔을 2, 3회

---

25 전주지방법원 2021. 10. 6. 선고 2021고단81 판결. (신호대기 정차중 피고인이 풋 브레이크에서
발을 떼자 피고인의 자동차가 천천히 움직여 바로 앞에 정차중이던 자동차의 뒷부분을 충격하
였고, 자동차에 설치된 블랙박스 영상에 의하면 충격 당시 피고인의 자동차는 매우 저속으로
움직여 충격의 정도가 크지는 않았고, 교통사고 직후 촬영된 피고인의 자동차와 피해자의 자동
차의 충격 부분을 살펴보아도 사고의 흔적을 찾기 어려울 정도로 경미한 충돌이 있었던 사안)

26 서울중앙지방법원 2021. 10. 28. 선고 2021고단748 판결. (피고인이 운전한 승용차가 신호대기
를 위하여 정차하던 중 브레이크를 밟은 발에 힘이 풀려 전방에 신호대기로 정차 중인 피해자
운전의 택시를 후방에서 살짝 들이받은 것으로서 증거로 제출된 사진만으로는 피고인의 차량
과 피해 택시의 파손 부위를 식별하기 어려울 정도로 극히 경미한 사고이며, 사고 당시 피해자 택
시에 동승한 승객은 아픈 곳이 없다며 현장에서 이탈하였고, 피해자도 검사를 위하여 입원한 것
으로 일상생활에 지장이 없어 바로 퇴원하였고 진단서도 발급받지 아니하였다고 진술한 사안)

끌은 사실만 가지고는 사람의 신체에 대한 불법한 공격이라고 볼 수 없
어 형법 제260조 제1항 소정의 폭행죄에 해당한다고 볼 수 없다.(대법원
1986. 10. 14. 선고 86도1796 판결)

▶ 피해자의 신체에 공간적으로 근접하여 고성으로 폭언이나 욕설을 하거
나 동시에 손발이나 물건을 휘두르거나 던지는 행위는 직접 피해자의 신
체에 접촉하지 아니하였다 하더라도 피해자에 대한 불법한 유형력의 행사
로서 폭행에 해당될 수 있는 것이지만, 거리상 멀리 떨어져 있는 사람에게
전화기를 이용하여 전화하면서 고성을 내거나 그 전화 대화를 녹음 후 듣
게 하는 경우에는 특수한 방법으로 수화자의 청각기관을 자극하여 그 수
화자로 하여금 고통스럽게 느끼게 할 정도의 음향을 이용하였다는 등의
특별한 사정이 없는 한 신체에 대한 유형력의 행사를 한 것으로 보기 어렵
다.(대법원 2003. 1. 10. 선고 2000도5716 판결)

　　형벌은 일상적인 사소한 것을 다루지 않는다. 극히 사소한 불편함을 유발
한 모든 행위를 범죄화할 수는 없다. 사소한 불편함의 발생은 일상에서 흔
히 발생하므로 이를 범죄화한다면 일반인이 준수할 수 없다. 이 경우 위반
자 모두를 처벌할 수 없기 때문에 결국 선별적으로 일부만 처벌하게 된다.
그러면 국가기관이 자의적으로 선별하여 처벌한다는 의심과 불신을 초래하
며 범죄예방효과도 기대하기 어렵게 된다. 피해자의 의사에 따라 처벌대상
자를 정한다고 하더라도 이러한 문제점이 근본적으로 제거되지 않는다. 형
벌은 국가의 강제력 행사이기 때문이다. 그러므로 사회생활에 있어서는 어
느 정도의 심한 언어와 친절하지 않은 행동을 감수할 수밖에 없다. 형벌에
는 이러한 철학적 의미가 반영되어 있다. 이러한 극히 사소한 것을 형벌의
대상에서 제외하는 법해석은 형벌의 정당성 및 존재 근거에 관한 것으로서
입법부도 공유하는 철학이므로 권력분립에 반하지 않는다.

▶ 폭행죄에서 말하는 폭행이란 사람의 신체에 대한 불법적인 유형력 행사를 말하고, 그에 이르지 않는 사소한 유형력의 행사는 폭행죄에 해당하지 않는다.(서울서부지방법원 2021. 5. 13. 선고 2020노1438호; 대법원 2021. 8. 19. 선고 2021도6854 확정)

Ⅲ. 법해석의 필요성과 법해석 이론

1. 문자 휴리스틱

■■■　A는 종중의 돈을 횡령했다고 말한 종중원을 명예훼손으로 고소했다. A는 검찰에서 조사받던 중 고소를 취소하겠다고 진술했다. 검사가 '한 번 고소를 취소하면 다시 고소할 수 없다.'는 의미를 아는지 묻자 '안다.'고 답했다.

검사는 A가 종중원의 처벌을 원하지 않는다는 의사를 표시했다는 이유로 공소권없음 처분을 했다.

A는 자신은 처벌 불원의 의사를 표시한 적이 없다고 항고했다. 객관적 사실에 의하면 A는 고소를 취소한다고는 했을 뿐, 처벌을 원하지 않는다고 하지는 않았다. 따라서 A의 입장에서는 고소는 취소했지만 여전히 처벌을 원할 수 있다.

그러나 고소는 범죄사실을 적시하여 상대방을 처벌해달라는 의사표시이다. 그러므로 처벌의사의 표현이 없으면 고소가 아니다. 따라서 고소 취소는 처벌 불원의 의사를 의미한다. 그러므로 검사는 당연히 고소 취소를 처벌 불원의 의사로 이해한다.

사람은 자신의 마음속의 모든 사고 과정과 상태를 인식하지 못한다. 사람에게는 모른다는 사실도 모른 채 결정하는 무의식의 세계가 있다. 문자의 의미 해석에 있어서도 일반적으로 무의식에 영향을 받는다.[27]

사람은 비록 그가 원한다고 하더라도 두뇌에서 모든 정보를 완벽하게 처리할 수 없다. 결과를 계산하고, 함축된 의미를 이해하며, 복잡한 여러 대안을 비교하여 판단함에 있어 인간의 정신 능력에 한계가 있다.[28] 생존을 위해서는 두뇌 에너지를 최대한 효과적이며 효율적으로 사용해야 한다. 그리하여 사람은 미리 머릿속에 신속처리 장치를 마련해 두었다. 이를 '휴리스틱(Heuristic)'이라 한다.[29] 복잡하고 이해하기 힘든 문제의 해결책을 찾는데 사용하는 경험칙, 단순화 전략 또는 교육된 추측이다. 사람은 매일 반복하는 출퇴근길에는 매 순간의 운전을 자세하게 판단하고 기억하지 않는다. 마치 자동 항법장치에 의한 것처럼 회사에 도착해 있다. 휴리스틱의 예이다.

휴리스틱스[30]는 알고리즘(Algorithm)의 반대 개념이다. 알고리즘은 가능한 모든 수를 평가하고 분석한다. 휴리스틱스는 가능한 수만을 평가하고 그중 가장 중한 것을 고른다.

문자의 해석에도 휴리스틱(Textual Heuristic)이 작동한다. 문자는 그 자체로서는 본래적 의미가 없다. 인간이 뇌에서 정신적으로 처리하지 않는 이상 글자는 단지 의미 없는 표시에 지나지 않는다. 말도 물리적으로는 공기 중의 소리에 불과하다. 고대 이집트 문자를 모르는 사람에게는 이는 상징물에 불과하다. 의미를 이해할 수 없기 때문이다. 문자에는 고유의 내재적 의미

---

27 Morell E. Mullins, Sr., "Tools, Not Rules: The Heuristic Nature of Statutory Interpretation", 30 J. Legis 1 (2003), 37쪽

28 Morell E. Mullins, Sr., "Tools, Not Rules: The Heuristic Nature of Statutory Interpretation", 30 J. Legis 1 (2003), 48쪽

29 (a rule of thumb, simplification or educated guess that reduces or limits the search for solutions in domains that are difficult and/or poorly understood)

30 인간의 사고에 있는 휴리스틱은 여러 개 존재한다. 휴리스틱스는 휴리스틱의 복수형이다.

가 없다. 독자가 스스로의 사고를 통해 의미를 만든다.[31] 문자의 의미를 찾는 과정에서 독자의 언어적·문화적 이해와 경험이 더해진다. 문자의 의미는 사람의 뇌에서 발생하는 패턴이다. 사람은 문자의 의미를 알아내기 위해 추론해야만 한다. 단순히 고정되어 있는 문자의 의미를 발견하는데 그치지 않는다. 자신의 배경 지식에 따라 문자에 의미를 부여한다.[32] 예를 들어 '고양이'라는 문자를 읽으면 마음속에 자동적으로 떠오르는 이미지가 있다. 이 이미지는 각자의 경험과 배경 지식에 따라 다르다.

언어의 의미가 사고에 의해 만들어 진다면 언어는 기본적으로 부정확하고, 불명확하다. 그러나 사람은 이러한 점을 간과한다. 가령 '고양이'라는 문자는 어느 특정 개체의 고양이를 정확하게 묘사하지 않는다. 세부적으로 생각하면 생각할수록 그것이 복잡하고 불명확하다는 것을 알게 된다. 검은 고양이, 흰 고양이, 암고양이, 수고양이 등 매우 다양하다. 그러므로 언어는 기본적으로는 근사치이다. 이 때문에 언어는 오해를 만든다. 일반적으로 언어가 명확하다는 생각은 환상이다.[33]

독자는 문자에 능동적으로 개입한다. 독자는 문자를 읽으면서 자신의 지식과 경험을 사용하여 문자의 공간을 채우고, 바꾼다.[34] 독자는 글을 읽으면서 휴리스틱스의 영향으로 자신도 인식하지 못한 채 자신이 이미 형성한 의미에 문자의 의미를 맞추어 일관성을 유지한다. 독자는 문자가 제공하는 정보를 넘어서는 추론을 한다.

이처럼 언어 자체의 특성과 사람의 인지 구조 때문에 문자는 항상 해석을 필요로 한다. 문자의 해석은 적극적 사고 과정이다. 정해진 잣대로 측정

31　Morell E. Mullins, Sr., "Tools, Not Rules: The Heuristic Nature of Statutory Interpretation", 30 J. Legis 1 (2003), 38쪽

32　Morell E. Mullins, Sr., "Tools, Not Rules: The Heuristic Nature of Statutory Interpretation", 30 J. Legis 1 (2003), 21쪽

33　Morell E. Mullins, Sr., "Tools, Not Rules: The Heuristic Nature of Statutory Interpretation", 30 J. Legis 1 (2003), 39쪽

34　Morell E. Mullins, Sr., "Tools, Not Rules: The Heuristic Nature of Statutory Interpretation", 30 J. Legis 1 (2003), 40쪽

하는 행위가 아니다.[35] 독자의 정신을 배제할 수는 없으므로 오직 문자 만에 의해 문자 그대로의 의미를 해석할 수 없는 상황에 직면한다.

검사나 판사는 사건을 처리하면서 법을 해석해야 할 상황에 마주친다. 이 때 객관적으로 생각할 때 이성적인 의미로 법을 해석하고 그에 따라 판단하려 한다. 이는 실무 경험에도 부합하고, 또 사람의 보편적 성향에도 일치한다.[36]

그런데 검사나 판사도 인간이다. 문자 휴리스틱은 사람인 이상 누구에게 나 발생한다. 사람인 이상 자기중심 편향(Egocentric Bias)에서 벗어날 수 없 다. 사람은 실제 자신이 알고 있는 것보다 많은 것을 알고 있다고 과대평가 한다.[37] 자기중심 편향은 자신이 실제보다 더 좋은 결정을 한다고 믿게 한 다. 스스로 고집을 부린다는 현실을 의식하지 못한 채 독단적인 의미를 부 여하면서도 진심으로 합리적 의미를 찾았다고 믿기도 한다. 스스로의 경험 과 세계관에 따른 다양한 편향에서 벗어날 수 없다.

이처럼 검사나 판사도 사고 과정에서 편향과 오류를 범할 수 있다. 따라 서 이들의 법해석에 절대적인 가치는 인정되지 않는다.[38] 적정한 가치만 부 여할 수 있을 뿐이다.

---

35 Morell E. Mullins, Sr., "Tools, Not Rules: The Heuristic Nature of Statutory Interpretation", 30 J. Legis 1 (2003), 42쪽

36 Morell E. Mullins, Sr., "Tools, Not Rules: The Heuristic Nature of Statutory Interpretation", 30 J. Legis 1 (2003), 58쪽

37 Morell E. Mullins, Sr., "Tools, Not Rules: The Heuristic Nature of Statutory Interpretation", 30 J. Legis 1 (2003), 59쪽

38 Morell E. Mullins, Sr., "Tools, Not Rules: The Heuristic Nature of Statutory Interpretation", 30 J. Legis 1 (2003), 70쪽

2. 법해석 이론의 역사적 조망

고전적 자연법(Natural Law) 이론은 법은 인간의 본성이나 신이 정한 정의 (Divine Justice)에서 도출된다고 보았다. 따라서 자연법은 객관적으로 옳은 원칙으로 구성된다고 했다. 그러므로 법해석은 인간이 만든 법을 자연법의 원칙에 맞게 하는 역할을 한다.

19세기의 형식주의(Formalism)는 판례법의 기본 원칙에서 구체적 사건에 대한 올바른 결정을 과학적으로 도출할 수 있다고 보았다. 그러므로 판례법의 기본 원칙에 따라 정리된 논리 형식을 사용해서 법을 해석할 수 있다고 했다.

자연법 이론이나 형식주의에 의하면 법에는 객관적 정답이 존재한다. 법해석은 그 정답을 발견하는 것이 된다. 그 정답의 근원은 입법자나 판사가 아니고, 법 자체의 높은 원칙이다. 따라서 사법부가 이 정답을 찾는데 입법부의 의도를 존중할 필요가 없다. 그러므로 법조항에 있는 언어의 엄격한 해석보다는 이성이나 형평을 더 중시했다. 법해석은 법에 존재하는 결함의 수정을 추구했다. 잘못이 없었더라면 필요 없는 결함은 당연히 법해석으로 제거해야 하기 때문이다.[39]

20세기의 법 현실주의(Legal Realism)는 변함없이 유효한 미리 정립된 보편적 진실은 없다고 보았다. 그러므로 사법부도 진실을 알아맞힐 수 없고, 항상 진실에 기초한 올바른 결정을 할 수도 없다고 했다. 따라서 법해석에 있어서도 유일하게 옳고 정확한 방법은 없게 된다. 법 현실주의는 사법부는 때로는 법에 있는 정답을 발견하기보다는 법을 만든다고 비판했다. 이러한 비판에 대응하기 위해서 사법부가 법해석의 내용을 공개하고, 설득력과 정당성을 높일 필요가 증가하게 되었다.[40]

---

39 Valerie. C. Brannon, "Statutory Interpretation: Theories, Tools, and Trends", CONG, RSCH. SERV. R45153 (2018), 6쪽

40 Valerie. C. Brannon, "Statutory Interpretation: Theories, Tools, and Trends", CONG, RSCH. SERV. R45153 (2018), 7쪽

법적 과정 이론(Legal Process Theory)은 어리석거나 명백하게 비합리적인 결과를 만들려는 입법 의도는 없다고 전제한 후 입법 의도가 무엇이었을 지를 고려하여 법을 해석해야 한다고 주장했다.

실용주의(Pragmatism), 즉 동적 법해석(Dynamic Statutory Interpretation), 현실적 논증(Practical Reasoning) 이론은 ① 검사나 판사는 법조항을 해석, 적용할 때 불가피하게 자신의 경험을 사용할 수밖에 없고 ② 이들은 반드시 입법 당시의 법조항의 의미나 입법 의도에 따라 법조항을 해석해야만 할 필요가 없다고 주장했다. 즉 법해석 시점에 있어서의 새로운 의미를 법조항에 부여할 수 있다고 했다.[41] 형법의 목적을 실현하는 법해석, 직관 혹은 선입견을 고려하고 실제로 발생할 결과를 살피는 법해석,[42] 법해석에 있어서의 제한 없는 재량과 민주주의 가치를 실현하는 통로가 되는 법해석[43]도 같은 부류이다.

그러나 어떤 행위를 처벌할지를 정하는 정책적 판단은 선거로 책임을 지는 입법부에서 결정함이 민주주의에 부합한다.[44] 국민에 의해 직접 선출되지 않은 사법부는 입법 정책의 타당성을 판단하는 기관이 아니고, 구체적 사건에 있어 법의 한계를 설정하는 기관이기 때문이다.

따라서 현재는 권력분립, 직접 민주주의의 원칙상 사법부가 직접 법을 발견하기 보다는 입법부가 의도한 법을 발견해야 한다는 것이 주류 이론이다. 사법부가 입법부의 정책적 판단을 대신한다면 이는 입법부의 권한을 빼앗는 것이므로 사법부의 정책을 법률로 제정된 입법부의 정책보다 우선시함은 부당하다고 보는 입장이 대세이다.[45]

---

41 Morell E. Mullins, Sr., "Tools, Not Rules: The Heuristic Nature of Statutory Interpretation", 30 J. Legis 1 (2003), 29쪽

42 Valerie. C. Brannon, "Statutory Interpretation: Theories, Tools, and Trends", CONG, RSCH. SERV. R45153 (2018), 10쪽

43 Jane S. Schacter, "Metademocracy: The Changing Structure of Legitimacy in Statutory Interpretation", 108 HARV. L. REV. 593 (1009), 607쪽

44 Jane S. Schacter, "Metademocracy: The Changing Structure of Legitimacy in Statutory Interpretation", 108 HARV. L. REV. 593 (1009), 594쪽

45 Valerie. C. Brannon, "Statutory Interpretation: Theories, Tools, and Trends", CONG, RSCH. SERV. R45153 (2018), 8쪽

권력분립상 법을 제정할 권리는 입법부에 있으므로, 사법부가 법해석을 통해 입법을 할 수는 없다. 따라서 법해석의 적격성은 사법부가 입법 의도를 어떻게 잘 실현하는가에 있다고 할 수 있다.[46] 그러므로 입법 우위에 따라 사법부는 입법부의 충실한 대행자라는 이론(Faithful Agent Theory)이 주류이다.[47]

그런데 이에 대해서는 오늘날의 국민은 입법부의 정책 결정에 대해 항시 책임을 물을 능력을 유지하지는 못한다는 반론이 있다. 오직 선거 때에만 일시적으로 가능할 뿐이라고 한다. 이에 따라 주류 이론에 대해 반론이 제기되고 있다.[48]

이에 의하면 사법부는 법해석을 통해 ① 변화된 상황을 반영하여 법을 새롭게 바꾸고 ② 행정부의 한계를 설정하고, 법해석의 안정성과 일관성을 유지하며 ③ 행정부의 활동을 개선하도록 규범을 바꾸고 ④ 전체적으로 사법 제도의 염결성을 유지하는데 필요한 바람직한 역할을 해야 한다.[49] 이 이론에 대해서는 비민주적이라는 비판이 있다.

3. 현대 법해석 이론

가) 배경

입법부가 사법부로 하여금 법조항을 어떻게 해석하도록 의도했는지를 알

---

46 Valerie. C. Brannon, "Statutory Interpretation: Theories, Tools, and Trends", CONG, RSCH. SERV. R45153 (2018), 2쪽

47 Valerie. C. Brannon, "Statutory Interpretation: Theories, Tools, and Trends", CONG, RSCH. SERV. R45153 (2018), 4쪽

48 Glen Staszewski, "Statutory Interpretation as Contestatory Democracy", 55 MW. & MARY L. REV. 221 (2013), 224쪽

49 Glen Staszewski, "Statutory Interpretation as Contestatory Democracy", 55 MW. & MARY L. REV. 221 (2013), 224쪽

아내어 그 의도대로의 해석을 추구하는 입장이 법해석의 주류이다. 그런데 입법부는 다양한 의원으로 구성되어 있고, 위원회 등의 조직도 다양하므로 대개는 실제로 존재했던 구체적 입법 의도를 알 수 없다. 때문에 사법부는 입법부의 객관적 의도를 파악하려고 한다.

이때 입법부의 객관적 의도를 결정하는 방법을 두고 목적주의 (Purposivism)와 문자주의(Textualism)가 대립한다. 목적주의는 법해석에 있어 입법 역사 등 입법 목적을 감안하지만 문자주의는 입법 목적을 감안해서는 안 된다는 입장이다.[50]

가령 법조항이 "장애아동 교육 소송에서 법원은 승소한 장애 아동의 부모 에게 합리적인 수준의 변호사비를 재판 비용의 일부로 지불할 수 있다."라 고 되어 있다고 하자. 이때 장애 아동의 부모가 전문가의 도움을 받아 재판 에서 승소한 경우 위 법조항의 '변호사비'의 의미에 전문가 보수를 포함한다 고 해석할 수 있는지가 문제된다.[51]

법조항의 문자에 중점을 두면 포함한다고 해석할 수 없다. 그러나 입법 부가 재판 비용이라는 단어를 사용한 입법 의도와 장애인 아동도 공교육을 받을 수 있게 한다는 법률의 목적에 중점을 두면 전문가 비용을 포함한다고 해석할 수 있다. 문자주의는 포함할 수 없다는 해석에 이르고 목적주의는 포함할 수 있다는 해석에 이른다.

목적주의와 문자주의는 사법부의 기관 능력(Institutional Competence of the Courts)에 대한 견해차에서 비롯한다. 목적주의는 입법 목적의 고려는 사법 부의 기관 능력 내에 있다고 보는 반면 문자주의는 그렇지 않다고 본다.

기관 능력 이론은 좋은 정책이 곧 좋은 정부 기관이라는 의미는 아니라고 한다. 좋은 정부 기관의 핵심은 가장 좋은 정책이 무엇인지를 알아내는 것

---

50 Chelsea A. Bunge-Bollman, "United We Stand, Divided We Fall? An Inquiry into the Values and Shortcomings of a Uniform Methodology for Statutory Interpretation", 95 NOTRE DANE. L. REV. ONLINE 101 (2019), 103쪽

51 Arlington Central School District Board of Education v. Murphy, 548 U.S. 291 (2006)

이 아니라, 어떤 정부 기관이 어떤 결정을 해야 하는지와 정부 기관 전체를 어떻게 연결해야 하는지를 아는 데 있다고 한다.[52] 즉 좋은 정부는 각각의 정부 기관에서 할 수 있는 결정과 할 수 없는 결정이 무엇인지를 정하고, 또 특별한 능력이나 전문성이 있는 각각의 정부 기관 간에 소통과 견제가 있을 때 가능하다고 본다. 따라서 좋은 정책이라는 이유로 권력분립을 무시하고 입법부가 사법부의 결정을, 사법부가 입법부의 결정을 할 수 없다.

나) 목적주의

목적주의는 입법은 목적적 행위이므로, 사법부는 입법 목적을 실현하기 위한 법해석을 해야 한다고 주장한다. 물론 목적주의도 법조항의 단어가 분명한 때에는 명백한 오류가 아닌 한 비록 비합리적이라고 판단하더라도 문자대로 해석한다. 그러나 입법을 존중하기 위해 사법부는 입법 목적 달성에 충실한 방법으로 불분명한 문자를 해석해야 한다고 주장한다. 따라서 법조항의 단어의 의미를 이해하기 위해서는 입법 의도를 알아야 한다고 본다.[53] 객관적 입법 의도를 파악하기 위해 입법부가 합리적 목적을 합리적으로 추구하는 합리적인 사람으로 구성되어 있다고 가정한다.

목적주의는 사법부는 법조항의 문자와 함께 신뢰할 만한 입법 자료를 확인하는 방법으로 입법부가 어떤 방법으로 어떤 내용의 입법 의도를 알리려고 하였는지에 주의를 기울여야 한다고 한다.[54] 그러므로 사법부는 먼저 입

52　Valerie. C. Brannon, "Statutory Interpretation: Theories, Tools, and Trends", CONG, RSCH. SERV. R45153 (2018), 11쪽; (the key to good government is not just figuring out what is the best policy, but figuring our which institutions should be making which decisions and how all the institutions should interrelate.)

53　Shelby Stemberg Moylan, "Context to Overcome Definition: How the Supreme Court Used Statutory Interpretation to Define "Person" and "Sex"", 69 U. KAN. L. REV. 171 (2020), 189쪽

54　Valerie. C. Brannon, "Statutory Interpretation: Theories, Tools, and Trends", CONG, RSCH. SERV. R45153 (2018), 12쪽; (how Congress makes its purposes known, through text and reliable accompanying materials constituting legislative history.)

법부가 어떤 문제를 해결하려 했는지를 확인하고, 그 다음으로 사법부가 상
정한 해석이 그 목적에 부합하는지를 확인한다.[55] 목적주의는 예시를 들어
해석의 정확성을 논증하고(Reasoning by Example), 구체적 법조항의 해석 적
용으로 일반적 입법 목적이 증진되는지를 설명한다.

목적주의에 대해서는 공유된 하나의 입법 의도는 현실적으로 존재할 수
없어 이를 찾을 수 없고, 또 실제로는 법조항의 문자를 무시하고 해석자가
스스로 믿는 바를 입법 목적이라고 선언할 뿐이라는 비판이 있다.[56]

다) 문자주의

문자주의는 법조항의 단어에 집중한다. 입법 과정을 통해 입법부에서 채
택한 최종 결과가 법조항이므로 다른 어떤 명시되지 않은 목적보다 법조항
의 문자를 우선시 한다.

문자주의는 법조항의 문자로부터의 명백한 의미 한도 내에서만 입법 목
적을 존중한다. 입법 의도에 대한 회의주의적 입장에 의하면 다수의 의원으
로 구성된 입법부에서 실제 입법 의도가 무엇이었는지를 알아내는 것은 불
가능하므로, 오직 법조항의 문자에서 도출된 명백한 의미를 통해서만 입법
의도를 찾을 수밖에 없다고 한다.[57] 문자주의는 비록 입법 의도가 존재하더
라도 명백히 표시되지 않은 입법 의도에 주목하면 사법부가 스스로의 목적
과 욕망을 추구할 위험성이 있다고 한다.

문자주의는 문자의 의미론적 맥락(Semantic Context)에서 합리적인 언어 사

---

55 Valerie. C. Brannon, "Statutory Interpretation: Theories, Tools, and Trends", CONG, RSCH.
    SERV. R45153 (2018), 13쪽; (court should first ask what problem Congress was trying to solve,
    and then ask whether the suggested interpretation fits into that purpose.)

56 Valerie. C. Brannon, "Statutory Interpretation: Theories, Tools, and Trends", CONG, RSCH.
    SERV. R45153 (2018), 13쪽

57 Glen Staszewski, "Statutory Interpretation as Contestatory Democracy", 55 MW. & MARY L.
    REV. 221 (2013), 234쪽

용자가 생각하는 의미를 발견하려 한다. 그러므로 문자주의는 법률의 구조를 살핀다. 객관적으로 합리적인 그리고 숙련된 언어 사용자가 법조항의 단어를 보고 마음속에 떠올리는 의미를 찾는다.

문자주의는 대개 입법 목적 등 입법 역사를 사용하지 않는다. [58] 이들은 화자와 청자가 공유하고 있는 가정이 무엇인지를 찾고, 이에 의해 법조항의 문자에 내재한 공유된 관행적 의미를 발견하려고 한다. 이를 위해 문법 및 다양한 언어 관행을 반영한 법해석의 지도 원리를 사용한다.

문자주의에 대해서는 입법부는 때로는 사법부가 입법 역사, 입법 의도를 고려해 법조항을 해석하기를 희망하고 있으며, 입법 의도 관련 자료를 고려하면 단지 문자만으로 해석할 때보다 해석자의 자의를 제약할 수 있다는 비판이 있다. [59] 또 입법 역사나 정책적 결과를 고려하지 못하면 언어의 추상성으로 인해 법해석에 어려움이 발생하며, 입법자가 예견하지 못한 입법 한계를 극복하지 못하고 상황을 악화시키는 일이 발생한다는 비판도 있다. [60] 문자주의는 입법 역사나 입법 의도를 감안하지 않으므로 목적주의에 비해 해석자가 확신에 이르는 기준이 낮아 더 쉽게 제약 없는 확신을 가질 수도 있다.

라) 목적주의와 문자주의의 접근

현실에서는 문자주의도 단어의 의미를 정확하게 파악하기 위해서 입법부의 위원회 보고서, 본회의 토론문 등을 참고한다. [61] 또 문자를 넘어 관련 맥

---

[58] Shelby Stemberg Moylan, "Context to Overcome Definition: How the Supreme Court Used Statutory Interpretation to Define "Person" and "Sex"", 69 U. KAN. L. REV. 171 (2020), 188쪽

[59] Valerie. C. Brannon, "Statutory Interpretation: Theories, Tools, and Trends", CONG, RSCH. SERV. R45153 (2018), 15쪽

[60] Glen Staszewski, "Statutory Interpretation as Contestatory Democracy", 55 MW. & MARY L. REV. 221 (2013), 235쪽

[61] Chelsea A. Bunge-Bollman, "United We Stand, Divided We Fall? An Inquiry into the Values and Shortcomings of a Uniform Methodology for Statutory Interpretation", 95 NOTRE DANE. L. REV. ONLINE 101 (2019), 104쪽

락과 입법부가 해결하고자 한 문제가 무엇인지를 고려한다. 목적주의도 법조항의 문자를 시작점이자 궁극적인 한계점으로 본다. 그러므로 순수한 목적주의나 문자주의는 존재하지 않는다고 할 수 있다.

입법 목적을 고려하는 목적주의에 의하더라도 입법 목적은 형벌조항의 문구의 분명한 의미를 넘는 확장 해석의 근거가 될 수 없음이 엄격 해석의 원칙상 명백하다. 또 명시되지 않은 입법 목적은 객관성이 없으므로 형벌조항 해석의 자료로 할 수 없다.

IV. 자유 민주주의, 법치주의와 법해석

대한민국 헌법은 자유 민주주의, 법치주의를 기본원리로 하므로 법해석
도 민주주의, 법치주의 맥락 안에서 가능하다.

1. 자유 민주주의

가) 자유

역사는 자유의 확대를 향해 왔다. 노예제나 노비제도의 폐지는 더 많은
인간이 자유를 누리게 했다. 자유의 확대는 창의성과 자율성의 원천이 되어
경제 성장의 원동력이 되었다.[62]

자유에는 리버티(Liberty)와 프리덤(Freedom)이 있다. 이 개념은 혼용되기
도 하지만 때로는 구별된다.

리버티는 라틴어 *libertas*에서 유래되었다. 이는 자주성, 분리, 다른 사람
으로부터의 독립(Condition of Autonomy, Separation, Independence)을 뜻한다.
예를 들면 통행할 권리, 원하는 대로 행동할 권리, 마음대로 생각할 권리를

---

[62] David Hackett Fisher, "Constitutional Traditions in Open Societies: A Comparative Inquiry",
12 NZJPIL 1 (2014), 21쪽

말한다.

프리덤은 인도 유럽의 *friya* 혹은 *priya*에 어원을 둔다. 이는 사랑받음 (Beloved)을 의미한다. 자유로운 사람들로 구성된 사회에 노예가 아닌 상태로 속함을 뜻한다.[63] 예를 들면 투표할 권리, 버스의 좌석에 앉을 권리, 이웃에 집을 살 권리, 시민으로서의 권리와 의무를 뜻한다.

리버티는 분리(Separation)를, 프리덤은 연결(Connection)을 함의한다. 그러므로 보수적 자유주의자는 정부로부터 간섭을 받지 않을 권리로서의 리버티를 요구한다. 반면 마르틴 루터 킹과 같은 시민 단체는 백인과 구별 없이 투표하고, 버스에 앉을 흑인의 권리를 요구했다.[64]

자유를 불간섭으로 이해하면 의도적인 강제나 방해에 의해 자유가 제한된다. 자유를 비지배로 이해하면 다른 자가 자의적으로 간섭할 능력을 가지지 않는 상태를 중요시한다. 지배자가 자의적으로 피지배자에게 간섭할 수 있는 능력을 가진 때에는 실제로 그 능력이 행사되지 않더라도 피지배자로서는 지배자로부터 받을 제재 가능성을 두려워하게 된다. 그러면 자유롭게 행동할 수 없으므로 자유는 제한된다. 멍에는 아무리 가볍다고 하더라도 멍에이다. 이 입장에 의하면 피지배자의 이익을 고려해 볼 때 자의적이지 않다면 강제나 규제도 자유의 침해가 아니다. 자의적이지 않다면 지배도 자유의 제한도 아니다. 자의를 배제하기 위해서는 일반인의 시각과 이익을 무시하는 공권력을 제한하는 메커니즘이 필요하다.[65]

---

63   (condition of belonging to a community of other free people, and in that way unlike a slave)

64   David Hackett Fisher, "Constitutional Traditions in Open Societies: A Comparative Inquiry", 12 NZJPIL 1 (2014), 11쪽

65   Glen Staszewski, "Statutory Interpretation as Contestatory Democracy", 55 MW. & MARY L. REV. 221 (2013), 241~242쪽

나) 선거 민주주의

선거 민주주의는 소수자의 이익과 시각을 반드시 반영하지는 않는다. 선거 민주주의는 소수자의 이익과 시각에 반드시 반응할 필요가 없기 때문이다.[66] 선거 민주주의는 상대적이건 절대적이건 다수자의 이익을 반영한다. 그러므로 다수자는 자의적으로 소수자의 자유를 제한할 수 있다.

그러나 민주주의에서 오직 선거만이 전부는 아니다. 민주주의에는 모든 국민의 이익과 시각을 듣고, 반응하지 않고서는 민주적 권한이 행사될 수 없다는 인식이 내포되어 있다.[67]

자유를 비지배로 본다면 민주주의는 반드시 소수자의 이익과 시각이 고려되는 메커니즘이 있어야만 한다. 소수자가 자신이 인식한 자신의 이익을 기초로 공적 결정에 대해 의문을 제기하고, 편파적이지 않은 결정을 하는 중립적 기관에서 모든 관련된 이익을 동등하게 검토하도록 할 수 있어야 자의적 지배를 막을 수 있다. 이러한 절차가 없는 결정은 자의적이다.[68] 따라서 관계 이익이 평등하게 고려되고, 편파적이지 않은 결정이 내려지는 경연(Contestatory) 장치가 필요하다. 이 경연 장치에서는 다른 사람보다 덜 받았다는 결정의 결과가 아닌, 소수자의 이익과 시각이 평등하게 고려되지 않는 방식으로 결정되었다는 점을 다투게 된다. 경연 장치에서는 결과 자체가 아니라 만일 이익이 평등하게 고려되었다면 그 결정이 달라졌을 것이라는 가정이 결함의 주장 근거가 된다.[69]

---

66 (electorial democracy is not necessarily responsive to the interests and perspectives of minorities.)

67 Glen Staszewski, "Statutory Interpretation as Contestatory Democracy", 55 MW. & MARY L. REV. 221 (2013), 230쪽

68 Glen Staszewski, "Statutory Interpretation as Contestatory Democracy", 55 MW. & MARY L. REV. 221 (2013), 243쪽

69 Glen Staszewski, "Statutory Interpretation as Contestatory Democracy", 55 MW. & MARY L. REV. 221 (2013), 226쪽

민주주의는 자유와 연결되어 있어 집단의 자의적 힘을 제한한다는 개념은 중요한 의미가 있다. 자의적 지배는 다양한 방식으로 통제될 필요가 있다. 이러한 통제는 민주주의를 긍정적으로 발전시킨다. 이는 민주주의와 개인의 자유가 연결되어 있다는 인식을 통해서 가능하다.[70]

그러므로 자유 민주주의에 있어 자의적 지배를 배제한 비지배로서의 자유를 증진하는 법해석은 필수적이다.[71] 대립하는 이익과 상반된 시각을 가진 사람들이 합리적으로 받아들일 수 있는 결정을 하면서 결정을 내린 이유에 대해 충분한 설명을 할 때 사법부는 비지배로서의 자유를 최대한으로 증진시킨다.[72]

2. 법치주의

법치주의는 정치문명이 일정 수준의 역사적 단계에 이르렀음을 알려주는 인간 지혜의 결정체이다. 법치주의는 단순한 입법과는 다르다. 법치주의는 권력의 교체, 국민의 평등한 대우, 인권 존중, 정치적·시민적 권리 보장을 주요내용으로 한다.

역사적으로 법치주의는 경제 성장과 인권 확장의 동력이 되었다. 이는 법치주의가 견고한 합리성에 기초하여 정의를 추구해왔기 때문이다. 이성과 정의는 법에 생명을 불어 넣는다. 법치주의의 법은 현실의 검증을 통해 존

---

70 Glen Staszewski, "Statutory Interpretation as Contestatory Democracy", 55 MW. & MARY L. REV. 221 (2013), 244쪽

71 Glen Staszewski, "Statutory Interpretation as Contestatory Democracy", 55 MW. & MARY L. REV. 221 (2013), 228쪽

72 Glen Staszewski, "Statutory Interpretation as Contestatory Democracy", 55 MW. & MARY L. REV. 221 (2013), 230쪽; (statutory interpretation best promotes freedom as non-domination when the judiciary gives reasoned explanations for its decisions that could reasonably be accepted by people with fundamentally competing interests and perspectives.)

폐가 결정되었다. 법치주의에서는 현실에 맞지 않아 더 잘 사는 삶을 방해하는 법은 유지되지 못한다.

법치주의에서의 법해석은 법치주의가 요구하는 법의 적격성에 부합하도록 해야 한다.

가) 법치주의와 인치주의, 이법주의

법치주의는 법의 지배(Rule of Law)를[73] 번역한 것이다. 법치주의에 대한 통일된 개념은 없다. 그러나 법치주의, 즉 법의 지배는 인치주의(人治主義) 즉 사람의 재량에 의한 지배(Rule of Man)와 이법주의(以法主義) 즉 법에 의한 지배(Rule by Law)와 구별된다.

법치주의는 정부의 권한 행사는 성문법의 통제에 따른다는 원리이다.[74]

법치주의는 ① 자의적이고 불공정한 국가 권력행사로부터 개인을 보호하고 ② 다른 사람들은 제약 없이 자유롭게 행위함에도 불구하고, 특정 개인이 적정하지 않게 사회적 제약을 강제 받는 일이 없도록 함을 내용으로 한다. 따라서 법의 가장 중요한 기능은 국가기관이 권한을 남용하거나 자의적이고 불공정하게 개인을 다루는 것을 막는 데 있다. 법치주의의 요소 중 하나는 법 앞의 평등이다. 법은 권력이 있는 자나 없는 자, 부자나 빈자, 다수자나 소수자에게 똑같이 적용되어야 한다. 똑같이 법이 적용됨은 공정한 사회를 위한 필요 요건이다. 따라서 법은 일반적으로 적용되어야 하며 선별적으로 적용되어서는 안 된다.

73　법의 지배라는 표현은 1500년대에 영국에 등장하였다. 법의 지배가 널리 확산된 것은 다이시(A. V. Dicey, 1835-1992)가 저서 『헌법학의 소개 (Introduction to the Study of the Law of the Constitution)』에서 영국의 정치제도의 원리의 하나로 소개한 이후다. Jesus Fernandez-Villaverde, "MAGNA CARTA, THE RULE OF LAW, AND THE LIMITS ON GOVERNMENT", 47 Int'l Rev. L. & Econ. S22(2016). S23쪽

74　(actions of government authorities are⋯⋯ subject to the control of the written law.)

▶ 우리 헌법은 국가권력의 남용으로부터 국민의 기본권을 보호하려는 법치국가의 실현을 기본이념으로 하고 있고, 법치국가의 개념은 범죄에 대한 법정형을 정함에 있어 죄질과 그에 따른 행위자의 책임 사이에 적절한 비례관계가 지켜질 것을 요구하는 실질적 법치국가의 이념을 포함하고 있다(헌재 1992. 4. 8. 90헌바24, 판례집 4, 225, 230)........그러므로 그 입법취지에서 보아 중벌(重罰)주의로 대처할 필요성이 인정되는 경우라 하더라도 범죄의 실태와 죄질의 경중, 이에 대한 행위자의 책임, 처벌규정의 보호법익 및 형벌의 범죄예방효과 등에 비추어 전체 형벌체계상 지나치게 가혹한 것이어서, 그러한 유형의 범죄에 대한 형벌 본래의 기능과 목적을 달성함에 있어 필요한 정도를 현저히 일탈함으로써 입법재량권이 헌법규정이나 헌법상의 제원리에 반하여 <u>자의적으로 행사된 것으로 평가되는 경우에는 이와 같은 법정형을 규정한 법률조항은 헌법에 반한다</u>고 보아야 한다.(헌재 2003. 11. 27. 2002헌바24)

인치주의는 권력자가 법의 통제에서 벗어나 자신의 재량을 통해 통치하는 원리이다. 로마 시대의 칼리굴라 황제처럼 시민이 법을 알 수 없게 하고, 오직 황제가 개인적이고 초법적으로 결정한다.

이법주의는 정부 권력자가 다른 사람에게는 법을 적용하지만, 자신들은 구속되지 않는 원리를 말한다.[75] 이법주의에서의 법은 국가가 적당하다고 판단하는 목적을 실현하기 위해 사용하는 도구에 불과하다.[76] 법은 정책 수행을 위한 수단에 불과하기 때문에 권력분립이 필요하지 않다. 이법주의는 국가가 국민의 행위를 지배하기 위해 일반적 용어에 의한 공개되고 강제할 수 있는 규칙을 사용함을 의미할 뿐이다.[77] 이법주의에서도 법 적용에 있어

---

[75] Ben Self, "The Bo Xilai Trial and China's Struggle with the rule of law", 14 Wash. U. Global Stud. L. Rev. 155 (2015), 162~163쪽

[76] Mo Zhang, "The Socialist Legal System with Chinese Characteristics: China's Discourse for the Rule of Law and a Bitter Experience", 24 Temp. Int'l & Comp. L. J. 1 (2010), 6쪽

[77] Eric W. Orts, "The Rule of Law in China", 34 VAND. J. TRANSNATL. L. 43 (2001), 94쪽

명확성과 통일성은 확보되어 있다. 이러한 의미에서 이법주의는 전제주의
에서도 가능하다. 그러나 법은 통치를 위한 수단이므로 법에 내재된 도덕성
(Internal Morality)은 없다.[78]

나) 법의 적격성

론 풀러(Lon L. Fuller)는 저서 『법의 도덕성(The Morality of Law)』에서 다음
과 같은 법 적격성의 원칙(Principle of Legality)이 유지되어야 법률 제도라고
할 수 있다고 했다. 그는 이러한 내재된 도덕성, 즉 법 적격성이 없는 법은
법이 아니고, 따라서 이를 지킬 도덕적 의무가 없다고 했다.[79]

1) 일반성

자국의 일반적 언어(General Term)로 표현된 법이 있어야 한다. 성문법이
없이 상황에 따라 결정권자가 자의적으로 결정해서는 안 된다. 즉 법이 없
는 상황에서 그때그때 결정자가 마음대로 판단하게 해서는 안 된다.

법은 일반적으로 적용되는 일반성(Generality)을 가진 용어로 되어 있어야
한다. 법이 일반적 용어로 되어 있으면 법적용에 있어 일관성을 유지하게
된다. 법이 일반성을 가지면 법을 집행함에 있어 특정한 개인이나 단체를
골라서 불공정하게 취급하거나 특권을 부여할 수 없다. 그러나 법치주의는
공정하고 통일적이면서도 정의와 형평을 실현하기 위해 적정한 예외를 인
정하는 법을 허용한다.[80]

특정성을 가진 명령(Particular Order)과 구별하기 위해 법을 일반 규칙
(Rule)이라고도 한다. 따라서 입법부는 일반성을 가진 법을 제정할 수 있을

78　Eric W. Orts, "The Rule of Law in China", 34 VAND. J. TRANSNATL. L. 43 (2001), 97쪽

79　Ben Self, "The Bo Xilai Trial and China's Struggle with the rule of law", 14 Wash. U. Global
　　Stud. L. Rev. 155 (2015), 163쪽

80　Eric W. Orts, "The Rule of Law in China", 34 VAND. J. TRANSNATL. L. 43 (2001), 99쪽

뿐이며, 특정인을 대상으로 한 처분적 법률을 제정할 수 없다. 또 입법부는 구체적 사건에서의 사법부의 법해석과 결정을 바꿀 권한이 없다.

2) 공개성

법은 공표되어야 한다. 법으로 영향을 받는 대상자 즉 그 법을 지켜야 할 사람이 법에 접근하여 알 수 있어야 한다. 여기서의 공개성(Publicity)은 단지 최소한의 사람이 알 수 있는 공지가 아니다. 일반인이 법을 알 수 있다는 넓은 의미이다.

법에 대한 자유로운 접근을 위한 권리선언(The Declaration on Free Access to Law)[81]에 의하면 법은 공적 재산으로서 비영리적으로 그리고 무료로 접근 가능해야 한다. 영국의 '굿 로 이니시어티브(Good Law Initiative)'는 우리 세대와 앞으로의 후손에게 잘 작용하는 법 즉 필요하고, 명료하며, 일관성 있고, 효과적이며, 접근성 있는 법을 만들기 위하여 노력하는 운동이다.[82]

법에의 접근성이 쉬워야 하는 이유는 첫째로 법을 알 수 없게 한 상태에서 국민에게 책임을 물은 것은 불공정하며, 둘째로 법을 국민들이 알 수 있도록 해야지만 국민들이 그에 따를 것이고 그래야 법의 목적 달성이 용이하기 때문이다.[83]

3) 장래성

법은 주로 장래에 효력이 발생해야 한다(Prospectivity). 행위 시에 없었던 법

---

81 http://www.worldLII.org/worldlii/declaration/ World Legal Information Institute로 세계 각국의 법률 정보를 저장하고 있다. (2017. 6. 5. 접속)

82 https://www.gov.uk/guidance/good-law (2017. 6. 5. 접속)

83 Michael Curtotti, Eric McCreath, "A right to access implies a right to know: an open online platform for research on the readability of law", 1 J. Open Access L. 1, (2013), 4쪽

을 적용해서 효력을 발생하는 소급 입법은 안 된다. 소급 입법은 행위를 할 때
예견할 수 없었던 행위에 적용하므로 부당하다. 법에 대한 신뢰도 해친다.

그러나 입법부가 미리 향후 벌어질 범죄 행위를 모두 예견해서 구체적으
로 정하는 일은 불가능하다. 범죄 행위는 너무 많고 다양하다. 또 언어는 그
자체로 추상적인 성격이 있다. 따라서 형벌조항이 포섭하고 있다고 해석되
는 범위 내에서 새로운 유형의 행위에 적용한다고 하더라도 소급 적용은 아
니다. 즉 장래성은 장래 적용만을 의미하지는 않고, 일반적인 소급 적용의
금지를 의미한다.

그렇지만 일반인의 입장에서 처벌받을 것으로 예견할 수 있는 수준을 넘
어선 새로운 유형의 행위에 형벌조항을 적용하여 처벌하면, 법 집행자의 창
의적인 형벌조항 적용이 가능하게 된다. 또 판결에 의해 처벌받는 자는 행
위 시점이 아닌 판결시점의 법해석에 의한 소급 적용이어서 불공정하다고
인식하게 된다.

소급효의 금지(Ex Post Facto Prohibition)는 징벌(Penal)에만 적용되고 민사
사안에는 적용되지 않는다.[84] 그런데 어떤 제재가 성격상 징벌인지 아니
면 민사 사안인 규제(Regulatory)인지를 단지 명칭으로만 구별해서는 안 된
다. 민사 사안의 형식을 취했더라도 소급효에 있어 징벌에 해당할 수 있다.
여기서 징벌은 형벌(Criminal)과는 다른 개념이다. 예를 들어 강제 국외추방
(Deportation)은 형벌은 아니지만 징벌에 해당한다.

어떤 특정 제재가 실질적으로 징벌에 해당하여 소급효 금지가 적용되는
지의 판단 기준에 대한 판결이 있다.[85] 사법부는 ① 제재가 구금과 같은 제
한 혹은 제약인지[86] ② 제재가 전통적으로 처벌로 간주되어 왔었는지[87] ③

---

[84] Calder v. Bull, 3 U.S. 386 (1798), 399쪽; De Veau v. Braisted, 363 U.S. 144 (1960), 160쪽

[85] Kennedy v. Mendoza-Martinez, 372 U.S. 144 (1963)

[86] (whether the sanction involve disability or restraint). Flemming v. Nesstor, 363 U.S. 603 (1960) 판결에서는 정부 사회보장 혜택과 같은 단순한 비계약적 정부 해택의 중단은 징벌이 아니라고 했다.

[87] (whether it has historically been regarded as a punishment)

그 제재가 고의와 같은 정신적인 요소를 고려하여 가해지는 것인지[88] ④ 제
재가 전통적인 형벌의 목적 즉 응보와 억제를 위해 작동하는 것인지[89] ⑤ 제
재가 적용되는 행위가 이미 범죄로 된 것인지[90] ⑥ 합리적으로 연관시킬 수
있는 다른 목적을 위하여 제재가 사용될 수 있는지[91] ⑦ 그 제재가 추구하는
다른 전용될 목적에 비추어 볼 때 제재가 과하다고 보이는지를[92] 고려해서
판단한다. 따라서 사법부는 민사 사안에 대해서도 법의 구조가 목적이나 효
과에 있어 매우 징벌적이어서 정부의 의도와 다른 것이 되고, 결국 징벌에
해당하는지를 심사해야 한다.[93]

▶ 형벌불소급의 원칙은 "행위의 가벌성" 즉 형사소추가 "언제부터 어떠한
조건하에서" 가능한가의 문제에 관한 것이고, "얼마동안" 가능한가의 문
제에 관한 것은 아니므로, 과거에 이미 행한 범죄에 대하여 공소시효를 정
지시키는 법률이라 하더라도 그 사유만으로 헌법 제12조 제1항 및 제13조
제1항에 규정한 죄형법정주의의 파생원칙인 형벌불소급의 원칙에 언제나
위배되는 것으로 단정할 수는 없다.(헌재 1996. 2. 16. 96헌가2 등)

4) 명확성

인간은 법이 무엇인지를 알고 그에 따라 자신의 삶을 결정하기를 원한다.

---

88 (whether it comes into play only on a finding of scienter)
89 (whether its operation will promote the traditional aims of punishment- retribution and deterrence)
90 (whether the behavior to which it applies is already a crime)
91 (whether an alternative purpose to which it may rationally be connected is assignable for it)
92 (whether it appears excessive in relation to the alternative purpose assigned)
93 United States v. Ward, 448 U.S 242 (1980), 248~49쪽; (whether the statutory scheme is so punitive either in purpose or effect as to negate the state's intention). 반면 형벌조항에 있는 몰수는 민사 제재라는 판결로는 United States v. One Assortment of 89 Firearms, 465 U.S. 354 (1984), 366쪽

법이 무엇인지 알지 못하게 하여 자주적 결정을 할 수 없도록 하면 인간의 존엄성은 훼손된다.

　그러므로 법은 일반인이 이해할 수 있어야 한다. 법을 이해할 수 없다면 지킬 수도 없다. 지킬 수도 없는 법을 위반했다고 처벌함은 적정절차에 반한다. 따라서 법은 명확해야 한다. 명확성(Clarity)은 단지 성문법의 존재를 알려주어야 한다는 의미가 아니다. 이는 특히 형벌이나 기타 가혹한 제재가 가해지는 때에는 법은 막연하거나 불명확해서는 안 된다는 의미다.[94] 또 재판 과정에 누구나 쉽게 접근할 수 있어야 하며, 자의에 의해 법이 왜곡되는 것을 허용하지 않음을 말한다.

　언어는 추상성을 가지고 있어 수학적인 정확성까지 기대할 수는 없다. 언어의 한계로 인해 입법자가 추상적 단어를 사용하고, 이를 명확하게 할 의무를 구체적 사건을 담당하는 사법부에 위임한다고 하더라도, 입법부에서 법으로 정한 범위가 실제로 법 집행자를 제한할 수 있어야 한다.

　법률의 명확성(Legal Clarity)은 언어 자체의 명확성(Linguistic Clarity)과는 다르다.[95] 언어 자체가 명확하더라도 법률은 불명확할 수 있다.

　법률의 명확성은 상황에 따라 예견 가능성이 되기도 하고 정확성이 되기도 하는 개념이다. 법률의 명확성은 수학적 정확성이 아닌 법률이 정한 목적을 달성하는 정도에서의 법적 명확성을 의미할 뿐이다.[96] 법률에 있어서는 마치 적정절차에서 '적정(due)', 평등 원칙에서 '평등'과 같이 어느 정도의 불가피한 불명확성을 인정할 수밖에 없다.

　법률의 불명확성은 문자의 해석에 있어 불일치가 발생하고, 그러한 불일치가 합리적인(Reasonable) 근거에서 비롯한다는 의미이다. 명확하다는 판정 기준, 즉 어떤 문자가 명확한가, 아닌가에 대해서 이를 평가할 객관적 기준은 없다. 특히 명확성은 스스로 증명되는 것이라는(ipse dixit) 입장에 의하면

94　Eric W. Orts, "The Rule of Law in China", 34 Vand. J. Transnatl. L. 43 (2001), 100쪽

95　Richard M. Re, "Clarity Doctrines", 86 U. Chi. L. Rev. 1497 (2019), 1506쪽

96　Richard M. Re, "Clarity Doctrines", 86 U. Chi. L. Rev. 1497 (2019), 1537쪽

기준에 의한 중립적인 명확성 판정은 불가능하다.[97]

입법부는 정책적으로 형벌이 적용될지 여부가 모호한 영역을 마련할 수 있다. 즉 사람들이 스스로의 판단 하에 행위를 하지 않도록 함으로써 규제를 최대화하기 위해 명확한 입법을 하지 않을 수도 있다. 그리고 명확한 입법을 할 경우 반대자의 비판이 예상되거나 반대 의원들의 찬성표를 얻기 어려운 상황에서 법안 통과를 위해 불명확한 입법을 할 수도 있다.

이처럼 입법부는 법률을 통과시키기 위해, 명확한 규정을 만들 때 발생할 정치적 부담을 피하기 위해, 또 면밀한 사전 분석의 부담을 덜기 위해 '전략적 모호성'에 따라 의도적으로 애매한 문구를 사용한다. 추상적인 것은 거짓 혹은 오류의 증명이 불가능하다. 추상적이면서 명분을 가진 구호에 대해서는 반박이 어렵다.

지나치게 명확한 선은 너무나 밝아 눈을 멀게 할 수 있다. 법률이 명확하면 변화하는 환경과 복잡한 현상에 대응하지 못할 수 있다. 그러나 불명확한 법률은 이를 집행하는 사람에게 큰 권한을 부여한다. 대리인 비용(Agency Cost)이 필연적으로 발생한다.

형벌조항이 불명확하면 일반인은 어떤 행위가 금지되는지를 알지 못하게 되고, 입법 목적에 비례하지 않는 과잉 규제가 가능하게 되며, 자의적·차별적인 집행이 조장될 수 있다는 점에서 문제가 있다. 그러므로 입법부는 명확한 형벌조항을 제정해야 한다.

만일 입법부가 더 이상의 명확한 언어를 사용하기 불가능하여 형벌조항에 규범적·추상적 용어를 사용한 때에는 사법부는 법해석과 적용에 있어 수준 높은 정교한 결정을 해야 한다. 물론 극도로 넓거나 좁은 해석을 해서는 안 된다.[98] 입법부가 사법부에 극히 제한적이거나 넓은 해석을 하도록 의도하였다고 추정할 수 없기 때문이다.

---

97 Richard M. Re, "Clarity Doctrines", 86 U. Chi. L. Rev. 1497 (2019), 1536쪽

98 YoungJae Lee, "Reasonable Doubt And Moral Elements", 105 J. Crim. L. & Criminology 1 (2015), 32쪽

▶ [대법관 이기택, 대법관 김재형, 대법관 박정화, 대법관 안철상, 대법관 노태악의 반대의견] (마) 우리 형법이 사문서의 무형위조를 처벌하지 않는 것은 공문서와 달리 사적 자치의 영역에는 국가의 형벌권 행사를 최대한 자제하기 위함이다. 이러한 형법의 태도는 문서가 아닌 전자기록에도 그대로 적용될 수 있다. 회사는 그 영업을 함에 있어 진실에 부합하는 전자기록 이외에도 부득이한 상황에서 진실에 일부 부합하지 않는 허위내용이 담긴 전자기록을 작성하는 경우도 얼마든지 있을 수 있다. 그런데 허위내용이 담긴 사전자기록이라는 이유만으로 그 작성권자가 누구인지와 상관없이 모두 '위작'에 해당하는 것으로 해석한다면 수사기관은 압수수색 과정에서 당초 수사 중인 피의사실과 관련된 증거를 발견하지 못하더라도 허위내용이 담긴 사전자기록을 발견하여 별건 수사에 활용하는 등 수사권 남용을 초래할 위험이 있다. 이 경우 회사의 경영활동이 위축될 수 있음은 쉽게 예상할 수 있다. 따라서 무형위조와 유형위조에 관한 일반인의 관념이 변화되지 않은 상태에서 형법 제232조의2에서의 '위작'에 사문서위조죄에서의 '위조'와 달리 무형위조를 포함한다고 해석하는 것은 이러한 점에서도 문제가 된다. 요컨대, 형법 제232조의2에서 정한 '위작'이란 전자기록의 생성에 관여할 권한이 없는 사람이 전자기록을 작성하거나 전자기록의 생성에 필요한 단위정보를 입력하는 경우만을 의미한다고 해석하여야 한다.(대법원 2020. 8. 27. 선고 2019도11294 전원합의체 판결)

5] 일관성

(1) 의의

법조항이 여러 개 있을 때에 서로 모순되거나 충돌이 없고, 일관되어야 한다(Consistency).

만일 서로 모순되는 두 개의 법조항이 있다면 하나를 지키면 반드시 다

른 하나를 지키지 못하게 된다. 이때 다른 법조항을 지켰다는 이유로 법조
항 위반을 용인해 줄 수도 있다. 반대로 어쨌든 법조항을 위반했다는 이유
로 처벌할 수도 있다. 이러한 자의적 판단이 가능하면 법이 없는 것과 다름
없다.

(2) 예

〔가〕 산림보호법

● 산림보호법
제53조(벌칙) ① 산림보호구역 또는 보호수에 불을 지른 자는 7년 이상 15년 이하의
징역에 처한다.
  ② 타인소유의 산림에 불을 지른 자는 5년 이상 15년 이하의 징역에 처한다.
  ③ 자기소유의 산림에 불을 지른 자는 1년 이상 10년 이하의 징역에 처한다.
  ④ 제3항의 경우 불이 타인의 산림에까지 번져 피해를 입혔을 때에는 2년 이상 10
년 이하의 징역에 처한다.
  ⑤ 과실로 인하여 타인의 산림을 태운 자나 과실로 인하여 자기 산림을 불에 태워
공공을 위험에 빠뜨린 자는 3년 이하의 징역 또는 3천만원 이하의 벌금에 처한다.

● 형법
제167조(일반물건 방화) ① 불을 놓아 제164조부터 제166조까지에 기재한 외의 물
건을 불태워 공공의 위험을 발생하게 한 자는 1년 이상 10년 이하의 징역에 처한다.

제170조(실화) ① 과실로 제164조 또는 제165조에 기재한 물건 또는 타인 소유인
제166조에 기재한 물건을 불태운 자는 1천500만원 이하의 벌금에 처한다.
② 과실로 자기 소유인 제166조의 물건 또는 제167조에 기재한 물건을 불태워 공공
의 위험을 발생하게 한 자도 제1항의 형에 처한다.

제171조(업무상실화, 중실화) 업무상과실 또는 중대한 과실로 인하여 제170조의 죄
를 범한 자는 3년 이하의 금고 또는 2천만원 이하의 벌금에 처한다.

산림보호법은 형법의 방화죄와 달리 '불을 지른 자', '피해를 입혔을 때',
'공공을 위험에 빠뜨린 때'와 같은 용어를 사용하고 있다. 또 과실범에 대해

서 징역형을 법정형으로 하고 있어 고의 책임주의 원칙에 따라 과실범을 금
고형에 처하도록 한 형법과도 배치된다. 일관성이 결여되어 있다.

〔나〕 현주건조물 등 방화치사상

● 형법
제164조(현주건조물 등 방화) ① 불을 놓아 사람이 주거로 사용하거나 사람이 현존
하는 건조물, 기차, 전차, 자동차, 선박, 항공기 또는 지하채굴시설을 불태운 자는 무
기 또는 3년 이상의 징역에 처한다.
② 제1항의 죄를 지어 사람을 상해에 이르게 한 경우에는 무기 또는 5년 이상의 징역
에 처한다. 사망에 이르게 한 경우에는 사형, 무기 또는 7년 이상의 징역에 처한다.

'사망에 이르게 한 경우'는 '사람을 살해한 경우'와 표현이 명백히 다르다.
'사망에 이르게 한'은 과실범에 대한 표현이고, '사람을 살해한'은 고의범에
대한 표현이다.

형벌조항의 문구의 의미가 분명할 때에는 명문에 반한 다른 해석은 불가
능하다. 엄격 해석의 원칙에 따르면 살인의 고의가 있는 때에는 '사람을 살
해'한 것이므로 살인죄 또는 존속살인죄로 의율해야 한다. 양형이 중하다고
하여 '사망에 이르게 한'과 같은 과실범 조항을 적용할 수 없다.

▶ 형법 제164조 후단이 규정하는 현주건조물등방화치사상죄는 그 전단
이 규정하는 죄에 대한 일종의 가중처벌 규정으로서 과실이 있는 경우뿐
만 아니라, 고의가 있는 경우에도 포함된다고 볼 것이므로 사람을 살해할
목적으로 현주건조물에 방화하여 사망에 이르게 한 경우에는 현주건조물
방화치사죄로 의율하여야 하고 이와 더불어 살인죄와의 상상적 경합범으
로 의율할 것은 아니며, 다만 존속살인죄와 현주건조물방화치사죄는 상상
적 경합범 관계에 있으므로, 법정형이 중한 존속살인죄로 의율함이 타당
하다.(대법원 1996. 4. 26. 선고 96도485 판결)

현주건조물에 방화하는 방법으로 살인을 한 경우를 가정하자. 살인죄의 법정형은 사형, 무기 또는 5년 이상의 징역이라고 하자.

그러면 살인죄의 고의가 없는 과실범이 현주건조물에 방화하여 사람이 사망하게 된 경우에는 형법 제164조 제2항 후문의 현주건조물방화치사죄에 해당하여 사형, 무기 또는 7년 이상의 징역에 처할 수 있다. 그런데 살인할 고의로 현주건조물에 방화하여 사람을 살해한 때 현주건조물방화치사죄를 적용할 수 없다면 살인죄인 사형, 무기 또는 5년 이상의 징역으로 처하게 된다. 그렇다면 과실범보다 고의범의 법정형이 더 경하게 된다. 법원은 이러한 문제를 해결하기 위해 고의범도 현주건조물방화치사죄로 처벌할 수 있다고 해석한 것이다.

개정 전 존속살해죄의 법정형은 사형 또는 무기징역이었다. 그러므로 현주건조물방화로 존속을 살해한 때에는 제164조 제2항 후문의 현주건조물방화치사죄의 법정형인 사형, 무기 또는 7년 이상의 징역형이 개정 전 존속살인죄의 법정형보다 가벼웠다. 따라서 이때에는 상상적 경합으로 의율하여 현주건조물방화치사죄의 유기징역으로 선고할 수 없도록 해석한 것이다. 이는 방화의 방법으로 존속살해를 한 자를, 그 외의 방법으로 존속살해를 한 자보다 법정형을 가볍게 할 합리적 입법 이유가 없으므로 이를 그대로 적용할 때의 오류를 판결로 시정한 해석이라고 할 수 있다.

그러나 고의범인 피고인을 중하게 처벌하기 위하여 '~에 이르게 한'과 같이 과실범 또는 결과적 가중범으로 규정되어 있는 제164조 제2항을 문자의 분명한 의미에 반하여 적용할 수 없다. 과실범으로 되어 있는 결과적 가중범을 엄격 해석의 원칙, 관용의 원칙에 반하여 고의범 조항으로 의율할 수는 없다.

따라서 고의범과 과실범에 대하여 '상해한 때'와 '상해에 이르게 한 때', '살해한 때'와 '사망에 이르게 한 때'로 나누어 조문을 개정해야 한다. 고의범과 과실범은 양형에 차이가 있어야 한다.

형법 제164조 제2항의 문구가 결과에 대한 과실을 구성요건으로 하고 있으므로 피고인의 고의, 과실을 불문하고 현주건조물 등에 방화하여 사람을 상해나 사망에 이르게 한 경우에 적용된다고 보는 것은 입법의 잘못을 해석으로 보충하려는 것인데, 엄격 해석의 원칙에 부합하지 않는다.

형벌조항을 해석함에 있어서는 헌법상 규정된 죄형 법정주의 원칙 때문에 입법 목적이나 입법자의 의도를 감안하는 확대해석이나 유추해석은 일체 금지되고 형벌조항의 문언의 의미를 엄격하게 해석해야 한다.[99] 명백한 입법의 잘못은 입법으로 수정해야 한다.

● **형법**
제301조의2(강간등 살인·치사) 제297조, 제297조의2 및 제298조부터 제300조까지의 죄를 범한 자가 <u>사람을 살해한 때</u>에는 사형 또는 무기징역에 처한다. <u>사망에 이르게 한 때</u>에는 무기 또는 10년 이상의 징역에 처한다.

형법 제301조의2는 '살해한 때'와 '사망에 이르게 한 때'를 나누어 규정하고 법정형에 차이를 두고 있다. 살해의 고의가 있는 때와 사망의 예견 가능성을 인식한 때에는 책임에 있어 차이가 있기 때문에 이와 같이 나눈 것이다. 따라서 이와 같은 논리의 일관성을 유지하기 위해서라도 현주건조물방화 살인 및 치사, 상해 및 치상을 나누어 규정하여야 한다. 일관성 없이 방치된 형벌조항은 수치이다.

〔다〕 일반건조물 등에의 일수

● **형법**
제177조(현주건조물등에의 일수) ① 물을 넘겨 사람이 주거에 사용하거나 사람이 현존하는 건조물, 기차, 전차, 자동차, 선박, 항공기 또는 광갱을 침해한 자는 무기 또는 3년 이상의 징역에 처한다.
② 제1항의 죄를 범하여 사람을 상해에 이르게 한 때에는 무기 또는 5년 이상의 징역

에 처한다. 사망에 이르게 한 때에는 무기 또는 7년 이상의 징역에 처한다.

제178조(공용건조물 등에의 일수) 물을 넘겨 공용 또는 공익에 공하는 건조물, 기차, 전차, 자동차, 선박, 항공기 또는 광갱을 침해한 자는 무기 또는 2년 이상의 징역에 처한다.

제179조(일반건조물 등에의 일수) ① 물을 넘겨 전2조에 기재한 이외의 건조물, 기차, 전차, 자동차, 선박, 항공기 또는 광갱 기타 타인의 재산을 침해한 자는 1년 이상 10년 이하의 징역에 처한다.
② 자기의 소유에 속하는 전항의 물건을 침해하여 공공의 위험을 발생하게 한 때에는 3년 이하의 징역 또는 700만원 이하의 벌금에 처한다.
③ 제176조의 규정은 본조의 경우에 준용한다.

　형법 제179조의 일반건조물 등에의 일수의 대상은 제177조, 제178조에 기재한 이외의 건조물, 기차, 전차, 자동차, 선박, 항공기 또는 광갱 기타 타인의 재산이다. 여기서 '기타 타인의 재산'은 건조물, 기차, 전차, 자동차, 선박, 항공기 또는 광갱에 준하는 것으로 한정 해석해야 한다.
　즉, 법 조문상의 한 단어는 그 앞, 또는 뒤의 다른 단어에 의해 그 의미를 해석해야 한다(noscitur a sociis, a word is known by the company it keeps). 이와 같은 해석원칙에 따라 '기타 타인의 재산'을 해석함에 있어서는 그 앞에 있는 '건조물, 기차, 전차, 자동차, 선박, 항공기 또는 광갱'의 의미를 살펴보아야 한다. 만일 '기타 타인의 재산'이 그 바로 앞에 있는 '건조물, 기차, 전차, 자동차, 선박, 항공기 또는 광갱'과 유리(流離)된 별도의 개념이라면 '건조물, 기차, 전차, 자동차, 선박, 항공기 또는 광갱'을 조문에 열거할 필요가 없다. 또 이 조항은 동종제한의 원칙(Ejusdem generis, of the same kind)이 적용된다. 이는 법의 적용 대상이 되는 것을 열거함에 있어서 일반적인 언어 앞에 구체적인 단어가 있을 때 그 일반적인 언어는 오직 그 앞의 구체적인 단어가 제시하고 있는 대상과 성질상 유사한 것에 한하여 포함하는 것으로 해석하는 원칙을 말한다.

'기타 타인의 재산'을 이와 같이 해석하지 않고 모든 동산, 부동산, 무체재산권을 포함하는 것으로 해석한다면,[100] 이는 공공의 위험 발생까지 요건으로 하지 않는 제179조 제1항의 객체를 불명확하게 확장하는 것이 되어 명확성의 원칙에 위배된다.

또 타인소유 일반물건방화죄는 공공의 위험이 발생하지 않으면 처벌받지 않는 반면, 타인소유 기타 재산에의 일수죄는 공공의 위험이 발생하지 않아도 제179조 제1항에 해당하여 처벌받게 되는 불균형이 발생한다. 기타 재산이 압류 기타 강제처분을 받거나 타인의 권리 또는 보험의 목적물이 된 때 공공의 위험이 발생하지 않은 경우에 일수죄는 제179조 제1항에 해당하여 처벌을 받지만, 방화죄는 처벌을 받지 않는다. 일수죄가 방화죄와 같이 공공의 위험범으로서 서로 대응하는 규정이라면, 이와 같은 차이를 두어 일수죄의 처벌범위를 넓힐 근거가 부족하다. 이러한 문제점을 해결하기 위해서라도 '기타 타인의 재산'은 건조물, 기차, 전차, 자동차, 선박, 항공기 또는 광갱에 준하는 것으로 제한해서 해석해야 한다. 이와 같은 해석은 피고인에게 유리한 것으로 명확성의 원칙에 반하지 않는다.

제167조의 일반물건방화죄는 '물건'으로 되어 있고 제179조의 제1항은 '재산'으로 되어 있어 재산이 물건보다 넓은 개념이므로 금전적 가치가 있는 모든 것으로 해석할 수도 있으나, 제179조 제2항은 '물건'으로 되어 있어 이러한 해석은 일관성이 유지될 수 없다. 제1항은 모든 재산을 의미하고 제2항은 기차, 전차, 자동차, 선박, 항공기 또는 광갱 및 이에 준하는 물건으로 한정한다는 해석은 타인 소유는 모든 재산을 보호대상으로 하면서 타인의 권리의 대상이 된 자기 소유는 일정한 물건으로 하는지에 대한 합리적 근거가 없어 제3항을 제1항과 제2항의 관계에 있어 논리적으로 설명하기 어렵다. 또 조문의 표제는 형벌조항의 해석 자료가 되는데, 표제가 '일반건조물 등에의 일수'로 되어 있지, '일반건조물, 일반물건 등의 일수'와 같이 되어 있

100　주석형법[각칙(2)](5판), 276(박찬). '기타 타인의 재산'은 타인 소유의 논밭, 과수원, 삼림, 목장 등 수력에 의하여 그 효용이 멸실 또는 감소될 만한 물건이면 무엇이라도 상관없다고 한다.

지 않다.

만일 일반물건을 처벌하려면 방화죄와 같이 별도의 조문을 제정하여야 한다.

한편 같은 형법에서 방화죄에서는 '광갱'을 '지하채굴시설'로 바꾸면서도 일수죄에서는 '광갱'이라는 용어를 그대로 둔 것은 일관성에 반한다.

6) 이행 가능성

(1) 의의

사람이 지킬 수 없는 법, 그 법에 따라 행위할 수 없는 법은 무효이다.[101] 법은 인간이 지킬 수 있어야 한다(Performability). 법은 인간이 할 수 없는 것을 요구할 수 없다. 인간이 할 수 없는 요구와 처벌은 적정절차에 반한다. 사실상 지킬 수 없는 것을 지키도록 요구하는 법은 법의 적격성이 없다.

(2) 예

〔가〕 판례

◆ 당국에 등록하지 않은 중무기를 소지한 자를 처벌하는 조항이 있다.

그러나 당국에서 등록 자체를 허용하지 않아 피고인이 등록을 하려 해도 할 수가 없었다. 그렇다면, 피고인이 등록 없이 중무기를 소지했다고 해도 처벌할 수 없다.[102] 피고인이 신체적으로 할 수 없는 행위를 하지 않았다고 형사 처벌할 수는 없다. 이는 적정절차의 원리에 반하기 때문이다.

---

101 (A law which a man cannot obey, nor act according to it, is void and no law.): Thomas v Sorrell, Vaughan 330, 124 Eng Rep 1098, 1102 (KB 1677)

102 U.S. v. Gambill, 912 F.Supp. 287 (1996), 290쪽

◆ '불법으로 마약을 사용하거나 흡연하는 방이나 장소에 있는 행위'[103]를 처벌하는 조항이 있다.

이 경우 단지 불법으로 마약을 사용하거나 흡연한다는 사실을 알고 그곳에 있다는 것만으로는 헌법적으로 범죄 행위라고 할 수 없다.[104] 가령 극장에 갔는데 누군가가 그곳에서 대마초를 피우고 있고, 그 사실을 알게 되었다고 하자. 이 경우 처벌받지 않기 위해서는 극장을 떠나거나 아니면 담배를 피우지 못하도록 해야 한다. 이는 피고인이 할 수 없는 행위를 피고인에게 요구하는 것이다. 이러한 조항은 적정절차에 반하여 무효이다.

▶ 자기가 결정하지 않은 것이나 결정할 수 없는 것에 대하여는 책임을 지지 않는다는 자기책임 원리는 법치주의에 당연히 내재하는 원리다.(헌재 2011. 4. 28. 2009헌바90) 자기책임의 원리는 자기결정권의 한계논리로서 책임부담의 근거로 기능하는 동시에 자기가 결정하지 않은 것이나 결정할 수 없는 것에 대하여는 책임을 지지 않는다는 것으로서(헌재 2010. 7. 29. 2009헌바218), 이러한 자기책임의 원리는 인간의 자유와 유책성, 그리고 인간의 존엄성을 진지하게 반영한 원리로서 그것이 비단 민사법이나 형사법에 국한된 원리라기보다는 근대법의 기본 이념으로서 법치주의에 당연히 내재하는 원리로 볼 것이고, 헌법 제13조 제3항은 그 한 표현에 해당하는 것으로서 자기책임의 원리에 반하는 제재는 그 자체로서 헌법에 위반된다.(헌재 2010. 3. 25. 2009헌마170)

[나] 고의 책임주의와 일명 '민식이법'
● 특정범죄 가중처벌 등에 관한 법률
제5조의13(어린이 보호구역에서 어린이 치사상의 가중처벌) 자동차(원동기장치자전거를 포함한다)의 운전자가 「도로교통법」제12조제3항에 따른 어린이 보호구역에서

---

103 (to be in any room or place where narcotics are being unlawfully smoked or used)

104 People v. Cressey, 471 P.2d19, (Cal. 1970)

같은 조 제1항에 따른 조치를 준수하고 어린이의 안전에 유의하면서 운전하여야 할 의무를 위반하여 어린이(13세 미만인 사람을 말한다. 이하 같다)에게 「교통사고처리 특례법」제3조제1항의 죄를 범한 경우에는 다음 각 호의 구분에 따라 가중처벌한다.

1. 어린이를 사망에 이르게 한 경우에는 무기 또는 3년 이상의 징역에 처한다.
2. 어린이를 상해에 이르게 한 경우에는 1년 이상 15년 이하의 징역 또는 500만원 이상 3천만원 이하의 벌금에 처한다.

● **교통사고처리특례법**

제3조(처벌의 특례) ① 차의 운전자가 교통사고로 인하여 「형법」제268조의 죄를 범한 경우에는 5년 이하의 금고 또는 2천만원 이하의 벌금에 처한다.

● **형법**

제268조(업무상과실 · 중과실 치사상) 업무상과실 또는 중대한 과실로 인하여 사람을 사상에 이르게 한 자는 5년 이하의 금고 또는 2천만원 이하의 벌금에 처한다.

원래 형사처벌을 위해서는 고의와 같은 정신적 요소와 범죄 행위라는 객관적 요소가 모두 필요하다. 그러므로 가령 살인을 했어도 자신의 행위를 이해할 수 없는 정신 분열증 환자나 살인하고 싶은 마음은 있지만 내면에 품고 어떤 행위도 하지 않는 자를 처벌하지 않는다. 원칙적으로 처벌의 대상은 범죄 고의를 가지고 범죄 행위를 한 자이다.

그러나 산업사회의 발전으로 전통적 제재수단으로는 위험을 관리할 수 없는 상황이 도래하게 되었고 형벌이 위험을 감소시키는데 효과적이라는 이유로 이러한 위험을 피하기 위한 조치를 게을리 한 사람도 처벌하게 되었다. 주로 생명 · 신체와 관련된 안전 및 위험에 관한 산업에 있어 법이 요구하는 주의를 게을리 하거나 부과한 의무를 이행하지 않은 경우에 위험을 초래하거나 그 위험을 줄이지 않은 것을 위반행위로 하여 고의를 요하지 않고 단지 합리적 주의를 기울여야할 지위에 있는 사람이 합리적 주의를 기울이지 않았거나 그에 부합하는 노력을 하지 않았을 때를 처벌하는 입법이 제정되었다.

위험하거나 유해한 장치나 생산품 또는 매우 해로운 폐기물[105]을 다루는 자는 그러한 것을 취급하는 이상 적어도 공공의 위험과 관련하여 책임을 지는 지위에 있음을 안다. 이때 입법부는 이러한 지위에 있는 자에 대하여 법으로 의무행위를 정하고, 그가 스스로 금지행위가 무엇인지 알아내어 지켜야 하는 부담을 부여할 수 있다. 이때 피고인은 범죄 고의를 요하지 않는 형사책임을 지는 상황에 처하게 된다.

그러나 이는 고의 책임주의에 반한다. 이와 같은 예외는 법률의 성격과 대상물질의 특성에 따라 제한적인 경우에 허용된다. 법률로 정한 예외를 제외하고는 처벌을 위해서는 범죄 고의를 요한다고 해석한다.

과실범은 고의범에 비해 처벌도 가벼워야 한다. 즉 벌금형 등 가벼운 처벌로 고의 책임주의의 예외를 인정하는 문제점을 완화시켜야 한다. 고의가 있어야 중하게 처벌하는 체계에서는 고의가 없는 경우 중하게 처벌하지 않음이 일관성을 유지하는 방법이다. 고의가 없이 인정되는 범죄는 벌금형만 가능하다는 견해[106]도 있다. 가령 형법 제268조의 업무상과실치사상죄는 법정형이 징역형이 없고, 벌금이나 금고형만 선고가 가능한데 이는 이와 같은 취지를 반영한 것이다.

예외적으로 과실범에 대한 징역형 선고는 결과적 가중범이 있다. 결과적 가중범은 고의에 의한 기본범죄에 의하여 고의 없는 중한 결과가 발생한 경우이다. 폭행치사·상죄나 상해치사죄 등이 그 예이다. 이 경우는 고의범과 과실범의 결합으로 순수한 과실범이라고 할 수 없다.

그런데 특정범죄 가중처벌 등에 관한 법률 제5조의 13은 주의의무 위반으로 인한 과실범을 징역형으로 처벌한다. 교통사고에서 제한속도 초과, 전방 주시의무 위반은 과실범에 있어 주의의무를 다하지 않은 과실로 평가될 뿐이다.

---

105 (dangerous or deleterious devices or products or obnoxious waste materials)

106 People ex rel. Price v. Sheffield Farms-Slawson-Decker Co., 225 N.Y. 25 (1918), 32~33쪽 Cardozo, J.의 견해.

◆ '등록되지 않는 무기를 소지하거나 받는 행위'[107]를 처벌하는 조항이 있다. 법조항에 '무기(firearm)'는 일반 총을 제외한 자동발사 총(machinegun)을 의미한다고 정의되어 있다.

피고인은 등록되지 않은 자동 발사총을 소지한 혐의로 기소되었다. 그런데 그 총은 일반 총을 개조하여 자동 발사 기능을 추가한 것이었다. 피고인은 구입시부터 이를 모르고 있었다.

미 연방대법원은 피고인이 총에 자동발사 기능이 있음을 알고 있다는 점에 대해 합리적 의심이 없을 정도의 입증이 있어야 한다고 판결했다. 그 이유는 다음과 같다.

「법조항에 의하면 무기는 자동발사 총이어야 한다. 이때 총에 자동발사 기능이 있다는 점에 대한 고의가 필요한지가 문제된다. 전통적으로 범죄 고의라는 정신적 요소(scienter)는 모든 범죄의 요건이다. 만일 입법부가 고의라는 정신적 요소를 완화하거나 배제하려면 법률에 명시하거나 간접적으로 표현해야만 한다.」[108]

〔다〕 부정수표단속법 제2조 제2항의 수표금 미지급

● **부정수표단속법**

제1조(목적) 이 법은 부정수표(不正手票) 등의 발행을 단속·처벌함으로써 국민의 경제생활의 안전과 유통증권인 수표의 기능을 보장함을 목적으로 한다.

제2조(부정수표 발행인의 형사책임) ① 다음 각 호의 어느 하나에 해당하는 부정수표를 발행하거나 작성한 자는 5년 이하의 징역 또는 수표금액의 10배 이하의 벌금에 처한다.
1. 가공인물의 명의로 발행한 수표
2. 금융기관(우체국을 포함한다. 이하 같다)과의 수표계약 없이 발행하거나 금융기관으로부터 거래정지처분을 받은 후에 발행한 수표
3. 금융기관에 등록된 것과 다른 서명 또는 기명날인으로 발행한 수표
② 수표를 발행하거나 작성한 자가 수표를 발행한 후에 예금부족, 거래정지처분이나 수표계약의 해제 또는 해지로 인하여 제시기일에 지급되지 아니하게 한 경우에도 제

---

107 (to receive or possess a firearm which in not registered)

108 Staples v. U.S., 511 U.S. 600(1994), 606쪽

1항과 같다.

③ 과실로 제1항과 제2항의 죄를 범한 자는 3년 이하의 금고 또는 수표금액의 5배 이하의 벌금에 처한다.

▶ 원심판결 이유에 의하면, 부정수표단속법 제2조 제2항은 "수표를 발행하거나 작성한 자가 수표를 발행한 후에 예금부족, 거래정지처분이나 수표계약의 해제 또는 해지로 인하여 제시기일에 지급되지 아니하게 한 때에도 전항의 형과 같다"고 규정하여 동조 제1항과는 규정형식을 달리하고 있는 점, 1966. 2. 26. 법률 제1747호로 개정되기 전의 부정수표단속법 제2조는 현행법 제2조 제1항과 제2항을 구별함이 없이 "부정수표라 함은 다음 각 호의 1에 해당하는 것을 말한다."라고 하여 제4조에서 "예금부족으로 제시기일에 지급되지 아니한 수표"를 들고 있고, 동법 제4조 제1항은 단순히 "부정수표를 발행 또는 작성한 자는 2년 이하의 징역 또는 수표금액의 2배 이상 10배 이하의 벌금에 처한다"고 규정하여 있었는데 위 법의 개정으로 현재와 같은 규정형식을 취하게 된 점 등에 비추어 보면 현행 부정수표단속법 제2조 제2항의 죄는 수표를 발행한 때가 아니라 제시기일에 지급되지 아니하게 한 때 비로소 성립하는 것으로 보아야 할 것인바, 제1심판결의 별지 제1 일람표 순번 2, 3번 수표는 그 판시 도로교통법위반에 관한 약식명령 확정 후에 제시되었으나 지급거절된 것으로서 위 각 수표가 지급되지 아니하게 한 행위는 형법 제37조 전단의 경합범관계에 있다고 할 것임에도 불구하고 제1심은 이에 대하여 2개의 형을 선고하였으니 이는 부정수표단속법 제2조 제2항의 죄의 성립 시기를 오해하여 판결에 영향을 미친 위법이 있다고 판단하였다.

그러나 부정수표단속법 제2조 제2항 위반의 범죄는 예금부족 등으로 인하여 제시기일에 지급되지 아니할 것이라는 결과 발생을 예견하고 발행인이 위 수표를 발행한 때에 바로 성립되었다고 할 것이고 수표소지인이 그 제시기일에 지급을 위한 제시를 하여 수표금의 지급이 되지 아니한 때에 성

립하는 것은 아니라고 함은 당원의 확립된 견해이고 원심이 들고 있는 논
거들을 감안하여 보더라도 위 견해를 변경할 필요성이 없다고 할 것이다
(당원 1986. 3. 11. 선고 85도2640 판결, 1979. 9. 25. 선고 78도2623 판
결 등 참조). 따라서 이와 다른 견해에 선 원심판결에는 부정수표단속법
제2조 제2항의 죄의 성립 시기를 오해한 위법이 있다고 할 것이다.(대법원
1996. 3. 8. 선고 95도2114 판결)

피고인이 수표발행 시 예견할 수 없었던 사정으로 인하여 나중에 수표금
을 미지급했다고 처벌하는 것은 범죄 의도 없는 이행할 수 없는 행위의 처
벌이기 때문에 법 적격성에 위반된다.

채무 불이행을 처벌하기 위해서는 채무 부담 행위 시에 범죄 고의가 있
어야 한다. 범죄 고의는 범죄 행위 시에 존재해야하기 때문이다. 범죄 고의
라는 불법성을 가지고 수표금이 지급되지 않게 하는 행위를 해야 처벌할 수
있다. 그러므로 수표발행 시에 수표금이 결제되지 않으리라는 사정을 알거
나 알 수 있음이 필요하다.

장래에 수표예금을 유지하여 수표금이 지불되도록 할 의무는 민사 채
무이다. 형벌로 장래의 채무 이행을 강제할 수는 없다. 도덕적 타락(Moral
Turpitude)과 같은 정신적 요소를 요하지 않고 단지 채무 불이행을 이유로 한
처벌은 노예나 강제노역을 인정함과 같다. 이는 부채의 미변제라는 상태나 조
건을 이유로 한 강제노역의 일종이다.[109] 형벌을 받음에도 민사 채무가 남는
것은 실질상 2중 처벌로 노예적 상황보다 더한 야만적 관행이다.[110]

---

[109] Burnam v. Commonwealth, 15 S. W. 2d 256 (1929), 259쪽; (species of involuntary servitude,
commonly called peonage, which is a status or condition founded upon an indebtedness of
an employee to an employer)

[110] Burnam v. Commonwealth, 15 S. W. 2d 256 (1929), 258쪽; (The barbarous practice of
imprisoning one for a mere debt-the obligation not being the result of wrongdoing- is a
thing of the past.)

● **시민적 및 정치적 권리에 관한 국제규약 제11조(International Covenant on Civil and Political Rights Article 11)**
어느 누구도 계약상 의무의 이행을 할 수 있는 능력이 없다는 것만을 이유로 구금되지 아니 한다(No one shall be imprisoned merely on the ground of inability to fulfil a contractual obligation).

　부정수표단속법 제1항은 '발행'을 처벌한다고 분명하게 기재되어 있고, 작성 또는 미지급을 처벌한다고 되어 있지 않다. 제1항과 제2조 제2항의 처벌 대상이 불일치한다. 발행 행위와 분리된 미지급의 처벌은 채무의 존재라는 상태에 의한 처벌에 해당되어 책임주의 및 법치주의에 위배된다. 그러나 부정수표단속법 제2조 제2항의 문구는 미지급되게 한 경우 처벌하는 것처럼 되어 있다.
　따라서 위 조항은 '예금부족, 거래정지처분이나 수표계약의 해제 또는 해지로 제시기일에 지급되지 아니할 것을 알거나 예견하면서 수표를 발행한 자'와 같이 개정하여야 한다.

〔라〕 근로기준법의 임금체불
　● **근로기준법**
제109조(벌칙) ① 제36조, 제43조, 제44조, 제44조의2, 제46조, 제51조의3, 제52조제2항제2호, 제56조, 제65조, 제72조 또는 제76조의3제6항을 위반한 자는 3년 이하의 징역 또는 3천만원 이하의 벌금에 처한다.

제43조(임금 지급) ① 임금은 통화(通貨)로 직접 근로자에게 그 전액을 지급하여야 한다. 다만, 법령 또는 단체협약에 특별한 규정이 있는 경우에는 임금의 일부를 공제하거나 통화 이외의 것으로 지급할 수 있다.
② 임금은 매월 1회 이상 일정한 날짜를 정하여 지급하여야 한다. 다만, 임시로 지급하는 임금, 수당, 그 밖에 이에 준하는 것 또는 대통령령으로 정하는 임금에 대하여는 그러하지 아니하다.

▶ 기업이 불황이라는 사유만으로 사용자가 근로자에 대한 임금 등을 체

불하는 것은 허용되지 아니한다. 그러나 모든 성의와 노력을 다했어도 임금의 체불이나 미불을 방지할 수 없었다는 것이 사회통념상 긍정할 정도가 되어 사용자에게 더 이상의 적법행위를 기대할 수 없거나 불가피한 사정이었음이 인정되는 경우, 그러한 사유는 구 근로기준법제36조 위반죄의 책임조각사유가 된다.(대법원 2008. 10. 9. 선고 2008도5984 판결)

임금지급 기일에 임금을 지불하지 않은 사정만으로 처벌하는 것도 마찬가지이다.[111] 사악한 의도, 즉 범죄 고의 없이 임금을 지불하지 못한 사정 만에 의한 처벌은 민사 채무 불이행에 대한 형벌이다.

〔마〕 조세범처벌법
●조세범처벌법
제10조(세금계산서의 발급의무 위반 등) ① 다음 각 호의 어느 하나에 해당하는 행위를 한 자는 1년 이하의 징역 또는 공급가액에 부가가치세의 세율을 적용하여 계산한 세액의 2배 이하에 상당하는 벌금에 처한다.
1.「부가가치세법」에 따라 세금계산서(전자세금계산서를 포함한다. 이하 이 조에서 같다)를 발급하여야 할 자가 세금계산서를 발급하지 아니하거나 거짓으로 기재하여 발급한 행위

●부가가치세법
제1조(목적) 이 법은 부가가치세의 과세(課稅) 요건 및 절차를 규정함으로써 부가가치세의 공정한 과세, 납세의무의 적정한 이행 확보 및 재정수입의 원활한 조달에 이바지함을 목적으로 한다.

제32조(세금계산서 등) ① 사업자가 재화 또는 용역을 공급(부가가치세가 면제되는 재화 또는 용역의 공급은 제외한다)하는 경우에는 다음 각 호의 사항을 적은 계산서(이하 "세금계산서"라 한다)를 그 공급을 받는 자에게 발급하여야 한다.
1. 공급하는 사업자의 등록번호와 성명 또는 명칭

111 Burnam v. Commonwealth, 15 S. W. 2d 256 (1929), 260쪽, State v. Prudential Coal Co., 170 S. W. 56 (1914)

  2. 공급받는 자의 등록번호. 다만, 공급받는 자가 사업자가 아니거나 등록한 사업자
가 아닌 경우에는 대통령령으로 정하는 고유번호 또는 공급받는 자의 주민등록번호
  3. 공급가액과 부가가치세액
  4. 작성 연월일
  5. 그 밖에 대통령령으로 정하는 사항

  부가가치세는 재화나 용역이 거래되는 각 단계에서 가치가 부가되는 양
에 따라 연속하여 부과되는 세금이다. 부가가치세 납세대상 업체는 자신이
판매하는 재화나 용역에 대한 부가가치세를 수집해야 할 의무가 있다. 즉
업체는 자신이 구입한 재화나 용역에 해당하는 부가가치세를 구입처에 지
불하는 대신, 자신이 판매한 재화나 용역에 해당하는 부가가치세를 구매자
로부터 받고 자신이 이전에 지불한 부가가치세를 공제한 액수를 세무당국
에 납부해야 한다.

  예를 들어 마스크의 가격이 100만 원이고 부가가치세가 10%라고 하자.
그러면 마스크에 대한 최종 부가가치세는 100만 원의 10%인 10만 원이다.

  원료제조자 A, 마스크 제작자 B, 도매업자 C, 소매업자 D, 최종소비자 E
가 있다고 가정하자.

  이때 B가 A로부터 20만 원을 주고 원료를 구입하면, B는 A에게 2만 원의
부가가치세를 지불한다. 즉 20만 원에 부가가치세 2만 원을 더하여 22만 원
을 지불한다. A가 원료 구입시 부가가치세를 납부할 필요가 없다고 가정하
면, A는 B로부터 받은 부가가치세 2만 원을 세무당국에 납부해야 한다. B
가 마스크 제작 후 도매업자 C에게 40만 원에 판매할 때 B는 C로부터 40만
원에 4만 원을 부가가치세로 받는다. 그리고 자신이 A에게 준 2만 원의 부
가가치세를 뺀 2만 원을 세무당국에 납부한다. 도매업자 C가 마스크를 소
매업자 D에게 60만 원에 판매하면 C는 D로부터 6만 원을 부가가치세로 받
아 자신이 B에게 지불한 부가가치세 4만 원을 공제하고 2만 원을 세무당국
에 납부한다. 소매업자 D가 최종소비자 E에게 100만 원에 판매하면 D는 E

로부터 10만 원을 부가가치세로 받고 자신이 지불한 부가가치세 6만 원을 공제한 4만 원을 세무당국에 납부한다. 그러면 결국 세무당국은 각 단계별로 A, B, C, D로부터 각각 2만 원+2만 원+2만 원+4만 원 총 10만 원의 부가가치세를 징수하게 된다.

이처럼 부가가치세는 다단계의 세금납부 형태를 취한다는 데 특징이 있다. 최종 소비자나 납세자에게 부과하는 소비세, 법인세 등과 달리 부가가치세는 장부기장 및 세금관리에 있어 납세자의 업무가 상당히 가중되고 세금 추징 비용이 더 든다. 그러나 판매자와 구매자가 각각 여러 단계별로 나누어 장부를 별도로 관리하기 때문에 관리가 분산되어 탈세가 어려워진다. 탈세를 하기 위해서는 판매자와 구매자의 공모가 필요하기 때문이다. 또 최종단계에서의 1회의 세금은 최종단계의 납세자에게 부담을 집중시키는 문제가 있지만 부가가치세는 이러한 부담이 적다는 장점이 있다.

● **조세범처벌법**

제10조(세금계산서의 발급의무 위반 등) ① 다음 각 호의 어느 하나에 해당하는 행위를 한 자는 1년 이하의 징역 또는 공급가액에 부가가치세의 세율을 적용하여 계산한 세액의 2배 이하에 상당하는 벌금에 처한다.

1. 「부가가치세법」에 따라 세금계산서(전자세금계산서를 포함한다. 이하 이 조에서 같다)를 발급하여야 할 자가 세금계산서를 발급하지 아니하거나 거짓으로 기재하여 발급한 행위

2. 「소득세법」 또는 「법인세법」에 따라 계산서(전자계산서를 포함한다. 이하 이 조에서 같다)를 발급하여야 할 자가 계산서를 발급하지 아니하거나 거짓으로 기재하여 발급한 행위

......

② 다음 각 호의 어느 하나에 해당하는 행위를 한 자는 1년 이하의 징역 또는 공급가액에 부가가치세의 세율을 적용하여 계산한 세액의 2배 이하에 상당하는 벌금에 처한다.

1. 「부가가치세법」에 따라 세금계산서를 발급받아야 할 자가 통정하여 세금계산서를 발급받지 아니하거나 거짓으로 기재한 세금계산서를 발급받은 행위

2. 「소득세법」 또는 「법인세법」에 따라 계산서를 발급받아야 할 자가 통정하여 계산서를 발급받지 아니하거나 거짓으로 기재한 계산서를 발급받은 행위

......

조세법처벌법 제10조는 세금계산서를 '세금계산서를 발급하지 아니하거나 **거짓으로 기재하여**' 발급하여야 성립한다.

▶ 세금계산서를 발급받아야 할 자가 재화 또는 용역을 공급받으면서 공급자와의 통정에 의하여 공급가액을 부풀리는 등 허위 기재를 한 세금계산서를 발급받은 경우 이러한 행위는 조세범 처벌법(이하 '법'이라 한다) 제10조 제2항 제1호에서 정한 거짓으로 기재한 세금계산서를 발급받은 죄에 해당하고, 마찬가지로 세금계산서를 발급하여야 할 자가 재화 또는 용역을 공급하면서 <u>공급가액을 부풀리는 등 허위 기재</u>를 한 세금계산서를 발급한 경우 이러한 행위는 법 제10조 제1항 제1호에서 정한 <u>세금계산서를 거짓으로 기재하여 발급한 죄</u>에 해당한다.(대법원 2014. 7. 10. 선고 2013도10554 판결)

거짓은 사전상 '1. 사실과 어긋난 것, 사실이 아닌 것을 사실처럼 꾸민 것, 2. 명제가 진리가 아닌 것'을 의미한다. 일반적으로는 거짓은 진실이 아닌 사실을 말한다. 사실은 일반적으로 증거에 의한 입증이 가능한 것을 말하며, 가치 판단이나 평가를 내용으로 하는 의견에 대치되는 개념이다.

▶ 명예훼손죄에 있어서의 '사실의 적시'란 가치판단이나 평가를 내용으로 하는 의견표현에 대치되는 개념으로서 시간과 공간적으로 구체적인 과거 또는 현재의 사실관계에 관한 보고 내지 진술을 의미하는 것이며, 그 표현 내용이 증거에 의한 입증이 가능한 것을 말한다. 또한, 판단할 진술이 사실인가 또는 의견인가를 구별할 때는 언어의 통상적 의미와 용법, 입증가

능성, 문제된 말이 사용된 문맥, 그 표현이 행하여진 사회적 상황 등 전체적 정황을 고려하여 판단하여야 한다.(대법원 2008. 10. 9. 선고 2007도 1220 판결)

그런데 거짓을 '사실과 어긋난 것'이라고 한다면, 이에는 사소한 오류, 부분적 불일치, 약속의 미실현 등이 포함된다.

나아가 세금계산서에 액수를 적는 행위는 인간의 사고를 통한 판단 내용을 기재한 표현행위이다. 그런데 이러한 표현행위의 의미는 맥락에 의존한다. 따라서 거짓인지 여부도 맥락에 의존한다.

예를 들어 A가 적색 보행자 신호에 길을 건너다가 C가 과속 운전하는 자동차에 충격당하는 장면을 B가 보았다고 하자.

A에게 잘못이 있냐는 질문을 받은 B가 '그렇다.'고 했다고 하자. 이때 A의 입장에서는 C가 과속한 잘못이 있는데도 이를 말하지 않았으니 거짓이라고 보게 된다.

C에게 잘못이 있냐는 질문을 받은 B가 역시 '그렇다.'고 했다고 하자. 이때 C의 입장에서는 A가 보행자 신호에 위반해 횡단한 잘못이 있는데도 이를 말하지 않았으니 거짓이라고 보게 된다.

이 경우 B가 A에게 잘못이 있다고 답변하면 진실은 C에게 잘못이 있다고 하면서 거짓이라 하고, C에게 잘못이 있다고 답변하면 진실은 A에게 잘못이 있다고 하면서 거짓이라고 처벌하고, 답변을 하지 않으면 답변 의무 위반이라고 처벌한다면 B는 피할 수 없는 형벌에 직면한다.

■■■ 건설업체 대표 A는 B와 100억 원의 공사계약을 체결하고, 공사를 했다. 그런데 위 공사대금 100억 원 중 10억 원은 A가 B에게 개인적으로 투자한 돈의 수익금을 받는 것으로 구두 합의했다. 그런데 공사를 진행하던 중 공사비용이 늘자 위 100억 원 모두를 공사대금으로 하는 변경계약서를 작성했다.

A는 100억 원을 공급가액으로, 그 10%인 10억 원을 부가가치세로 세금계산서에 기재했다. B는 변경계약서는 A가 작성해 달라고 해서 작성했을 뿐, 10억 원은 투자 수익금으로 준 것이라고 하면서 90억 원을 공사비로, 그 10%인 9억 원을 부가가치세로 신고했다. A가 받은 100억 원은 모두 A의 건설회사의 비용으로 사용되었다. A의 가수금 등으로 정리된 사실도 없다.

세금계산서에는 투자 수익금인지 여부를 기재하도록 되어 있지 않다. 재화 또는 용역의 공급가액과 그 10%인 세금액을 기재하도록 되어 있을 뿐이다.

이 경우 A가 세금계산서의 공급가액을 100억 원으로 기재하면, A는 B와 공사 금액 변경에 대한 완전한 합의에 이르지 못했고, 10억 원을 투자 수익금으로 합의했던 사정이 있고, B가 90억 원을 신고했으므로 거짓 기재했다고 할 수도 있다. A가 세금계산서의 공급가액을 90억 원으로 기재하면, 공사 변경계약서, 건설회사의 10억 원의 사용처, 회사 내부 장부 등 객관적 자료에 의하면 100억 원이 공급금액이라고 하여 거짓 기재라 할 수도 있다.

이때 10억 원을 포함해서 기재해도, 기재하지 않아도 처벌 대상이 되게 함은 피고인이 할 수 없는 행위를 처벌하는 것과 같다.

7) 안정성

법을 너무 자주 바꾸어 어떤 법에 맞추어야 할지 알기 어렵게 해서는 안 된다. 법에는 안정성(Stability)이 있어야 한다.

8) 일치성

법으로 공포된 것과 실제 현실에서의 집행이 일치되어야 한다(Congruity). 법과 집행이 따로 이어서는 안 된다. 즉 공포된 법은 현실적으로 상당한 수준으로 집행되어야 한다.

법을 지키기 어려워 대부분 지키지 못하는 현실에서는 집행도 거의 할 수 없다. 그러다가 갑자기 사회적 이목과 비난의 대상이 된 자를 처벌하면 자의적 · 선별적 법집행이 된다. 이러한 법은 법 적격성이 없다.[112] 법이 선별적으로 일관성 없이 적용되면 사람들은 불공정을 느낀다. 차별적 법집행은 경멸감을 유발한다. 정치나 철학, 윤리와 달리 형벌은 예외 없이 집행할 수 있는 명확성을 추구해야 한다.

---

112 Eric W. Orts, "The Rule of Law in China", 34 VAND. J. TRANSNATL. L. 43 (2001), 96쪽

V. 형벌조항의 해석 원칙

1. 유추 해석 금지

가) 죄형 법정주의

1) 의의

● 대한민국 헌법
제13조 ① 모든 국민은 행위 시의 법률에 의하여 범죄를 구성하지 아니하는 행위로 소추되지 아니하며……

● 형법
제1조 제1항 범죄의 성립과 처벌은 행위 시의 법률에 의한다.

　죄형 법정주의는 범죄의 성립과 형벌의 종류, 범위도 입법부가 미리 성문 법률로 정한다는 원리이다.

　죄형 법정주의는 사회적으로 위험하거나 도덕적으로 책임이 있는 자도 미리 정한 형벌조항에 규정된 행위를 하지 않는 한 처벌할 수 없다는 현실을 감수하는 원리이다.[113]

---

113 Paul H. Robinson, "Fair Notice And Fair Adjudication: Two Kinds Of Legality", 154 U. Pa. L. Rev. 335 (2005), 337쪽

죄형 법정주의는 단지 형벌조항이 있어야 처벌할 수 있다는 의미에 국한되지 않는다. 이는 판례 형법의 폐지(Abolition of Common Law Crime), 판결에 의한 형벌의 창설 금지(Prohibition of Judicial Creation), 형벌조항의 엄격 해석, 형벌의 소급 적용 금지, 막연한 형벌조항의 금지 등을 내용으로 하는 법 원리이다.[114]

죄형 법정주의 및 권력분립 상 양형에 관한 사법부의 재량 범위도 입법부의 통제 하에 있다.[115] 영미법 국가에서 양형에 관한 사법부의 재량을 제한하고 양형의 일관성을 높이기 위해 노력하는 이유도 죄형 법정주의 실현에 있다.[116]

▶ 죄형 법정주의의 원칙은 법률이 처벌하고자 하는 행위가 무엇이며 그에 대한 형벌이 어떠한 것인지를 누구나 예견할 수 있을 것을 요구한다. …… 따라서 심판대상조항은 법정형이 불명확하다는 측면에서도 죄형 법정주의의 내용인 형벌법규의 명확성원칙에 위반된다. 다만, 법률의 규정형식상 표현의 간결성을 위하여 다른 법률의 조, 항, 호, 목을 통째로 인용하는 사례는 매우 많지만, 이러한 모든 사례에서 이 사건과 같은 불명확성의 문제가 발생하는 것은 아니다. 이러한 문제는 구성요건과 법정형 모두 이미 위헌 등으로 결정된 다른 법률의 조, 항, 호, 목을 통째로 인용하여 죄형 법정주의의 명확성원칙에 반하는 것으로 인정되는 경우에 비로소 발생하는 것이라 할 것이다.(헌재 2015. 11. 26. 2013헌바343)

---

114 Paul H. Robinson, "Fair Notice And Fair Adjudication: Two Kinds of Legality", 154 U. Pa. L. Rev. 335 (2005), 337쪽

115 Mistretta v. United States, 488 U.S. 361 (1989)

116 Li Li, "Nulla Poena Sine Lege In China: Rigidity Or Flexibility?", 43 Suffolk U.L.Rev. 655 (2010), 659쪽

2) 연혁

판례법(Common Law) 시대에는 입법부의 성문 법률이 아닌 사법부의 판결로 형벌을 정했다. 미국 연방대법원은 1812년 판결에 의한 형벌 창설 폐기를 선언했다.[117] 즉 의회에서 법률로 범죄 행위와 형량의 범위를 정해야 하고, 법원은 그에 따라 판결을 할 수 있을 뿐이라고 했다.

18세기 초에는 성문 법률로 정하지 않은 행위를 처벌할 수 있다는 법도 있었다. 예를 들면 1721년 프러시아에는 해당 법률이 없는 사건은 법의 원칙에 따라 처리한다는 법이 있었다.[118]

18세기 계몽주의 시대에 이르러 몽테스키외(Charles-Louis de Montesquieu)나 베카리아(Cesare Beccaria)는 재판의 역할은 오직 법률을 적용하는 것이라고 했다. 그들은 사법부의 권한을 제한하여 사법부에 의한 개인의 자유 침해를 방지하여야 한다고 주장했다. 그리하여 1787년 오스트리아 형법에 "현재 형법에 규정된 행위만을 범죄로 처벌할 수 있다."라는 조항이 도입되었다.[119]

죄형 법정주의는 1789년 인간과 시민의 권리선언(Declaration of Human and Civil Rights) 제7조 및 제8조, 1810년 프랑스 형법 제10조, 1871년 독일형법 제2장 제1조에 각각 규정되었다.[120] [121]

---

117 United States v. Hudson, 11 U.S. 32 (1812), 32, 34쪽

118 Evgeny Tikhonravov, "Nulla Poena Sine Lege In Continental Crimnal Law: Historical And Theoretical Analysis", 13 Crim. L. & Phil. 215 (2019), 216쪽; (Cases not set forth in the Code should be decided according to the principles laid down in the Code.)

119 Evgeny Tikhonravov, "Nulla Poena Sine Lege In Continental Criminal Law: Historical And Theoretical Analysis", 13 Crim. L. & Phil. 215 (2019), 216~217쪽; (Only those illegal acts are to be considered and treated as crimes which have been declared to be such by the present law.)

120 Evgeny Tikhonravov, "Nulla Poena Sine Lege In Continental Criminal Law: Historical And Theoretical Analysis", 13 Crim. L. & Phil. 215 (2019), 216쪽

121 1799년경 포이에르바흐(Paul Johann Anselm von Feuerbach)는 라틴 법언인 유명한 "nulla poena sine lege(no penalty without a law). nulla poena sine crimine, nullum crimen sine

죄형 법정주의에 대해서는 전통주의(Classicism)와 실증주의(Positivism)가 대립한다. 전통주의는 죄형 법정주의의 엄격한 적용과 사법부 역할의 최소화를 지지한다. 실증주의는 전통주의에 반대한다.

전통주의에 속한 베카리아(Beccaria)는 1788년 저서 『범죄와 형벌에 관한 에세이(An Essay on Crimes and Punishment)』에서 "판사는 형법을 해석할 권한이 없다. 왜냐하면 입법자가 아니기 때문이다. 형벌조항이 공포되면 문자 그대로의 의미로 준수되어야 한다. 판사는 성문법에 어떤 행위가 속하는지 여부를 결정할 수 있을 뿐 그 이상 아무것도 할 수 없다."라고 주장했다.[122] 1791년 프랑스 형법에서는 이를 명문화했다.

19세기에 등장한 실증주의는 법률은 불완전하다고 보았다. 전통주의가 주장한 사법부의 권한 제한에도 반대했다. 대표적으로 앙리코 페리(Enrico Ferri)는 1897년 저서 『범죄사회학(Criminal Sociology)』에서 "위대한 법률과 어리석은 판사 보다 불완전한 법률과 좋은 판사가 더 낫다."라고 주장했다.[123] 그는 "형사절차에서 특정 사건에 법률을 적용하는 행위는 단순히 법률 또는 추상적 논리의 문제가 아니라 심리적 의미에서 살아 숨쉬는 사람에 대해 추상적 법률을 적응시키는 것이다. 판사는 주변 환경과 사회생활로부터 스스로를 격리시킬 수 없다. 법을 선언하는 사람에게 어느 정도 법 적용에 대한 재량을 부여할 수밖에 없다."라고 주장했다. 1927년 독일 형법 초안은 이러한 견해를 채택했다. 구소련은 죄형 법정주의를 폐기했다.[124]

입법부가 불명확한 형벌조항을 제정하고, 사법부가 사건을 재판하면서

---

poena legali"를 전파했다. 이는 미리 정한 성문 법률이 없이는 범죄가 없고, 범죄가 없으면 처벌할 수 없다는 의미이다.; Li Li, "Nulla Poena Sine Lege In China: Rigidity Or Flexibility?", 43 Suffolk U.L.Rev. 655 (2010), 655쪽

122 Li Li, "Nulla Poena Sine Lege In China: Rigidity Or Flexibility?", 43 Suffolk U.L.Rev. 655 (2010), 656쪽

123 Li Li, "Nulla Poena Sine Lege In China: Rigidity Or Flexibility?", 43 Suffolk U.L.Rev. 655 (2010), 656쪽

124 Li Li, "Nulla Poena Sine Lege In China: Rigidity Or Flexibility?", 43 Suffolk U.L.Rev. 655 (2010), 657쪽

그 형벌조항의 내용을 정한다면 구체적인 정의의 실현에 도움이 될 수도 있다. 그러나 형벌조항이나 징벌조항이 불명확하면 행위자로서는 자신의 행위가 그에 해당하는지 알 수 없음에도 가혹한 제재를 받게 된다. 또 자의에 의한 왜곡, 선별적 집행을 막을 수 없다. 형벌이나 징벌이 선별적, 자의적으로 집행되거나 잔혹하면 집행 대상자는 큰 부정의를 느낀다. 죄형 법정주의는 이러한 피해를 막고자 구체적 정의가 실현되지 못하는 현실도 감수하는 원리이다. 형벌조항의 불명확성으로 인한 피해가 불명확한 형벌로 문제를 해결할 때의 이익보다 크다는 역사적 경험을 반영한 것이다.

광범한 양형권과 형벌조항 적용권이 사법부에 있다고 보는 상대적 죄형 법정주의(Relative Nulla Poena)는 실질적으로는 죄형 법정주의를 인정하지 않는 것과 다르지 않다.

한편 개인의 행위가 형벌조항 위반인 것처럼 보이지만, 그것이 사회에 실질적 위험을 주지 않을 때 무죄로 해석할 권한이 판사에게 있다는 것이 죄형 법정주의라고 보는 견해도 있다. 입법부의 권한에 대한 견제의 기능이 사법부에 있다고 보기 때문이다.[125]

3] 예

[1] 횡령

▶ 민법 이론에 의하면, 특히 금전은 봉함된 경우와 같이 특정성을 가진 경우를 제외하고는 그 점유가 있는 곳에 소유권도 있는 것이어서 이를 횡령죄에 그대로 적용한다면 금전은 특정물로 위탁된 경우 외에는 횡령죄가 성립할 여지가 없게 되나 이러한 민법 이론은 고도의 대체성이 있는 금전에 대하여 물권적 반환청구권을 인정하는 것이 불필요할 뿐만 아니라, 금전이 교환수단으로서의 기능을 가지고 전전 유통됨을 전제로 하여 동적

---

125 Li Li, "Nulla Poena Sine Lege In China: Rigidity Or Flexibility?", 43 Suffolk U.L.Rev. 655 (2010), 658쪽

안전을 보호하는 데 그 목적이 있는 것이어서, 내부적으로 신임관계에 있는 당사자 사이에서 재물의 소유자, 즉 정적 안전을 보호함을 목적으로 하는 횡령죄에서 금전 소유권의 귀속을 논하는 경우에도 그대로 타당하다고 할 수 없고, 당사자 사이의 신임관계 내지 위탁관계의 취지에 비추어 일정한 금전을 점유하게 된 일방 당사자가 당해 금전을 상대방의 이익을 위하여 보관하거나 사용할 수 있을 뿐 그 점유자에 의한 자유로운 처분이 금지된 것으로 볼 수 있는 경우에는 민법의 채권채무관계에 의하여 상대방을 보호하는 데 머무르지 않고, 그 점유자는 상대방의 이익을 위하여 당해 금전 또는 그와 대체할 수 있는 동일한 가치의 금전을 현실적으로 확보하여야 하고, 그러한 상태를 형법상으로 보호한다는 의미에서 <u>민법상 소유권과는 다른 형법상 소유권 개념을 인정할 필요가 있고,</u> 대법원 판례가 일관하여, 용도를 특정하여 위탁된 금전을 그 용도에 따르지 않고 임의사용한 경우, 금전의 수수를 수반하는 사무처리를 위임받은 자가 그 행위에 기하여 위임자를 위하여 제3자로부터 수령한 금전을 소비한 경우에 횡령죄의 성립을 인정하여 온 것은 이와 같은 취지에 따른 것이고, 한편 횡령죄에서 '재물의 보관'이라 함은 재물에 대한 사실상 또는 법률상 지배력이 있는 상태를 의미하고, 그 보관이 위탁관계에 기인하여야 할 것임은 물론이나, 그것이 반드시 사용대차, 임대차, 위임 등의 계약에 의하여 설정되는 것임을 요하지 아니하고 사무관리, 관습, 조리, 신의칙에 의해서도 성립될 수 있는 것인바, 양도인이 채무자에게 채권양도 통지를 하기 이전에 스스로 채무자로부터 추심한 금전에 대하여 그 사전 사후 당사자 사이에 위탁보관관계를 성립시키는 특별한 약정이 없다고 하더라도, 양도인은 위에서 본 바와 같이 양수인을 위하여 채권보전에 관한 사무를 처리하는 지위에 있고, 그 금전도 양수인에게 귀속된 채권의 변제로 수령한 것인 만큼, 그 목적물을 점유하게 된 이상 이를 양수인에게 교부하는 방법으로도 채권양도의 목적을 충분히 달성할 수 있음에 비추어, <u>양도인으로서는 신의칙 내지 조리상 그가 수령하여 점유하게 된 금전에 대하여 양수인을 위하여 보</u>

관하는 지위에 있다고 보아야 할 것이다.(대법원 1999. 4. 15. 선고 97도
666 전원합의체 판결)

죄형 법정주의에 의하면 형벌이 적용될 때의 피고인의 의무도 형벌조항
으로 정해져 있어야 한다. 신의칙이나 조리는 법률도 아니다. 신의칙이나
조리 위반으로 처벌함은 죄형 법정주의에 위반된다. 법률이 아닌 신의칙 등
에 의해 소유권을 결정한다고 하면 예견할 수 없는 선별적 처벌이 가능하게
된다.

▶ 형법 제355조 제1항이 정한 횡령죄의 주체는 타인의 재물을 보관하는 자
라야 하고, 타인의 재물인지 아닌지는 민법, 상법, 기타의 실체법에 따라 결
정하여야 한다.(대법원 2016. 5. 19. 선고 2014도6992 전원합의체 판결)

(2) 업무상 과실

● 형법

제170조(실화) ① 과실로 제164조 또는 제165조에 기재한 물건 또는 타인 소유인
제166조에 기재한 물건을 불태운 자는 1천500만원 이하의 벌금에 처한다.
② 과실로 자기 소유인 제166조의 물건 또는 제167조에 기재한 물건을 불태워 공공
의 위험을 발생하게 한 자도 제1항의 형에 처한다.

제171조(업무상실화, 중실화) 업무상과실 또는 중대한 과실로 인하여 제170조의 죄
를 범한 자는 3년 이하의 금고 또는 2천만원 이하의 벌금에 처한다.

제266조(과실치상) ① 과실로 인하여 사람의 신체를 상해에 이르게 한 자는 500만
원 이하의 벌금, 구류 또는 과료에 처한다.

제267조(과실치사) 과실로 인하여 사람을 사망에 이르게 한 자는 2년 이하의 금고
또는 700만원 이하의 벌금에 처한다.

제268조(업무상과실 · 중과실 치사상) 업무상과실 또는 중대한 과실로 사람을 사망이
나 상해에 이르게 한 자는 5년 이하의 금고 또는 2천만원 이하의 벌금에 처한다.

형법은 과실과 업무상 과실을 구별하여 업무상 과실을 가중 처벌하고 있다. 형법 제268조의 업무상 과실치사상, 제171조의 업무상 실화가 그 예이다.

그러나 이러한 형벌조항은 가중 처벌의 대상인 업무의 범위를 형벌조항으로 정한 것이 아니어서 죄형 법정주의에 위반되고, 상태나 신분에 의한 가중처벌로서 적정절차에 위반된다는데 문제가 있다.

▶ 업무상과실치상죄에 있어서의 '업무'란 사람의 사회생활면에서 하나의 지위로서 계속적으로 종사하는 사무를 말하고, 여기에는 수행하는 직무 자체가 위험성을 갖기 때문에 안전배려를 의무의 내용으로 하는 경우는 물론 사람의 생명·신체의 위험을 방지하는 것을 의무내용으로 하는 업무도 포함되는데, 안전배려 내지 안전관리 사무에 계속적으로 종사하여 위와 같은 지위로서의 계속성을 가지지 아니한 채 단지 건물의 소유자로서 건물을 비정기적으로 수리하거나 건물의 일부분을 임대하였다는 사정만으로는 업무상과실치상죄에 있어서의 '업무'로 보기 어렵다.(대법원 2009. 5. 28. 선고 2009도1040 판결)

▶ 업무상 실화죄에 있어서의 업무에는 그 직무상 화재의 원인이 된 화기를 직접 취급하는 것에 그치지 않고 화재의 발견 방지 등의 의무가 지워진 경우를 포함한다.(대법원 1983. 5. 10. 선고 82도2279 판결)

▶ 형법상 업무방해죄의 보호법익은 업무를 통한 사람의 사회적·경제적 활동을 보호하려는 데 있으므로, 그 보호대상이 되는 '업무'란 직업 또는 계속적으로 종사하는 사무나 사업을 말하고, 여기서 '사무' 또는 '사업'은 단순히 경제적 활동만을 의미하는 것이 아니라 널리 사람이 그 사회생활상의 지위에서 계속적으로 행하는 일체의 사회적 활동을 의미한다.(대법원 2009. 11. 19. 선고 2009도4166 전원합의체 판결)

업무상 과실을 대표하여 업무상 실화죄를 본다.

'업무'는 사전에 의하면 '직장 같은 곳에서 맡아서 하는 일'을 의미한다.[126] 직업은 생계를 유지하기 위하여 하는 일로서 그중에는 특별한 기술을 바탕으로 하여 지적인 판단을 행하는 전문가도 포함된다.

가정에서 조리를 하는 사람이나 흡연자와 같이 개인의 일상생활에 있어 불을 계속 반복하여 사용하는 사람도 업무자에 포함되는지가 문제된다. 포함된다고 한다면 '업무'의 범위가 무한 확장될 수 있다. 따라서 계속 반복성, 위험 사무성 외에 사회생활상의 지위를 업무의 요건으로 하여 업무의 범위가 확장되는 것을 제한할 필요가 있다.

다음으로 인턴, 자원봉사자와 같이 급료를 받지 않고 특별한 지식이나 기술이 필요 없는 일과 식당의 주방직원과 같이 급료는 받지만 불을 다룸에 있어 가정의 일반 조리와 달리 특별한 지식이나 기술을 요하지 않는 일도 포함될 것인지 문제된다. 업무는 직업이나 전문직보다는 광의의 개념이므로 이를 배제한다고 보기는 어렵다.

그렇다면 사회생활상의 지위에서 불을 다루는 사람은 모두 본조에 해당하는지가 문제된다. 일반과실로 화재를 발생하게 한 경우 사회생활상의 지위에서 불을 다룬다는 이유만으로 실화죄에는 없는 금고형이 포함된 중한 법정형으로 의율할 합리적 근거는 없다. 계속 반복적으로 일을 하다 보면 의도하였건 하지 않았건, 예견할 수 있었건 혹은 할 수 없었건, 합리적 주의를 기울여 막을 수 있었건 혹은 그렇지 않았던 건 간에 피할 수 없는 실수가 따른다. 사실상 가정주부와 같은 일을 함에도 식당에서 주방 일을 한다는 이유만으로 법정형이 중한 형으로 의율하는 것은 과잉 처벌에 해당한다. 헌법 제11조는 사회적 신분에 의한 차별을 인정하지 않는다. 범죄자의 범죄행위, 즉 무엇을 했는지가 아니라 그가 누구인지 또는 어떤 상태인지에 따라 처벌하는 것은 위헌이다. 어떤 사람이 사회생활상의 지위에서 일을 맡고 있다는 것은 범죄행위가 아니므로 이것만으로 가중 처벌하는 것은 타당하다

---

[126] 네이버 국어사전 참조

고 할 수 없고, 이는 범죄 행위나 범죄의 정신적 요소로서 과실의 유무를 판단하기 위한 자료로 봄이 상당하다.

따라서 가중처벌의 근거가 합당하기 위해서는 업무의 범위를 화재의 위험성을 관리할 의무가 법률에 의하여 특별히 부과되었음에도 이를 게을리 한 것, 즉 본인의 과실은 일반과실이지만 화재의 위험을 수반하고 있는 일에 있어 화재의 발생을 방지할 특별한 의무가 법률에 의하여 부여되어 있음에도 이를 게을리 한 것이라고 보아야 한다.

이에 의하면 업무상 실화에서의 '업무'는 ① 사람이 직업, 사무, 사업상 사회생활상의 지위에 따라 ② 계속하여 반복적으로 행하는 ③ 법률에 따라 화재의 위험성을 관리하는 특별한 사무를 말하는 것으로 정의할 수 있다.

그러나 이와 같이 정의하여도 화재의 위험성을 관리할 의무가 민사 · 행정적인 법률에 의하여 부과된 경우에, 왜 이러한 민사 · 행정적인 책무가 형사책임으로 귀결되어 중하게 처벌되는지에 대한 문제가 남는다. 즉, 민사 · 행정법과 형사법은 추구하는 목적이나 목적을 실현하는 방법이 다름에도 민사 · 행정법상의 의무규정을 입법자의 의도와 달리 형사법에 연결하여 중하게 처벌하는 문제를 야기하게 된다. 결국 형벌의 범위를 정할 입법의 영역을 사법의 영역에서 담당하게 되는 것이다. 아울러 피고인의 입장에서는 어디까지가 본 조항의 업무에 해당하는지 합리적으로 예견할 수 없게 되어 죄형 법정주의 명확성의 원칙에 위반된다.

판례는 본죄에서의 업무는 '직무로서 화기로부터의 안전을 배려해야 할 사회생활상의 지위'라고 하면서,[127] '그 직무상 화재의 원인이 된 화기를 직접 취급하는 것에 그치지 않고 화재의 발견, 방지 등의 의무가 있는 경우'를 포함한다고[128] 한다. 나아가 업무는 본래의 업무뿐만 아니라 부수되는 업무도 포함한다고[129] 한다.

---

127   대법원 1988. 10. 11. 선고 88도1273 판결

128   대법원 1983. 5. 10. 선고 82도2279 판결

129   대법원 1961. 9. 28. 선고 4293형상696 판결

그러나 '화재의 발견, 방지의 의무 등이 있는 업무, 안전을 배려해야 할 사회생활상의 지위'가 어떤 때에 인정될 것인지를 사전에 예견하기 어렵다. 예를 들면, 위험물안전관리법 제37조[130]의 안전관리와 감독을 하지 아니한 때가 이에 해당할 수도 있을 것이다. 죄형 법정주의는 이러한 구성요건이 법률로 명확하게 규정될 것을 요한다.

[3] 절도

● 형법
제329조(절도) 타인의 재물을 절취한 자는 6년 이하의 징역 또는 1천만원 이하의 벌금에 처한다.

형법에는 절취가 무엇인지 정의되어 있지 않다. 따라서 판례를 통하여 그 의미가 정립되었다. 판례에 의하면 절도는 타인의 점유 하에 있는 타인 소유물을 그 의사에 반하여 자기 또는 제3자의 점유 하에 이전하는 행위이다.(대법원 1989. 1. 17. 선고 88도971 판결 등)

그런데 일반인은 형법 조문만을 통해서는 '절취'의 의미를 알 수 없다. 가령 자신의 물건을 B에게 맡겨 두었는데 B가 그 물건을 처분한 경우에는 절취가 아니라는 것을 형법 조문을 통해서는 알 수 없다. 일시 사용의 목적으로 자전거를 타고 간 경우에 절취가 아니라는 것도 마찬가지이다.(대법원

---

130 제37조(벌칙) 다음 각 호의 어느 하나에 해당하는 자는 1천만원 이하의 벌금에 처한다.
　　1. 제15조제6항을 위반하여 위험물의 취급에 관한 안전관리와 감독을 하지 아니한 자
　　2. 제15조제7항을 위반하여 안전관리자 또는 그 대리자가 참여하지 아니한 상태에서 위험물을 취급한 자
　제15조(위험물안전관리자)
　　⑥ 안전관리자는 위험물을 취급하는 작업을 하는 때에는 작업자에게 안전관리에 관한 필요한 지시를 하는 등 행정안전부령이 정하는 바에 따라 위험물의 취급에 관한 안전관리와 감독을 하여야 하고, 제조소등의 관계인과 그 종사자는 안전관리자의 위험물 안전관리에 관한 의견을 존중하고 그 권고에 따라야 한다.
　　⑦ 제조소등에 있어서 위험물취급자격자가 아닌 자는 안전관리자 또는 제5항에 따른 대리자가 참여한 상태에서 위험물을 취급하여야 한다.

1983. 10. 11. 선고 83도2218 판결 등)

이처럼 범죄행위의 의미를 형벌조항이 아닌 판결에 의해 정립하는 것은 죄형 법정주의에 반한다. 그러므로 절도죄의 구성요건을 가령 '타인의 점유 하에 있는 타인 소유물을 빼앗을 의사로 타인의 의사에 반하여 자기 또는 제3자의 점유 하에 이전한 자'와 같이 개정해야 한다. 그리고 '절취는 빼앗을 의사로 소유자로부터 영구히 재물을 빼앗거나 소유자가 그 재물로부터 얻는 이익이나 가치의 주요부분을 상당 기간 침해하는 것을 말한다.'와 같이 정의하는 조항을 두어야 한다.

(4) 분묘발굴

● 형법
제160조(분묘의 발굴) 분묘를 발굴한 자는 5년 이하의 징역에 처한다.

▶ 분묘발굴죄는 그 분묘에 대하여 아무런 권한 없는 자나 또는 권한이 있는 자라도 사체에 대한 종교적 양속에 반하여 함부로 이를 발굴하는 경우만을 처벌대상으로 삼는 취지라고 보아야 할 것이므로 법률상 그 분묘를 수호, 봉사하며 관리하고 처분할 권한이 있는 자 또는 그로부터 정당하게 승낙을 얻은 자가 사체에 대한 종교적, 관습적 양속에 따른 존숭의 예를 갖추어 이를 발굴하는 경우에는 그 행위의 위법성은 조각된다고 할 것이고, 한편 분묘에 대한 봉사, 수호 및 관리, 처분권은 종중이나 그 후손들 모두에게 속하여 있는 것이 아니라 오로지 그 분묘에 관한 호주상속인에게 전속하는 것으로서 이와 같은 법리는 사후양자로서 그 가를 계승한 경우에도 다르지 아니하다.

나. 사실상 분묘를 관리, 수호하고 망인의 봉제사를 행하여 오던 피고인이 실질상 손이 끊겨 수호 관리하기 힘든 조상들의 묘를 화장 방식으로 바꾸기로 한 종중의 결의에 따라 망인의 사망 당시 호주의 사후양자로 그를 호주상속하여 망인의 가를 계승한 양손자의 승낙하에 종교적 예를 갖추어

그 분묘를 발굴하였다면, 비록 그 발굴 전에 망인의 출가한 양손녀들의 승낙을 얻지 아니하였다 하더라도 이를 위법한 행위라고 단정할 수 없다고 한 사례.(대법원 1995. 2. 10. 선고 94도1190 판결)

▶ 분묘발굴의 피해법익은 종교감정의 공서양속을 해치는데 있으므로 생모의 묘를 설묘 관리하는 "갑"의 의사에 반하여 그 묘를 발굴한 "을"은 설령 그 묘가 자기의 생모("갑"과는 이부 동복간)의 묘라도 죄가 성립한다.(대법원 1971. 10. 25. 선고 71도1727 판결)

▶ 토지구획정리사업시행자로부터 분묘의 개장명령을 받았다 하더라도 그 분묘를 보존 수호하는 권한 있는 자의 제지를 무릅쓰고 한 분묘발굴행위가 정당한 것으로 될 수는 없고 또 그와 같은 개장명령이 있었다 하여 매장 및 묘지 등에 관한 법률에 정한 절차에 따른 개장신고를 하지 않아도 된다고 볼 수도 없다.(대법원 1978. 5. 9. 선고 77도3588 판결)

▶ 분묘발굴죄의 객체인 분묘는 사람의 사체, 유골, 유발 등을 매장하여 제사나 예배 또는 기념의 대상으로 하는 장소를 말하는 것이고, 사체나 유골이 토괴화하였을 때에도 분묘인 것이며, 그 사자가 누구인지 불명하다고 할지라도 현재 제사 숭경하고 종교적 예의의 대상으로 되어 있고 이를 수호봉사하는 자가 있으면 여기에 해당한다고 할 것이다.(대법원 1990. 2. 13. 선고 89도2061 판결)

형법 제160조의 문구는 '분묘를 발굴한 자'로 되어 있다. 즉 조문상으로는 누구든지 이유나 방법을 불문하고 분묘를 발굴하면 구성요건에 해당한다. 분묘가 무엇인지도 정의되어 있지 않다.

이처럼 분묘발굴죄의 문구는 구성요건적 상황 등이 기재되어 있지 않아 조문만으로는 처벌대상인 행위의 구체적 양태를 한정하지 못한다. 따라서 적법한 권한자에 의한 발굴행위도 처벌대상이 되는 문제가 발생한다.

그러므로 사법부는 '분묘발굴죄는 그 분묘에 대하여 아무런 권한 없는 자나 또는 권한이 있는 자라도 사체에 대한 종교적 양속에 반하여 함부로 이를 발굴하는 경우만을 처벌대상'으로 해석하여 성립 범위를 제한하였다.

그러나 권력분립상 형벌조항은 문구의 의미가 분명하면 더 이상 해석을 허용하지 않는다. 의미가 분명한 조항에 문구를 추가하거나 위헌인 법조항을 새로 작성하는 것과 같은 수준의 법해석을 할 수 없다. 위헌을 피하기 위하여 법조항의 분명한 언어를 무시하는 축소 해석을 할 수 없다. 형벌조항의 해석은 조항에 있는 문구가 포섭하는 내용이 무엇인지를 확인하여 선언하는 것이므로 조항에 없는 문구를 삽입할 수 없다.

위 조항의 문구는 처벌 범위를 비권한자의 비의례적 발굴로 제한하지 않았다. 따라서 이들 모두를 처벌하도록 되어 있다. 사법부가 이에 '비권한자의 비의례적'을 추가하는 해석은 형벌조항의 문구를 추가하는 새로운 입법이고 제한 해석이 아니다.

입법부는 법률로 권한자가 누구인지, 처벌대상인 발굴행위가 무엇인지를 명확히 한정하여 예견 가능성이 있는 조항이 되도록 개정해야 한다.

(5) 방화죄의 기차, 전차

● **형법**

제165조(공용건조물 등 방화) 불을 놓아 공용(公用)으로 사용하거나 공익을 위해 사용하는 건조물, 기차, 전차, 자동차, 선박, 항공기 또는 지하채굴시설을 불태운 자는 무기 또는 3년 이상의 징역에 처한다.

기차는 증기기관을 동력으로 하여 일정한 궤도를 운행하는 교통기관을, 전차는 전기를 동력으로 하여 일정한 궤도를 운행하는 교통기관을 말한다.

가솔린, 디젤을 동력으로 하여 일정한 궤도 위에서 견인되는 차량도 이에 해당하는지가 문제된다. 엄격 해석의 원칙에 의하면 해당되지 않는다.[131] 사전에는 기차의 의미를 디젤 기관차, 전기 기관차를 포함한다고 되어 있지만[132] 이러한 해석은 본 조항의 기차라는 단어가 바로 뒤의 전차라는 단어를 흡수하여 전차라는 단어가 과잉언어가 되도록 한다. 형벌조항의 단어는 모든 단어가 의미 있도록 해석해야 하므로 전차와 구별되는 의미로서의 기차는 증기기관차를 의미한다. 따라서 이를 포함시키기 위해서는 증기 기관차, 디젤 기관차, 전기 기관차를 포함하여 여객차나 화차를 끌고 다니는 차량이라는 의미의 '기관차'로 수정하는 입법을 하여야 한다.

죄형 법정주의는 형벌조항 문언의 분명한 의미를 확정하는 해석을 허용하지 않는다. 철도의 동력 현대화의 현실에 비추어 가솔린·가스·디젤 기관차도 포함된다는 해석은 죄형 법정주의 및 유추 해석 금지에 위반된다.

(6) 새마을금고법

제85조 ② 금고나 중앙회의 임직원 또는 청산인이 다음 각 호의 어느 하나에 해당하는 행위를 한 경우에는 3년 이하의 징역이나 3천만원 이하의 벌금에 처한다.
4. 총회나 이사회의 의결이 필요한 사항에 대하여 의결을 거치지 아니하고 집행한 경우

제2조 ④ 다음 각 호의 사항은 총회의 의결이 있어야 한다.
6. 사업계획, 예산의 결정
7. 경비의 부과와 징수 방법
8. 그 밖의 중요한 사항

제17조 ③ 다음 각 호의 사항은 이사회의 의결이 있어야 한다.
1. 규정의 제정, 변경 또는 폐지
2. 사업 집행에 대한 기본 방침의 결정

---

131 이에 해당된다는 견해로는 주석형법 [각칙(2)](5판), 187~188(박찬). 논거로는 철도의 동력현대화의 현실에 비추어 이와 같이 해석해야 한다는 것이나, 이와 같은 해석은 유추 확장 해석이라고 할 것이다. 현실적으로 필요하다는 이유로 확장 해석하는 것을 금하는 것이 유추 확장 해석 금지의 본질이다. 죄형 법정주의에 의하면 범죄의 성립과 양형은 입법으로 정해야 한다.
132 네이버 국어사전 참조

3. 소요 자금의 차입. 다만, 중앙회에서 차입할 경우는 최고한도
4. 정관으로 정하는 간부 직원의 임면(任免)과 직원의 징계
5. 총회로부터 위임된 사항과 총회에 부칠 사항
6. 그 밖에 이사장이 회의에 부치는 사항

새마을 금고법에서 총회의 의결을 거쳐야 할 '그 밖의 중요한 사항'이나 이사회의 의결이 있어야 할 '그 밖에 이사상이 회의에 부치는 사항'은 미리 법률로 정해져 있지 않다. 그 내용을 법률이 아닌 이사장 등이 정하도록 되어 있어, 형벌을 입법이 아닌 개인의 의사로 정하는 것과 같다. 이러한 형벌 조항은 새마을금고 내에서 문제를 삼고 싶을 때만 고소, 고발하여 상대를 제압하기 위한 수단으로 악용될 가능성이 크다.

나) 유추 해석 금지

1) 의의

유추 해석이란 직접 적용할 형벌조항이 없을 때에는 가장 유사한 형법조항을 적용함을 말한다. 형벌조항을 유추 적용한다면 죄형 법정주의는 실질적으로 의미 없게 된다.

대표적인 사례가 전기의 불법 사용(Unauthorised Appropriation of Electricity)이다. 19세기만 해도 전기는 새롭게 발명된 에너지로 당시 절도죄의 대상인 유체물에 해당하지 않았다. 이에 따라 1899년 독일 법원은 전기의 불법 사용은 절도에 해당하지 않는다고 판결했다. 그러나 1868년 러시아 법원은 비록 형법에 규정되어 있지 않지만, 전기의 불법 사용이 용인된다면 심각한 남용으로 이어질 수 있으므로 처벌한다고 판결했다.[133] 1920년대 네덜란드나 프랑스 법원도 당시 신산업의 에너지인 전기에 대한 법적 대응이 사회적

---

[133] Evgeny Tikhonravov, "Nulla Poena Sine Lege In Continental Criminal Law: Historical And Theoretical Analysis", 13 Crim. L. & Phil. 215 (2019), 218쪽

차원에서 중요한 의미를 가진다는 점을 고려해 절도죄에 해당한다고 판결했다.

소련은 형벌조항의 유추 해석을 입법화했다. 1922년 소련 형법 제10조는 "형법에 직접적으로 적용할 조항이 없을 때에는 형법의 일반적 원리에 따라 중요성과 종류에 있어 가장 유사한 형법을 적용한다."라고 규정했다.[134]

유추 해석을 찬성하는 입장에서는 사회에 피해를 주는 행위를 적절한 시기 내에 제어하기 위해서는 유추 해석을 허용해야 한다고 주장한다. 예링(Rudolf Jhering)은 법이 사회를 위해 존재하지, 사회가 법을 위해 있지 않다면서 사회의 이익을 위해 법이 희생해야 한다고 했다.

유추 해석 금지를 주장하는 입장에서는 비록 형벌조항에 규정되지 않아 처벌하지 못하는데서 발생하는 해악이 있다고 하더라도, 법률의 근거 없이 처벌하고, 자유를 제한하는 데서 발생하는 처참한 손실에는 비할 바가 아니라고 본다.

이는 법률에 의한 개인의 생명·자유 침해와 사회적으로 해가 되는 행위의 억제 중 어느 것을 더 중요시하는 지에 대한 문제이다. 국가에 의한 자의적인 개인의 자유 제한 방지를 중요시 한다면 죄형 법정주의를 엄격히 지켜야 하므로 유추 해석은 금지된다.

그런데 죄형 법정주의를 지키지 않는 처벌의 문제점은 개인의 생명·자유 침해에 국한되지 않는다. 근본적으로 법을 엄격히 적용하지 않는 판결을 국민이 왜 따라야 하는지에 대한 정당성이 문제된다. 법을 따르지 않는 판결을 존중해야 할 이유가 없기 때문이다. 그러므로 유추 해석을 지지하는 입장에서는 이러한 한계를 정당화하기 위해 실제로는 법의 적용밖에 있음

---

134 Evgeny Tikhonravov, "Nulla Poena Sine Lege In Continental Crimnal Law: Historical And Theoretical Analysis", 13 Crim. L. & Phil. 215 (2019), 219쪽; (when there are no direct reference to particular crimes in the Criminal Code, penalties or means of social defense shall be applied according to the provisions of the Criminal Code dealing with crimes which are the most similar in their importance and the kind, in compliance with the rules of the general part of the Code.)

에도 마치 법의 범위 내에 있는 것으로 창의적 해석을 해서 죄형 법정주의를 지켜 판결한 것처럼 위장한다는 지적이 있다.[135]

2) 대한민국 판례

(1) 피고인에게 불리한 유추 금지

▶[1] 형벌법규의 해석은 엄격하여야 하고 명문규정의 의미를 피고인에게 불리한 방향으로 지나치게 확장 해석하거나 유추 해석하는 것은 죄형 법정주의의 원칙에 어긋나는 것으로서 허용되지 않는다. [2] 군형법 제74조 소정의 군용물분실죄라 함은 같은 조 소정의 군용에 공하는 물건을 보관할 책임이 있는 자가 선량한 보관자로서의 주의의무를 게을리 하여 그의 '의사에 의하지 아니하고 물건의 소지를 상실'하는 소위 과실범을 말한다 할 것이므로, 군용물분실죄에서의 분실은 행위자의 의사에 의하지 아니하고 물건의 소지를 상실한 것을 의미한다고 할 것이며, 이 점에서 하자가 있기는 하지만 행위자의 의사에 기해 재산적 처분행위를 하여 재물의 점유를 상실함으로써 편취당한 것과는 구별된다고 할 것이고, 분실의 개념을 군용물의 소지 상실시 행위자의 의사가 개입되었는지의 여부에 관계없이 군용물의 보관책임이 있는 자가 결과적으로 군용물의 소지를 상실하는 모든 경우로 확장 해석하거나 유추 해석할 수는 없다. [3] 피고인의 의사에 의한 재산적 처분행위에 의하여 상대방이 재물의 점유를 취득함으로써 피고인이 군용물의 소지를 상실한 이상 그 후 편취자가 군용물을 돌려주지 않고 가버린 결과가 피고인의 의사에 반한다고 하더라도 처분행위 자체는 피고인의 하자 있는 의사에 기한 것이므로 편취당한 것이 군용물분실죄에서의 의사에 의하지 않은 소지의 상실이라고 볼 수 없다.(대법원 1999. 7. 9. 선고 98도1719 판결)

---

135 Evgeny Tikhonravov, "Nulla Poena Sine Lege In Continental Crimnal Law: Historical And Theoretical Analysis", 13 Crim. L. & Phil. 215 (2019), 222~223쪽

(2) 피고인에게 유리한 사유의 제한적 유추 금지

▶[3] [다수의견]

형벌법규의 해석에 있어서 법규정 문언의 가능한 의미를 벗어나는 경우에는 유추 해석으로서 죄형 법정주의에 위반하게 된다. 그리고 유추 해석금지의 원칙은 모든 형벌법규의 구성요건과 가벌성에 관한 규정에 준용되는데, 위법성 및 책임의 조각사유나 소추조건, 또는 처벌조각사유인 형면제 사유에 관하여 그 범위를 제한적으로 유추적용하게 되면 행위자의 가벌성의 범위는 확대되어 행위자에게 불리하게 되는바, 이는 가능한 문언의 의미를 넘어 범죄구성요건을 유추적용하는 것과 같은 결과가 초래되므로 죄형 법정주의의 파생원칙인 유추 해석금지의 원칙에 위반하여 허용될 수 없다. 한편 형법 제52조나 국가보안법 제16조 제1호에서도 공직선거법 제262조에서와 같이 모두 '범행발각 전'이라는 제한 문언 없이 "자수"라는 단어를 사용하고 있는데 형법 제52조나 국가보안법 제16조 제1호의 "자수"에는 범행이 발각되고 지명수배된 후의 자진출두도 포함되는 것으로 판례가 해석하고 있으므로 이것이 "자수"라는 단어의 관용적 용례라고 할 것인바, 공직선거법 제262조의 "자수"를 '범행발각 전에 자수한 경우'로 한정하는 풀이는 "자수"라는 단어가 통상 관용적으로 사용되는 용례에서 갖는 개념 외에 '범행발각 전'이라는 또 다른 개념을 추가하는 것으로서 결국은 '언어의 가능한 의미'를 넘어 공직선거법 제262조의 "자수"의 범위를 그 문언보다 제한함으로써 공직선거법 제230조 제1항 등의 처벌범위를 실정법 이상으로 확대한 것이 되고, 따라서 이는 단순한 목적론적 축소 해석에 그치는 것이 아니라, 형면제 사유에 대한 제한적 유추를 통하여 처벌범위를 실정법 이상으로 확대한 것으로서 죄형 법정주의의 파생원칙인 유추 해석금지의 원칙에 위반된다.(대법원 1997. 3. 20. 선고 96도1167 전원합의체 판결)

(3) 피고인에게 유리한 유추 허용

▶ 선거운동기간위반죄를 규정하고 있는 구 공직선거및선거부정방지법 (2004. 3. 12. 법률 제7189호로 개정되기 전의 것) 제254조는 사전선거운동에 관한 처벌규정으로서 기본적 구성요건에 해당하는 제3항과 사전선거운동 중 특정 유형의 행위에 관한 가중적 구성요건에 해당하는 제2항을 두고 있고, 그 중 제2항에만 '이 법에 다른 규정이 있는 경우를 제외하고는'이라는 보충문구를 두어 같은 법에 별도의 처벌규정이 있는 경우에는 위 제2항 위반으로 처벌할 수 없도록 하고, 제3항에는 위와 같은 보충문구를 두고 있지 않은바, 이는 위법한 선거운동에 대한 규제를 주체, 기간, 행위별로 나누어 규정하고 있는 위 법의 체제 및 처벌의 균형을 감안한 입법자의 합목적적 선택의 결과라 할 것이므로 특별한 사정이 없는 한 법원으로서는 이를 존중하여야 할 것이고, 나아가 구 공직선거및선거부정방지법 (2004. 3. 12. 법률 제7189호로 개정되기 전의 것) 제254조 제3항에 해당하는 행위가 같은 법 소정의 다른 처벌규정에 해당하는 경우 이를 일반 법리에 따라 상상적 경합범으로 처벌한다고 하더라도 형법 제40조에 의하여 중한 죄에 정한 하나의 형으로만 처벌하게 될 뿐이므로 구 공직선거 및 선거부정방지법(2004. 3. 12. 법률 제7189호로 개정되기 전의 것) 제254조 제2항에 해당하는 행위가 같은 법 소정의 다른 처벌규정에 해당하는 경우와 비교하여 그 결과가 현저히 형평과 정의에 반한다거나 심각한 불합리가 초래된다고 보이지도 아니하므로 같은 법 제254조 제3항에 해당하는 행위가 같은 법 소정의 다른 처벌규정에 해당하는 경우 이는 상상적 경합관계가 있다고 보아야 한다. 형벌법규의 해석에 있어서 유추 해석이나 확장 해석도 피고인에게 유리한 경우에는 가능한 것이나, 문리를 넘어서는 이러한 해석은 그렇게 해석하지 아니하면 그 결과가 현저히 형평과 정의에 반하거나 심각한 불합리가 초래되는 경우에 한하여야 할 것이고, 그렇지 아니하는 한 입법자가 그 나름대로의 근거와 합리성을 가지고 입법한 경우에는 입법자의 재량을 존중하여야 하는 것이다.(대법원 2004. 11. 11. 선고 2004도4049 판결)

2. 명확성의 원칙과 막연하므로 무효, 엄격 해석, 관용 해석

가) 명확성의 원칙

1) 의의

　명확성의 원칙은 입법부가 국민의 기본권을 제한하려면 법률로 명확하게 규정해야 하며, 그렇지 않은 경우에는 필요한 함의(Necessary Implication)가 있지 않는 한 기본권을 제한할 수 없음을 의미한다.[136] 여기서 필요한 함의는 그렇게 해석할 수도 있다는 정도로는 안 되고 반드시 그렇게 해석된다는, 즉 그와 같은 해석이 필연적인 경우에 한하여 인정한다.[137]

　명확성의 원칙은 명확하게 표현해야만 한다는 명확한 표현 원칙(Clear Statement Rule)이다. 입법부는 막연하거나 애매한 단어를 사용해 국민의 기본권을 제한해서는 안 된다. 입법부는 스스로 무엇을 하는지, 그 의도는 무엇인지를 정면으로 명확하게 표현해야 한다. 그리고 그 결정에 대한 정치적 비용을 부담해야 한다.

　형벌조항의 명확성의 원칙[138]은 형벌조항이 불명확할수록 기본권을 제한할 수 없다는 사법부 해석의 한계를 설정하는 원리이다.[139] 사법부가 형벌조항을 해석하면서 광범한 적용이 가능한 넓은 기준을 인정할수록 형벌조항

---

[136] (if Parliament intends to interfere with fundamental rights or principles, or to depart from the general system of law, then it must express that intention by clear and unambiguous language. In 1908, in Potter v Minahan, Justice O'Connor characterised this principle as a standing prediction of parliamentary intent.) 적법성의 원칙(Principle of Legality) 이라고도 한다.

[137] Francis Cardell-Oliver, "Parliament, the Judiciary and Fundamental Rights: The Strength of the Principle of Legality", 41 Melb. U. L. Rev. 30, (2017), 34쪽

[138] (The principle of legality, in criminal law, means that only the law can define a crime and prescribe a penalty.)

[139] Robert Batey, "Judicial Exploitation of Mens Rea Confusion, At Common Law and Under the Model Penal Code", 18 Ga. St. U. L. Rev. 341, (2001), 401쪽

은 규칙으로서의 의미는 줄고, 실질적인 내용이 없게 된다.

적정절차에 위배되지 않기 위해서는 형벌조항은 반드시 ① 일반인이 어떤 행위가 금지되는 것인지를 이해할 수 있도록 충분히 구체적이며 ② 자의적이거나 차별적인 집행이 조장되지 않는 방식으로 규정되어야 한다.[140] 그리고 형벌조항의 적용 범위에 있어서 심각한 애매성이 있을 때에는 피고인에게 유리하도록 해석해야만 한다.[141]

1935년 독일 나치 시대에 단치히(Danzig) 상원은 '형법의 기본 개념과 주변 대중의 감정에 의하면 처벌받을 만한 행위'를[142] 대상으로 하는 형벌조항을 제정했다. 청나라 형법 제386조는 '해서는 안 될 행위'[143]가 처벌 대상이었다.[144] 1922년 소련 형법 제6조에 의하면 범죄는 '사회주의 질서를 완수하는 기간 동안의 농민과 산업 노동자의 힘에 의하여 만들어진 소비에트 국가의 지배 원칙과 법질서에 위험을 주는 행위나 위협을 주는 부작위'이다.[145]

이처럼 형벌조항을 추상적이고 포괄적으로 만들면 어떤 행위도 처벌 대상이 될 수 있다. 누구나 처벌받을 수 있게 된다.

형벌조항에 대해 어떤 해석도 가능하고, 어떤 해석도 다른 해석에 비해 절대적으로 옳다는 기준이 없는 제도 하에서는 사법 과잉이 가능하다. 그리

---

140 Skilling v. U. S., 561 U.S. 358 (2010), 402쪽

141 Skilling v. U. S., 561 U.S. 358 (2010), 410쪽

142 (acts deserving of penalty according to the fundamental conceptions of a penal law and sound popular feeling)

143 (doing that which ought not to be done)

144 Rebecca Prebble, John Prebble, "Does the Use of General Anti-Avoidance Rules to Combat Tax Avoidance Breach Principle of The Rule of Law? A Comparative Study", 55 St. Louis U.L.J. 21 (2010), 30쪽

145 Evgeny Tikhonravov, "Nulla Poena Sine Lege In Continental Criminal Law: Historical And Theoretical Analysis", 13 Crim. L. & Phil. 215 (2019), 219쪽; (any socially dangerous conduct or omission posing a threat to underlying principles of the Soviet state and legal order established by the power of industrial workers and peasants for the transitional period to the communist order.)

고 그에 대한 국민의 저항은 무력해 질 수밖에 없다.[146]

불명확한 형벌조항은 역사적으로 억압의 도구로 사용되어 왔다. 예를 들어 부랑자(Vagrancy)를 처벌하는 조항은 가난해서 집이 없는 사람을, 배회(Loitering)를 처벌하는 조항은 흑인들을, 마스크 착용을 처벌하는 조항은 얼굴을 가린 채 차별에 항의하는 동성애자를 처벌하는데 이용되었다.[147]

형벌조항은 어떤 상황에서 어떤 행위를 했을 때 처벌받는지를 정한다. 그러므로 형벌조항에서 정하지 않은 상황이거나, 규정한 것과 다른 행위를 했을 때에는 처벌받지 않는다는 의미를 국민에게 전달한다. 이 두 가지 기능은 사회의 안정과 개인의 안전에 중요한 역할을 한다.[148] 형벌조항이 불명확하면 법 집행자가 스스로 옳다고 결정하는 바에 따른 제한 없는 공권력의 행사가 가능하게 된다. 형벌조항이 명확하면 집행자의 과도한 재량을 제한할 수 있다. 형벌조항은 국가 형벌권으로부터 개인을 보호하는 기능도 할 수 있어야 한다. 범죄자도 악이지만 법을 만들고, 집행하는 자도 형벌조항의 수혜자로 법을 악용할 수 있다. 부정의한 현상이 지속되는 사회에서는 형벌을 권력 유지의 도구로 사용하기 때문이다.[149]

특정인을 불순한 의도로 수사하고 기소했다는 주장은 실제로 그런 의도가 있다고 단정할 수도 없고 입증은 불가능에 가깝다. 유죄판결이 선고된다면 더욱 그렇다.

그러므로 이런 문제를 방지하기 위해서는 형벌조항을 명확하게 하고, 형벌조항이 정한 형량의 폭을 축소하여 세분화할 필요가 있다. 국가형벌권과 개인의 자유의 접촉선을 규정하는 형벌조항은 매우 중요하고 위험한 것이

---

146 James M. Boland, "A Progressive Revolution: Man, Superman, and the Death of Constitutional Government", 4 Charlotte L. Rev, 249 (2013), 296쪽

147 Shon Hopwood, "Clarity in Criminal Law", 54 Am. Crim. L. Rev. 695 (2017), 696쪽

148 Sanford H. Kadish, "Why substantive criminal law- A dialogue", 29 Clev. St. L. Rev. 1 (1980), 5쪽

149 Sanford H. Kadish, "Why substantive criminal law- A dialogue", 29 Clev. St. L. Rev. 1 (1980), 9쪽

다.[150] 따라서 형벌조항은 명확하고, 공정하며, 효과적이고, 해석이 용이해야 한다. 이를 위해선 이념적인 주장이 아닌 면밀한 분석과 비평적 사고가 필요하다.

▶ 헌법은 제12조 제1항 후단에서 "법률과 적법한 절차에 의하지 아니하고는 처벌·보안처분 또는 강제노역을 받지 아니한다."라고 규정하고, 제13조 제1항 전단에서 "모든 국민은 행위시의 법률에 의하여 범죄를 구성하지 아니하는 행위로 소추되지 아니하며"라고 하여 죄형 법정주의 원칙을 천명하고 있다. 죄형 법정주의 원칙은 법률이 처벌하고자 하는 행위가 무엇이며 그에 대한 형벌이 어떠한 것인지를 누구나 예견할 수 있고, 그에 따라 자신의 행위를 결정할 수 있게끔 구성요건을 명확하게 규정할 것을 요구한다. 형벌법규의 내용이 애매모호하거나 추상적이어서 불명확하면 무엇이 금지된 행위인지를 국민이 알 수 없어 법을 지키기가 어려울 뿐만 아니라, 범죄의 성립 여부가 법관의 자의적인 해석에 맡겨져서 죄형 법정주의에 의하여 국민의 자유와 권리를 보장하려는 법치주의의 이념은 실현될 수 없기 때문이다(헌재 2010. 12. 28. 2008헌바157등 참조).

이러한 죄형 법정주의 원칙에서, 누구나 법률이 처벌하고자 하는 행위가 무엇이며 그에 대한 형벌이 어떠한 것인지를 예견할 수 있고 그에 따라 자신의 행위를 결정지을 수 있도록 구성요건이 명확할 것을 요구하는 '명확성의 원칙'과 범죄와 형벌에 대한 규정이 없음에도 해석을 통하여 유사한 성질을 가지는 사항에 대하여 범죄와 형벌을 인정하는 것을 금지하는 '유추 해석금지의 원칙'이 도출된다(헌재 2012. 12. 27. 2011헌바117 참조).

일반적으로 형벌법규 이외의 법규범에서는 법문의 의미가 명확하지 않거나 특정한 상황에 들어맞는 규율을 하고 있는 것인지 모호할 경우에는, 입법목적이나 입법자의 의도를 합리적으로 추론하여 문언의 의미를 보충하

---

[150] Stephen J. Schulhofer, "Toward a just and rational body of substantive criminal law", 5 Ohio St. J. Crim. L. 367(2008), 367쪽

여 확정하는 체계적, 합목적적 해석을 할 수도 있고, 유사한 규범이나 유
사한 사례로부터 확대 해석을 하거나 유추 해석을 하여 법의 흠결을 보충
할 수도 있으며, 나아가 법률의 문언 그대로 구체적 사건에 적용할 경우에
는 오히려 부당한 결론에 도달하게 되고 입법자가 그러한 결과를 의도하
였을 리가 없다고 판단되는 경우에는 문언을 일정부분 수정하여 해석하는
경우도 있을 수 있다. 그러나 <u>형벌조항을 해석함에 있어서는 앞서 본 바와
같은 헌법상 규정된 죄형 법정주의 원칙 때문에 입법목적이나 입법자의
의도를 감안하는 확대 해석이나 유추 해석은 일체 금지되고 형벌조항의
문언의 의미를 엄격하게 해석해야 하는 것이다.</u>(헌재 2012. 5. 31. 2009
헌바123등; 헌재 2012. 12. 27. 2011헌바117 등 참조)

형벌조항은 명확해야 하지만 언어가 가진 추상성으로 인해 수학적 정확성
까지 기대할 수는 없다. 형벌조항의 명확성은 형벌의 한계를 설정하기 위한
것이므로 단어를 상식적으로 이해할 경우 그 한계를 분명하게 정할 수 있으면
명확하다고 할 수 있다.[151] 형벌조항의 명확성은 법적 명확성이지 수학적 명
확성이 아니다. 그러므로 어느 정도의 추상성은 허용될 수밖에 없다.

형벌조항에 있어 허용되는 추상성의 범위는 범죄의 성립 자체까지 영향
을 미치는지 아니면 처벌의 경중에만 영향을 주는지와 보호하려는 국가 이
익의 성질, 더욱 정교한 조항을 만드는 것이 가능한지, 검사의 기소 결정에
있어 재량의 정도 및 남용 가능성 등도 고려하여 판단해야 한다.

결국 허용되는 추상성은 판단자의 주관적 인상에 의해 결정되는 질적 성
격(Impressionistic Quality)을 가진다.

▶ 명확성의 원칙은 법치국가원리의 한 표현으로서 기본권을 제한하는 법
규범의 내용은 명확하여야 한다는 헌법상의 원칙이며, 그 근거는 법규범

---

[151] Grayned v. City of Rockford, 408 U.S. 104 (1972), 112쪽; (clearly delineates its reach in words
of common understanding)

의 의미내용이 불확실하면 법적 안정성과 예측 가능성을 확보할 수 없고, 법집행 당국의 자의적인 법해석과 집행을 가능하게 할 것이기 때문이다. 그러나 법규범의 문언은 어느 정도 가치개념을 포함한 일반적, 규범적 개념을 사용하지 않을 수 없는 것이기 때문에 명확성의 원칙이란 기본적으로 최대한이 아닌 최소한의 명확성을 요구하는 것으로서, 그 문언이 법관의 보충적인 가치판단을 통해서 그 의미내용을 확인할 수 있고, 그러한 보충적 해석이 해석자의 개인적인 취향에 따라 좌우될 가능성이 없다면 명확성의 원칙에 반한다고 할 수 없다(헌법재판소 2005. 12. 22. 선고 2004헌바45 전원재판부 결정 등 참조). 이 사건 형사소송법 조항은 항소이유 중 재심청구의 사유가 있는 때(제361조의5 제13호), 상고이유 중 재심청구의 사유가 있는 때(제383조 제3호), 원심판결의 파기 또는 이송(제397조)에 관한 규정들로서 그 문언에 비추어 보통의 상식을 가진 일반인이라면 그 의미를 충분히 알 수 있고, 법관의 보충적인 가치판단을 통해서 그 의미내용을 확인할 수 있을 뿐만 아니라 그러한 보충적 해석이 해석자의 개인적인 취향에 따라 좌우될 가능성도 없어 헌법상 명확성의 원칙에 반한다고 볼 수 없고, 그 밖에 신청인이 들고 있는 헌법상의 여러 원칙들에 어긋난다고 볼 수도 없다.(대법원 2008. 10. 23. 자 2008초기264 결정)

▶ 헌법 제12조 및 제13조를 통하여 보장되고 있는 죄형 법정주의 원칙은 범죄와 형벌이 법률로 정하여져야 함을 의미하며, 이러한 죄형 법정주의에서 파생되는 명확성원칙은 법률이 처벌하고자 하는 행위가 무엇이며 그에 대한 형벌이 어떠한 것인지를 누구나 예견할 수 있고, 그에 따라 자신의 행위를 결정할 수 있도록 구성요건을 명확하게 규정할 것을 요구하고 있다. 그러나 처벌법규의 구성요건이 명확하여야 한다고 하여 모든 구성요건을 단순한 서술적 개념으로 규정하여야 하는 것은 아니고, 다소 광범위하여 법관의 보충적인 해석을 필요로 하는 개념을 사용하였다고 하더라도 통상의 해석방법에 의하여 건전한 상식과 통상적인 법감정을 가진 사

람이면 당해 처벌법규의 보호법익과 금지된 행위 및 처벌의 종류와 정도를 알 수 있도록 규정하였다면 헌법이 요구하는 처벌법규의 명확성에 배치되는 것이 아니다(헌재 2011. 10. 25. 2010헌가29 참조). 그리고 처벌법규에 대한 예측 가능성의 유무는 당해 특정조항 하나만으로 판단할 것이 아니라, 관련 법 조항 전체를 유기적·체계적으로 종합하여 판단하여야 하고, 그것도 각 대상법률의 성질에 따라 구체적·개별적으로 검토하여야 하며, 일반적이거나 불확정한 개념이 사용된 경우에는 당해 법률의 입법목적과 당해 법률의 다른 규정들을 원용하거나 다른 규정과의 상호관계를 고려하여 합리적으로 해석할 수 있는지 여부에 따라 가려야 한다.(헌재 1996. 2. 29. 94헌마13; 헌재 2001. 6. 28. 99헌바34; 헌재 2016. 3. 31. 2014헌바397 참조)

▶ 모든 법규범의 문언을 순수하게 기술적 개념만으로 구성하는 것은 입법 기술적으로 불가능하고 또 바람직하지도 않기 때문에 어느 정도 가치개념을 포함한 일반적, 규범적 개념을 사용하지 않을 수 없으므로 법 문언이 해석을 통해서, 즉 법관의 보충적인 가치판단을 통해서 그 의미내용을 확인해 낼 수 있고, 그러한 보충적 해석이 해석자의 개인적인 취향에 따라 좌우될 가능성이 없다면 명확성의 원칙에 반한다고 할 수 없다. 한편, 그 명확성의 정도는 일률적으로 정할 수 없고, 각 구성요건의 특수성과 그러한 법적 규제의 원인이 된 여건이나 처벌의 정도 등을 고려하여 종합적으로 판단하여야 할 것이다.(헌재 2001. 6. 28. 99헌바31)

▶ 형사처벌의 대상이 되는 미신고의 기준을 일반추상적 개념인 "정당한 사유"의 유무에 두고 있기는 하지만, 그 의미에 대하여 예견가능성이 있고, 집행자의 자의가 배제될 정도로 의미가 확립되어 있으며, 입법 기술적으로도 개선가능성이 있다는 특별한 사정이 보이지 아니하므로 헌법상 명확성의 원칙에 반하지 아니한다.

"정당한 사유"의 문언적 의미와 보류사유 해소신고 의무를 강제하는 취지, 그에 대한 예외사유 허용의 필요성 등을 종합하여 보면, <u>이 사건 법률조항 소정의 "정당한 사유"라는 것은 신고의무자로서도 어쩔 수 없는 사정으로 신고를 하지 못하였고 그러한 사정이 본인에게 비난할 수 없는 것</u>, 즉 '신고의무 불이행자의 책임으로 돌릴 수 없는 사유'로 해석될 수 있는바, 수범자로서도 비록 법문상으로는 "정당한 사유"라는 일반추상적 용어를 사용하고 있으나 이는 '자신에게 귀책사유가 없는 경우'를 일컫는다는 것을 충분히 예측할 수 있고, 집행자의 자의가 배제될 정도로 그 의미가 확립되어 있으며, 입법 기술적으로도 개선가능성이 있다는 특별한 사정이 보이지 아니하므로, 이 사건 법률조항은 명확성의 원칙에 반하지 아니한다.(헌재 2010. 4. 29. 2009헌바46)

▶ (2) 관습형법금지의 원칙, 소급효금지의 원칙, 유추 해석금지의 원칙과 함께 죄형 법정주의의 내용을 이루는 명확성의 원칙은 그 구성요건과 법적 결과를 법률로 명확하게 규정하여야 한다는 원칙으로서 법률에 범죄와 형벌을 가능한 한 명확하게 규정하여야 법관의 자의를 방지할 수 있고, 국민들에게 어떠한 행위가 금지되어 있고 그 행위에 대하여 어떠한 형벌이 과하여질지를 예측할 수 있도록 하여 규범의 의사결정효력을 담보할 수 있다는데 그 근거가 있다. 따라서 형사처벌의 대상이 되는 범죄의 구성요건은 형식적 의미의 법률로 명확하게 규정되어야 하며, 만약 범죄의 구성요건에 관한 규정이 지나치게 추상적이거나 모호하여 그 내용과 적용범위가 과도하게 광범위하고 포괄적이어서 불명확한 경우에는 국가형벌권의 자의적인 행사가 가능하게 되어 개인의 자유와 권리를 보장할 수 없으므로 죄형 법정주의 원칙에 위배된다. 구성요건이 어느 정도 특정되어야 명확성의 원칙에 반하지 않는가를 판단함에 있어 우리 재판소는 <u>통상의 판단능력을 가진 사람이 그 의미를 이해할 수 있었는가를 기준</u>으로 하고 있다(헌재 1997. 9. 25. 96헌가16, 판례집 9-2, 312, 322; 헌재 1995.

9. 28. 93헌바50, 판례집 7-2, 297, 307). (3) 그러나, 처벌법규의 구성
요건이 명확하여야 한다고 하더라도 입법자가 모든 구성요건을 단순한 의
미의 서술적인 개념에 의하여 규정하여야 한다는 것은 아니다. 처벌법규
의 구성요건이 다소 광범위하여 어떤 범위에서는 법관의 보충적인 해석
을 필요로 하는 개념을 사용하였다고 하더라도 그 점만으로 헌법이 요구
하는 처벌법규의 명확성의 원칙에 반드시 배치되는 것이라고 볼 수는 없
다. 즉, <u>건전한 상식과 통상적인 법감정을 가진 사람으로 하여금 그 적용
대상자가 누구이며 구체적으로 어떠한 행위가 금지되고 있는지 여부를 충
분히 알 수 있도록 규정되어 있다면 죄형 법정주의의 명확성의 원칙에 위
배되지 않는다고</u> 보아야 한다. 그렇게 보지 않으면 처벌법규의 구성요건
이 지나치게 구체적이고 정형적이 되어 부단히 변화하는 다양한 생활관
계를 제대로 규율할 수 없게 될 것이기 때문이라는 것이 확립된 판례이다
(헌재 2002. 4. 25. 2001헌가27, 판례집 14-1, 251, 260; 헌재 2000. 6.
29. 98헌가10, 판례집 12-1, 741, 748). 따라서 처벌법규에서 어느 정도
의 보편적이거나 일반적인 뜻을 지닌 용어를 사용하는 것은 부득이하다고
할 수밖에 없고, 당해 법률이 제정된 목적과 다른 법률조항과의 연관성을
고려하여 합리적인 해석이 가능한지의 여부에 따라 명확성의 요건을 갖추었
는지의 여부를 가릴 수밖에 없다 할 것이다(헌재 1996. 12. 26. 93헌바65).

나. 이 사건 법률조항의 위헌 여부

'주산물'에 대하여는 산림법에 정의 규정이 없고 판례상으로도 아직 그 개
념규정이 확립되지 않은 상태인바, 그 사전적 의미는 "주된 생산물로서 부
산물에 반대되는 말", "어떤 고장의 산물 중에서 가장 많이 생산되는 생산
물", "일정한 곳에서 주되게 나는 생산물"이라고 할 수 있다. 그런데 산림법
은 곳곳에 '산물'이라는 용어를 사용하고 있다. 예를 들어 산림절도죄에 관
한 규정인 제116조는 "산림에서 그 산물을 절취한 자는..."(제1항)이라고 하
고 있고, 특수산림절도죄에 관한 규정인 제117조는 "보안림 · 채종림 · 산림
유전자원보호림 · 시험림 안에서 그 산물을 절취하거나..."(제1호), "입목 · 죽

의 벌채 또는 산물의 굴취·채취…"(제4호)라고 하고 있다. 그리고 부정임산물의 몰수에 관한 규정인 제93조는 단서에서 "제116조 및 제117조의 범죄로 인하여 생한 임산물은…"이라는 표현을 쓰고 있다. 이러한 규정들을 볼 때, 산림법에서의 산물이란 산림에서 생산되는 것, 즉 임산물을 의미한다고 할 것이고, 그렇다면 산림법상의 주산물이란 산림에서 생산되는 주된 임산물이라 할 것이다. 임산물에 관하여는 산림법 제2조 제1항 제2호에서 그 정의규정을 두고 있고, 산림법시행규칙 제2조가 임산물의 종류를 열거하고 있으므로 산림법 제2조 제1항 제2호와 산림법시행규칙 제2조에서 규정한 임산물 중 당해 산림에서 주로 생산되는 것이 주산물이 될 것이다. 그러나 주산물의 개념을 위와 같이 해석한다 하더라도 구체적으로 어떤 임산물이 주산물에 해당하는지 여부가 여전히 불명확하다고 볼 소지가 있다. 그러므로, 산림법의 제정목적과 다른 법률조항들과의 연관성을 고려하여 주산물에 대한 합리적 해석이 가능한지 여부를 살펴볼 필요가 있다. 산림법 제1조는 "산림자원의 증식과 임업에 관한 기본적 사항을 정하여 산림의 보호·육성, 임업생산력의 향상 및 산림의 공익기능의 증진을 도모함으로써 국토의 보전과 국민경제의 건전한 발전에 이바지하기 위한 것"이라고 산림법의 제정목적을 밝히고 있다. 이와 같은 산림법의 제정목적과 함께 산림법 제2조 제1항의 산림 및 임산물에 관한 정의규정, 산림법시행령 제2조의 산림에서 제외되는 토지와 입목·죽에 관한 규정, 산림법시행규칙 제2조의 임산물의 종류에 관한 규정, 그리고 산림자원의 보호와 증식에 관한 산림법상의 여러 규정들을 종합적으로 고려해보면, 이 사건 법률조항의 보호법익은 바로 '산림의 생산성'에 있다는 것을 알 수 있고, '주산물'의 개념을 해석할 때에도 이것이 중요한 기준으로 작용하게 될 것임이 분명하다. 따라서 통상의 판단능력을 가진 사람이라면 산림방화로 인하여 당해 산림의 생산성을 본질적으로 침해하거나 그 경제적 효용가치를 본질적으로 훼손하는 경우 이 사건 법률조항에 의한 규율대상이 되리라는 것을 충분히 예측할 수 있다고 사료되므로, '주산물'이라는 용어를 썼다는 이유만으로 구성요건의 명확성을 결여하였다고 속단할 수는 없는 것이다. 또한, 제청법원도 인정하고 있듯이 '주산물' 개념의 내포와 외연을 한정하는 것이 그렇게 어렵다고 보이지 아니하므로 이는 법원의 통상적인 해석작용에 의해 충분히 보완될 수 있는 것이라고 생각된다. 더욱이, 산림에 있어 주산물이라는 것은 산림의 사용목적에 따라 천차만별이어서 무엇이 주산물인지는 각각의 산림의 특수성을 고려하여 구체적, 개별적으로 판단하여야 할 문제인 것이다. 따라서 산림에 따라 다를 수 있는 '주산물'을 일일이 법률에 규정한다는 것은 입법기술상 불가능하거나 현저히 곤란하다 할 것이고, 이러한 입법기술상의 한계를 고려하면 구성요건으로서 '주산물'과 같이 어느 정도 보편적이거나 일반적인 뜻을 지닌 용어를 사용하는 것은 부득이하다고 할 것이다. 결국, 이 사건 법률조항은 입법목적과 다른 조항과의 관련하에서의 합리적인 해석의 가능성, 입법기술상의 한계 등을 고려할 때, 어떠한 산물이 주산물에 해당하는지 의심을 가질 정도로 불명확한 개념이라고 볼 수 없으므로 죄형 법정주의의 한 내용인 형벌법규의 명확성의 원칙에 반한다고 할 수는 없다.(헌재 2003. 4. 24. 2002헌가8)

▶ [1] 죄형 법정주의의 원칙에서 파생되는 명확성의 원칙은 법률이 처벌하고자 하는 행위가 무엇이며 그에 대한 형벌이 어떠한 것인지를 누구나 예견할 수 있고, 그에 따라 자신의 행위를 결정할 수 있도록 구성요건을 명확하게 규정하는 것을 의미한다. 그러나 처벌법규의 구성요건이 명확하여야 한다고 하여 모든 구성요건을 단순한 서술적 개념으로 규정하여야 하는 것은 아니고, 다소 광범위하여 법관의 보충적인 해석을 필요로 하는 개념을 사용하였다고 하더라도 통상의 해석방법에 의하여 건전한 상식과 통상적인 법감정을 가진 사람이면 당해 처벌법규의 보호법익과 금지된 행위 및 처벌의 종류와 정도를 알 수 있도록 규정하였다면 처벌법규의 명확성에 배치되는 것이 아니다. 또한 어떠한 법규범이 명확한지 여부는 그 법규범이 수범자에게 법규의 의미내용을 알 수 있도록 공정한 고지

를 하여 예측 가능성을 주고 있는지 여부 및 그 법규범이 법을 해석·집행하는 기관에게 충분한 의미내용을 규율하여 자의적인 법해석이나 법집행이 배제되는지 여부, 다시 말하면 예측 가능성 및 자의적 법집행 배제가 확보되는지 여부에 따라 이를 판단할 수 있다. 그런데 <u>법규범의 의미내용은 그 문언뿐만 아니라 입법 목적이나 입법 취지, 입법 연혁, 그리고 법규범의 체계적 구조 등을 종합적으로 고려하는 해석방법에 의하여 구체화하게 되므로, 결국 법규범이 명확성 원칙에 위반되는지 여부는 위와 같은 해석방법에 의하여 그 의미내용을 합리적으로 파악할 수 있는 해석기준을 얻을 수 있는지 여부에 달려 있다.</u> [2] 구 관세법 시행령(2013. 2. 15. 대통령령 제24373호로 개정되기 전의 것) 제246조 제1항 제5호가 '사업자등록번호·통관고유부호'를 물품 수입시의 신고사항으로 정하고 있는 것은 대체로 수입신고명의 대여 등으로 인하여 물품의 수입신고명의인과 실제로 납세의무를 부담하는 이가 상이한 경우에 있어서 관세의 부과·징수 및 수입물품의 통관을 적정하게 하고 관세수입을 확보하려는 의도에서 형식상의 신고명의인과는 별도로 실제로 물품을 수입한 자, 즉 화주인 납세의무자에 관한 신고의무를 정하였다고 봄이 상당하다. 그리하여 <u>위 시행령 규정은 이러한 납세의무자에 관한 신고의무를 전제로 그 납세의무자의 구체적인 특정을 위하여 그의 사업자등록번호 등을 신고하도록 정한 것으로 보아야 할 것이다. 그리고 이러한 해석은 통상의 해석방법에 의하여 그 의미내용을 합리적으로 파악할 수 있는 것으로서, 처벌법규의 명확성의 원칙에 반한다거나 자의적으로 처벌 범위를 넓히는 해석이라고 할 수 없다.</u>(대법원 2014. 1. 29. 선고 2013도12939 판결)

2) 형벌조항의 불명확성

(1) 의의

형벌조항의 불명확성은 조항의 추상적 문구가 무엇을 의미하는 지를 법해석을 통해서도 해결할 수 없게 한다. 불명확한 형벌조항은 항상 새로운 상황에서 발생한 새로운 유형의 행위에 대해 적용되는지에 대해 의문을 야기한다.

법조항에 있는 단어의 의미를 이해하는데 어려움이 발생하는 이유는 세 가지로 분류된다. 일반성(Generality), 막연성(Vagueness), 애매성(Ambiguity)이다.

(2) 일반성

일반성은 단어가 특정한 지정 대상을 한정하지 않아서 1개 이상의 대상을 표시할 때 발생한다.[152] 즉 단어가 동시에 여러 개의 지정 대상 (Simultaneous Reference)을 표시하면 비록 지정 범위가 한정되어 있더라도 그 범위 내의 여러 대상 중 정확한 지정 대상을 알 수 없게 된다.[153] 가령 일반성을 가진 단어 '자동차'는 자동차라는 범위는 한정하지만 현대 소나타, 기아 K9, 전기차, 가솔린차, 디젤차, 자율주행차 등을 포함한다. 그리고 오토바이, 이륜차나 삼륜차, 전기 자전거, 하늘을 나는 차(Flying Car)도 포함한다. 독자는 구체적으로 어떤 자동차를 지정하는지 알 수 없다.

(3) 막연성

막연성은 일반적인 지적 수준의 사람이 그 의미를 어림짐작해야만 하고, 따라서 적용 기준에 있어 반드시 차이가 발생함을 말한다.[154] 즉 언어 자체가 애매하지는 않더라도 각각의 특정 대상에 적용되는지가 정도에 있어 불명확한 경우이다.[155]

---

152 (a term is not limited to a unique referent and thus can denote more than one)

153 Matthew T. Fricker & Kelly Gilchrist, "United States v. Nofziger and the Revision of 18 U.S.C. § 207: The Need for a New Approach to the Mens Rea Requirements of Federal Criminal Law", 65 Notre Dame L. Rev. 803 (1990), 809쪽

154 Wayne R. LaFave, 『Criminal Law』(4th edition), Thomson West, (2003), 91쪽; (men of common intelligence must necessarily guess at its meaning and differ as to its application.)

155 (the degree to which, independent of equivocation, language is uncertain in its respective

막연성은 일반성과 다르다. 즉 일반성은 단어가 지정하는 한정된 그룹 중 어떤 대상을 지정하는 것인지에 대해 불명확한 반면, 막연성은 그 단어가 정하는 의미의 한계가 불명확함을 뜻한다. 즉 한정된 영역을 나타내지만 영역을 정하는 구체적 경계선이 없을 때[156] 막연하다고 한다.[157]

적용 폭(Breadth)은 적용되는 범위의 크고 적음을 의미한다. 좁게 적용되더라도 적용되는지를 판단하는 경계선이 불명확할 수 있기 때문에 적용 폭은 막연성과 구별된다.

(4) 애매성

애매성은 형벌조항에 대해 두 가지 이상의 합리적 해석이 가능하고, 그중 어느 것을 적용해야 할지를 납득할 수 있는 방법으로 도저히 결정할 수 없음을 의미한다. 즉 2개 이상의 해석이 가능한데 그중 어떤 것을 의미하는지 불명확함을 말한다. 이때 각각의 해석은 따로 떼어 놓고 보면 합리적이다. 그러나 그중 어느 하나의 해석을 선택해야만 하는데, 그 선택에 있어 어려움을 준다.

애매성은 "A 혹은 B", 즉 선택적 지정(Alternative Reference)에 이르게 한다. 일반성이 "A와 B", 즉 동시적 지정(Simultaneous Reference)에 이르게 하는 것과 구별된다. 가령 "할머니에게는 막중한 책임이 있다."라는 문장에서 '할머니'는 일반적이다. 그 할머니는 모든 할머니로서 누구를 특정하는지 알 수 없다. "나의 할머니에게는 막중한 책임이 있다."라는 문장에서도 친할머니와 외할머니 중 어느 분인지 선택해야 할 때에는 애매성이 있다. 또 '은행'은 은행나무일 수도 있고 금융기관일 수도 있어 애매성이 있다.

---

application to a number of particulars)

[156] (the finite area and lack of specification of its boundary)

[157] Matthew T. Fricker & Kelly Gilchrist, "United States v. Nofziger and the Revision of 18 U.S.C. § 207: The Need for a New Approach to the Mens Rea Requirements of Federal Criminal Law", 65 Notre Dame L. Rev. 803 (1990), 810쪽

애매성은 여러 개의 해석 중 하나를 선택할 때의 불명확을 의미하지만 막연성은 어느 정도인지의 경계선에 대한 불명확성이다. 가령 "저당권자와 저당권 설정자가 저당물의 가격을 두고 다투었다. 그는 마침내 흥분하고 말았다."라는 문장에서 '그'가 지정하는 사람이 저당권자인지 저당권설정자인지 불명확할 때에는 막연성은 없지만 애매성이 있다. '검은 공과 붉은 공'이라는 표현에서 '붉은'은 선택에 어려움은 없어 애매성은 없지만, 어느 정도의 붉음을 의미하는지에 있어서는 막연성이 있다.[158]

애매성은 3가지로 분류된다.

의미상의 애매성(Semantic Ambiguity)은 단어에 2개 이상의 의미가 있기 때문에 발생한다. 가령 "그의 권리는 주거에 따라 결정한다."라는 문장에서 '주거'는 실제 살고 있는 장소 또는 주민등록상 주소지 2가지의 의미 중 어떤 것인지에 있어 불명확하다. 또 '고의'는 구성요건적 사실을 인식하는 것과 인식하지 못하더라도 인식할 수 있다는 뜻의 미필적 고의라는 2개의 의미로 해석할 수 있기 때문에 그중 어떤 것을 의미하는지에 있어서는 애매함이 존재한다.

구문상의 애매성(Syntactic Ambiguity)은 특정한 문장에서 어떤 것을 수식하거나 지시하는지에 대한 불확실성 때문에 발생한다. 예를 들어 "채권자는 채무자에게 즉시 변제를 요구해야 한다."라는 문장에서 '즉시'가 '즉시 요구해야 한다.'는 의미와 '즉시 변제할 것을' 요구해야 한다는 의미로 해석될 수 있어 애매함이 있다.

맥락상의 애매성(Contextual Ambiguity)은 어떤 문구가 모순되는 다른 문구로 인해 어떤 영향을 받거나 어떤 영향을 주는지 불명확할 때 발생한다. 가령 "딸의 생활비를 위해서 그리고 나머지는 자녀를 위해 증여한다."라는 문

---

158 Matthew T. Fricker & Kelly Gilchrist, "United States v. Nofziger and the Revision of 18 U.S.C. § 207: The Need for a New Approach to the Mens Rea Requirements of Federal Criminal Law", 65 Notre Dame L. Rev. 803 (1990), 810쪽

장에서 '나머지'에 딸도 포함되는지 애매하다.[159] 즉 딸의 생활비를 주고, 나
머지 재산은 딸을 제외한 자녀에게 준다는 해석과 먼저 딸의 생활비를 주
고, 생활비를 제외한 나머지 재산을 딸을 포함한 자녀에게 준다는 해석이
가능하다.

(5) 구별의 실익

가령 형벌조항이 '해서는 안 될 행위'를 처벌 대상으로 한다고 하자. 이 경
우는 일반인이 '해서는 안 될 행위'가 무엇인지 의미를 알 수 없어 적용 기준
의 경계선에 대한 공정한 고지(Fair Warning)가 없고, 집행자의 주관에 따라
처벌 대상이 결정되므로 막연성에 해당한다. 막연한 형벌조항은 적용 기준
이 없는 것과 같다. 명확성의 원칙에 위반되어 무효이다.

수질환경보전법상 '보호수역에서 금지행위'에 관한 장에 '해서는 안 될 행
위'가 규정되어 있는데, 명시된 입법 의도 및 입법부의 입법 과정의 녹취록
등 자료에 의하면 '무허가 낚시'로 해석하는 것에 합리적 근거가 있다고 하
자.

한편 입법 과정에서 반대 의견을 제시한 의원 및 그에 부합하는 자료에
의하면 입법 의도가 불명확하여 '무허가 낚시'로 해석할 수 없다는 견해도
합리적인 근거가 있다고 하자.

이때에는 애매성이 있다. 이처럼 애매성이 있으면 항상 법조항만으로 의
미를 해석할 수 없고, 의미를 해석하기 위해 별도로 노력해야만 한다.[160]

형벌조항은 그 의미를 엄격하게 해석해서 적용해야 한다. 형벌조항의 의
미를 해석함에 있어 심각한 애매성이 있을 때에는 피고인에게 유리하게 해

159 Matthew T. Fricker & Kelly Gilchrist, "United States v. Nofziger and the Revision of 18 U.S.C. § 207: The Need for a New Approach to the Mens Rea Requirements of Federal Criminal Law", 65 Notre Dame L. Rev. 803 (1990), 811~812쪽

160 Matthew T. Fricker & Kelly Gilchrist, "United States v. Nofziger and the Revision of 18 U.S.C. § 207: The Need for a New Approach to the Mens Rea Requirements of Federal Criminal Law", 65 Notre Dame L. Rev. 803 (1990), 811쪽

석해야 한다. 따라서 '무허가 낚시'로 해석해서 처벌할 수 없다.

그러나 사법부는 위 형벌조항이 심각하게 애매하지는 않다고 보아 '해서는 안 될 행위'는 '무허가 낚시'를 의미한다고 해석할 수도 있다. 이처럼 애매성은 입법부가 의도하지 않은 사법부의 해석을 가능하게 한다. 그러므로 입법부는 입법에 있어 법조항의 애매성을 제거해야 한다.

3) 축소 해석 및 한정(부분) 위헌

형벌조항이 '10cm 미만의 방어를 잡거나 해서는 안 될 행위는 처벌한다.'고 되어 있다고 하자. '해서는 안 될 행위'의 의미가 불명확하므로 사법부가 '해서는 안 될 행위'를 '무허가 낚시'로 제한하여 유효하다고 해석하거나 혹은 '해서는 안 될 행위' 부분만 분리해서 위헌으로 선언하는 것이 가능한지가 문제된다.

이는 권력분립에 위배되는지와 관련이 있다.[161]

(1) 가능 견해

축소 해석 및 한정 위헌이 가능하다는 견해의 근거는 다음과 같다.

① 구체적 사건을 심판하는 사법부는 법해석을 통해 법조항 자체에서 정의되지 않은 용어의 추상성을 제한하여 구체적 의미를 부여할 수 있다. 구체적 사건을 심판함에 있어 법해석은 사법부의 권한이고 권력분립에 의하면 입법부도 이를 제한할 수 없다. 축소 해석이나 한정 합헌은 기존 법조항의 유지일 뿐 새로운 입법이 아니다.

② 권력분립에 의하면 사법부는 손쉽게 법조항을 무효라고 해석해서는 안 된다. 축소 해석 또는 일부 위헌 판결로 법률의 효력을 유지해야 한다. 입법은 정책적 판단에 대해 선거에 의한 책임을 지는 입법부의 권한이다.

---

161 Julie Rose O'sullivan, "Skilling: More Blind Monks Examining the Elephant", 39 FORDHAM URB. L. J. 343 (2001), 350쪽

따라서 섣불리 어리석거나 실현 불가능하거나 비합리적인 결과를 초래하는 입법이라고 판단해서 법을 변경하거나 무효로 해석해서는 안 된다. 그러므로 법률은 합헌으로 추정한다. 즉 위헌임을 주장하는 자가 위헌이라는 점에 대해 입증 책임을 부담하고, 입증되지 않는 이상 합헌이다.

③ 입법부는 합헌인 범위 내의 입법을 의도하였다고 추정할 수 있다. 따라서 축소 해석 또는 한정 위헌 판결을 하고, 나머지 부분은 유효로 함이 입법부의 의도에 부합한다.[162] 일부만 유효라면 그 법조항을 입법하지 않았을 것이라는 입법 의도가 명백하지 않는 한, 축소 해석 또는 유효한 부분만으로도 입법 목적을 달성할 수 있다면 위헌인 부분만 제거하면 족하다.[163] 사법부는 합헌으로 판결할 수 있는 합리적 방법이 있으면 유효하다고 해석해야 한다.[164]

④ 따라서 어떤 법조항이 다른 법조항을 참조할 때 명확하면 애매함은 없다고 해석해야 한다. 다만 형벌조항에 상당한 애매성이 있어 그 해석에 대해 합리적 의견이 2개 이상 존재하고, 그중 어느 것이 옳은지에 대해 납득할 수 있는 해결 방법이 없을 때에는 피고인에게 유리하게 관용 해석을 해야 한다.

⑤ 막연한 법조항도 축소 해석으로 처리할 수 있는지를 먼저 고려해야 한다. 축소 해석이 가능하면 그 범위 내에서 합헌이라고 해석해야 한다. 막연성이 문제된 때 명백히 포함된다고 해석되는 일반적 행위 유형이 있는 한 그 행위 유형에 적용하는 한도 내에서 유효하다고 해석해야 한다.[165] 피고인의 행위에 대하여 형벌조항이 적용됨이 분명할 때에는 그 범위 내에서는 명

---

162 Gideon Newmark, "The Strong Medicine of Overbreadth as Applied to Criminal Libel", 59 Case W. Res. L. Rev. 553 (2009), 562쪽

163 Brockett v. Spokane Arcades, Inc., 472 U.S. 491 (1985)

164 Gideon Newmark, "The Strong Medicine of Overbreadth as Applied to Criminal Libel", 59 Case W. Res. L. Rev. 553 (2009), 566쪽

165 Skilling v. U.S., 561 U.S. 358 (2010), 405~409쪽; (If the general class of offenses to which the statute is directed is plainly within its terms, the statute will not be struck down as vague. And if tis general class of offense can be made constitutionally definite by a reasonable construction of the statute, this Court is under a duty to give that consturction.)

확하다고 축소 해석해서 합헌이라고 판단해도 해당 피고인에 대한 공정한
고지에 위배되지 않기 때문이다. 표현의 자유를 제한하지 않는 한 피고인을
포함한 모든 경우에 있어 허용될 수 없을 정도로 막연하지 않는 한 막연성
은 인정되지 않는다.[166] 그러므로 형벌조항은 더 이상 막연하지 않을 때까지
축소해서 그 한도 내에서는 무효가 아니라고 해석할 수 있다.[167]

⑥ 축소 해석은 광범한 행위를 금지하는 형벌조항의 단어 안에 쉽게 구별
할 수 있는 핵심적 행위로 적용 대상을 한정할 수 있는 의미가 있을 때 가능
하다. 따라서 형벌조항의 단어가 가진 분명한 의미와 다른 새로운 단어나
문구를 넣는 것은 해석이 아닌 입법으로 허용되지 않는다.[168] 축소 해석은
형벌조항의 분명한 문구와 상치되어서는 안 된다. 축소 해석으로 처벌 대상
인 행위를 한정한다고 하더라도 문구를 추가하여 원래 입법자가 제정한 문
구와 다른 새로운 구성요건을 만드는 것은 허용되지 않는다.[169]

⑦ 형식상 축소 해석이라고 하더라도 실질적으로는 법령의 개정 또는 폐
지에 해당할 수 있다. 가령 법률로 제거하고자 한 문제를 해결하는데 심각
한 비효율성을 초래하면[170] 이는 실질적으로는 법해석이 아닌 개정 또는 폐
지[171]이다. 축소 해석은 실질적 개정 내지 폐지를 허용하지 않는다. 축소 해
석이 실질적 개정 내지 폐지에 이르는 결과가 된다면 전부 위헌 판결을 해
서 입법부가 다시 입법하도록 함이 상당하다.

---

166 John F. Decker, "Addressing Vagueness, Ambiguity, And Other Uncertainty In American
  Criminal Laws", 80 Denv. U. L. Rev. 241 (2002), 268쪽; Vill of Hoffman Estates v. Flipside
  Hoffman Estates inc , 455 U.S. 489 (1982), 494~495쪽

167 Shon Hopwood, "Clarity in Criminal Law", 54 Am. Crim. L. Rev. 695 (2017), 720쪽; (the law
  is impermissibly vague in all of its applications)

168 State v. Hensel, 901 N.W.2d 166 (2017), 178쪽

169 State v. Hensel, 901 N.W.2d 166 (2017), 179~180쪽

170 United States v. Harris, 347 U.S. 612 (1954), 623쪽

171 Holder v. Humanitarian Law Project, 561 U.S. 1 (2010), 17쪽

◆ '공개적으로 저속한 행위(public indecency)'를 하면 처벌하는 조항이 있다.[172] 피고인이 속된 노래를 부르고 천박한 언어를 사용했다는 범죄사실로 기소되었다.

미 연방법원은 위 조항은 언어를 제외한 행위에만 적용되는 의미라고 축소 해석했다.[173] 그 이유는 다음과 같다.

「저속한(indecency)은 사전에 언어나 매너가 부적절하거나(unbecoming) 행동이 겸손하지 않거나 사려 깊지 못함으로 되어있다. 이러한 의미는 막연하고 불명확(vague and indefinite)하다. 따라서 형벌조항 자체로 명확하게 범죄를 정의하지 못한다. 공개적인 부적절의 의미가 언어의 부적정(improprieties of language)까지 포함한다고 해석한다면 이를 판단하는 기준이 불명확하게 된다. 또 행위와 달리 언어까지로 표현을 확장하려면 법률로 명확하게 해야 한다.」

◆ '의회에서 요구한 모든 관련(upon any matter) 서류의 제출 거부, 증언 거부'를 처벌하는 형벌조항이 있다.

의회 본회의는 '로비활동에 관한 하원 특별 위원회(House Select Committee on Lobbying Activities)'에 ① 입법에 영향을 주거나 지연, 추진, 장려하려는 의도의 '로비활동(lobbying activity)'과 ② 입법에 영향을 주거나 지연, 추진, 장려하려는 의도의 공무원의 모든 활동(all activities)을 조사할 권한을 부여했다.

피고인은 정치적으로 특정 정파의 입장을 지지하는 과격한 내용의 서적을 판매했다. 서적은 독자에게 영향을 주어 궁극적으로 입법에 영향을 줄 수 있다고 볼 수도 있었다. 따라서 특별 위원회에서는 서적 판매가 로비 활동에 해당한다고 하여 피고인에게 위 서적을 대량으로 구입한 사람의 성명 제출을 요구했다.

---

172 실제 영어로 된 형벌조항은 훨씬 구체적인 언어로 길게 기술되어 있다. 본 저서에서의 미국 형벌조항은 원문 그대로 번역하지 않고, 쟁점과 관련된 한도 내에서 취지를 번역한 것이므로 이 점에 대해 오해하지 말기를 바란다.

173 McJunkins v. State, 10 Ind. 140 (1858)

피고인은 이를 거부했다. 피고인은 공무원은 아니므로 ②에는 해당하지 않는다.

미 연방대법원은 피고인의 서적 판매는 로비활동에 해당하지 않는다고 판결했다. 그 이유는 다음과 같다.

「특별 위원회에서 조사할 수 있는 위 ①의 '로비활동'은 '모든 활동'이 아니다. 공무원과 달리 일반인에 대해서는 특별 위원회의 조사권한이, 입법에 영향력을 미치려 의도한 모든 행위가 아닌, '로비활동'으로 법조항에 표현되어 있다. 일반인의 로비활동은 의회나 그 구성원, 그 위원회를 직접 상대한 대리행위로 제한된다고 해석함이 상식에 부합한다. 이와 같이 축소 해석하여야 의회의 권한과 개인의 표현의 자유를 균형 있게 보호할 수 있다.」[174]

◆ 캔자스 주는 형사 명예훼손(criminal deformation) 처벌조항이 있었다. 허위 사실을 알거나 허위임을 알 수 있음에도 의도적으로 무시하는 실제 악의(actual malice)로 허위 사실을 전파함으로써 공적 혐오, 불명예, 조롱을 당하게 하거나 공적인 신뢰를 잃게 하거나 사회적으로 수용되지 못하게 하는 행위가 처벌 대상이다.

피고인은 동성애 반대 전단 등을 배포했다. 형사 명예훼손으로 기소된 피고인은 자신의 표현은 공적 사건에 대한 것인데 위 형벌조항은 지나치게 광범하여 위헌이라고 주장했다.

미 연방법원은 위 조항은 제한적으로 유효하다고 판결했다. 그 이유는 다음과 같다.
「형벌조항의 문자의 분명한 의미를 무시하고, 축소 해석이라는 방법을 이용해서 그 형벌조항이 위헌이 아니라고 판결할 수는 없다. 그러나 애매한 조문은 전통적 법 해석 원리에 따라 그 조문의 진정한 의미를 해석한 후 그렇게 해석한 조문이 위헌인지를 심판한다.
캔자스 주 의회에는 공적 인물과 공적 사안에 대해서는 피고인이 허위 사실을 알거

---

[174] U.S. v. Rumely, 345 U.S. 41 (1953)

나 허위임을 알 수 있음에도 의도적으로 무시한 때 헌법상 보호되지 않는 표현 행위만을 처벌한다는 명시된 입법 의도가 있다. 또 구성요건이 허위의 사실을 요한다. 그러므로 피고인이 허위 사실임을 알거나 허위임을 의도적으로 무시했을 것을 요한다는 제한 해석이 가능하다. 따라서 그 범위 내에서 위헌이 아니다.」[175]

◆ 뉴멕시코 주는 형사 명예훼손죄 형벌조항이 있다. 허위 혹은 악의적인 표현을 대상으로 했다. 그러나 허위임을 알거나 알 수 있음에도 의도적으로 무시한 실제 악의가 주관적 구성요건으로 되어 있지 않았다.

미 연방법원은 위 형벌조항을 공적 사안에 적용하는 때에는 위헌이라고 축소 해석했다.[176] 공적 사안에서는 미 연방헌법 부가조항 제1조에 따라 허위임을 알거나 의도적으로 무시한 때가 아닌 한 처벌할 수 없다는 이유이다.

◆ 고의로 허위 사실 또는 자연적인 신체의 결함을 노출하여 공적 증오, 경멸, 조롱에 이르게 하는 행위를 형사 명예훼손으로 처벌하는 조항이 있었다.

피고인은 피해자가 사기죄 등으로 지명 수배되었다는 허위 포스터를 제작해 배포했다.

미 연방법원은 공무원 또는 공적 인물의 공적 사안에 대해 허위임을 알거나 허위임을 의도적으로 무시한 실제 악의를 요하지 않고 처벌하는 부분에 한하여 위헌이고, 개인이 다른 개인의 명예를 훼손하는 행위를 처벌하는 부분은 유효라고 했다. 광범성으로 인해 위헌이 될 경우에도 축소 해석 또는 조항의 분리가 가능하면 부분 무효로 일부에 한해 위헌으로 하고, 나머지는 유효하다고 판결할 수 있다고 했다. 이 사건은 사법부가 위헌과 합헌의 경계선을 나눌 수 있기 때문에 전체를 무효로 하지 않는다고 했다.[177]

---

175 Phelps v. Hamilton, 59 F. 3d 1058 (10th Cir. 1995)

176 State v Powell, 839 P.2d 139 (N.M. Ct. App. 1992)

177 People v. Ryan, 806 P.2d 935 (Colo. 1991)

▶ 법원이 어떠한 법률조항을 해석·적용함에 있어서 한 가지 해석방법에 의하면 헌법에 위배되는 결과가 되고 다른 해석방법에 의하면 헌법에 합치하는 것으로 볼 수 있을 때에는 위헌적인 해석을 피하고 헌법에 합치하는 해석방법을 택하여야 한다. 이는 입법방식에 다소 부족한 점이 있어 어느 법률조항의 적용 범위 등에 관하여 불명확한 부분이 있는 경우에도 마찬가지이다. 이러한 관점에서 보면, 공소시효를 정지·연장·배제하는 내용의 특례조항을 신설하면서 소급 적용에 관한 명시적인 경과규정을 두지 아니한 경우에 그 조항을 소급하여 적용할 수 있다고 볼 것인지에 관하여는 이를 해결할 보편타당한 일반원칙이 존재할 수 없는 터이므로 적법절차원칙과 소급금지원칙을 천명한 헌법 제12조 제1항과 제13조 제1항의 정신을 바탕으로 하여 법적 안정성과 신뢰보호원칙을 포함한 법치주의 이념을 훼손하지 아니하도록 신중히 판단하여야 한다.(대법원 2015. 5. 28. 선고 2015도1362, 2015전도19 판결)

▶ 다. 수형자의 접견 등에 관한 행형법 제18조 제2항이 수형자의 친족 이외의 자와의 접견을 필요한 용무가 있는 때에 한하는 것으로 규정하고 있어 위 조항이 같은 법 제62조에 의하여 미결수용자에게 준용되는 경우에도 위 '필요한 용무'의 개념을 제한적으로 해석하여 적극적으로 접견을 허용하지 아니하면 안 될 특별한 사정이 있는 경우에만 미결수용자와 친족 이외의 자와의 접견이 허용되는 것으로 본다면 이는 미결수용자의 친족 이외의 자와의 접견을 원칙적으로 허용하지 아니하고 예외적으로만 허용하는 것이 되어 위헌의 소지가 있을 수 있지만 어떤 법률이 한 가지 해석방법에 의하면 헌법에 위배되는 것처럼 보이더라도 다른 해석방법에 의하면 헌법에 합치하는 것으로 볼 수 있을 때에는 헌법에 합치하는 해석방법을 택하여야 할 것인데, 앞에서 살펴본 것처럼 미결수용자의 접견권이 헌법상 보장되는 기본권으로서 그 행사는 원칙적으로 보장되어야 하고 예외적으로만 제한할 수 있음에 비추어 볼 때 적어도 행형법 제18조 제2항의

규정이 미결수용자에게 준용되는 경우에는 '필요한 용무'의 개념을 넓게
해석하여 접견의 목적이 구금의 목적에 반하거나 구금시설의 질서유지를
해칠 특별한 위험성을 내포하고 있다는 등 접견을 허용하여서는 안 될 특
별한 사정이 없는 한 원칙적으로 '필요한 용무'가 있는 것으로 해석하는 것
이 가능하고, 또 그와 같이 해석하는 한 헌법위반의 문제는 생기지 아니하
므로 위 조항은 위헌이 아니다.(대법원 1992. 5. 8.자 91부8 결정)

▶ [1] 주택건설촉진법 제52조 제1항 12호의 "법 제39조의4의 규정에 의
하여 주택관리사 등의 자격을 취득하지 아니한 자"라 함은 "법 제39조의
4 제1항에 의하여 주택관리사보의 자격을 취득하지 아니한 자 또는 같은
조 제3항에 의하여 주택관리사의 자격을 취득하지 아니한 자"를 의미한다
고 할 것이고, "법 제39조의3의 규정에 의한 주택관리사 등의 업무"라 함
은 "500세대 미만의 공동주택에 대한 주택관리사보 또는 주택관리사의 법
제39조의3 제2항 소정의 업무와 500세대 이상의 공동주택에 대한 주택관
리사의 법 제39조의3 제2항 소정의 업무"를 의미한다고 해석하여야 한다.
[2] 처벌법규의 입법목적이나 그 전체적 내용, 구조 등을 살펴보아 사물의
변별능력을 제대로 갖춘 일반인의 이해와 판단으로서 그의 구성요건 요소
에 해당하는 행위유형을 정형화하거나 한정할 합리적 해석 기준을 찾을
수 있다면 죄형 법정주의가 요구하는 형벌법규의 명확성의 원칙에 반하는
것이 아닌바, 주택건설촉진법 제52조 제1항 제12호, 제39조의3, 제39조
의4, 공동주택관리령 제25조의 규정은 그 금지의 대상인 '주택관리사 등
의 자격이 없는 자가 수행한 관리업무'의 유형, 범위 등을 한정할 합리적
해석 기준이 분명하여 처벌규정으로서의 명확성을 지니는 것이어서 헌법
제12조의 죄형 법정주의에 위반되지 아니한다.(대법원 2003. 4. 11. 선고
2003도451 판결)

[2] 불가 견해

축소 해석 및 한정 위헌이 불가능하다는 견해의 근거는 다음과 같다.

① 권력분립상 사법부는 형벌조항을 만들 수 없다. 즉 사법부는 법해석을 통해 새로운 입법을 하거나 혹은 법률을 폐지할 수 없다. 사법부가 손쉽게 법해석으로 법률을 변경하거나 폐지한다면 실질적으로는 입법과 다르지 않다.

② 형벌조항에 불명확성이 있는 때 사법부가 축소 해석으로 의미를 명확하게 하거나 그 조항에 포함시킬 수 있음이 명백한 유형의 행위로 형벌조항의 적용 대상을 제한해서 해석하면 아무런 문제가 없는 것처럼 보인다.

그러나 축소 해석은 사법부가 적용 범위에 든다고 해석한 행위 유형 외의 또 다른 유형의 행위를 포함할 수 있다는 점에 대해 의구심을 준다. 만일 사법부가 다른 사건을 재판하면서 다시 또 다른 새로운 유형의 행위도 포함된다고 해석한다면 이는 가능한 선택지 중 일부를 선택하는 것이어서 실질적으로 입법과 다르지 않다.[178] 어떤 사건에서 문제된 유형의 행위가 형벌조항에 해당한다고 판결하고, 다시 다른 사건에서 문제된 행위 유형이 또 이에 해당한다고 판결하면 결국 일정한 행위 유형을 선택하는 일련의 과정이 된다. 형벌조항에 해당되는 행위 유형과 제외되는 행위 유형에 대해서 재판부의 의견이 달라 결국은 최종심에서 이를 정한다면 이는 처벌 대상인 범죄 행위를 정하는 정책적 판단으로서 입법과 다를 바가 없다.

③ 하나의 형벌조항은 한 문장이다. 따라서 형벌조항은 전체로서 유효하거나 무효이다. 이를 나누는 것이 불가능하다. 따라서 축소 해석으로 일부는 유효이고 일부는 무효라고 판단할 수 없다. 축소 해석은 형벌조항의 일부를 빼내는 것이 아니라 그 조항에 없는 새로운 의미를 넣는 것이다. 현실적으로 유효인 부분과 무효인 부분의 구분이 가능할 지라도 입법부가 정한 법조항의 분명한 의미를 제한하여 축소 해석하는 판결은 사법부의 기능이 아니다. 입법부가 커다란 법의 그물을 만들고, 사법부가 그중 누구는 처벌

---

[178] Julie Rose O'sullivan, "Skilling: More Blind Monks Examining the Elephant", 39 FORDHAM URB. L. J. 343 (2001), 351쪽

하고 누구는 처벌하지 않는지를 정하는 것은 입법부의 기능을 사법부가 대체하는 매우 위험한 일이다.[179] 즉 축소 해석은 법 해석을 통해 새로운 법을 만드는 것이므로 사법부의 역할이 아니다.

◆ 필리핀 내 중국 상인의 탈세가 문제되었다. 이를 막기 위해 필리핀 의회는 회계 장부는 영어, 스페인어 또는 필리핀 방언만으로 기재하도록 의무화했다. 이를 위반하면 처벌하는 형벌조항[180]도 제정했다.

미 연방대법원은 위 조항은 무효라고 판결했다. 그 이유는 다음과 같다.

「위 조항을 중국어 회계장부와 더불어 영어, 스페인어 또는 필리핀 방언으로 기재된 장부를 작성하면 처벌하지 않는다고 해석할 수도 있다. 그러나 형벌조항이 분명하게 회계장부는 영어, 스페인어 또는 필리핀 방언만으로 기재하여야 한다고 되어 있다. 그럼에도 이와 달리 해석하는 것은 새로운 입법에 해당한다. 형벌조항에 없는 문자를 포함시키는 내용으로 제한 해석해서 위헌인 조항을 합헌으로 판결할 수는 없다.

형벌조항의 일반적 단어의 의미를 일정한 종류의 행위에 한정해서 적용한다고 해석할 수 없다. 이와 같이 범죄가 되는 행위의 종류를 한정하는 일은 입법부에서 결정해야 한다.

또 회계장부가 무엇인지 구체적으로 특정되지도 않았다. 이러한 상태로 영어, 스페인어 또는 필리핀 방언을 이해하지 못하는 중국인에게 영어, 스페인어 또는 필리핀 방언만으로 기재하도록 하고, 처벌로 강제하는 것은 적정절차에 위반된다.[181]

축소 해석을 통한 한정 합헌 판결은 사법부가 법률에 칼을 대어 위헌 법률을 재작

---

179 Yu Cong Eng v. Trinidad, 271 U.S. 500 (1926) 520쪽

180 (Act No. 2972 of Philippine Legislature. It shall be unlawful for any person, company or partnership or corporation engaged in commerce, industry or any other activity for the purpose of profit in the Philippine Islands, in accordance with existing law, to keep its account books in any language other than English, Spanish or any local dialect.)

181 Yu Cong Eng v. Trinidad, 271 U.S. 500 (1926)

성해서 입법권을 사실상 박탈하는 것이므로 금지된다.」[182]

◆ 워싱턴 주의 명예훼손죄의 형벌조항의 대상은 개인을 증오, 경멸, 조롱, 사업상의 피해에 이르게 하는 일체의 공개행위로 되어 있었다.

미 연방법원은 이 형벌조항은 광범하고, 막연하여 위헌이라고 판결했다.[183]
허위임을 알거나 허위임을 의도적으로 무시하는 실제 악의가 없는 공적 사안에 대한 허위의 사실 표현 행위 및 진실한 사실을 표현하는 행위도 처벌하기 때문이다.

◆ 푸에르토리코의 명예훼손죄 형벌조항은 정직성, 염결성, 평판을 악의적으로 공공연하게 저하시키는 행위를 대상으로 했다.

미 연방법원은 이 조항은 선한 의도와 정당한 목적이 있는 때에만 진실한 표현을 처벌하지 않는다는 내용이므로 위헌이라고 판결했다. 또 진실하고 공정할 때만 공적 사안에 대한 표현을 처벌하지 않는 것은, 사소한 오류로 인한 허위 사실과 공정하지 않은 진실한 사실에 대한 표현을 처벌하기 때문에 위헌이라고 했다.[184]

◆ 유타 주의 형사 명예훼손 조항은 의도적이며 사악한 의도로 공공연하게 정직성, 염결성, 미덕이나 평판, 신체의 자연적 결함을 노출하여 공적 증오, 경멸, 조롱을 당하게 하는 행위를 대상으로 했다.

미 연방법원은 이 조항은 진실한 사실 표현을 처벌하고, 또 허위 사실에 대한 인식이나 의도적인 무시를 요하지 않고 공적 사안에 대한 표현을 처벌한다는 점에서 광범

182　Heckler v. Matthews, 465 U.S. 728 (1984)

183　Parmelee v. O'neel, 186 P.3d 1094 (Wash. Ct. App. 2008)

184　Mangual v. Rotger-Sabat, 317 F.3d 45 (1st Cir. 2003)

위하여 무효라고 판결했다.[185]

이 판결들은 사법부는 법해석의 지도 원리에 따라 법조항의 의미를 해석할 수는 있지만, 실질적으로 조문을 추가하거나 위헌 조항을 새로 작성하는 수준의 해석을 할 권한이 없다는 이론에 입각한 것이다.[186] 또 사법부가 해석하려는 제한된 의미로 입법부가 조항을 입법하였다는 자료가 없다는 점도 이유이다.

[3] 소결

축소 해석 및 한정 위헌이 가능하다는 입장이 주류이다.

그러므로 법조항의 일부가 위헌일 때에는 그 부분을 무효로 한다. 다만 그 부분이 나머지 부분과 연결되어 상호 효력이 의존적일 때에는 전체를 무효로 한다. 유효하다고 해석한 법조항이 무효인 법조항과 본질적이고 분리될 수 없게 연결되어 있고 서로 의존하고 있어 입법부도 무효인 단어 없이 유효한 부분만으로는 입법하지 않았을 것으로 판단되는 때에는 법조항을 나눌 수 없으므로 부분 무효로 할 수 없다. 또 나머지 유효한 부분만으로는 입법의도에 따른 법집행이 불가능하거나 불완전하게 될 때에도 마찬가지다.

불명확한 법조항의 축소 해석이 공정하고 적정절차에도 부합하다면 축소 해석으로 효력을 유지할 수 있다. 따라서 형벌조항에 명백히 포함된다고 해석되는 일반적 행위 유형이 있는 한 그 한도 내에서 유효하다고 축소 해석한다.[187]

---

185 I.M.L. v. State, 61 P.3d 1038 (Utar 2002)

186 Gideon Newmark, "The Strong Medicine of Overbreadth as Applied to Criminal Libel", 59 Case W. Res. L. Rev. 553 (2009), 565쪽

187 Skilling v. U.S., 561 U.S. 358 (2010), 405~409쪽; (If the general class of offenses to which the statute is directed is plainly within its terms, the statute will not be struck down as vague. And if tis general class of offense can be made constitutionally definite by a reasonable construction of the statute, this Court is under a duty to give that consturction.)

그러나 실질적으로 법조항의 문구를 추가하거나 위헌인 법조항을 새로 작성하는 것과 같은 수준의 해석을 할 권한은 없다.[188] 위헌을 피하기 위하여 법조항의 분명한 언어를 무시하는 축소 해석을 할 수 없다.[189]

입법부가 형벌조항에 스스로 결정하지 않는 저특정화된(Underspecified) 개방적 단어(Open-Text)를 사용해 사법부에 구체적 내용의 특정을 위임한 때에는 권력분립, 법치주의, 공정한 고지에 문제가 발생한다. 대량 입법 추세에 비추어 보면 입법부는 보다 구체적인 형벌조항을 만들기 위해 노력할 자원이 있다.

개인이 수사・재판 및 무죄판결을 선고받기 이전에 미리 형벌조항을 명확히 하여 인권을 보장해야 한다. 무죄판결이 확정될 때에 비로소 형벌조항의 의미가 분명하게 된다면 인권이 보장되기 어렵다. 잘못한 사람은 처벌받아야 한다는 감성적 판단은 도덕과 형벌을 구별하지 못하는데서 비롯한다. 형벌은 비도덕을 처벌 대상으로 하지 않고 형벌조항에 정의된 범죄 행위를 적용대상으로 한다.

따라서 어떤 선행 판결도 특정 행위가 형벌조항의 적용 범위 안에 있다고 해석하지 않아 일반인이 그를 신뢰하였는데 이와 달리 그 행위에 대해 새롭게 형벌조항이 적용된다는 축소 해석을 할 수 없다.[190] 이는 공정한 고지라는 적정절차의 원리에 위배되기 때문이다. 사법부가 사회적 관심사가 된 개별 사건에 긴급히 대처할 필요가 있다는 이유로 형벌조항의 의미를 그때마다 수정 해석한다면 법의 불안정성과 형벌조항의 불명확성을 증대시키므로

188　Gideon Newmark, "The Strong Medicine of Overbreadth as Applied to Criminal Libel", 59 Case W. Res. L. Rev. 553 (2009), 565쪽; (courts do not have the power to add substantive terms or rewrite an unconstitutional statute.)

189　Phelps v. Hamilton, 59 F. 3d 1058 (10th Cir. 1995); (federal courts do not have the power to narrow a state law by disregarding plain language in the statute just to preserve it from constitutional attack.)

190　United States v. Lanier, 520 U.S. 259 (1997), 266쪽; (Due Process bars courts from applying a novel construction of a criminal statute to conduct that neither the statute nor any prior judicial decision has fairly disclosed to be within its scope.)

허용되지 않는다.[191]

가급적 전부 위헌 판결을 함으로써 입법부로 하여금 새로운 입법을 통하여 입법 의도를 명확히 하도록 함이 상당하다.[192]

[4] 대법원의 법해석과 헌법재판소의 한정 위헌 결정

헌법재판소는 법조항의 축소 해석을 당연하다고 하면서 헌법재판소가 대법원의 해석과 다른 축소 해석을 할 수 있고, 헌법재판소의 한정 합헌 판결이 대법원을 기속한다고 본다.

이에 대해 대법원은 헌법재판소가 법률 조항 자체는 그대로 둔 채 그 법률 조항에 관한 법원의 특정한 내용의 해석·적용만을 위헌으로 선언하는 이른바 한정위헌결정은 효력을 인정할 수 없다고 한다. 대법원은 판결에 있어 법해석은 판결의 일부이므로 판결의 법해석이 잘못되었다는 헌법재판소의 결정은 판결에 대한 것으로 효력이 없다고 본다.

법해석에 관한 권한이 헌법재판소와 법원 모두에게 있다. 구성원이 다르고, 지향점이 다른 기관에서 서로 다른 해석이 발생함은 필연적이다. 이러한 충돌로 인한 부담은 국민에게 돌아간다.

▶ (가) 나아가 헌법재판소가 구체적 규범통제권을 행사하기 위하여 법률조항을 해석함에 있어 당해 법률조항의 의미가 다의적이거나 넓은 적용영역을 가지는 경우에는 가능한 한 헌법에 합치하는 해석을 선택함으로써 법률조항의 효력을 유지하도록 하는 것(헌법합치적 법률해석의 원칙)은 규범통제절차에 있어서의 규범유지의 원칙이나 헌법재판의 본질에서 당연한 것이다.

---

191 Holder v. Humanitarian Law Project, 561 U.S. 1 (2010), 23~25쪽; (We add only to the instability and uncertainty of the law if we revise the meaning of the law to meet the exigencies of each case coming before us.)

192 Cristina D. Lockwood, "Creating Ambiguity in the Void for Vagueness Doctrine by Avoiding a Vagueness Determination in Review of Federal Laws", 65 Syracuse L. REV. 395 (2015), 433쪽

(나) 나아가 구체적 규범통제절차에서 당해 사건에 적용되는 법률조항이 다의적 해석가능성이나 다의적 적용가능성을 가지고 있고 그 가운데 특정한 해석이나 적용부분만이 위헌이라고 판단되는 경우, 즉 부분적·한정적으로 위헌인 경우에는 그 부분에 한정하여 위헌을 선언하여야 하는 것 역시 당연한 것이다. 즉 심판대상 법률조항의 해석가능성이나 적용가능성 중 부분적·한정적으로 위헌부분이 있는 경우에는 당해 법률조항 전체의 합헌을 선언할 수 없음은 앞서 본 법리에 비추어 자명한 것이고, 반면에 부분적·한정적인 위헌 부분을 넘어 법률조항 전체의 위헌을 선언하게 된다면, 그것은 위헌으로 판단되지 않은 수많은 해석·적용부분까지 위헌으로 선언하는 결과가 되어 규범통제에 있어서 규범유지의 원칙과 헌법합치적 법률해석의 원칙에도 부합하지 않게 될 것이다.

(다) 헌법재판소가 종래 규범통제절차 등에서 당해 법률조항에 대한 다의적인 해석이나 적용가능성 중에서 특정한 해석이나 적용부분을 한정하여 위헌이라고 선언한 한정위헌결정들은 이러한 법리에 근거한 것으로서 법률조항에 대한 위헌심사절차에서는 당연하면서도 불가피한 결론이며, 따라서 독일을 비롯한 선진각국의 헌법재판에서 일상적으로 활용되고 있는 위헌결정방식인 것이다. 그리고 이러한 한정위헌결정도 위헌결정의 한 형태이고, 일부 위헌결정의 한 방식인 이상, 법 제47조 제1항에 의하여 법원 기타 국가기관을 기속하는 것이다. 따라서 한정위헌결정이 선고된 경우에는 심판대상인 법률조항 그 자체의 법문에는 영향이 없지만 법원 기타 국가기관은 장래에는 한정적으로 위헌으로 선언된 내용으로 해석하거나 집행하지 못하게 되는 법적 효력이 발생하는 것이다.(헌재 2012. 12. 27. 2011헌바117)

▶ [1] 헌법재판소가 법률 조항 자체는 그대로 둔 채 그 법률 조항에 관한 특정한 내용의 해석·적용만을 위헌으로 선언하는 이른바 한정위헌결정에 관하여는 헌법재판소법 제47조가 규정하는 위헌결정의 효력을 부

여할 수 없으며, 그 결과 한정위헌결정은 법원을 기속할 수 없고 재심사
유가 될 수 없다. 이와 같은 대법원의 판단은 다음과 같은 이유에서 비
롯된 것이다.

(가) 법원과 헌법재판소 간의 권력분립 구조와 사법권 독립의 원칙에 관한
헌법 제101조 제1항, 제2항, 제103조, 제111조 제1항 규정의 내용과 취지
에 비추어 보면, 구체적인 사건에서 어떠한 법률해석이 헌법에 합치되는
해석인가를 포함하는 법령의 해석·적용에 관한 권한은 대법원을 최고 법
원으로 하는 법원에 전속한다. 헌법재판소는 헌법 제111조 제1항 제1호에
의하여 국회가 제정한 '법률'이 위헌인지를 심판할 제한적인 권한을 부여
받았을 뿐, 이를 넘어서 헌법의 규범력을 확보한다는 명목으로 법원의 법률
해석이나 판결 등에 관여하여 다른 해석 기준을 제시할 수 없다. 이와 달리
보는 것은 헌법재판소의 관장사항으로 열거한 사항에 해당하지 않는 한 사
법권은 포괄적으로 법원에 속하도록 결단하여 규정한 헌법에 위반된다.

(나) 민사소송법 제423조, 제442조, 제449조, 제451조 제1항, 제461조,
행정소송법 제8조 제2항, 형사소송법 제383조 제1호, 제415조, 제420조
의 내용과 취지에 따르면, 당사자가 제1심법원이나 항소법원의 법률해석
이 헌법에 위반된다고 주장하는 경우에는 상소를 통하여 다투어야 하고,
어떠한 법률해석이 헌법에 합치되는 해석인가는 최종적으로 최고법원인
대법원의 심판에 의하여 가려지며, 대법원의 심판이 이루어지면 그 사건
의 판결 등은 확정되고 기판력이 발생하게 된다. 이로써 그 법적 분쟁은
종결되어 더는 같은 분쟁을 되풀이하여 다툴 수 없게 되고 이에 따라 법적
안정성이 확보되며 사회 전체는 그 확정판결에서 제시된 법리를 행위규범
으로 삼아 새로운 법률관계를 형성하게 되는 것이다.

(다) 헌법재판소법 제41조 제1항, 제45조 본문은 헌법재판소는 국회가 제
정한 '법률'이 헌법에 위반되는지를 당해 사건을 담당하는 법원으로부터
제청받아 '법률의 위헌 여부'만을 결정할 뿐 특정한 '법률해석이 위헌인지
여부'에 관하여 제청받아 이를 심판하는 것이 아님을 분명히 밝히고 있다.

헌법재판소법 제41조 제1항에서 규정하는 '법률의 위헌 여부'에 대한 심
판에 '법률해석의 위헌 여부'에 대한 심판이 포함되어 있다고 해석한다면,
헌법재판소법 제42조 제1항에 의하여 법원은 어떠한 법률해석이 헌법에
합치되는지 여부의 심판을 헌법재판소에 제청한 후 헌법재판소의 결정이
있을 때까지 재판을 정지하여야 하는 수긍할 수 없는 결과가 발생한다. 헌
법재판소법 제47조 제1항, 제2항, 제3항의 규정을 헌법재판소가 '법률의
위헌 여부'만을 결정할 수 있도록 한 헌법재판소법 제45조 본문과 함께 살
펴보면, 헌법재판소법 제47조 제1항에서 규정한 '법률의 위헌결정'은 국회
가 제정한 '법률'이 헌법에 위반된다는 이유로 그 효력을 상실시키는 결정
만을 가리키고, 단순히 특정한 '법률해석'이 헌법에 위반된다는 의견을 표
명한 결정은 '법률'의 위헌 여부에 관한 결정이 아닐 뿐만 아니라 그 결정
에 의하여 법률의 효력을 상실시키지도 못하므로 이에 해당하지 아니함이
명백하다. 따라서 헌법재판소가 '법률'이 헌법에 위반된다고 선언하여 그
효력을 상실시키지 아니한 채 단지 특정한 '법률해석'이 헌법에 위반된다
고 표명한 의견은 그 권한 범위를 뚜렷이 넘어선 것으로서 그 방식이나 형
태가 무엇이든지 간에 법원과 그 밖의 국가기관 등을 기속할 수 없다. 또
한 그 의견이 확정판결에서 제시된 법률해석에 대한 것이라 하더라도 법
률이 위헌으로 결정된 경우에 해당하지 아니하여 법률의 효력을 상실시키
지 못하는 이상 헌법재판소법 제47조 제3항에서 규정한 재심사유가 존재
한다고 할 수 없다. 헌법재판소가 법률의 해석기준을 제시함으로써 구체
적 사건의 재판에 관여하는 것은 독일 등 일부 외국의 입법례에서처럼 헌
법재판소가 헌법상 규정된 사법권의 일부로서 그 권한을 행사함으로써 사
실상 사법부의 일원이 되어 있는 헌법구조에서는 가능할 수 있다. 그러나
우리 헌법은 사법권은 대법원을 최고법원으로 한 법원에 속한다고 명백하
게 선언하고 있고, 헌법재판소는 사법권을 행사하는 법원의 일부가 아님
이 분명한 이상, 법률의 합헌적 해석기준을 들어 재판에 관여하는 것은 헌
법 및 그에 기초한 법률체계와 맞지 않는 것이고 그런 의견이 제시되었더

라도 이는 법원을 구속할 수 없다.

(라) 헌법재판소법 제41조 제1항에 의한 법률의 위헌 여부 심판의 제청은 법원이 국회가 제정한 '법률'이 위헌인지 여부의 심판을 헌법재판소에 제청하는 것이지 그 법률의 의미를 풀이한 '법률해석'이 위헌인지 여부의 심판을 제청하는 것이 아니므로, 당사자가 위헌제청신청이 기각된 경우 헌법재판소에 헌법소원심판을 청구할 수 있는 대상도 '법률'의 위헌 여부이지 '법률해석'의 위헌 여부가 될 수 없음은 분명하다. 따라서 헌법재판소가 '법률해석'에 대한 헌법소원을 받아들여 특정한 법률해석이 위헌이라고 결정하더라도, 이는 헌법이나 헌법재판소법상 근거가 없는 결정일 뿐만 아니라 법률의 효력을 상실시키지도 못하므로, 이를 헌법재판소법 제75조 제1항에서 규정하는 '헌법소원의 인용결정'이라거나, 헌법재판소법 제75조 제7항에서 규정하는 '헌법소원이 인용된 경우'에 해당된다고 볼 수 없고, 이러한 결정은 법원이나 그 밖의 국가기관 등을 기속하지 못하며 확정판결 등에 대한 재심사유가 될 수도 없다. 법원의 판결 등에서 제시된 법률해석을 헌법소원의 대상으로 받아들이는 것은 국회의 입법작용을 통제하기 위하여 헌법재판소에 부여된 '법률'의 위헌 여부에 대한 심판권을 법원의 사법작용을 통제하는 수단으로 변질시킴으로써 헌법이 결단한 권력분립 구조에 어긋나고 사법권 독립의 원칙을 해치며 재판소원을 금지한 헌법재판소법 제68조 제1항의 취지를 위반하는 결과를 가져온다. 또한 위와 같은 헌법소원을 허용하게 되면, 재판의 당사자는 제1심법원부터 대법원에 이르기까지 법원이 자신에게 불리하게 적용하거나 적용할 것으로 예상되는 하나 또는 여러 법률해석에 대하여 수시로 위헌제청신청을 하고 그 신청이 기각당하면 헌법소원심판을 청구할 수 있게 된다. 이렇게 되면 법원의 재판과 이에 대한 상소를 통하여 최종적으로 대법원에서 가려야 할 법률해석에 대한 다툼이 법원을 떠나 헌법재판소로 옮겨가고 재판의 반대당사자는 이 때문에 사실상 이중으로 응소하여야 하는 고통을 겪게 되며, 승소 확정판결을 받은 당사자는 확정판결 등에 의하여 보장받아

야 할 법적 안정성을 침해받게 된다. 이는 사실상 재판절차에서 또 하나의 심급을 인정하는 결과로서 현행 헌법과 법률 아래에서 가능한 일이 아니다.(대법원 2013. 3. 28. 선고 2012재두299 판결)

4) 막연하므로 무효

(1) 의의

막연하므로 무효 원칙(Void-For-Vagueness Doctrine)은 형벌조항이 막연하여 일반 사람이 그 의미를 알 수 없어 어림짐작할 수밖에 없고, 형벌조항의 적용 여부에 대한 의견이 반드시 다르게 될 때에는 적정절차의 본질적 부분을 위반한 것으로서 무효라는 원칙이다.[193]

형벌조항 특히 새로운 범죄를 정하는 형벌조항은 충분히 명확해서 적용을 받는 국민이 어떤 행위가 처벌 대상인지를 알 수 있어야 공정하다. 이는 법의 지배의 정립된 내용이다.[194] 형벌조항은 충분히 그리고 구체적으로 어떤 행위가 위법한지를 고지해야 한다.

형벌조항이 막연하여 적용 대상 행위의 예견이 불가능함에도 국민에게 예견을 강제하는 결과는 적정절차에 반한다.[195] 막연한 형벌조항은 국민에게 불가능한 예견을 강요하고, 이로 인한 처벌 및 기소의 위험을 부담하게 하므로 허용될 수 없다. 위법인지 알 수 없도록 해 놓고 처벌하면, 커다란 형벌의 그물에 걸리게 되는 위험으로부터 국민을 보호할 수 없다.

[193] Connally v. General Constr. Co. 269 U.S. 385 (1926); (criminal statute must possess sufficient definiteness to provide warning about what conduct is illegal, and that a criminal statute which either forbids or requires the doing of an act in terms so vague that men of common intelligence must necessarily guess at its meaning and differ as to its application, violate the first essential of due process of law.); Kolender v. Lawson 461 U.S. 352 (1983); Lanzetta v. New Jersey, 306 U.S. 451 (1939); Shon Hopwood, "Clarity in Criminal Law", 54 Am. Crim. L. Rev. 695 (2017), 713쪽

[194] Connally v General Const. co., 269 U.S. 385 (1926), 391쪽

[195] Collins v. Kentucky, 234 U.S. 634 (1914), 638쪽

　법치주의는 일반인에게 국가가 무엇을 명령하고, 무엇을 금지하는지를 알려줄 것을 요구한다. 이를 위해서는 평균적인 지능의 사람들이 알 수 있는 공정한 고지가 필요하다. 만일 법조항을 읽어도 그 의미나 효과를 이해할 수 없으면 이에 위반된다. 고도로 훈련된 법률가를 기준으로 하지 않고 일반인을 기준으로 함은 법률가를 기준으로 할 경우 공정한 고지는 실질적으로 의미가 없게 되기 때문이다.[196]

　막연하므로 무효의 또 다른 논거는 자의적이고 차별적인 처벌의 방지이다. 막연한 형벌조항은 상당한 수의 위반자를 잡을 수 있는 커다란 그물망이 된다. 그러나 위반자 모두를 처벌할 수는 없다. 그러면 위반자 중에서 처벌 대상자를 결정할 권한을 법집행자가 넘겨받는 결과가 된다. 이는 법치주의를 위험에 빠뜨리게 한다.[197]

　가령 밤에 거리를 걷는 행위를 처벌한다면 범죄 의사 없이 밤에 잠을 잘 자기 위해서 산책하는 사람도 처벌받게 된다. 생활의 편의를 이루는 인간의 행위는 비록 헌법에 구체적으로 명시되어 있지는 않지만 국민의 독립감과 자존감, 그리고 창의성의 감정을 보장하는 요소로서 헌법의 보장 범위 내에 속한다. 상대방과 다를 권리, 동조하지 않을 권리, 굴종을 거부할 권리도 헌법상 인정된다. 이러한 권리는 인간을 질식 같은 침묵이 아닌 강렬하게 고취된 영혼으로 살게 한다.[198] 막연한 형벌조항은 그 적용 한계가 불명확하여 실질적으로 이러한 권리를 제한한다.

　입법부가 의도적으로 형벌조항의 명확성을 회피하여 많은 국민이 형벌의 그물에 걸릴 수 있게 하고, 수사기관이나 여론이 바람직하지 않게 본다는 이유로 기소할 수 있도록 함은 적정절차에 반한다. 기준 없는 형벌조항은 자신들이 원하는 삶의 양식이 아니라는 이유로 다수자나 지배자가 가난

196 Lyric Chen, "A Way Out of Vagueness: The Sources of Indeterminacy of the Honest Services Fraud Statute and Potential Solutions", 25 No. 3 Crim. Law Bulletin ART 2 (2014), Ⅰ. B

197 Papachristou v. City of Jacksonville, 405 U.S. 156 (1972), 165쪽

198 Papachristou v. City of Jacksonville, 405 U.S. 156 (1972), 164쪽

한 자, 순응하지 않는 자, 반대자를 처벌할 수 있게 한다. 적대적 감정이 있는 특정한 그룹에 대해 가혹하고 차별적인 집행이 가능한 법이 된다.[199] 법의 지배는 적용에 있어서의 평등과 정의를 말한다. 정의의 저울이 너무 기울어 공정한 법집행이 아예 불가능해지고, 다수자와 소수자, 부자와 빈자에게 차별적으로 적용되는 것은 허용될 수 없다. 그러므로 자동차 배회 운전, 방랑, 배회, 무질서한 행위를 처벌하는 조항은 막연하여 위헌이다.

(2) 기준

막연성은 다음과 같은 객관적 요소를 고려하여 판단한다.

ⓐ 그 조항을 어떻게 해석하는지에 대해서 재판부마다 다른 판단이 반복되는지[200] ⓑ 조항에 해당되는지 아닌지를 가리는 기준이 현실에서 실제로 작동하지 못하는지[201] ⓒ 형벌조항의 차별적 적용이 있는지[202] ⓓ 새롭거나 중요한 용어가 정의되지 않은 상태로 있는지[203] ⓔ 문자 그대로 읽는다면 수백만의 사람들의 행위가 범죄로 되는지[204]이다.[205]

◆ 서비스 제공의 대가로 '불공정하거나 비합리적인 요금'을 받는 행위를 처벌하는 조항이 있다.

이 조항은 구체적이거나 한정된 행위(specific or definite act)를 금지 대상으로 하지 않는다. 또 '불공정' 및 '비합리적'이라는 단어가 인식할 만한 기준 요금(ascertainable rate or charge)을 제시하지 못하므로 막연하여 무효다.[206]

---

199 Papachristou v. City of Jacksonville, 405 U.S. 156 (1972), 170쪽
200 (recurring circuit splits on how to interpret the statute)
201 (unworkable standards)
202 (discriminary application)
203 (novel or key statutory terms left undefined)
204 (statutes that, if read literally, would criminalize the conduct of millions of citizens)
205 Shon Hopwood, "Clarity in Criminal Law", 54 Am. Crim. L. Rev. 695 (2017), 701쪽
206 United States v. Cohen Grocery Co., 41 S.Ct. 298(1921)

◆ 일을 한 지역(locality)의 일한 시점의 일당(current rate of per diem) 이상을 지불하지 않는 경우 처벌하는 조항도 막연하여 무효다.

'지역' 및 '일한 시점의 일당'은 단어에 의해서 의미가 결정되지 않는다. 판단자에 따라 달라지는 주관적 인상(varying impression)에 의해 결정된다.[207] 즉 지역이라고 하더라도 도심과 외곽 등에서 차이가 있을 수 있고, 일한 시점도 어떤 날인지에 따라 달라진다. 그러므로 급여 지불자의 입장에서는 자신이 주는 급여가 '일을 한 지역의 일한 시점의 일당'인지를 알 수 없다.

◆ '승객이 번잡하지 않도록 충분한 열차 차량을 운행하지 않는 행위'[208]를 처벌하는 조항도 무효다.[209]

'번잡하지 않다'는 기준이 막연하기 때문이다.

◆ '허가를 받지 않거나 허가된 범위를 넘어서 컴퓨터에 접근하는 행위'[210]를 처벌하는 조항은 무효다.[211]

이 조항은 가령 이용자가 자신의 나이를 허위로 적어 인터넷에 접속하는 경우까지 포함하는 등 그 적용 범위가 너무 넓어 어떤 행위가 이에 해당하는지를 한정하기 어렵다.

만일 서비스 이용 조건에 위반한 행위를 처벌한다면, 수백만 명의 행위자를 모두 처벌할 수 없어 결국 검찰의 재량에 따라 기소와 처벌 여부가 결정된다. 이러한 형벌조항은 모든 행위에 적용할 수 있지만 아무 것도 결정할 수 없는 것(cover everything and decide nothing)이다. 즉 형벌조항 자체가 아닌 검사의 재량이 법이 되므로[212] 무효다.[213] 검사가 형벌조항 안에서 형벌조항을 만들고, 자유롭게 일부 유형의 행위

---

207 Connally v General Const. co., 269 U.S. 385 (1926), 395쪽

208 (run an insufficient number of cars to accommodate passengers without crowding)

209 United States v. Capital Traction Co., 34 App. D.C. 592 (1910)

210 (accessing a computer without authorization or exceeding authorized access)

211 U.S. v. Drew, 259 F.R.D. 449 (C.D. Cal. 2009)

212 (statute is not the law, prosecutorial discretion is the law.)

213 Shon Hopwood, "Clarity in Criminal Law", 54 Am. Crim. L. Rev. 695 (2017), 705쪽

만 집행함으로써 입법부의 처벌에 관한 정책적 선택을 무력화시킬 가능성이 있기 때문이다.[214]

◆ 곡물을 진정한 가치(Real Value) 이상으로 받거나 이하로 받을 경우 처벌하는 조항이 있다.

이 조항은 '진정한 가치'가 무엇인지를 알 수 없다. 따라서 어떤 행위를 하면서 준수해야 할 기준을 제시하지 못하여 무효이다.

'진정한 가치'는 실생활(actualities of life)과 인지 가능한 평가척도(knowable criteria)에 따라 결정할 수 없다. 오직 가정적 조건에 따라 어림짐작(speculating upon imaginary conditions)할 수밖에 없다. 다양한 상황 하에서 무엇이 진정한 가치인지를 어림짐작해야만 한다. 이는 그 불확실성(uncertainty) 때문에 근본적 결함(fundamentally defective)이 있다.[215]

◆ '법원에의 자유로운 출입을 비합리적으로 간섭하거나 방해하는 방법의 피케팅'을 처벌하는 조항은 막연하거나 광범하지 않다.[216]

방해, 비합리적, 간섭은 그 의미를 어림짐작(guess)하게 하지 않는다. '비합리적'이라는 단어는 널리 사용되고 있으며, 특히 방해, 간섭이라는 단어와 병치되어 있어 문맥상 잘 이해할 수 있다. 따라서 어떤 구체적 행위가 금지되는지에 대한 입법부의 판단이 명확하며 좁게 설정된 조항이라고 할 수 있다. 또 금지대상이 이러한 방식의 피케팅으로 한정되어 있어 헌법이 보장하는 표현의 자유의 침해도 아니다. 왜냐하면 이러한 행위는 생각 또는 정보를 전달하는 자유와 필수적 관계(Necessary Relationship)에 있지 않기 때문이다. 다른 방법으로 생각 또는 정보를 전달할 수 있다.

▶ 공익을 해할 목적으로 전기통신설비에 의하여 공연히 허위의 통신을

---

[214] Shon Hopwood, "Clarity in Criminal Law", 54 Am. Crim. L. Rev. 695 (2017), 705쪽 각주 64

[215] Collins v. Kentucky, 234 U.S. 634 (1914), 638쪽

[216] Cameron v. Johnson, 390 U.S. 611 (1968), 616쪽

한 자를 형사 처벌하는 전기통신기본법 제47조 제1항(이하 '이 사건 법률
조항'이라 한다)의 죄형 법정주의의 명확성원칙 위반 여부(적극)

○ 보충의견

이 사건 법률조항이 최초 제정된 이후 40년 이상 실제 적용되지 아니한
채 거의 사문화된 상태로 있었는데, 최근 몇 년 사이에 내용상 허위의 통
신 행위에 대하여 적용하는 사례들이 생기면서, 이 사건 법률조항의 '허위
의 통신'이 어떠한 행위를 말하는지 의문이 제기되게 되었다. '허위'란 일
반적으로 '바르지 못한 것', 또는 '참이 아닌 것'을 말하고, 그 안에는 내용
의 거짓이나 형식의 오류가 모두 포함될 수 있기 때문에, 법률 용어, 특히
형벌조항의 구성요건으로 사용하기 위하여는 보다 구체적인 부연 내지 체
계적 배치가 필요한 개념이라고 할 수 있다. 예컨대 명예훼손죄의 행위태
양으로 '허위로' 명예를 훼손하는 행위를 규정하지 않고 '허위 사실을 적
시'하여 명예를 훼손하는 행위로 규정한 것, 문서에 관한 죄에서 형식, 명
의의 거짓을 말하는 '위조'나 '모용'과 대비하여 내용상의 거짓을 의미하는
'허위' 개념을 사용하는 것은 그와 같은 명확성의 요청에 따른 것이다. 그
런데 이 사건 법률조항은 법조문 자체의 문언이나 관련조항의 체계상 그
와 같은 구체화의 취지를 명백하게 드러내지 아니한 결과, 앞서 살핀 당초
입법취지와는 달리, 확대된 법률의 해석, 적용이 가능하게 된 것이다. 이
러한 종류의 불명확성은 역사적 맥락을 고려한 법관의 체계적이고 합리적
인 해석이 누적되어 판례가 확립된 경우 신뢰성 있는 원칙을 도출할 수 있
게 됨에 따라 다소 완화될 수 있으나, 이 사건 법률조항과 같이 장시간에
걸쳐 사문화된 법률조항이 갑작스레 적용되기 시작하는 경우에는 돌출적
인 최초의 법률 적용 사례가 표준이 되어 법률조항에 관한 일반적 기대나
예측 가능성을 벗어난 방향으로 해석될 수 있는바, 이러한 문제는 1차적
으로 이 사건 법률조항의 "허위의 통신"이라는 문언이 가진 추상성에서 기
인한 것으로 보아야 한다. 결국 이 사건 법률조항의 경우 그 문언의 모호
성에 더한 체계적 해석의 부재로 인하여, 무엇이 금지된 행위인지를 국민

이 알 수 없게 하여 법을 지키기 어렵게 할 뿐만 아니라, 범죄의 성립 여부
를 법관의 자의적인 해석에 맡기는 결과를 초래하고 있으므로, 죄형 법정
주의의 명확성원칙에 부합되지 않는다고 할 것이다.(헌재 2010. 12. 28.
2008헌바157등)

▶ (가) 심판대상조항은 신체노출행위 가운데 '여러 사람의 눈에 뜨이는
곳에서 공공연하게 알몸을 지나치게 내놓거나 가려야 할 곳을 내놓아 다
른 사람에게 부끄러운 느낌이나 불쾌감을 주는 행위'를 금지하고, 이를 위
반한 자에게 10만 원 이하의 벌금, 구류 또는 과료의 형을 부과할 수 있도
록 규정하고 있다. 이러한 처벌 그 자체로는 무겁다고 할 수 없으나, 그럼
에도 불구하고 심판대상조항은 형사 처벌조항이므로 심판대상조항에 관
하여서는 엄격한 기준으로 명확성 여부를 판단하여야 한다. 특히 심판대
상조항 가운데 알몸을 '지나치게 내놓는' 것, '가려야 할 곳'을 내놓는 것,
그리고 이와 같은 신체노출행위의 결과 다른 사람에게 '부끄러운 느낌이나
불쾌감을 주는' 것이 무엇인지에 관하여 이를 명확하게 파악할 수 있는지
여부가 문제된다.
(나) 알몸을 '지나치게 내놓는' 것이 무엇인지 심판대상조항은 그 판단 기
준을 제시하지 않고 있다. 물론 '알몸'은 '아무런 의복을 걸치지 않은 것'을
의미한다고 볼 수 있다. 이는 바로 뒤이어 나오는 행위유형인 '가려야 할
곳을 내놓는 행위'가 그 의미상 신체의 부분 노출을 뜻하는 것에서 알 수
있다. 그렇다면 문제는 '지나치게 내놓는'의 의미인데, 무엇이 지나친 알
몸노출행위인지를 판단하는 것은 쉽지 않다. 여기서의 '지나치게'는 아래
에서 보는 부분노출 금지와의 관계에서 볼 때 노출의 정도의 문제는 아니
기 때문이다. 그런데 신체의 전부노출을 상정할 경우 '지나치게'라는 것이
순간적이고 일시적인 알몸노출은 허용되고 어느 정도 지속성이 있는 행위
만 금지되는 것인지, 아니면 알몸이라는 것은 그 자체로 일반 사람들에게
받아들여지기 어려운 노출행위이므로 이 행위에는 이미 '지나치게'라는 의

미가 내포되어 있어 알몸을 드러내 놓는 순간 여기의 행위에 해당하고, 다만 이러한 행위가 허용되지 않음을 강조하기 위해 '지나치게'라는 표현을 사용한 것에 불과한 것인지 이를 알기는 어렵다. 물론 심판대상조항의 범죄가 성립하기 위해서는 알몸노출의 결과 다른 사람에게 '부끄러운 느낌이나 불쾌감'을 주어야 하므로 이를 통해 그 의미를 확정할 수 있다는 견해가 있을 수 있으나, 심판대상조항에서 말하는 '부끄러운 느낌이나 불쾌감'은 사람마다 달리 평가될 수밖에 없는 주관적이고 정서적인 감정에 지나지 않아 이러한 행위유형이 무엇인지를 알기는 어렵다.

(다) 심판대상조항은 '가려야 할 곳'을 내놓는 행위를 금지하고 있다. '가리다'의 사전적 의미는 '보이거나 통하지 못하도록 막다'는 것이므로 '가려야 할 곳'을 사전적 의미로 구체화해 보면 '보이거나 통하지 못하도록 막아야 할 곳'이라고 해석할 수 있다. 그러나 이러한 해석은 '가려야 할 곳'의 의미를 조금도 구체화하지 못한다. 물론 심판대상조항의 범죄가 성립하기 위해서는 가려야 할 곳을 드러낸 결과 다른 사람에게 '부끄러운 느낌이나 불쾌감'을 주어야 하므로 이를 통해 그 의미를 확정할 수 있다는 견해가 있을 수 있다. 그런데 심판대상조항에서 말하는 '부끄러운 느낌이나 불쾌감'은 위에서 본 바와 같이 사람마다 달리 평가될 수밖에 없는 주관적이고 정서적인 부분이고, 더구나 노출되었을 때 부끄러운 느낌이나 불쾌감을 주는 신체부위 역시 사람마다 달라 이에 해당하는 신체부위가 어디인지 알기는 곤란하다.

(라) 심판대상조항의 불명확성은 심판대상조항의 입법목적 내지 입법취지를 고려한다고 하더라도 마찬가지이다. 심판대상조항은 일정한 신체노출행위를 금지하고 그로써 선량한 성도덕과 성풍속을 보호하기 위한 규정이다. 그런데 심판대상조항이 보호하려는 '선량한 성도덕과 성풍속'이 무엇인지는 대단히 불분명하다. 특히 신체노출행위와 관련하여서는 그동안 허용 범위가 상당한 정도로 넓어져 왔고, 그 의미가 시대에 따라 변화하고 있기 때문이다. 과거에는 금기시 되던 신체노출이 현재에는 자연스러운

유행의 일부로 받아들여지고 있고, 최근에는 약간의 부끄러움이나 불쾌
감을 줄 수도 있는 노출행위도 성도덕이나 성풍속을 해하는 사회적 문제
로 인식되기보다 개인적 취향이나 개성의 문제로 받아들여지거나, 자신의
사상이나 의견을 자유롭게 표명하고 전달하기 위한 수단으로 인식되고 있
다. 이러한 상황에서라면 심판대상조항의 의미를 그 입법목적을 고려하여
밝히는 것에도 한계가 있게 된다.

(마) 한편, 대법원은 '신체의 노출행위가 있었다고 하더라도 그 일시와 장
소, 노출 부위, 노출 방법·정도, 노출 동기·경위 등 구체적 사정에 비추
어 그것이 일반 보통인의 성욕을 자극하여 성적 흥분을 유발하고 정상적
인 성적 수치심을 해하는 것이 아니라 단순히 다른 사람에게 부끄러운 느
낌이나 불쾌감을 주는 정도에 불과하다고 인정되는 경우 그와 같은 행위
는 심판대상조항에 해당할지언정 형법 제245조의 음란행위에 해당한다고
할 수 없다.'라고 판시하고 있다(대법원 2004. 3. 12. 선고 2003도6514
판결 참조). 그러나 이는 심판대상조항 가운데 '부끄러운 느낌이나 불쾌
감'이 형법상 공연음란죄에서의 '음란'에 이르지 않는 정도라는 점을 밝힌
것일 뿐이다. 이러한 해석에 의하더라도 <u>어느 부분을 노출해야 '가려야 할
곳'을 내놓는 것인지, 어느 정도의 노출행위가 '지나친' 노출행위인지 등
구체적 내용을 파악하기는 어렵다.</u> 더군다나 최근 하급심 법원에서는 남
성이 공원에서 하의 속옷차림으로 누워 있는 행위나 남성이 도로에서 상
하의 속옷을 입은 채 상의 속옷을 걷어 올리는 행위와 같이 신체의 주요
부위에 대한 노출이 아니어서 경우에 따라 심판대상조항에 해당하지 않는
행위로 볼 여지가 있는 행위임에도 불구하고 심판대상조항에 해당하는 과
다노출행위라고 판단한 사례도 있다. 심판대상조항의 규제대상을 위와 같
이 넓게 본다면, 타인에게 단순히 부끄러운 느낌이나 불쾌감을 주는 정도
의 행위로서 실질적으로 다른 사람의 권리나 법익에 손상을 가하지 않는
행위까지도 모두 처벌하는 결과를 야기할 수도 있다. 이러한 우려를 낳는
것은 바로 심판대상조항에서 규제대상이 되는 행위를 불명확하게 규정하

고 있기 때문이다.

(바) 심판대상조항의 불명확성을 해소하기 위해 노출이 허용되지 않는 신체부위를 예시적으로 열거하거나 구체적으로 특정하여 이를 분명하게 규정하는 것이 입법기술상 불가능하거나 현저히 곤란하다고 보이지도 않는다. 예컨대 의도적으로 자신의 성기를 사람들에게 노출하여 불쾌감을 유발하는 이른바 '바바리맨'의 행위를 규제할 필요성이 있다면 심판대상조항처럼 추상적이고 막연하게 규정할 것이 아니라 노출이 금지되는 신체부위를 '성기'로 명확하게 특정하면 될 것이다.

(사) 이상과 같이, 심판대상조항은 구성요건의 내용을 불명확하게 규정하여 죄형 법정주의의 명확성원칙에 위배된다.(헌재 2016. 11. 24. 2016헌가3)

▶ 특정범죄 가중처벌 등에 관한 법률 제5조의4 제6항 위헌소원

다. 심판대상조항의 구성요건이 죄형 법정주의의 명확성원칙에 위반되는지 여부

심판대상조항은 특가법 제5조의4 제1항과는 별도의 구성요건을 규정하고 있으나, 그 구성요건 및 법정형을 정하면서 특가법 제5조의4 제1항을 인용하는 문장구조를 취하고 있다. 그 중 먼저 심판대상조항의 구성요건 즉, '제1항 중 형법 제329조에 관한 부분의 죄를 범한 경우'에 대하여 본다.

특가법 제5조의4 제1항 중 형법 제329조에 관한 부분이 위에서 본 바와 같이 위헌으로 결정된 이상, 위헌결정된 문언이 형식적으로 존속하고 있다고 하더라도 제1항 중 형법 제329조에 관한 부분은 효력을 상실하였다. 위헌결정이 내려진 법률조항은 법질서에서 더 이상 아무런 작용과 기능을 할 수 없고 그 조항에 근거한 어떠한 행위도 할 수 없으므로, '제1항의 문언을 인용하여 간결하게 그 구성요건과 법정형을 표현'하는 범위에 형법 제329조가 포함된다고 단정하기 어렵게 되었다.

또한, 특가법 제5조의4 제6항이 제1항의 문언을 인용하여 간결하게 구성

요건을 표현하였다고 새기더라도, 제1항 중 형법 제329조에 관한 부분에
대하여 이미 위헌결정이 선고됨으로써 문언 인용의 기초가 상실된 상태이
므로, 심판대상조항의 '특가법 제5조의4 제1항의 죄'라는 구성요건 중 형
법 제329조에 관한 부분을 '상습적으로 형법 제329조의 죄'로 해석할 근거
가 사라져버린 셈이다.

만약 국회가 특가법 제5조의4를 개정하면서 제6항은 그대로 두고 2014헌
가16등 결정의 취지에 따라 제1항 중 위헌으로 선고된 부분만 단순히 삭
제하는데 그치는 개정을 한다면, 특가법 제5조의4 제6항의 '제1항의 죄를
범한 경우'에 '제1항 중 형법 제329조에 관한 부분의 죄'를 범한 경우가 포
함된다고 볼 여지는 전혀 없을 것이다. 특가법 제5조의4 제1항이 위 위헌
결정의 취지에 따라 형식적으로 개정되기 전이라고 하여 이와 달리 볼 것
은 아니다. 위헌으로 결정된 조항에 대한 후속입법절차의 유무에 따라 위
헌결정의 의미 내지 효력이 달라지는 것은 아니기 때문이다.

심판대상조항의 '특가법 제5조의4 제1항의 죄'라는 구성요건 중 형법 제
329조에 관한 부분을 '상습적으로 형법 제329조의 죄'로 해석하는 것은,
위헌결정의 기속력에 따라 범죄와 형벌에 대한 규정이 사라져버렸음에도
처벌의 필요성에 집착하여 구성요건을 확대 해석하는 결과에 이르게 된
다. 국민에게 형사 처벌을 부과하는 법률조항의 경우는 죄형 법정주의의
명확성원칙상 엄격하게 해석·적용을 해야 하는 것이고, 아무리 처벌의 필
요성이 있다고 하더라도 명문의 처벌규정이 없는 이상 구성요건을 확대
해석하거나 유추적용하는 것은 죄형 법정주의의 명확성원칙에 정면으로
반하는 것이다.

결국, 수범자의 입장에서는 '상습적으로 형법 제329조의 죄'를 범한 경우
에 심판대상조항에 따라 처벌받는지 여부를 명확하게 알 수 없게 되어 버
렸다.

실무에서도 특가법 제5조의4 제1항 중 형법 제329조에 관한 부분에 대하
여 위헌결정이 선고된 이후, 특가법 제5조의4 제6항을 여전히 적용할 수

있는지에 관하여 하급심 판결이 엇갈렸고, 특가법 제5조의4 중 위헌으로 결정된 부분은 물론이고 그렇지 않은 부분에 관하여도 공소장변경절차를 통하여 죄명과 적용법조를 형법으로 변경한 다음 판결을 선고하고 있다. 이와 같이 상습적으로 형법 제329조의 죄를 범한 경우에 특가법 제5조의4 제6항으로 처벌할 수 있는지 여부에 대하여 법률전문가인 법관이나 검사들 사이에서도 의견이 나뉜다.

법률조항의 올바른 해석을 위하여 입법연혁이나 그 취지까지 참작해야 한다면 이는 법률전문가에게도 결코 쉽지 않은 일이다. 즉 통상의 판단능력을 가진 일반인은 물론 법률전문가에게조차 법해석상 혼란을 야기할 수 있을 정도라면, 이는 적어도 형벌법규에는 적합하지 아니한 것으로서 죄형 법정주의의 명확성원칙에 위반된다고 할 것이다(헌재 1997. 9. 25. 96헌가16 참조).

2014헌가16등 위헌결정 이후에, 심판대상조항은 법률이 처벌하고자 하는 행위에 상습절도가 포함되는지 여부에 대하여 수범자가 예견할 수 없고, 범죄의 성립 여부에 대하여 법률전문가에게조차 법해석상 혼란을 야기할 수 있을 정도로 불명확한 상태로 존속하게 되었다. 따라서 심판대상조항의 구성요건은 죄형 법정주의의 명확성원칙에 위반된다.(헌재 2015. 11. 26. 2013헌바343)

(3) 배임죄

(가) 구성요건의 비결정성

'마약' 거래처럼 사회에 도움이 되지 않는 행위는 전면 금지할 수 있다. 그러나 사회에 도움이 되는 거래 행위는 비록 문제가 있더라도 전면 금지할 수는 없다. 경제의 근간이 되는 거래 전체를 금지하면 사회가 유지되기 어렵다. 따라서 행위의 일정 부분만을 금지하게 된다. 그런데 이러한 경우에 금지 대상인 행위를 충분히 명확하게 정의하기 어렵다.

가령 '면허 없는 복권 판매행위'는 쉽게 정의하고 이해할 수 있다. 그러나 행위의 실질 내용을 범죄로 할 때에는 이를 구체적으로 정하기 어렵다. 예를 들어 거래는 허용하지만 그중 독과점 행위를 금지할 때에는 '독과점'과 같은 추상적 단어 외에는 달리 그 내용을 이루는 행위를 구체화해서 표현하기 어렵다. 그러므로 이를 이해하기도 어렵다.

이 문제는 형벌조항으로 실현하고자 하는 목적 자체가 상충되는 여러 가지 가치를 적정하게 균형 있게 달성하고자 하는 데서 발생한다. 순수한 사실관계를 토대로 결정할 수 없고, 본질적으로 평가에 기초한 판단을 요하는 것을 대상으로 하기 때문이다. 이는 구성요건의 비결정성(Indeterminacy)의 문제이다. 즉 언어의 추상성이 아니라 처음부터 어떤 행위를 대상으로 할지를 구체적으로 정하지 못한데서 비롯한다.

형벌조항은 사법부에서의 해석을 요하는 일정한 불명확성을 허용할 수밖에 없다. 그러나 일정한 한계를 넘는 불명확성은 적정절차의 원리상 허용될 수 없다. 예를 들어 범죄 구성요건이 '나쁜 행위는 처벌한다.'로 되어 있다면 어떤 상황에서 어떤 행위를 대상으로 정하는지 분별할 기준을 주지 못하므로 허용될 수 없다.

문제는 허용될 수 없는 불명확성에 이르는 비결정성을 판정할 명확한 기준이 없다는 데 있다. 가령 '나쁜 행위'도 불명확하지만 허용될 수 있다고 해석하는 재판관도 있을 수 있다. 비결정성을 가진 단어를 더 이상 구체화할 수 없고, 형벌화해야만 할 사회적 필요가 있다는 논리를 제시할 것이다.

이처럼 형벌조항에서 허용되는 추상성은 질적인 성격이어서 판단자의 주관에 의한 결정이 가능하다. 또 비결정성을 수용할지 여부는 특정 사건의 맥락과도 연관이 있다. 비결정성은 구체적 사실관계에 따라 문제되지 않을 수도 있기 때문이다. 가령 살인 사건을 처리하는 재판관은 사람을 살해한 행위는 '나쁜 행위'의 의미에 포섭되므로 형벌조항의 불명확성이 문제되지 않는다고 해석할 수 있다.

그러나 형벌조항에 비결정성이 있을 때 사법부가 주관적 인상 또는 대중적 견해에 따라 형벌조항에 불명확성이 없고, 피고인의 행위는 형벌조항의

적용 대상이라고 해석하면 피고인은 부정의하다고 생각한다. 피고인으로서
는 형벌조항이 어떤 행위를 처벌해야 하는지에 대한 의미 있는 지침을 전혀
주지 못했음에도 처벌받는다고 생각하기 때문이다.[217]

또 비결정성이 있는 불명확한 형벌조항에 대해 사법부가 재판하면서 사
례별로 적용 기준을 형성하는 것은 불공정하고 자의적인 법률 시스템에 해
당된다.[218] 판결례에 의한 처벌 대상 행위의 정립은 현재 사건뿐만 아니라
장래 사건에 대한 주관적이고, 상황에 따른 형벌조항의 적용을 의미한다.
형벌조항의 해석과 적용은 이와 반대로 죄형 법정주의 명확성의 원칙에 따
라 정형화되고 비개별적이어야 한다.

이에 해당하는 대표적 사례가 배임죄이다.

● 형법
제355조(횡령, 배임) ② 타인의 사무를 처리하는 자가 그 임무에 위배하는 행위로써
재산상의 이익을 취득하거나 제삼자로 하여금 이를 취득하게 하여 본인에게 손해를
가한 때에도 전항의 형과 같다.

형벌은 사회적 이해관계에서 발생하는 갈등을 해결하고 정의감을 충족
시키는 데 실증적인 효과가 있다. 그러므로 임무에 위반하게 타인의 사무
를 처리하여 손해를 발생시킨 자를 처벌함으로써 손해를 복구하고, 부정의
를 회복할 필요가 있다고 생각할 수 있다. 그러나 손해 발생과 부정의 방지
를 위해 타인의 사무를 처리하는 행위를 전면 금지할 수 없다. 타인에게 사
무를 위임하여 처리하게 하는 구조는 사회의 발전에 반드시 필요하기 때문

---

217 Lyric Chen, "A Way Out of Vagueness: The Sources of Indeterminacy of the Honest Services
Fraud Statute and Potential Solutions", 25 No. 3 Crim. Law Bulletin ART 2 (2014); (meaningful
guidance in determining criminally punishable breach of fiduciary duty)

218 Dan M Kahan, "Lenity And Federal Common Law Crimes", 1994 Sup. Ct. Rev. 345 (1994),
362쪽; United States v. Kozminski, 487 U.S. 931 (1988), 951쪽; (arbitrariness and unfairness of
a legal system in which the judges would develop the standards for criminal punishment on
a case-by-case basis)

이다. 그렇다고 모든 임무 위반 행위를 처벌할 수도 없다. 수많은 임무 위반 행위를 모두 처벌하는 일은 현실적으로 불가능하다.

그런데 문제는 처벌해야 할 임무 위반 행위를 명확하게 정할 수 없다는 데 있다. 그래서 형벌조항에 처벌해야 할 임무 위반행위를 명확하게 정하지 않는데 이는 비결정성의 문제이다.

비결정성으로 인한 불명확성을 허용할 수 있는 추상성이라고 할 경우 문제는 처벌할 행위의 기준을 예견할 수 없다는 데 있다. 이 기준을 예견할 수 없는 이유는 장래의 사건에서 특정한 유형의 행위에 대한 처벌 여부를 사법부의 주관에 따라 결정하기 때문이다.

가령 회사원이 지각을 하여 근무 시간을 채우지 않고도 월급을 제대로 받았다고 하자. 형식적으로는 타인의 사무인 회사 업무를 처리하는 회사원이 임무에 위반해서 지각을 하고, 그만큼 회사에 손해를 발생시키고, 본인이 이익을 받았으므로 배임죄에 해당한다고 할 수 있다. 이러한 유형의 행위가 배임죄에 해당한다고 예견하지는 않지만 언젠가 기소되거나 유죄 판결을 받을 가능성을 배제할 수 없다. 어떤 재판관이 유죄판결을 선고한다면 이는 종전까지 없었던 새로운 유형의 범죄 행위를 사법부에서 정립한 것이다.

부동산 이중매도에서 계약금을 받은 자는 배임죄가 되지 않고, 중도금을 받은 자는 배임죄가 된다는 판결도 사례에 따라 정립된 것이다. 중도금을 받으면 계약을 파기할 수 없다는 해석으로 민사 계약은 손해를 배상하고 파기할 수 있다는 계약 자유의 법원리를 초월한 형벌을 정립한 것이다.

주관적 견해가 바뀐 사법부는 기존 판례를 변경하여 동산양도 담보에 있어서는 담보 제공 채무자가 임의로 양도담보된 동산을 처분하여도 배임죄가 되지 않는다고 판결했다.

> ▶ [다수의견] 배임죄는 타인의 사무를 처리하는 자가 그 임무에 위배하는 행위로써 재산상의 이익을 취득하거나 제3자로 하여금 이를 취득하게 하여 사무의 주체인 타인에게 손해를 가할 때 성립하는 것이므로 범죄의

주체는 타인의 사무를 처리하는 지위에 있어야 한다. 여기에서 '타인의 사무를 처리하는 자'라고 하려면, 타인의 재산관리에 관한 사무의 전부 또는 일부를 타인을 위하여 대행하는 경우와 같이 당사자 관계의 전형적·본질적 내용이 통상의 계약에서의 이익대립관계를 넘어서 그들 사이의 신임관계에 기초하여 타인의 재산을 보호 또는 관리하는 데에 있어야 한다. 이익대립관계에 있는 통상의 계약관계에서 채무자의 성실한 급부이행에 의해 상대방이 계약상 권리의 만족 내지 채권의 실현이라는 이익을 얻게 되는 관계에 있다거나, 계약을 이행함에 있어 상대방을 보호하거나 배려할 부수적인 의무가 있다는 것만으로는 채무자를 타인의 사무를 처리하는 자라고 할 수 없고, 위임 등과 같이 계약의 전형적·본질적인 급부의 내용이 상대방의 재산상 사무를 일정한 권한을 가지고 맡아 처리하는 경우에 해당하여야 한다.

채무자가 금전채무를 담보하기 위하여 그 소유의 동산을 채권자에게 양도담보로 제공함으로써 채권자인 양도담보권자에 대하여 담보물의 담보가치를 유지·보전할 의무 내지 담보물을 타에 처분하거나 멸실, 훼손하는 등으로 담보권 실행에 지장을 초래하는 행위를 하지 않을 의무를 부담하게 되었더라도, 이를 들어 채무자가 통상의 계약에서의 이익대립관계를 넘어서 채권자와의 신임관계에 기초하여 채권자의 사무를 맡아 처리하는 것으로 볼 수 없다. 따라서 채무자를 배임죄의 주체인 '타인의 사무를 처리하는 자'에 해당한다고 할 수 없고, 그가 담보물을 제3자에게 처분하는 등으로 담보가치를 감소 또는 상실시켜 채권자의 담보권 실행이나 이를 통한 채권실현에 위험을 초래하더라도 배임죄가 성립한다고 할 수 없다. 위와 같은 법리는, 채무자가 동산에 관하여 양도담보설정계약을 체결하여 이를 채권자에게 양도할 의무가 있음에도 제3자에게 처분한 경우에도 적용되고, 주식에 관하여 양도담보설정계약을 체결한 채무자가 제3자에게 해당 주식을 처분한 사안에도 마찬가지로 적용된다.(대법원 2020. 2. 20. 선고 2019도9756 전원합의체 판결)

▶ 부동산 매도인인 피고인이 매수인 갑 등과 매매계약을 체결하고 갑 등
으로부터 계약금과 중도금을 지급받은 후 매매목적물인 부동산을 제3자
을 등에게 이중으로 매도하고 소유권이전등기를 마쳐 주어 구 특정경제범
죄 가중처벌 등에 관한 법률(2016. 1. 6. 법률 제13719호로 개정되기 전
의 것) 위반(배임)으로 기소된 사안에서, 갑 등이 피고인에게 매매계약에
따라 중도금을 지급하였을 때 매매계약은 임의로 해제할 수 없는 단계에
이르렀고, 피고인은 갑 등에 대하여 재산적 이익을 보호할 신임관계에 있
게 되어 타인인 갑 등의 부동산에 관한 소유권 취득 사무를 처리하는 자가
된 점, 갑 등이 잔금 지급기일이 지나도 부동산을 인도받지 못하자 피고인
에게 보낸 통고서의 내용은, 갑 등이 피고인에게 요구조건을 받아들일 것
을 촉구하면서 이를 받아들이지 않으면 매매계약을 해제하겠다는 취지일
뿐 그 자체로 계약 해제의 의사표시가 포함되어 있다고 보기 어려운 점,
피고인은 매매계약이 적법하게 해제되지 않은 상태에서 갑 등에 대한 위
와 같은 신임관계에 기초한 임무를 위배하여 부동산을 을 등에게 매도하
고 소유권이전등기를 마쳐 준 점, 비록 피고인이 당시 임차인으로부터 부
동산을 반환받지 못하여 갑 등에게 이를 인도하지 못하고 있었고, 갑 등과
채무불이행으로 인한 손해배상과 관련한 말들을 주고받았더라도, 매매계
약이 적법하게 해제되지 않고 유효하게 유지되고 있었던 이상 위와 같은
신임관계가 소멸되었다고 볼 수 없는 점을 종합하면, 피고인의 행위는 갑
등과의 신임관계를 저버리는 임무위배행위로서 배임죄가 성립하고, 또한
매매계약은 당시 적법하게 해제되지 않았고, 설령 피고인이 적법하게 해
제되었다고 믿었더라도 그 믿음에 정당한 사유가 있다고 보기 어려워 피
고인에게 배임의 범의와 불법이득의사가 인정됨에도, 이와 달리 보아 공
소사실을 무죄로 판단한 원심판결에 배임죄에서 '타인의 사무를 처리하는
자', 범의 등에 관한 법리오해의 위법이 있다고 한 사례.
[다수의견] 부동산 매매계약에서 계약금만 지급된 단계에서는 어느 당사
자나 계약금을 포기하거나 그 배액을 상환함으로써 자유롭게 계약의 구속

력에서 벗어날 수 있다. 그러나 중도금이 지급되는 등 계약이 본격적으로 이행되는 단계에 이른 때에는 계약이 취소되거나 해제되지 않는 한 매도인은 매수인에게 부동산의 소유권을 이전해 줄 의무에서 벗어날 수 없다. 따라서 이러한 단계에 이른 때에 매도인은 매수인에 대하여 매수인의 재산보전에 협력하여 재산적 이익을 보호·관리할 신임관계에 있게 된다. 그 때부터 매도인은 배임죄에서 말하는 '타인의 사무를 처리하는 자'에 해당한다고 보아야 한다. 그러한 지위에 있는 매도인이 매수인에게 계약 내용에 따라 부동산의 소유권을 이전해 주기 전에 그 부동산을 제3자에게 처분하고 제3자 앞으로 그 처분에 따른 등기를 마쳐 준 행위는 매수인의 부동산 취득 또는 보전에 지장을 초래하는 행위이다. 이는 매수인과의 신임관계를 저버리는 행위로서 배임죄가 성립한다.

그 이유는 다음과 같다.

① 배임죄는 타인과 그 재산상 이익을 보호·관리하여야 할 신임관계에 있는 사람이 신뢰를 저버리는 행위를 함으로써 타인의 재산상 이익을 침해할 때 성립하는 범죄이다. 계약관계에 있는 당사자 사이에 어느 정도의 신뢰가 형성되었을 때 형사법에 의해 보호받는 신임관계가 발생한다고 볼 것인지, 어떠한 형태의 신뢰위반 행위를 가벌적인 임무위배행위로 인정할 것인지는 계약의 내용과 이행의 정도, 그에 따른 계약의 구속력 정도, 거래 관행, 신임관계의 유형과 내용, 신뢰위반의 정도 등을 종합적으로 고려하여 타인의 재산상 이익 보호가 신임관계의 전형적·본질적 내용이 되었는지, 해당 행위가 형사법의 개입이 정당화될 정도의 배신적인 행위인지 등에 따라 규범적으로 판단해야 한다. 이와 같이 배임죄의 성립 범위를 확정함에 있어서는 형벌법규로서의 배임죄가 본연의 기능을 다하지 못하게 되어 개인의 재산권 보호가 소홀해지지 않도록 유의해야 한다.

② 우리나라에서 부동산은 국민의 기본적 생활의 터전으로 경제활동의 근저를 이루고 있고, 국민 개개인이 보유하는 재산가치의 대부분을 부동산이 차지하는 경우도 상당하다. 이렇듯 부동산이 경제생활에서 차지하는

비중이나 이를 목적으로 한 거래의 사회경제적 의미는 여전히 크다.

③ 부동산 매매대금은 통상 계약금, 중도금, 잔금으로 나뉘어 지급된다. 매수인이 매도인에게 중도금을 지급하면 당사자가 임의로 계약을 해제할 수 없는 구속력이 발생한다(민법 제565조 참조). 그런데 매수인이 매도인에게 매매대금의 상당부분에 이르는 계약금과 중도금까지 지급하더라도 매도인의 이중매매를 방지할 보편적이고 충분한 수단은 마련되어 있지 않다. 이러한 상황에서도 매수인은 매도인이 소유권이전등기를 마쳐 줄 것으로 믿고 중도금을 지급한다. 즉 매수인은 매도인이 소유권이전등기를 마쳐 줄 것이라는 신뢰에 기초하여 중도금을 지급하고, 매도인 또한 중도금이 그러한 신뢰를 바탕으로 지급된다는 것을 인식하면서 이를 받는다. 따라서 중도금이 지급된 단계부터는 매도인이 매수인의 재산보전에 협력하는 신임관계가 당사자 관계의 전형적·본질적 내용이 된다. 이러한 신임관계에 있는 매도인은 매수인의 소유권 취득 사무를 처리하는 자로서 배임죄에서 말하는 '타인의 사무를 처리하는 자'에 해당하게 된다. 나아가 그러한 지위에 있는 매도인이 매수인에게 소유권을 이전하기 전에 고의로 제3자에게 목적부동산을 처분하는 행위는 매매계약상 혹은 신의칙상 당연히 하지 않아야 할 행위로서 배임죄에서 말하는 임무위배행위로 평가할 수 있다.

④ 대법원은 오래전부터 부동산 이중매매 사건에서, 매도인은 매수인 앞으로 소유권이전등기를 마칠 때까지 협력할 의무가 있고, 매도인이 중도금을 지급받은 이후 목적부동산을 제3자에게 이중으로 양도하면 배임죄가 성립한다고 일관되게 판결함으로써 그러한 판례를 확립하여 왔다. 이러한 판례 법리는 부동산 이중매매를 억제하고 매수인을 보호하는 역할을 충실히 수행하여 왔고, 현재 우리의 부동산 매매거래 현실에 비추어 보더라도 여전히 타당하다. 이러한 법리가 부동산 거래의 왜곡 또는 혼란을 야기하는 것도 아니고, 매도인의 계약의 자유를 과도하게 제한한다고 볼 수도 없다. 따라서 기존의 판례는 유지되어야 한다.

[대법관 김창석, 대법관 김신, 대법관 조희대, 대법관 권순일, 대법관 박
정화의 반대의견]

다수의견은 부동산 거래에서 매수인 보호를 위한 처벌의 필요성만을 중시
한 나머지 형법의 문언에 반하거나 그 문언의 의미를 피고인에게 불리하
게 확장하여 형사법의 대원칙인 죄형 법정주의를 도외시한 해석일 뿐 아
니라, 동산 이중매매와 부동산 대물변제예약 사안에서 매도인 또는 채무
자에 대하여 배임죄의 성립을 부정하는 대법원판례의 흐름과도 맞지 않는
것이어서 찬성하기 어렵다.

배임죄에서 '타인의 사무'는 먼저 문언의 통상적 의미에 비추어 볼 때, 타
인에게 귀속되는 사무로서 사무의 주체가 타인이어야 한다. 즉 본래 타인
이 처리하여야 할 사무를 그를 대신하여 처리하는 것이어야 한다. 나아
가 배임죄의 본질은 본인과의 내부관계 내지 신임관계에서 발생하는 본인
의 재산적 이익을 보호할 의무를 위반하여 타인의 재산권을 침해하는 데
에 있다는 점을 고려하면, 신임관계에 기초하여 위와 같은 의미의 '타인의
사무'를 처리하게 된 것이어야 하고, 사무 자체의 내용이나 신임관계의 본
질적 내용이 타인의 재산적 이익을 보호·관리하는 것이어야 한다. 따라서
계약의 일방 당사자가 상대방에게 계약의 내용에 따른 의무를 성실하게
이행하고, 그로 인해 상대방은 계약상 권리의 만족이라는 이익을 얻는 관
계에 있더라도 그 의무의 이행이 위와 같은 의미의 '타인의 사무'에 해당하
지 않는다면, 그것은 '자기의 사무'에 불과할 뿐이다.

부동산 매매계약이 체결된 경우, 계약 체결과 동시에 그 계약의 효력으로
매도인에게는 부동산 소유권이전의무가 발생하고, 매수인에게는 매매대
금 지급의무가 발생한다. 매도인이나 매수인의 이러한 의무는 매매계약에
따른 각자의 '자기의 사무'일 뿐 '타인의 사무'에 해당한다고 볼 수 없다.
매도인의 재산권이전의무나 매수인의 대금지급의무는 매매계약에 의하여
발생한 것으로 본래부터 상대방이 처리하여야 할 사무도 아니고, 신임관
계에 기초하여 상대방에게 위탁된 것이라고 볼 수도 없으며, 계약상대방의

재산적 이익을 보호·관리하는 것이 매매계약의 전형적·본질적 내용이라고
도 볼 수 없기 때문이다. 매매계약에서 당사자들은 각자의 계약상 권리의
만족을 위해 상대방에게 그 반대급부를 이행하여야 하는 대향적 거래관계에
있을 뿐이다. 설사 매도인에게 등기협력의무가 있다거나 매수인의 재산취
득사무에 협력할 의무가 있다고 주장해도 그 '협력의무'의 본질은 소유권이
전의무를 달리 표현한 것에 지나지 않으니 그 부당함은 마찬가지이다.

만약 매도인에게 매수인의 재산보전에 협력할 의무가 있다고 가정하면,
쌍무계약의 본질에 비추어 상대방인 매수인에게도 매도인의 재산보전에
협력할 의무가 있다고 보아야 균형이 맞다. 그러나 판례는 잔금을 지급하
기 전에 소유권을 먼저 이전받은 매수인이 부동산을 담보로 대출을 받아
매매잔금을 지급하기로 한 약정을 이행하지 않고 다른 용도로 근저당권을
설정한 사안에서 매수인인 피고인에게 배임죄가 성립하지 않는다고 판단
하여 이를 부정한 바 있다. 다수의견에 따르면 계약 당사자 사이의 대등한
법적 지위의 보장을 전제로 하는 쌍무계약에서 매도인과 매수인의 상대방
에 대한 재산보전에 협력할 의무의 유무를 달리 보는 이유에 대한 납득할
만한 설명을 할 수 없다.

또한 다수의견에 따르면, 매도인이 제2매수인으로부터 중도금을 받았다
면 제2매수인에 대한 관계에서도 마찬가지로 그 재산보전에 협력하여 재
산적 이익을 보호·관리할 신임관계에 있다고 보아야 한다. 그런데 판례
는 매도인이 제2매수인에게 소유권이전등기를 마쳐 준 경우에는 제1매수
인에 대한 관계에서 배임죄의 성립을 인정하는 반면, 제1매수인에게 소유
권이전등기를 마쳐 준 경우에는 제2매수인으로부터 중도금 또는 잔금까
지 받았다고 하더라도 그에 대한 관계에서는 배임죄가 성립하지 않는다고
본다. 소유권이전등기를 마쳐 물권을 취득하기 전에는 채권자로서 대등한
법적 지위를 보장받아야 할 제1매수인과 제2매수인에 대하여 배임죄 성립
에 있어서 보호 정도를 달리할 논리적 근거는 어디에서도 찾아볼 수 없다.
한편 다수의견과 같이 매수인의 재산보전에 협력할 의무가 있음을 이유

로 매도인이 '타인의 사무를 처리하는 자'에 해당하여 그를 배임죄로 처벌할 수 있다고 본다면, 이는 대법원이 종래 동산 이중매매 사건에서 선고한 판시와 배치된다.(대법원 2018. 5. 17. 선고 2017도4027 전원합의체 판결)

어떤 유형의 행위가 범죄의 구성요건에 해당되는지 여부가 형벌조항으로 미리 규정되지 않고, 판례를 기준으로 하되 구체적 사안별로 타인의 사무의 내용과 성질, 임무위배의 중대성 및 본인의 재산 상태에 미치는 영향 등을 종합하여 신중하게 판단하여야 한다면 권한 있는 전문적 판단을 할 수 없는 일반인으로서는 행위 시 자신의 행위가 범죄가 되는지 미리 예견할 수 없게 된다. 사례별 접근방식(Case-Specific Approach) 또는 사후에 구체적 사정을 종합하여 판단하는 방식(Fact Specific)은 행위자로서는 예견을 어렵거나 불가능하게 한다. 이러한 방식은 행정규제를 위하여 추상적인 단어를 사용한 도로교통법 등에서 발견할 수 있다.

● 도로교통법
제54조(사고발생 시의 조치) ① 차 또는 노면전차의 운전 등 교통으로 인하여 사람을 사상하거나 물건을 손괴(이하 "교통사고"라 한다)한 경우에는 그 차 또는 노면전차의 운전자나 그 밖의 승무원(이하 "운전자등"이라 한다)은 즉시 정차하여 다음 각 호의 조치를 하여야 한다.
1. 사상자를 구호하는 등 필요한 조치

▶ 도로교통법 제54조 제1항의 취지는 도로에서 일어나는 교통상의 위험과 장해를 방지·제거하여 안전하고 원활한 교통을 확보하기 위한 것으로서, 피해자의 피해를 회복시켜 주기 위한 것이 아니다. 이 경우 운전자가 취하여야 할 조치는 사고의 내용과 피해의 정도 등 구체적 상황에 따라 적절히 강구되어야 하고, 그 정도는 건전한 양식에 비추어 통상 요구되는 정도의 조치를 말한다.(대법원 2009. 5. 14. 선고 2009도787 판결)

● **수상에서의 수색 · 구조 등에 관한 법률**

제43조(벌칙) ① 다음 각 호의 어느 하나에 해당하는 자는 7년 이하의 징역 또는 7천만원 이하의 벌금에 처한다.

2. 제18조제1항 단서에 위반하여 구조에 필요한 조치를 하지 아니한 자

제18조(인근 선박등의 구조지원) ① 조난현장의 부근에 있는 선박등의 선장 · 기장 등은 조난된 선박등이나 구조본부의 장 또는 소방관서의 장으로부터 구조요청을 받은 때에는 가능한 한 조난된 사람을 신속히 구조할 수 있도록 최대한 지원을 제공하여야 한다. 다만, 조난된 선박 또는 조난사고의 원인을 제공한 선박의 선장 및 승무원은 요청이 없더라도 조난된 사람을 신속히 구조하는 데 필요한 조치를 하여야 한다.

▶ [5] 수난구호법 제18조 제1항 단서에서 정한 '조난된 사람을 신속히 구조하는 데 필요한 조치'에는 아무런 제한이 없으므로, 조난된 사람의 생명 · 신체에 대한 급박한 위해를 실질적으로 제거하기 위하여 필요하고도 가능한 조치를 다하여야 하고, 그러한 조치의무를 이행하였는지는 조난사고의 발생장소나 시각, 사고현장의 기상 등 자연조건, 조난사고의 태양과 위험 정도, 구조인원 및 장비의 이용 가능성, 응급처치의 내용과 정도 등을 종합적으로 고려하여 판단하여야 한다.

[6] 특정범죄 가중처벌 등에 관한 법률(이하 '특정범죄가중법'이라 한다) 제1조, 제5조의12 제1호, 제2호, 해사안전법 제2조 제2호, 수난구호법 제18조 제1항 단서의 체계, 내용 및 취지 등을 고려하면, 특정범죄가중법 제5조의12 위반죄는 형법 제268조의 업무상과실치사상죄 및 중과실치사상죄를 기본범죄로 하여 수난구호법 제18조 제1항 단서 위반행위 및 도주행위를 결합하여 가중 처벌하는 일종의 결합범으로서 선박의 교통으로 형법 제268조의 죄를 범한 선박의 선장 또는 승무원이 수난구호법 제18조 제1항 단서에 규정된 의무를 이행하기 이전에 사고현장을 이탈한 때에 성립하고, '선박 간의 충돌사고'나 '조타상의 과실'로 형법 제268조의 죄를 범한 경우에 한하여 성립하는 것으로 볼 수 없다. 한편 수난구호법 제18조 제1항 단서에 따라 사고를 낸 선장 또는 승무원이 취하여야 할 조치는 사

고의 내용과 피해의 정도 등 구체적 상황에 따라 건전한 양식에 비추어 통상 요구되는 정도로 적절히 강구되어야 하고, 그러한 조치를 취하기 전에 도주의 범의로써 사고현장을 이탈한 것인지를 판정할 때에는 사고의 경위와 내용, 피해자의 생명·신체에 대한 위험의 양상과 정도, 선장 또는 승무원의 과실 정도, 사고 후의 정황 등을 종합적으로 고려하여야 한다.(대법원 2015. 11. 12. 선고 2015도6809 전원합의체 판결)

● 근로자퇴직급여 보장법
제2조(정의) 이 법에서 사용하는 용어의 뜻은 다음과 같다.
1. "근로자"란 「근로기준법」 제2조제1항제1호에 따른 근로자를 말한다.

● 근로기준법
제2조(정의) ① 이 법에서 사용하는 용어의 뜻은 다음과 같다.
1. "근로자"란 직업의 종류와 관계없이 임금을 목적으로 사업이나 사업장에 근로를 제공하는 사람을 말한다.

▶ 근로자퇴직급여 보장법 제2조 제1호에서 "근로자"란 근로기준법 제2조 제1항 제1호에 따른 근로자를 말한다고 규정하고 있는바, 결국 위 공소사실은 박○영이 근로기준법상의 근로자임을 전제로 한다.
근로기준법상의 근로자에 해당하는지 여부는 실질면에서 근로자가 사업 또는 사업장에 임금을 목적으로 종속적인 관계에서 사용자에게 근로를 제공하였는지 여부에 따라 판단하여야 하고, 업무수행과정에서 사용자로부터 구체적 개별적인 지휘·감독을 받는지 여부, 사용자에 의하여 근무시간과 근무장소가 지정되고 이에 구속을 받는지 여부, 근로자 스스로가 제3자를 고용하여 업무를 대행케 하는 등 업무의 대체성 유무, 비품·원자재·작업도구 등의 소유관계, 보수의 성격이 근로 자체에 대한 대상적 성격이 있는지 여부와 기본급이나 고정급이 정하여져 있는지 여부 및 근로소득세의 원천징수 여부 등 보수에 관한 사항, 근로제공관계의 계속성과 사용자에의 전속성의 유무와 정도, 사회보장제도에 관한 법령 등 다른 법령에 의하여 근로자의 지위를 인정받는지 여부, 양 당사자의 사회·경제적 조건 등을 종합적으로 고려하여 판단하여야 한다.(대법원 2005. 11. 10. 선고 2005다50034 판결)

불명확한 형벌조항에 대해 문제된 특정 유형의 행위는 적용대상이 됨이 분명하므로 유효하다는 해석(Categorical Approach)을 하면 그 형벌조항의 효력은 유지된다. 그러나 이러한 방식의 해석은 예견할 수 없는 새로운 유형의 행위에도 형벌조항이 적용된다고 장차 해석할 가능성이 있다는데 문제가 있다.[219] 형벌조항의 특정한 사실관계에서의 새로운 적용은 반드시 다른 사실관계에서의 추가적인 새로운 적용을 불러온다. 개방적이고, 유연하며, 자유로운 법해석과 새로운 유형의 행위에 대한 형벌조항 적용은 명확성의 원칙을 침해한다.

〔나〕 해결방법

형벌조항에 불명확성이 있을 때에는 명확하게 규정되어 있지 않은 형벌조항에 의해 피고인이 처벌받지 않도록 해석해야 한다. 또 사법부가 형벌조항을 만들지 않고, 입법부로 하여금 더욱 명확한 형벌조항을 만들도록 해야 한다.

입법부는 스스로 처벌 대상행위를 명확하게 정해 형벌조항에 비결정성을 줄여야 한다. 이를 위해서는 먼저 평가적 차원에서 구성요건의 범위를 보다 명확하게 해야 한다. 예를 들어 '타인을 위하여 사무를 처리하는 법률상 의무가 있는 자'라고 하여 타인의 사무의 처리의 범위를 법률상 의무로 한정하고, 계약, 신의칙 위반을 배제함으로써 비결정성의 폭을 줄이는 것이다.

---

219 United States v. Davis, 139 S. Ct. 2319 (2019), 2332쪽

▶ 업무상배임죄가 성립하기 위해서는 타인의 사무를 처리하는 자가 그 임무에 위배하는 행위로써 재산상 이익을 취득하거나 제3자로 하여금 이를 취득하게 하여 본인에게 손해를 가함으로써 성립하고, 이 경우 그 '임무에 위배하는 행위'라 함은 사무의 내용, 성질 등 구체적 상황에 비추어 법률의 규정, 계약의 내용 혹은 신의칙상 당연히 할 것으로 기대되는 행위를 하지 않거나 당연히 하지 않아야 할 것으로 기대되는 행위를 함으로써 본인과 사이의 신임관계를 저버리는 일체의 행위를 포함한다.(대법원 2004. 6. 24. 선고 2004도520 판결)

▶ 배임죄는 타인의 사무를 처리하는 자가 그 임무에 위배하는 행위로써 재산상의 이익을 취득하거나 제3자로 하여금 이를 취득하게 하여 사무의 주체인 타인에게 손해를 가할 때 성립하는 것이므로 그 범죄의 주체는 타인의 사무를 처리하는 지위에 있어야 한다. 여기에서 '타인의 사무를 처리하는 자'라고 하려면, 타인의 재산관리에 관한 사무의 전부 또는 일부를 타인을 위하여 대행하는 경우와 같이 당사자 관계의 전형적·본질적 내용이 통상의 계약에서의 이익대립관계를 넘어서 그들 사이의 신임관계에 기초하여 타인의 재산을 보호 또는 관리하는 데에 있어야 한다. 이익대립관계에 있는 통상의 계약관계에서 채무자의 성실한 급부이행에 의해 상대방이 계약상 권리의 만족 내지 채권의 실현이라는 이익을 얻게 되는 관계에 있다거나, 계약을 이행함에 있어 상대방을 보호하거나 배려할 부수적인 의무가 있다는 것만으로는 채무자를 타인의 사무를 처리하는 자라고 할 수 없고, 위임 등과 같이 계약의 전형적·본질적인 급부의 내용이 상대방의 재산상 사무를 일정한 권한을 가지고 맡아 처리하는 경우에 해당하여야 한다(대법원 2020. 2. 20. 선고 2019도9756 전원합의체 판결 등 참조).

채무자가 금전채무를 담보하기 위하여 그 소유의 동산을 채권자에게 동산·채권 등의 담보에 관한 법률(이하 '동산채권담보법'이라 한다)에 따른 동산담보로 제공함으로써 채권자인 동산담보권자에 대하여 담보물의 담보가치를 유지·보전할 의무 또는 담보물을 타에 처분하거나 멸실, 훼손하는 등으로 담보권 실행에 지장을 초래하는 행위를 하지 않을 의무를 부담하게 되었더라도, 이를 들어 채무자가 통상의 계약에서의 이익대립관계를 넘어서 채권자와의 신임관계에 기초하여 채권자의 사무를 맡아 처리하는 것으로 볼 수 없다. 따라서 이러한 경우 채무자를 배임죄의 주체인 '타인의 사무를 처리하는 자'에 해당한다고 할 수 없고, 그가 담보물을 제3자에게 처분하는 등으로 담보가치를 감소 또는 상실시켜 채권자의 담보권 실행이나 이를 통한 채권실현에 위험을 초래하더라도 배임죄가 성립하지 아니한다.(대법원 2020. 8. 27. 선고 2019도14770 전원합의체 판결)

다음으로 사법부는 해석을 통해 그 형벌조항의 의미가 충분히 명료하게 받아들여질 수 있는 범위 내에서만 형벌조항을 적용하여 조항의 불공정성을 최소화해야 한다. 가령 형벌조항은 문구가 분명하게 '손해를 가한 때'라고 되어 있고 '손해 발생의 위험성'이라고 기재되어 있지 않으므로 손해 발생의 위험성까지 포함한다고 확장 해석하지 말아야 한다. '손해를 가한 때'와 '손해발생의 위험성이 발생한 때'는 명백히 구분되는 표현이다.

▶ 배임죄에서 '재산상의 손해를 가한 때'라 함은 현실적인 손해를 가한 경우뿐만 아니라 재산상 손해 발생의 위험을 초래한 경우도 포함되고, 일단 손해의 위험을 발생시킨 이상 나중에 피해가 회복되었다고 하여도 배임죄의 성립에 영향을 주는 것은 아니며, 재산상 손해의 유무에 대한 판단은 본인의 전 재산 상태를 고려하여 경제적 관점에 따라 하여야 하므로, 법률적 판단에 의하여 당해 배임 행위가 무효라 하더라도 경제적 관점에서 파악하여 본인에게 현실적인 손해를 가하였거나 재산상 실해 발생의 위험을 초래한 경우에는 재산상의 손해를 가한 때에 해당한다.(대법원 2006. 11. 9. 선고 2004도7027 판결)

그러나 이러한 방법들은 불명확성으로 인한 문제를 근본적으로 해결하지는 못한다. 따라서 배임죄는 법치주의 및 적정절차 위반으로 무효로 해야 한다. 현재 입법부는 다수의 특별법을 제정하고 있다. 이러한 사정에 의하면 입법부가 구체적 행위를 특정하여 처벌하는 법률을 제정하는 것이 가능하다고 본다.

입법부는 새로운 입법으로 처벌 대상인 행위를 명확히 할 수 있다.[220]

(4) 기타 예

[가] 유기죄

● 제271조(유기) ① 나이가 많거나 어림, 질병 그 밖의 사정으로 도움이 필요한 사람을 법률상 또는 계약상 보호할 의무가 있는 자가 유기한 경우에는 3년 이하의 징역 또는 500만원 이하의 벌금에 처한다.

유기는 요부조자를 다른 곳으로 옮겨 방치하는 것과 같이 작위에 의해 보호 없는 상태에 두는 방법 외에 그대로 현장에 방치하는 것과 같이 부작위에 의해서도 실현될 수 있다. 그중 부작위에는 부작위에 의한 작위와 순수한 부작위가 있다. 사람을 죽이기 위하여 가둔 후 물과 음식을 주지 않는 것이 전자의 예이고, 남편이 퇴근 후 집에 돌아와 쓰러져 있는 아내를 보고 112에 연락하지 않는 것이 후자의 예이다.

전자는 자동차를 운전하여 보행자에게 상해를 가한 경우 운전자가 액셀러레이터를 밟아 사고를 낸 작위범인지, 아니면 브레이크를 밟지 않아 사고를 낸 부작위범인지를 구별하는 것이 의미 없는 것처럼 작위인지 부작위인지를 구별할 의미가 없는 경우이다. 후자의 순수 부작위는 작위적 행동이 없으므로 범죄 행위 없이 범죄의 의도만으로 처벌하는 것에 해당되어 행위 없는 생각만으로는 처벌하지 않는다는 형벌의 기본원칙에 반하는 것처럼

---

220 Cristina D. Lockwood, "Creating Ambiguity in the Void for Vagueness Doctrine by Avoiding a Vagueness Determination in Review of Federal Laws", 65 Syracuse L. REV. 395 (2015), 433쪽

보이지만, 형벌조항이 특정한 작위의무를 규정하고 있으므로 이를 위반하여 이행하지 않는 경우에는 부작위를 통하여 범죄 행위를 한 것이 된다.

　이러한 순수한 부작위는 형벌조항에서 정한 작위의무를 위반한 때에만 처벌 대상인 범죄 행위가 되는데, 문제는 작위의무가 부여되는 상황은 인간이 지배할 수 없는 시간과 장소에서 예기치 않게 도래될 수 있다는 데 있다. 예를 들어 지나가던 행인이 우연히 교통사고 피해자를 보고서도 도와주지 않은 것은 순수한 부작위라고 할 수 있다. 자신이 교통사고를 내고 피해자가 다친 것을 알면서도 그대로 도주한 사고 운전자의 부작위와 지나가던 행인의 부작위는 다르다. 이 경우 교통사고 피해자를 발견하면 도와주어야 한다는 법률이 제정되었다고 하더라도 행인이 도와주지 않았다는 사정만으로는 처벌할 수는 없다. 순수한 부작위의 경우 법률상 또는 계약상 의무가 있다는 것만으로 바로 형사처벌하면 책임주의와 법치주의에서 요구하는 명확성 원칙에 반할 수 있기 때문이다. 가령 이러한 자 중에는 그 요부조 의무의 원인 발생을 알 수 없거나 혹은 부조에 대하여 통제하거나 관리할 능력이 없는 자가 있는데, 법률상·계약상 부조 의무만을 근거로 처벌할 때에는 정당화될 수 없는 형사책임의 확대를 초래할 수 있다. 법률상 또는 계약상 부조 의무는 순수 부작위를 작위에 의한 범행과 같이 간주하여 과잉처벌을 초래할 수 있다. 예를 들어 우편 집배원이 우편물 배달 중 위험에 빠진 사람을 발견하면 구해주도록 의무를 부과한 법률이 있다고 하자. 이때 집배원이 배달 중 구해주지 않아 그 사람이 사망한 경우 그를 유기죄로 처벌할 수 있게 된다. 이 경우 단지 법으로 구조의무를 규정했다는 이유만으로 실질적으로는 선의를 베풀지 않은 사람을 유기죄로 처벌할 수 있게 하는 문제를 야기한다. 마찬가지로 자동차 운전 클럽에 가입한 회원이 다른 회원을 도와줄 계약상 의무를 받아들인 경우 그가 사고가 난 다른 회원을 도와주지 않았다고 하여 그를 유기죄로 처벌할 수는 없을 것이다. 대부분의 사안에 있어 일반인은 법률상·계약상 의무 규정에 의해 유기죄로 처벌받는다는 것을 예견하기 어렵다.

그러므로 법률상 또는 계약상 부조 의무의 유무는 처벌받는 부작위범과 처벌받지 않는 부작위 행위의 구별기준의 하나일 뿐이다.

그런데 판례에 의한 법해석으로 법률상 또는 계약상 부조의무의 유무를 정하여 처벌하면 민사법·행정법과 형사법은 추구하는 목적이나 목적을 실현하는 방법이 다름에도 민사계약 또는 행정법 등의 의무 조항을 입법자의 의도와 달리 형사법에 연결하여 처벌하는 문제를 야기한다. 이러한 점에서 유기죄로 처벌할 행위는 정책적 문제로서 입법자가 구체적으로 결정할 입법의 영역에 속한다.

유기죄의 성립 범위를 판결에서 정하도록 하면 도덕 감정이 유무죄 인정에 개입될 수 있다. 또 죄형 법정주의의 명확성에 반하는 문제가 있다.[221]

▶ 피고인은 적어도 술에 만취된 피해자 공소외 7이 향토예비군 4명에게 떠메어 운반되어 위 지서 나무의자에 눕혀 놓았을 때 숨이 가쁘게 쿨쿨 내뿜고 자신의 수족과 의사도 자재할 수 없을 상태로서 부조를 요하는 자이었다는 것을 충분히 인식하였음을 인정할 수 있음으로, 국민의 생명, 신체의 안전을 보호하기 위한 응급의 조치를 강구하여야 할 직무를 가진(경찰관 직무집행법 제1조, 제3조) 경찰관인 피고인으로서는 위 피해자의 숨소리 용색 등 신체를 살펴보아 찬물을 먹이는 등 간단한 응급조치를 취한다던지 가족에게 통지를 한다든지, 나아가 위험한 상태에 있을 때에는 병원으로 옮겨 진료를 받도록 하는 등의 구호를 하여야 함에도 불구하고 기록에 의하면 피고인은 피해자를 그 사망 임박까지 근 3시간 동안을 전혀 아무런 응급 보호 조치를 취하지 않았음이 명백한 본건에 있어서 원심이 위에서 본 바와 같이 유기에 대한 범의를 인정할 만한 자료가 없다하여 무죄를 선고한 원 판결에는 채증법칙을 위배하여 판결 결과에 영향을 미친 위법이 있다할 것이고 이점에 관한 상고 논지는 이유 있어 파기를 면치 못할 것이다.(대법원 1972. 6. 27. 선고 72도863 판결)

---

221 George P. Fletcher, "On the Moral Irrelevance of Bodily Movements", 142 U. Pa. L. Rev. 1443 (1994), 1449쪽

▶ [1] 유기죄가 성립하기 위하여는 행위자가 형법 제271조 제1항이 정한 바에 따라 '노유, 질병 기타 사정으로 인하여 부조를 요하는 자를 보호할 만한 법률상 또는 계약상 의무 있는 자'에 해당하여야 할 뿐만 아니라, 요부조자에 대한 보호책임의 발생원인이 된 사실이 존재한다는 것을 인식하고, 이에 기한 부조의무를 해태한다는 의식이 있음을 요한다.(대법원 2008. 2. 14. 선고 2007도3952 판결)

▶ [1] 유기죄에 관한 형법 제271조 제1항은 그 행위의 주체를 "노유, 질병 기타 사정으로 부조를 요하는 자를 보호할 법률상 또는 계약상 의무 있는 자"라고 정하고 있다. 여기서의 '계약상 의무'는 간호사나 보모와 같이 계약에 기한 주된 급부의무가 부조를 제공하는 것인 경우에 반드시 한정되지 아니하며, 계약의 해석상 계약관계의 목적이 달성될 수 있도록 상대방의 신체 또는 생명에 대하여 주의와 배려를 한다는 부수적 의무의 한 내용으로 상대방을 부조하여야 하는 경우를 배제하는 것은 아니라고 할 것이다. 그러나 그 의무 위반의 효과로서 주로 손해배상책임이 문제되는 민사영역에서와는 달리 유기죄의 경우에는 당사자의 인적 책임에 대한 형사적 제재가 문제된다는 점 등을 고려하여 보면, 단지 위와 같은 부수의무로서의 민사적 부조의무 또는 보호의무가 인정된다고 해서 형법 제271조 소정의 '계약상 의무'가 당연히 긍정된다고는 말할 수 없고, 당해 계약관계의 성질과 내용, 계약당사자 기타 관련자들 사이의 관계 및 그 전개양상, 그들의 경제적·사회적 지위, 부조가 필요하기에 이른 전후의 경위, 필요로 하는 부조의 대체가능성을 포함하여 그 부조의 종류와 내용, 달리 부조를 제공할 사람 또는 설비가 있는지 여부 기타 제반 사정을 고려하여 위 '계약상의 부조의무'의 유무를 신중하게 판단하여야 한다. [2] 피고인이 자신이 운영하는 주점에 손님으로 와서 수일 동안 식사는 한 끼도 하지 않은 채 계속하여 술을 마시고 만취한 피해자를 주점 내에 그대로 방치하여 저체온증 등으로 사망에 이르게 하였다는 내용으로 예비적으로 기소된 사안

에서, 피해자가 피고인의 지배 아래 있는 주점에서 3일 동안 과도하게 술
을 마시고 추운 날씨에 난방이 제대로 되지 아니한 주점 내 소파에서 잠을
자면서 정신을 잃은 상태에 있었다면, 피고인은 주점의 운영자로서 피해
자의 생명 또는 신체에 대한 위해가 발생하지 아니하도록 피해자를 주점
내실로 옮기거나 인근에 있는 여관에 데려다 주어 쉬게 하거나 피해자의
지인 또는 경찰에 연락하는 등 필요한 조치를 강구하여야 할 계약상의 부
조의무를 부담한다고 판단하여 유기치사죄를 인정한 원심판결을 수긍한
사례.(대법원 2011. 11. 24. 선고 2011도12302 판결)

[나] 경범죄처벌법

● **경범죄처벌법**
제3조(경범죄의 종류) ① 다음 각 호의 어느 하나에 해당하는 사람은 10만원 이하의
벌금, 구류 또는 과료(科料)의 형으로 처벌한다.
19. (불안감조성) 정당한 이유 없이 길을 막거나 시비를 걸거나 주위에 모여들거나
뒤따르거나 몹시 거칠게 겁을 주는 말이나 행동으로 다른 사람을 불안하게 하거나 귀
찮고 불쾌하게 한 사람

'몹시 거칠게 겁을 주는 말'은 단순하게 거친 것인지 몹시 거친 것인지를
분류하는 경계선을 정하기 어렵다. 또 겁을 주는 말의 내용을 기준으로 하
여 행인, 피해자의 정서적 민감성이나 경찰관 등의 주관에 따라 형벌조항
적용 여부가 전적으로 결정되고, 어느 정도의 객관적 판단 기준을 찾아 적
용하기는 어렵다.
  위 조문 중 '몹시 거칠게 겁을 주는 행동'은 행위범으로 어느 정도 객관적
기준에 따른 판단이 가능하다. 즉 법조항의 적용 대상을 열거함에 있어 구
체적 대상을 나열한 후 일반적 단어를 사용한 때, 그 일반적 단어는 앞의 구
체적 대상과 같은 종류로 제한하여 해석한다는 동종 제한의 원칙을 적용하
면 길을 막거나 시비를 걸거나 주위에 모여들거나 뒤따르는 것과 같은 정도
의 행동을 말한다고 제한 해석할 수 있다.

그러나 적용 기준이 불명확하여 선별적 적용이 가능한 형벌조항은 위헌으로 선언하여야 보다 구체적인 입법이 되어 죄형 법정주의 명확성에 다가가게 된다.

[다] 동물보호법

● 동물보호법
제2조(정의) 이 법에서 사용하는 용어의 뜻은 다음과 같다.
1의2. "동물학대"란 동물을 대상으로 정당한 사유 없이 불필요하거나 피할 수 있는 신체적 고통과 스트레스를 주는 행위 및 굶주림, 질병 등에 대하여 적절한 조치를 게을리하거나 방치하는 행위를 말한다.

제46조 ② 다음 각 호의 어느 하나에 해당하는 자는 2년 이하의 징역 또는 2천만원 이하의 벌금에 처한다.
1. 제8조제2항 또는 제3항을 위반하여 동물을 학대한 자

제8조(동물학대 등의 금지) ② 누구든지 동물에 대하여 다음 각 호의 학대행위를 하여서는 아니 된다.
4. 그 밖에 수의학적 처치의 필요, 동물로 인한 사람의 생명·신체·재산의 피해 등 농림축산식품부령으로 정하는 정당한 사유 없이 신체적 고통을 주거나 상해를 입히는 행위

● 동물보호법 시행규칙
제4조 ⑥ 법 제8조제2항제4호에서 "농림축산식품부령으로 정하는 정당한 사유 없이 신체적 고통을 주거나 상해를 입히는 행위"란 다음 각 호의 어느 하나를 말한다.
1. 사람의 생명·신체에 대한 직접적 위협이나 재산상의 피해를 방지하기 위하여 다른 방법이 있음에도 불구하고 동물에게 신체적 고통을 주거나 상해를 입히는 행위
2. 동물의 습성 또는 사육환경 등의 부득이한 사유가 없음에도 불구하고 동물을 혹서·혹한 등의 환경에 방치하여 신체적 고통을 주거나 상해를 입히는 행위
3. 갈증이나 굶주림의 해소 또는 질병의 예방이나 치료 등의 목적 없이 동물에게 음식이나 물을 강제로 먹여 신체적 고통을 주거나 상해를 입히는 행위
4. 동물의 사육·훈련 등을 위하여 필요한 방식이 아님에도 불구하고 다른 동물과 싸우게 하거나 도구를 사용하는 등 잔인한 방식으로 신체적 고통을 주거나 상해를 입히는 행위

● 동물보호법 시행령

제2조(동물의 범위) 「동물보호법」(이하 "법"이라 한다) 제2조제1호다목에서 "대통령령으로 정하는 동물"이란 파충류, 양서류 및 어류를 말한다. 다만, 식용(食用)을 목적으로 하는 것은 제외한다.

사람은 사람이 아닌 동물에 대해 도덕적 분열증(Moral Schizophrenia)이 있다는 지적이 있다. 즉 한편으로는 동물을 반려동물로 취급하면서도 동시에 반려동물이 아닌 동물을 먹고, 가죽으로 옷을 만들어 입거나 가방을 만들며, 불필요한 고통을 아무렇지 않게 가하기도 한다.[222] 사람도 인간 동물(Human Animal)인 이상 사자가 사슴을 잡아먹듯이 다른 동물을 먹을 수 있다. 사자가 사슴을 잡아먹는 것을 비윤리적이라고 할 수 없다면 사람이 동물을 먹는다고 해서 반드시 비윤리적이라고 할 수는 없다.

다만 동물에 대한 불필요한 잔혹성은 비윤리적으로 볼 수 있으므로 일정한 유형의 행위를 금지하는 입법이 시행되었다. 이와 같은 취지의 법률에 있어 처벌 대상인 동물에 대한 잔혹성은 특정된 동물에 대한 의도적 가해행위로 한정된다.[223]

가령 미국의 동물 학대 및 고문방지법(Preventing Animal Cruelty and Torture Act)은 '의도적으로 뭉개거나, 태우거나 물에 빠뜨리거나 질식시키거나 찌르거나 기타 심각한 신체 상해를 가하는 행위'와 같이 금지행위를 명확하게 한정한다. 또 (a) 관습적이고 정상적인 행위 (b) 식용을 위한 살육 (c) 금지되지 않은 사냥·함정·낚시·스포츠, 수렵, 포식자 및 질병 조절을 위한 행위와 같이 예외를 인정한다.[224]

그런데 동물보호법 시행규칙 제4조 제6항 제1호의 '사람의 생명·신체에

---

222 Michael Ray Harris, "A Right of Ethical Consideration for Non-Human Animals", 27 Hastings ENVT'l L. J. 71 (2-21), 79쪽; Gary L. Francione, "Animals as Property", 2 ANIMAL L. ii (1996)

223 Michael Ray Harris, "A Right of Ethical Consideration for Non-Human Animals", 27 Hastings ENVT'l L. J. 71 (2-21), 79쪽

224 18 U.S.C. § 48

대한 직접적 위협이나 재산상의 피해를 방지하기 위하여 다른 방법이 있음
에도 불구하고 동물에게 신체적 고통을 주는 행위'를 문자 그대로 해석하면
어류를 낚시로 잡고 풀어주는 행위, 새를 새장에 가두는 행위, 시골 마을에
서 주인이 마당에서 혹한은 아니지만 겨울에 개를 키우는 행위, 주인이 개
와 함께 혹서(酷暑)에 아파트 안에서 지내는 행위로 어류나 새, 개에게 신체
적 고통을 주었다면 이 조항에 의해 처벌받는다고 할 수도 있다. 소싸움을
하다가 소가 사망에 이르게 한 행위도 마찬가지이다. 혹한과 혹서에 해당하
는지 여부의 기준도 막연하다.

● 전통소싸움경기에 관한 법률

제4조(다른 법률과의 관계) ① 소싸움에 관하여는 「동물보호법」 제8조제2항 및 제46조
제1항(「동물보호법」 제8조제2항을 위반한 사람만 해당한다)을 적용하지 아니한다.

　야생생물 보호 및 관리에 관한 법률에 의하면 수렵면허를 받고 수렵동물
을 수렵장에서 수렵해도 정당한 사유 없이 고통을 주거나 상해를 입히면 처
벌받는 것으로 해석할 수도 있다. 왜냐하면 제69조 제1항 제1호가 이 경우
를 배제하지 않고 있어 위와 같은 경우에도 정당한 사유가 있어야만 총으로
쏘아 고통을 주거나 상해를 입히는 행위가 처벌의 대상이 아닌 것으로 되기
때문이다.

● 야생생물 보호 및 관리에 관한 법률

제2조(정의) 이 법에서 사용하는 용어의 뜻은 다음과 같다.
1. "야생생물"이란 산 · 들 또는 강 등 자연상태에서 서식하거나 자생(自生)하는 동물,
식물, 균류 · 지의류(地衣類), 원생생물 및 원핵생물의 종(種)을 말한다.

제8조(야생동물의 학대금지) ② 누구든지 정당한 사유 없이 야생동물에게 고통을 주
거나 상해를 입히는 다음 각 호의 학대행위를 하여서는 아니 된다.
1. 포획 · 감금하여 고통을 주거나 상처를 입히는 행위

2. 살아 있는 상태에서 혈액, 쓸개, 내장 또는 그 밖의 생체의 일부를 채취하거나 채취하는 장치 등을 설치하는 행위

3. 도구 · 약물을 사용하거나 물리적인 방법으로 고통을 주거나 상해를 입히는 행위

4. 도박 · 광고 · 오락 · 유흥 등의 목적으로 상해를 입히는 행위

5. 야생동물을 보관, 유통하는 경우 등에 고의로 먹이 또는 물을 제공하지 아니하거나, 질병 등에 대하여 적절한 조치를 취하지 아니하고 방치하는 행위

제69조(벌칙) ① 다음 각 호의 어느 하나에 해당하는 자는 2년 이하의 징역 또는 2천만원 이하의 벌금에 처한다.

1. 제8조제2항을 위반하여 야생동물에게 고통을 주거나 상해를 입히는 학대행위를 한 자

이상과 같이 '동물에게 신체적 고통을 주는 행위'라는 표현은 일반 국민에게 구체적으로 어떤 유형의 행위가 허용되고 어떤 유형의 행위가 금지되는 것인지 그 경계를 알려주지 못한다. 가령 겨울에 마당에서 개를 키우는 행위, 좁은 공간에서 고양이를 키우는 행위, 새를 새장에 가둔 행위가 처벌받는 유형의 행위에 해당하는지를 기소되어 재판을 받은 후에야 알게 된다면 '나쁜 행위는 처벌한다.'는 형벌조항과 다르지 않다. 이는 '정당한 사유'라는 어구를 추가하였다고 하여 다르지 않다. '정당한 사유 없이 나쁜 행위를 하면 처벌한다.'는 조항이 여전히 불명확한 것과 같다. 문자 그대로 읽는다면 수백만 국민의 행위가 범죄가 되어 그중 일부만 선별적으로 적용될 수밖에 없고, 일반인이 예견하기 어려우며, 더 구체적으로 특정할 수 있는 형벌조항은 명확성의 원칙 위반이다.

책상과 같은 재물은 소유자가 파손하더라도 다른 사람에게 해를 주지 않는 이상 문제되지 않는다. 그러나 소유자가 자신의 동물을 손상하는 행위는 달리 취급한다. 이는 동물에게 지나친 통증이나 고통을 주어서는 안 된다는 인식을 반영한 것이다.[225]

---

225 Michael Ray Harris, "A Right of Ethical Consideration for Non-Human Animals", 27 Hastings ENVT'l L. J. 71 (2-21), 78쪽

동물도 감정을 느낀다는 견해에 따르면, 사람과 동물의 인지는 같은 종류에 속한다. 뇌 과학은 원숭이와 사람 뇌의 유사성을 보여준다. 원숭이의 뇌에 있는 모든 부위는 인간의 뇌에서 찾을 수 있다. 원숭이와 인간 뇌의 신경 접합부(Synapses)나 신경 전달물질은 다르지 않다. 뇌의 크기만이 다를 뿐이다.[226] 이 견해에 따르면 동물도 사람 같이 고통을 느낀다. 다만 동물은 언어로 감정을 표현할 수 없을 뿐이다.

사람은 자신 밖의 외부의 현실, 즉 물리적 사건을 오직 뇌를 통해서 인지한다. 외부의 객관적·물리적 사건은 사람에게 마음이라는 주관적이지만 '물리적'인 상태를 만든다. 예를 들어 글을 읽고 기억하는 것은 글이라는 외부의 객관적 사건이 사람의 마음, 즉 뇌에 물리적 변화를 만들었기 때문이다. 마음은 추상적인데 그치지 않는다. 외부의 자극은 뇌에 변화를 일으키고 그 변화는 물리적으로 존재하며 이것이 마음이다.[227]

사람이 느끼는 통증은 작은 것부터 심하게 큰 것이 있다. 통증은 유해한 외부 자극에 신체가 접촉하여 발생한 신경 신호를 뇌에서 전환시킨 결과물이다. 가령 뜨거운 스토브를 건드리는 경우처럼 무엇인가 잘못되었을 때 발생하는 신경의 신호가 뇌에서 고통으로 전환된다. 그러므로 의식이 없으면 고통이 없다.

마취제가 그 예이다. 마취제는 사람의 의식을 제거하므로 마취되면 고통을 느끼지 못한다. 예를 들어 복부를 절개하는 경우에 복부 조직은 뇌에 유해한 자극이 있다는 신호, 즉 통각(Nociception)을 보낸다. 이 통각 자체는 사람이 인식하지 못한다. 통각이 뇌에 전달되면 고통이 된다. 그러나 마취되면 고통이 되지 않다. 마취된 뇌는 의식이 없어 이를 알지 못하기 때문이다.

[226] Mark Leviton, "Not So Different After All: Frans de Wall On Animal Intelligence And Emotions", The Sun, (July, 2020), https://www.thesunmagazine.org/issues/535/not-so-different-after-all, (2021. 7. 27. 접속)

[227] Henry T. Greely, "Neuroscience, Mindreading, and the Courts: The Example of Pain", 18 J. HEALTH CARE L. & Pol'y 171 (2015), 171쪽

이처럼 고통과 통각은 구별된다.[228]

고통은 근본적으로 주관적이고 현상론적이다. 같은 외부적·내부적 자극이라고 하더라도 사람마다 각각 다른 느낌을 가진다. 동일한 사람이라고 하더라도 상황에 따라 다르게 느낀다.[229]

이처럼 고통은 주관에 기초한 현상으로서 객관적 평가의 대상이다. 그런데 사람과 달리 동물은 주관적으로 느낀 고통의 정도를 언어로 표현할 수 없다. 따라서 결국 동물이 느낀 신체적 고통은 판단자인 사람에 따라 달라지는 주관적 인상에 의해 결정된다. 이는 동물의 주인, 가해자, 경찰, 검사, 판사의 주관에 따라 전적으로 각각 달라질 수 있는 것으로 어느 정도의 객관적 판단 기준을 찾아 적용하기 어렵다. 미국의 동물 학대 및 고문방지법이 학대행위를 심각한 신체 손상으로 한정하고 고통을 포함하지 않는 이유는 이에 있다. 한편 사소한 고통을 형벌의 대상으로 할 수 없다면 동물이 느낀 사소한 고통과 사소하지 않은 고통을 구별하는 기준이 있어야 하는데 이는 일반적으로 납득할 수준으로 정할 수 없다.

따라서 '사람의 생명·신체에 대한 직접적 위협이나 재산상의 피해를 방지하기 위하여 다른 방법이 있음에도 불구하고 동물에게 신체적 고통을 주는 행위' 또는 '정당한 사유 없이 신체적 고통을 주는 행위'는 막연하므로 무효에 해당한다.

〔라〕 저수지·댐의 안전관리 및 재해예방에 관한 법률

● 저수지·댐의 안전관리 및 재해예방에 관한 법률

제30조(벌칙) ① 제3조에 따른 저수지·댐의 보수·보강 등 필요한 조치를 하지 아니하거나 성실하게 조치를 하지 아니함으로써 저수지·댐에 중대한 손괴를 야기하여 공공의 안전에 위험을 발생하게 한 자는 10년 이하의 징역에 처한다.

---

[228] Amanda C. Pustilnik, "Pain as Fact and Heuristic: How Pain Neuroimaging Illuminates Moral Dimensions of Law", 50 CT. REV. 78 (2014), 80쪽

[229] Amanda C. Pustilnik, "Pain as Fact and Heuristic: How Pain Neuroimaging Illuminates Moral Dimensions of Law", 50 CT. REV. 78 (2014), 80쪽

② 제1항의 죄를 범하여 사람을 상해에 이르게 한 자는 1년 이상의 징역에 처하고, 사망에 이르게 한 자는 무기 또는 3년 이상의 징역에 처한다.

　사람은 각각의 성격, 능력 등에 차이가 있다. 이에 따라 사람마다 할 수 있는 조치의 수준에는 차이가 있다. 따라서 성실하다는 정도는 사람마다 다르다. '성실하지 않다.'와 같이 기준이 막연한 형벌조항은 위반 여부에 대해 일반인이 예견하기 어렵다.

　한편 사람은 자기중심적 편향 때문에 성실의 기준을 다른 사람에게는 높게, 자신에게는 낮게 적용하게 되어 있다. 특히 나쁜 결과가 발생하면 인간은 책임이 있다고 보이는 다른 사람을 가혹하게 평가한다. 결과를 알게 된 후 과거사실에 대한 예견 가능성을 과장해서 평가하는 사후판단 편향(Hindsight Bias)은 타인을 불성실하다고 보는 기준을 더욱 낮춘다. 결국 사고가 발생하면 성실하게 조치를 하지 않았다고 판단하게 된다.

　'시민적 및 정치적 권리에 관한 국제규약' 제11조(International Covenant on Civil and Political Rights Article 11)는 "어느 누구도 계약상 의무의 이행을 할 수 있는 능력이 없다는 것만을 이유로 구금되지 아니 한다."[230]라고 규정하고 있다. 민사채무를 불완전 이행하였다고 처벌할 수는 없다. 불성실한 조치를 한 자에 대한 형벌은 사실상 의무자에게 성실한 조치를 하도록 그의 의사를 강제하는 것이다. 성실히 일하지 않아 채무를 이행하지 못한 자를 처벌하는 것과 같다. 형벌은 범죄 고의와 같은 정신적 요소를 가진 자의 범죄 행위를 대상으로 한다. 불성실을 처벌한다면 누구도 범죄 고의 없이 그 결과만으로 처벌을 받을 수 있게 된다.

---

230 (No one shall be imprisoned merely on the ground of inability to fulfil a contractual obligation.)

〔마〕 공용건조물 등 방화

● **형법**

제165조(공용건조물 등 방화) 불을 놓아 공용(公用)으로 사용하거나 공익을 위해 사용하는 건조물, 기차, 전차, 자동차, 선박, 항공기 또는 지하채굴시설을 불태운 자는 무기 또는 3년 이상의 징역에 처한다.

제166조(일반건조물 등 방화) ① 불을 놓아 제164조와 제165조에 기재한 외의 건조물, 기차, 전차, 자동차, 선박, 항공기 또는 지하채굴시설을 불태운 자는 2년 이상의 유기징역에 처한다.
② 자기 소유인 제1항의 물건을 불태워 공공의 위험을 발생하게 한 자는 7년 이하의 징역 또는 1천만원 이하의 벌금에 처한다.

제367조(공익건조물파괴) 공익에 공하는 건조물을 파괴한 자는 10년 이하의 징역 또는 2천만원 이하의 벌금에 처한다.

사전에 의하면 공용(公用)은 '공적인 용무'를 말하고, 공익은 '사회 전체의 이익'을 말한다. 공용에는 공용(公用)외에도 함께 쓴다는 공용(共用)이 있기 때문에 한자가 그 의미를 보다 분명히 할 수 있다. 국가 또는 공공단체에서 사용하는 것이 공용으로 사용하는 대표적인 예다. 일반 공중이 사용하는 것은 공익을 위해 사용하는 예라고 할 수 있다.

공용(公用)은 관용(官用), 즉 정부기관이나 국립 기관에서의 사용과는 다른 개념이다. 공익에도 공익(公益)이외에 공동의 이익이라는 의미의 공익(共益)이 있기 때문에 명확성을 위해서는 한자를 병기해야 한다. 앞의 '공용(公用)'이라는 문구와의 일관성을 위해서이기도 하다.

아울러 형법 제165조는 '공익에 공하는'을 '공익을 위해 사용하는'으로 개정하면서도 형법 제367조 공익건조물파괴죄 등에서는 '공익에 공하는'이라는 용어를 그대로 사용하고 있다. 국민을 형벌에 처하는 형법에 이처럼 일관되지 않은 문구는 용인될 수 없다.

'공용(公用), 공익(公益)'과 같은 개념은 추상성이 있으므로 죄형 법정주의 명확성의 원칙을 고려하여 확장 해석하지 않도록 주의해야 한다.

'공적(公的)'은 '공개적' 또는 '집단적'이라는 의미가 있다. 따라서 외딴 곳에서 홀로는 '사적(私的)'에 해당한다. 이 경우 가령 외딴 곳에서 홀로 사용하는 것에 대비해 공개적으로 여럿이 사용한다는 점만을 이유로 피고인을 가중 처벌하는 것이 가능한지가 문제된다.

형벌조항은 특정한 개인, 단체나 법인의 이익을 보호하기 위한 것이어서는 안 된다. 따라서 처벌 여부나 처벌 정도는 피해자의 신분을 반영하는 것이 아니라 피해의 정도나 범행의 태양을 반영해야 하는 것이어야 한다.[231] 같은 범죄의 피해자는 모두 같이 취급되어야하기 때문이다. 가령 상해죄의 피해자가 공익을 위한 단체의 구성원이라는 이유만으로 상해의 종류, 범행의 태양이 같음에도 다른 피해자 보다 피고인을 중한 형에 처하게 해서는 안 된다. 본조의 공용건조물 등의 방화죄가 제166조 제1항의 일반건조물 등의 방화죄와 범행방법, 대상물이 같다면 용도가 공용으로 사용하거나 공익을 위해 사용한다는 이유로 법정형을 중하게 한 것은 타당하지 않다. 이와 같은 구분은 피해나 범행의 태양 자체가 아니라 피해 대상인 목적물의 용도에 따라 중요한 피해와 그렇지 않은 피해를 구별한 것이다. 예를 들면 재물손괴죄에서는 같은 행위로 같은 액수의 손해를 발생시켰는데, 피해차량이 회사의 공용차량이라는 이유만으로 회사원이 개인적으로 업무를 위해 출퇴근에 사용하는 차량과 달리 법정형이 더 중하게 처벌하지 않는다. 이는 공무집행방해죄나 공용서류등의무효죄(형법 제141조) 등 공무 또는 공무소의 기능을 방해한다는 피해와 업무 또는 대상·장소를 객관적으로 한정하여 범행의 태양이 반영된 것과는 구별된다.

한편 공용과 사용(私用), 공익과 사익의 경계선을 구별하기 어려운 경우도 있다. 현실적으로 기차, 전차, 항공기, 지하채굴시설은 사회의 다수인이 사용하고 있으므로 공용 또는 공익(公益)을 위해 사용한다고 할 수 있다. 공익을 공동의 이익이라고 해석할 경우에는 오직 개인이 혼자 사용하는 단독 건

231 Rudolph J. Gerber, "Arizona Criminal Code Revision: Twenty Years Later", 40 Ariz. L. Rev. 143 (1998), 153쪽

조물, 자동차, 선박, 항공기만이 공용(公用) 또는 공익을 위해 사용하지 않는
다고 할 수 있다. 그러나 건조물, 자동차, 선박, 항공기는 성격상 완전히 특
정인만 사용할 수 있도록 되어 있지는 않고, 구조적으로 동반자 등 다른 사
람과 사용할 수 있게 되어 있다. 이처럼 경계선을 구분하기 어려운 조문은
형벌조항의 명확성을 저해한다.

〔바〕 민사집행법
● **민사집행법 제68조(채무자의 감치 및 벌칙)**
제68조(채무자의 감치 및 벌칙) ① 채무자가 정당한 사유 없이 다음 각호 가운데 어
느 하나에 해당하는 행위를 한 경우에는 법원은 결정으로 20일 이내의 감치(監置)에
처한다.
1. 명시기일 불출석
2. 재산목록 제출 거부
3. 선서 거부
……
⑨ 채무자가 <u>거짓의</u> 재산목록을 낸 때에는 3년 이하의 징역 또는 500만원 이하의 벌
금에 처한다.

제64조(재산명시기일의 실시)
③ 재산목록에 적을 사항과 범위는 대법원규칙으로 정한다.

● **민사집행규칙**
제28조(재산목록의 기재사항 등)
② 법 제64조제2항·제3항의 규정에 따라 재산목록에 적어야 할 재산은 다음 각호
와 같다. 다만, 법 제195조에 규정된 물건과 법 제246조제1항제1호 내지 제3호에
규정된 채권을 제외한다.
……
13. 품목당 30만원 이상의 의류·가구·가전제품 등을 포함한 가사비품
③ 제2항 및 법 제64조제2항·제3항의 규정에 따라 재산목록을 적는 때에는 다음
각호의 기준을 따라야 한다.
……

2. 제2항제8호 및 제11호 내지 제19호에 규정된 재산의 가액은 <u>재산목록을 작성할 당시의 시장가격에 따른다. 다만, 시장가격을 알기 어려운 경우에는 그 취득가액에 따른다.</u>

재산목록 기재사항을 작성할 때 참고하도록 하는 법원의 '재산명시절차 안내 및 재산목록 작성요령'에는 'Ⅰ.동산 6. 가사비품: 품목당 <u>30만 원 이상</u>의 의류·가구·가전제품 등의 가사비품을 품명, 재질, 수량, <u>가액</u>, 소재 장소를 구분하여 기재할 것, 가액의 산정방법은 2번 및 4번 항목의 설명을 참조할 것', '4번 항목에서 가액의 산정은 이 재산목록 작성 당시의 시가에 의하되, 시가를 알기 어려운 경우에는 취득가액에 의한다.'고 되어 있다.

시장가격은 국어 사전상 '상품이 시장에서 그때그때 실제적으로 거래되는 가격'이라는 의미이다. 이처럼 '시장가격'은 그 단어 자체에 의해서 의미가 결정되지 않는다. 이는 지역, 장소나 매수자와 매도자, 감정평가자 등에 따라 달라지는 주관적 인지에 의해 결정된다. 가령 지방 한 도시에서의 시장가격과 서울에서의 시장가격이 다를 수 있고, 같은 지역에서도 상대방에 따라 달라질 수 있다. 따라서 재산목록을 기재하는 사람의 입장에서는 객관적인 '시장가격'을 알 수 없다.

가격은 수시로 변동할 수 있다. 사적 자치의 영역에 있어 가치는 가격과 구별된다. 외관상으로는 가치가 없어 보이거나, 상징적인 것에 불과할 수도 있지만 가격은 높게 정해질 수 있다. 반면 물이나 공기처럼 생명에 반드시 필요한 중요한 가치가 있어도 낮은 수준에서 가격이 결정될 수 있다.

피의자가 A 중고업체에 확인한 가격은 20만 원이고, 고소인이 B 중고업체에 확인한 가격은 40만 원이고, 나중에 수사기관이 감정한 가격이 35만 원인 경우 피의자는 시장가격이 20만 원으로 알고 기재하지 않았음에도 불구하고, 기재 기준인 30만 원이 넘는데도 기재하지 않아 거짓 기재하였다는 범죄사실로 수사 대상이 된다. 이처럼 가격 결정자나 감정자에 따라 달라져서 피의자로서는 예견 가능성이 없는 형벌조항은 명확성이 없다.

위 민사집행규칙 제28조 제3항 제3호에는 "다만, 시장가격을 알기 어려운 경우에는 그 취득 가액에 따른다."라는 단서가 있다. 따라서 취득 가액을 기재하면 해결될 수 있을 것처럼 보인다. 그러나 단서는 본문이 적용되지 않을 때 해당한다. 피의자로서는 본문에 따라 자신이 판단한 '시장가격', 즉 위의 예에서 20만 원을 기준으로 단서의 적용이 없으므로 재산목록에 기재하지 하게 된다. 그럼에도 불구하고 '시장가격을 알기 어려운 경우'의 단서를 적용하여 취득 가액을 기재하지 않은 거짓 기재로 보아 수사 및 처벌 대상이 되게 할 수도 있다. 한편 취득 시점이 경과하여 취득 가액을 기억하거나 찾을 수 없는 경우에는 기재가 불가능하다. 결국 단서 조항은 형벌조항의 막연성을 해결하지 못한다.

나) 엄격 해석, 확장 해석 금지

1) 의의

엄격 해석은 애매한 형벌조항의 의미는 피고인에게 유리하게 엄격하게 해석한다는 원리이다.[232] 중한 형벌조항은 더욱 엄격하게 해석한다.

엄격 해석에 의하면 형벌조항은 문언의 의미에 속하는 행위에만 적용되어야 한다.[233] 형벌조항의 의미를 추측으로 확장 해석할 수 없다. 그러므로 형벌조항의 문자의 의미 내에 있지 않은 행위를 처벌할 수 없다.[234] 엄격 해석은 사회악 제거, 공공의 이익을 위해 법조항을 자유롭게 해석할 수 있다는 자유 해석에 대립하는 개념이다.[235]

---

232 (ambiguous criminal statutes must be strictly construed in favor of the defendant.)

233 Liparota v. U.S., 471 U.S. 419 (1985); U.S. v. Bass, 404 U.S. 336 (1971)

234 Armstrong v. Commonwealth, 263 VA. 573 (2002), 581쪽; (Penal statutes must be strictly construed against the State and cannot be extended by implication or construction, or be made to embrace cases which are not within their letter and sprit.)

235 Antonin Scalia, "Assorted Canards of Contemporary Legal Analysis", 40 Case W. Res. L. Rev. 581 (1989), 585쪽

그러나 형벌조항을 엄격하게 해석한다고 하여 상식에 반하여 억지로 지나치게 좁게 해석해서는 안 된다.[236] 비합리적으로 제한적인 해석을 해서 법조항에 명시된 입법 의도를 좌절시켜서도 안 된다.[237] 따라서 엄격 해석은 반드시 가장 좁은 해석 또는 억지스럽게 축소되거나 지나치게 제한된 해석이 아니다. 설득력 없는 해석, 현시대의 일반적인 단어의 의미와 상충되는 해석도 엄격 해석이 아니다.

▶ 형벌법규의 해석은 엄격하여야 하고 명문규정의 의미를 피고인에게 불리한 방향으로 지나치게 확장 해석하거나 유추 해석하는 것은 죄형 법정주의의 원칙에 어긋나는 것으로서 허용되지 않는다.(대법원 1999. 7. 9. 선고 98도1719 판결)

엄격 해석은 형벌조항의 문언대로의 해석을 의미한다. 문언의 의미 이상의 확장 해석을 허용하지 않는다. 그러므로 엄격 해석은 확장 해석과 논리적으로 양립 불가능하다. 엄격 해석한다고 하면서도 지나치지 않은 확장 해석이 가능하다고 함은 모순이다. 엄격 해석은 확장 해석이 불가능한 개념이므로 지나치지 않은 확장 해석이 가능하다는 표현은 용인되지 않는다. 다만 '지나치지 않은 확장 해석'의 의미를 형벌조항의 문언이 포섭하는 의미 범위 내에서의 가능한 넓은 범위라고 한다면 이는 인정할 수 있다.

◆ '대배심 수사에 영향, 방해, 지장을 주기 위하여 부패한 방법으로 노력하는 행위'[238]를 처벌하는 사법방해죄가 있다.

---

236 John F. Decker, "Addressing Vagueness, Ambiguity, And Other Uncertainty In American Criminal Laws", 80 Denv. U. L. Rev. 241 (2002), 264쪽; (when the rule does apply, the law in question should not be interpreted in a manner which defies common sense nor should the law be given a force, narrow or overstrict construction.)

237 Armstrong v. Commonwealth, 263 VA. 573 (2002), 581쪽; (unreasonably restrictive interpretation of the statute that would subvert the legislative intent expressed therein)

238 (corruptly endeavor to influence, obstruct, and impede the ... grand jury investigation)

피고인이 경찰관에게 허위 진술했다. 그 시점에는 그 경찰관이 대배심에서 증언할 지가 정해지지 않았다.

검사는 피고인이 사법절차가 진행 중임을 알고 있었으므로 대배심에서 허위 진술 한 것과 같다고 주장했다.

이에 대해서 미 연방대법원은 경찰이 대배심에서 증언할지, 하지 않을지 모르는 상황에서는 경찰에서 허위 진술한 것만으로는 이 조항에 해당하지 않는다고 판결했 다.[239] 그 이유는 다음과 같다.

「위 조항처럼 모든 경우를 포함할 수 있는 포괄 조문(catchall provision)의 넓은 개 념은 한계를 설정해야 한다. 아직 대배심에 소환되지도 않은 경찰관에게 허위 진술한 것은 위 조항의 경계선의 바깥에 있음이 명백하다. 피고인의 진술이 바로 대배심에 전달되는 것으로도 볼 수 없고, 피고인이 자신의 행위가 대배심 수사에 영향을 주는 지 모른 경우에는 범죄가 성립하지 않는다.」

◆ '알면서(knowingly) 공식소송 절차에서 이용되는 문서를 제출하지 않거나 (withhold) 변경(alter)하도록 부패하게 다른 자를 설득(corruptly persuade)하는 행 위'를 처벌 대상으로 하는 사법방해죄가 있다.

피고인은 일반적 업무관행 대로 회사 내부의 문서보관 정책(document retention policy)에 따라 문서를 파쇄하라고 지시했다.

미 연방대법원은 피고인의 행위는 위 조항에 해당하지 않는다고 판결했다. 그 이유 는 다음과 같다.

「고의, 즉 '알면서'는 '공식소송 절차에서 이용되는 문서를 제출하지 않거나 (withhold) 변경(alter)하도록'분만 아니라 '부패하게……설득하는'을 수식한다. 자신 의 설득이 '부패하게 설득한다는 점'을 알아야 한다고 해석해야지만 사법방해의 고의

---

[239] U.S. v. Aguilar, 515 U.S. 593 (1995), 600쪽

가 없는 사람을 처벌하지 않게 된다.[240] 가령 부인이 남편이나 자식에게 진술을 거부하거나 면책특권이 인정되는 서류를 제출하지 말도록 설득하거나 또는 변호인이 장부를 제출하지 않도록 설득하는 것과 같이 '설득'은 그 자체로는 부패한 것이 아니다.

국가나 다른 자의 손에 넘어가지 않도록 자신의 정보를 정리한 문서를 보관하는 정책은 업계에서 흔한 일이다. 그러므로 일반적 상황에서 위 정책에 따라 문서를 파쇄하라는 지시는 잘못된 일이 아니므로 처벌 대상에 포함될 수 없다.」

◆ 공산당, 무정부주의, 폭력단체를 '조직(organize)'하는 행위를 처벌하는 조항이 있다. 이 범죄의 공소시효는 3년이다. '조직'의 의미에 대하여 법에는 정의 규정이 없었다. 입법 역사도 도움이 되지 않았다.

피고인은 1940년부터 캘리포니아 주 공산당 결성을 공모하였다. 피고인은 1945년에 캘리포니아 주 공산당이 결성되었다고 주장했다. 피고인은 '조직'은 창설(formation)을 의미하므로 1945년 한 번의 행위로 끝난다고 주장했다. 따라서 그 때부터 3년이 지난 1951년에 자신이 기소되었으므로 공소시효가 완성되었다고 항변했다.

검찰은 '조직'은 한 번에 끝나는 것이 아니라 그 단체가 해체될 때까지 지속되는 과정(continuing process)이라고 주장했다. 즉 새로운 회원의 모집, 새로운 팀의 구성과 재편성 등 일련의 행위로 구성되는 과정을 의미한다고 했다.

미 연방대법원은 엄격 해석 원칙에 따라 '조직'은 새로운 기관 창설에의 진입행위를 의미한다고 판결했다.[241] 그 이유는 다음과 같다.

「언어의 일반적 용법에 따라 자연스러우며 명백하게 해석하면 '조직'은 새로운 기관 창설에의 진입행위라는 의미이다. 단체 조직 외에 가입(membership), 지원(advocacy)을 처벌하는 조항이 있으므로 '조직'의 의미를 확장 해석할 필요도 없다.

단체 가입범죄(membership rime)에 있어 개개 피고인의 고의는 다른 구성요건과 마찬가지로 엄격하게 해석(strictissimi Juris)해야 한다.

---

240 Arthur Andersen LLP v. U.S., 544 U.S. 696 (2005)
241 Yates v U.S., 354 U.S. 298 (1957)

어떤 단체의 합법적 목적에 공감하지만, 구체적으로 폭력에 의한 목적 달성에는 공감하지 않는 사람이 있을 수 있다. 이때 어떤 조직의 합법적 목적에 공감하여 가입하였지만, 구체적으로는 폭력으로 목적을 달성하는 데는 동의하지 않은 자까지 처벌하면, 다른 자나 조직의 불법적 목적 때문에 합법적 목적을 가진 자까지 처벌받는 결과가 발생할 수 있다.

일반적인 사상을 공유하는 것과 구체적 행위를 지지하는 것은 구별된다. 물리력·폭력을 사용해야 한다는 공산주의 이론을 추상적으로 가르치는 행위와 폭력 단체를 조직하고 구체적으로 폭력 사용을 조장하는 행위는 구별된다.[242] 이는 폭력 집단의 범죄 의사나 범죄 행위의 책임이 구체적인 고의가 없는 개인에게 부당하게 전가되는 것을 막기 위한 해석이다.

공모는 단체에 가입하였다는 이유만으로 구체적 행위에 대한 범죄 의사(criminal mens rea)를 공유하지 않은 사람까지 구체적 행위에 대해 처벌하는데 사용되기도 했다.」[243]

2) 근거

(1) 적정절차

형벌조항의 의미를 이해하려고 노력해도 처벌 대상인지 아닌지 여부를 알 수 없는 상태에서의 처벌은 불공정하다. 적용 여부를 알 수 없는 형벌조항으로 처벌함은 정의에 반한다.[244] 따라서 적용 대상인 범죄 행위를 알 수 없는 형벌조항은 적정절차에 반한다.

공정한 고지(Fair Notice) 원칙은 처벌 대상인 행위가 무엇인지 미리 알 수 있도록 형벌조항이 명확해야 함을 말한다.[245] 공정한 고지는 누구도 행위 시

---

242 Noto v. U.S, 367 U.S. 290(1961)

243 Steven R. Morrison, "Strictissimi Juris", 67 Ala. L. Rev. 247, (2015), 254쪽

244 Harrison v. Vose, 50 U.S. 372, (1850), 378쪽

245 Fair Warning Doctrine

점에 자신의 행위가 금지되었다는 것을 합리적으로 이해할 수 없는 때에는
처벌할 수 없음을 의미한다.[246]

그러므로 단순히 그럴 수도 있다는 가능성(Probability)은 형벌조항 해석의
기준이 되지 못한다.[247] 문자의 의미에 합리성이 있는 여러 가능성이 있고
그 가능성 중 어떤 것을 택할지를 해결할 수 없다면 적정절차에 위배되지
않도록 엄격하게 해석해야 한다.[248] 새로운 형벌, 중한 형벌은 특히 엄격하
게 해석되고, 제한적으로 적용되어야 한다.

엄격 해석은 헌법상의 적정절차(Due Process)에 따른 것이므로 법률로도
이를 폐기할 수는 없다.[249]

다만 공정한 고지는 특정 피고인이 자신의 행위에 형벌조항이 적용될 것
인지를 충분히 알 수 있는 수준의 구체성을 의미하지는 않는다. 다양한 행
위를 포섭하는 형벌조항의 성격을 고려하면, 일반인의 입장에서 이해될 수
있으면 족하다.[250]

(2) 권력분립

어떤 행위를 범죄로 정할지는 국민의 기본권과 직결된 정책적 문제이다.
따라서 선거에 의하여 국민에 대해 직접 정치적 책임을 지는 입법부에서 정
해야 한다. 사법부가 법해석을 통해 범죄 행위를 정할 수 없다. 사법부는 권
력분립에 따라 법해석으로 범죄 행위를 정하지 않기 위해서라도 형벌조항
을 엄격하게 해석해야 한다.

마찬가지로 입법부는 구체적 사건의 심판에서 법을 해석하는 사법부의

---

246 Bouie v. City of Columbia, 378 U. S. 347 (1964); U. S. v. Harris, 347 U. S. 612 (1954)

247 Shon Hopwood, "Clarity in Criminal Law", 54 Am. Crim. L. Rev. 695 (2017), 716쪽

248 United States v. Hartwell, 73 U.S. 385 (1867), 396쪽

249 Samuel A. Thumma, "State Anti-Lenity Statutes and Judicial Resisitance: "What a Long
    Strange Trip It's Been"", 28 GEO. Mason L. REV. 49 (2020), 95쪽; State v. Rasabout, 356 P.3d
    1258 (Utah 2015), 1267쪽

250 Colten v. Kentucky, 407 U.S. 104 (1972), 110쪽

권한을 대신할 수는 없다. 따라서 권력분립에 의해서도 법률로 사법부의 엄격 해석을 제한할 수는 없다.[251]

입법부가 쟁점을 알지 못한 채 간과하고 입법한 불명확한 단어를 근거로 사법부가 확장 해석을 한다면 국민의 기본권이 정당성 없이 제한된다. 따라서 입법부가 명확한 의미를 가진 단어를 사용하거나 혹은 단어의 일반적 의미와 다른 해석을 가능케 하는 명시적 설명을 하지 않는 한 사법부는 막연하거나 일반적인 단어를 근거로 기본권을 제한하는 해석을 해서는 안 된다. 사법부는 입법부로 하여금 법률에 명확한 단어를 사용하도록 해야 한다.[252] 이는 입법부에 대해, 국민에 대한 책임을 다하도록 요구해야 하는, 사법부의 헌법상 의무이다.[253]

가령 "공공장소에서 남에게 피해를 주는 말을 해서는 안 된다."라는 법조항이 있다고 하자. 이 조항에서는 표현의 자유와 공공장소에서의 평안이라는 두 개의 가치가 대립한다. 이때 사법부가 '남에게 피해를 주는 말'이 불명확하다고 해석해서 무효로 판결하면, 공공장소에서의 평안을 보호한다는 가치는 달성하기 어렵게 된다.

그러나 사법부에서 법조항에 사용된 막연한 단어를 근거로 기본권을 제한하는 해석을 하면 민주주의와 법치주의의 실현은 어려워진다. 정부 견제, 자유와 소수자 보호를 가치로 삼는 자유 민주주의와 명확성을 요하는 법치주의가 형해화된다. 사법부는 민주주의와 법치주의에 부합하는 법해석을 해야만 한다.

법치주의는 인간을 존엄성을 갖춘 인격적 존재로 대우한다. 자의적인 공

---

251 Samuel A. Thumma, "State Anti-Lenity Statutes and Judicial Resisitance: "What a Long Strange Trip It's Been"", 28 GEO. Mason L. REV. 49 (2020), 96쪽; People v. Ream, 750 N.W.2d 536 (Mish. 2008), 559쪽

252 Dan Meagher, "The Principle of Legality as Clear Statement Rule: Significance and Problems", 36 Sydney L. Rev. 413 (2014), 420쪽

253 Dan Meagher, "The Principle of Legality as Clear Statement Rule: Significance and Problems", 36 Sydney L. Rev. 413 (2014), 421쪽

권력으로 마음대로 할 수 있는 지배의 대상으로 취급하지 않는다. 사법부가 사회 안정을 주된 의제로 하고, 법을 사회 안정을 위한 도구로 사용할 때 법의 지배는 법에 의한 지배가 된다. 사회 안정을 주된 목적으로 한다면 법이 개인을 정당한 근거 없이 희생하더라도 문제가 되지 않는다.

이처럼 사법부가 기본권과 자유를 보호하는 해석을 하면, 법이 달성하고자 하는 일부 가치의 실현이 어렵게 될 수 있다. 그러나 민주주의, 법치주의, 권력분립의 원리상 명확한 법률 없이 단지 행정 목적 달성을 위해 기본권 제한을 허용하는 해석을 할 수는 없다. 사법부는 단어의 의미 한도를 넘는 기본권 제한이 되지 않도록 해석해야 한다.[254]

그러므로 사법부는 '남에게 피해를 주는 말'이라는 막연한 표현이 무효라고 해석해서 입법부로 하여금 '남에게 피해를 주는 말'을 개정하도록 해야 한다. 이처럼 사법부가 입법부에 명확한 법률의 제정을 요구하면 입법부는 입법 과정에서 국민의 권리에 미치는 영향을 더욱 더 면밀하게 살피는 절차적 과정을 거치게 된다. 결국 입법이 발전한다.

만일 '남에게 피해를 주는 말'이라는 단어를 사용해서 공공장소에서의 평안을 보호해야만 한다면 입법부는 다시 이를 보다 명확하게 입법할 수 있다. 혹은 더 이상 명확하게 할 수 없고 반드시 '남에게 피해를 주는 말'이라는 단어를 사용해야 한다면 다시 입법할 수도 있다. 불명확한 법을 통해 표현의 자유를 제한하는 기본권 침해보다 공공장소에서의 평안 유지가 더 중요하다는 정책적 결정은 사법부의 권한에 속하지 않는다. 권력분립에 따라 국민이 직접 선출한 입법부에서 명확하게 결정해야 한다.

만일 사법부가 형벌조항을 지나치게 좁게 해석한다면 입법부에서는 법을 개정하여 수정할 수 있다. 그러나 사법부가 형벌조항을 지나치게 넓게 해석할 경우 이를 축소하는 법의 개정은 대중적 성격을 지닌 입법부에서 현실적

---

254 Bruce Chen, "The Principle of Legality: Issue on Rationale and Application", 41 Monash U. L. Rev. 329 (2015), 356쪽

으로 불가능하다.[255]

전통적으로는 법을 ① 분쟁에 있어 가장 좋은 해결책을 찾아 줌으로써 사회적 부를 최대화하는 것 또는 ② 정치적인 힘을 가진 이익집단이 자신에게 유리하게 부를 재분배하기 위한 지대 추구(Rent Seeking)라고 보아왔다. 그러나 일반인들은 법을 옳은 것과 그른 것을 조문화하는 것이라고 생각한다. 그래서 일반인들이 공정하다고 생각하는 결과를 만드는 것을 목표로 법의 내용이 정해지기도 한다.

의원들은 자신의 당선 혹은 재선에 가장 유리한 것이 무엇인지를 생각한다. 따라서 유권자나 강력한 이익집단의 의사를 반영하여 행동하게 된다. 의원들은 때로는 개인적 의견을 버리고 당선·재선을 위해 유권자나 이익집단이 불공정하거나 위험하다고 주장하는 대로 입법화하는 경향이 있다. 이에 따라 현실에서는 도움이 되는 행위임에도 공정성이라는 명분을 이유로 이를 금지하는 법률을 제정한다.

가령 최근의 인상 깊은 일회성 사건의 위험성을 실제 위험보다 높게 인식하는 편향(Availability Heuristic)에 기인한 부정확한 입법을 한다.[256] 위험성 있는 사건이 발생하여 언론이 집중적으로 보도하면 폭포수 효과(Cascade Effect)로 인하여 공포가 더욱 확산된다. 이에 대한 반론과 정확성 검증은 거의 불가능하다. 언론과 대중의 관심이 된 사항에 대하여는 담당 공무원들도 제동을 걸 수 없다. 이렇게 되면 진정한 위험성과 관련 없이 감정에 따른 입법을 해야만 하는 상황에 처하게 된다. 공무원의 책임 회피, 의원의 당선과 재선을 위해 가혹한 입법이 제정된다. 이러한 법률은 당연히 공무원이나 의원에 의해 축소되거나 폐지되지 않는다.

---

255 Julian R. Murphy, "Lenity and the Constitution: Could Congress Abrogate the Rule of Lenity", 56 HARV. J. on Legis 423 (2019), 451쪽

256 Christine Jolls, Cass R. Sunstein, and Richard Thaler, "A Behavioral Approach to Law and Economics", 50 Stan. L. Rev. 1471 (1997), 1515쪽. "pollutant of the month syndrome"을 유발한다고 한다.

[3] 예

〔가〕 식품위생법의 '우려'

● 식품위생법

제94조(벌칙) ① 다음 각 호의 어느 하나에 해당하는 자는 10년 이하의 징역 또는 1억원 이하의 벌금에 처하거나 이를 병과할 수 있다.

1. 제4조부터 제6조까지(제88조에서 준용하는 경우를 포함하고, 제93조제1항 및 제3항에 해당하는 경우는 제외한다)를 위반한 자

제4조(위해식품등의 판매 등 금지) 누구든지 다음 각 호의 어느 하나에 해당하는 식품등을 판매하거나 판매할 목적으로 채취 · 제조 · 수입 · 가공 · 사용 · 조리 · 저장 · 소분 · 운반 또는 진열하여서는 아니 된다.

1. 썩거나 상하거나 설익어서 인체의 건강을 해칠 우려가 있는 것

2. 유독 · 유해물질이 들어 있거나 묻어 있는 것 또는 그러할 염려가 있는 것. 다만, 식품의약품안전처장이 인체의 건강을 해칠 우려가 없다고 인정하는 것은 제외한다.

3. 병(病)을 일으키는 미생물에 오염되었거나 그러할 염려가 있어 인체의 건강을 해칠 우려가 있는 것

4. 불결하거나 다른 물질이 섞이거나 첨가(添加)된 것 또는 그 밖의 사유로 인체의 건강을 해칠 우려가 있는 것

　예를 들면 식품위생법 제94조는 제4조 제2호의 '유해물질이 묻어 있거나 들어 있을 우려가 있는 식품을 판매목적으로 진열'하면 처벌한다. 실제로 유해물질이 묻어 있거나 들어 있지 않아도 '우려'만 있으면 처벌하는 내용이다. 실제로는 안전해도 유해하다는 우려만 있으면 처벌받을 수 있다.

　화학물질의 독성은 양(Dose), 호흡 · 경구 · 피부 · 주사와 같은 경로 (Route), 기간(Duration), 빈도수(Frequency)에 따라 그 영향력이 좌우된다.[257] 가령 물도 적당량을 먹으면 건강에 도움이 되지만 지나치게 많이 먹으면 해롭다.[258] 독성물질도 극히 적은 양은 해롭지 않고 유익할 수도 있다.

257　David L. Eaton, "Scientific judgment and toxic torts- A primer in toxicology for judges and lawyers", 12 J. L. & Pol'y 5 (2004), 10쪽

258　16세기 물리학자 Paracolsus가 한 말이다.

첨단과학도 시간이 지나 오류가 밝혀지는 경우가 있다. 예를 들면 실리콘 유방 주입이 유방암 등 구조적 질병을 유발한다든가, 커피와 췌장암(Pancreatic Cancer), 벤덱틴(Bendectin)과 기형아 출산은 인과관계가 없음이 밝혀졌다.[259] 사카린도 발암물질이 아님이 밝혀졌다. 따라서 법은 과학보다 더 신중할 필요가 있다.

그런데 우려의 의미는 '근심하거나 걱정하는'이다. 이는 주관적이어서 사람마다 다를 수 있다. 누구를 기준으로 하는지, 즉 고소인, 기자, 검사, 판사에 따라 우려가 다를 수 있어 자의적 적용이 가능하다. 가령 언론이 집중 보도하면 '우려'가 있다는 이유로 실제로는 안전하더라도 처벌할 수 있다. 형벌조항이 불명확할수록 법을 적용하는 자는 공익을 위한다는 이유로 자신이 옳다고 판단하는 방향으로 해석하고 집행할 수 있게 된다.[260]

인권을 존중하는 법치주의를 위해 사법부의 엄격 해석은 가치가 있다. 입법부는 국민의 기본권과 자유를 보호하고 법을 존중하는 자세로 업무를 해야 한다. 법치주의가 실현되는 자유 민주사회에서는 명확한 법이야 말로 법률적 가치가 있다. 따라서 사법부는 입법부도 당연히 명확성의 원칙에 따른 입법을 지향한다고 추정해야 한다.[261]

▶ 식품위생법 제94조 제1호, 제4조 제2호는 유독·유해물질이 들어 있거나 묻어 있는 것 또는 그러할 염려가 있는 식품, 식품첨가물 등을 판매한 경우에는 처벌하도록 규정하고 있고, 다만 같은 제2호 단서에 의하여 식품의약품안전처장이 인체의 건강을 해칠 우려가 없다고 인정하는 것은 판매 등 금지대상에서 제외하고 있으며, 같은 법 시행규칙 제3조는 법 제4

---

259 Christopher R.J. Pace, "Admitting and excluding general causation expert testimony: The eleventh circuit construct", 37 Am. J. Trial Advoc. 47 (2014) , 63쪽

260 Robert Batey, "Judicial Exploitation of Mens Rea Confusion, At Common Law and Under the Model Penal Code", 18 Ga. St. U. L. Rev. 341, (2001), 401쪽

261 Bruce Chen, "The Principle of Legality: Issue on Rationale and Application", 41 Monash U. L. Rev. 329 (2015), 334쪽

조 제2호 단서에 따라 판매 등이 허용되는 식품의 범위를 '법 제7조 제1
항 · 제2항에 따른 식품 등의 제조 · 가공 등에 관한 기준 및 성분에 관한 규
격에 적합한 것과 그 기준 및 규격이 정해지지 아니한 것으로서 식품의약
품안전처장이 식품위생심의위원회의 심의를 거쳐 유해의 정도가 인체의
건강을 해칠 우려가 없다고 인정한 것'으로 한정하고 있으므로, 이에 해당
하지 않는 것은 그 판매 등이 금지된다고 보아야 한다.

한편, 같은 법 제7조, 제14조에서 식품의약품안전처장은 식품의 성분에
관한 규격을 정하여 고시할 수 있고, 그러한 규격을 실은 공전을 작성 · 보
급하도록 규정하고 있는 취지는 국민보건상 특히 필요하다고 인정되는 판
매용 식품의 성분 규격을 미리 정하여 규격에 맞지 아니한 식품의 제조,
판매 등을 금지시키기 위한 것에 불과하므로 식품의 각 품목마다 반드시
그 고시를 하여야 하는 것은 아니고 또 이러한 고시를 아니하였다하여 유
독 · 유해한 성분을 용인하는 것이라고는 볼 수 없다(대법원 1995. 11. 7.
선고 95도1966 판결 참조).

영업자에 의해 유독 · 유해물질이 들어 있는 식품이 시중에 판매되는 경우,
다수의 소비자들이 그 위험성을 미처 인식하지 못하고 섭취하게 됨으로써
사람의 생명과 신체에 대한 피해가 광범위하고 급속하게 발생할 우려가
있고, 일단 피해가 발생하면 사후적인 구제는 별 효과가 없는 경우가 대부
분이다.

식품으로 인하여 생기는 위생상의 위해를 방지하고 식품영양의 질적 향상
을 도모하며 식품에 관한 올바른 정보를 제공하여 국민보건의 증진에 이
바지함을 목적으로 하여 제정된 식품위생법 제4조 제2호는 위해식품으로
인하여 생기는 위와 같은 피해의 특수성을 고려하여 유독 · 유해물질이 들
어 있거나 묻어 있는 것 외에 그러할 염려가 있는 것에 대해서까지도 판매
하는 등의 행위를 금지하고 있는 것이므로, 실제로 유독 · 유해물질이 들어
있지 않거나 그로 인하여 사람의 건강을 해한 결과가 발생하지 아니하였
더라도 그러한 염려가 있음만 인정된다면 위 규정에 의한 처벌대상이 된

다고 할 것이다.

나. 이 사건의 경우 피고인 1이 판매한 대마씨기름에서 테트라하이드로 칸나비놀(THC) 성분이 검출되었는데, 테트라하이드로칸나비놀은 마약 류 관리에 관한 법률의 규정에 의한 마약류의 성분으로서 식품위생법 제4 조 제2호에서 규정한 유독·유해물질이라고 할 것이고, 기록에 의하면 테 트라하이드로칸나비놀은 같은 법 제7조의 규정에 의한 고시에 수록된 기 준·규격에 적합하지 아니할 뿐만 아니라, 식품위생심의위원회의 심의를 거쳐 유해의 정도가 인체의 건강을 해칠 우려가 없는 것으로 인정된 것도 아닌 사실을 알 수 있다.

따라서 피고인들이 주장하는 바와 같이 테트라하이드로칸나비놀 성분이 들어 있지 않은 대마씨기름의 판매가 가능하고, 피고인 1이 판매한 대마 씨기름 중에는 그 성분이 매우 적은 양만 포함되어 있어 인체의 건강에 영 향이 없는 경우가 있을 수 있다고 하더라도, 인체의 건강에 유해할 정도의 테트라하이드로칸나비놀이 들어 있을 가능성을 배제할 수 없는 이상, 피 고인 1이 판매한 대마씨기름 원액은 같은 법 제4조 제2호에서 판매 등을 금지하고 있는 유독·유해물질이 들어 있거나 그러할 염려가 있는 식품에 해당한다고 할 것이다.

같은 취지에서 이 부분 공소사실을 유죄로 인정한 원심의 판단은 정당하 고, 거기에 상고이유의 주장과 같이 식품위생법 제4조 제2호에 정한 '유 독·유해물질'에 관한 법리를 오해한 위법이 없다.(대법원 2014. 4. 10. 선고 2013도9171 판결)

위 판결은 식품위생법 제94조 제1호, 제4조 제2호에 따라 실제로 유 독·유해물질이 들어 있지 않거나 묻어 있지 않아도 그러할 염려만 있으면 처벌할 수 있다고 해석하였다.

그러나 형벌은 행정 목적의 효율성을 높이기 위한 수단이 아니다. 법치주의 형벌 이론인 해악의 원칙(harm principle)[262]에 의하면 해악을 일으키지 않았음에도 정당한 근거 없이 주관적 심리 현상인 '우려' 때문에 국가가 개인의 자유를 제한할 수 없다. 따라서 실제 유독·유해물질이 없어 객관적으로 안전함이 입증되는데도 누군가 자의적으로 염려가 있다고 본다는 이유로 처벌할 수는 없다. 이러한 처벌은 행정 목적 달성을 위한 필요 최소한의 수단이라고도 하기 어렵다.

● **행정규제기본법**

　제4조(규제 법정주의) ① 규제는 법률에 근거하여야 하며, 그 내용은 알기 쉬운 용어로 구체적이고 명확하게 규정되어야 한다.

　② 규제는 법률에 직접 규정하되, 규제의 세부적인 내용은 법률 또는 상위법령(上位法令)에서 구체적으로 범위를 정하여 위임한 바에 따라 대통령령·총리령·부령 또는 조례·규칙으로 정할 수 있다. 다만, 법령에서 전문적·기술적 사항이나 경미한 사항으로서 업무의 성질상 위임이 불가피한 사항에 관하여 구체적으로 범위를 정하여 위임한 경우에는 고시 등으로 정할 수 있다.

　③ 행정기관은 법률에 근거하지 아니한 규제로 국민의 권리를 제한하거나 의무를 부과할 수 없다.

　제5조(규제의 원칙) ① 국가나 지방자치단체는 국민의 자유와 창의를 존중하여야 하며, 규제를 정하는 경우에도 그 본질적 내용을 침해하지 아니하도록 하여야 한다.

　② 국가나 지방자치단체가 규제를 정할 때에는 국민의 생명·인권·보건 및 환경 등의 보호와 식품·의약품의 안전을 위한 실효성이 있는 규제가 되도록 하여야 한다.

　③ 규제의 대상과 수단은 규제의 목적 실현에 필요한 최소한의 범위에서 가장 효과적인 방법으로 객관성·투명성 및 공정성이 확보되도록 설정되어야 한다.

262　해악의 원칙은 19세기 철학자 존 스튜어트 밀(John Stuart Mill)이 1859년 간행한 저서 「자유론(On Liberty)」에서 주장하였다.

화학물질의 독성은 양(dose)[263], 호흡·경구·피부·주사와 같은 경로 (route), 기간(duration), 빈도수(frequency)에 따라 결정된다.[264] 따라서 유독·유해 물질이라도 인체에 미치는 독성의 영향력은 상황에 따라 다르다. 그럼에도 불구하고 염려만으로 결정한다면 위와 같은 구체적 자료의 분석 없이 비과학적인 판단 하에 부당하게 처벌받는 국민이 생길 수 있다.

한편 식품위생법에는 유독·유해 물질에 대한 정의 규정이 없어 무엇이 이에 해당하는지를 미리 알기 어렵다. 가령 알코올은 유독 물질로 알려져 있는데, 본 조항의 적용 대상인지를 조문 상으로는 알 수 없다.

단서 조항은 '다만, 식품의약품안전처장이 인체의 건강을 해칠 우려가 없다고 인정하는 것은 제외한다.'라고 되어 있으나 그것이 무엇인지 알기 쉽게 공개되어 있지 않다. 식품위생법 시행규칙 제3조 제2호의 '식품의약품안전처장이 식품위생심의위원회[265]의 심의를 거쳐 유해의 정도가 인체의 건강을 해칠 우려가 없다고 인정한 것'은 실질적으로 형벌조항의 내용을 구성한다. 따라서 국민이 행위 전에 미리 쉽게 접근하여 알 수 있어야 한다.

식품의약품안전처는 유해의 정도가 인체의 건강을 해칠 우려가 없다고 인정한 자료의 정보공개요청에 대하여 '보유·관리하지 않고 있다.'는 답변을 하였는데[266], 담당부서에서도 관리하지 않는 내용으로 국민을 처벌할 수

---

263 모든 물질은 독성이 있다. 독과 약은 양으로 결정된다. 예를 들어 물도 적당량을 먹으면 건강에 도움이 되지만 지나치게 많이 먹으면 해롭다. 16세기 물리학자 파라콜수스(Paracolsus)가 한 말이다.

264 David L. Eaton, "Scientific judgment and toxic torts- A primer in toxicology for judges and lawyers", 12 J. L. & Pol 'y 5 (2004), 10

265 공정성을 위해 개개의 결정에 참여한 식품위생심의위원회 위원의 실제 명단이 구체적으로 공개되고, 그 판정의 근거가 제시되어 건전한 검증을 거쳐야 함에도 이러한 절차가 없다.

266 식품의약품안전처에 공개 요청을 한바, 식품의약품안전처 홈페이지에 게시되어 있다고 하나, 찾기가 어려웠다. 행정심판위원회에 정보공개거부 취소심판을 청구하니 식품의약품안전처는 '2013년부터 2022년까지 개최되었던 식품위생심의위원회 회의 자료를 전부 조사 후 관련 자료를 일일이 찾아내고 정리하는 작업을 해야 하는데 이는 가공행위에 해당하므로, 피청구인은 위 정보를 보유·관리하고 있지 않다.'는 취지의 답변을 하였다. 행정심판위원회는 식품의약품안전처에서 정보를 보유하지 않았다고 답변하였고, 청구인이 그 정보를 보유하고 있다는 개연성을 입증하지 않았다는 이유로 각하하였다. 근거로 한 판결은 아래와 같다.

는 없다.

인체의 건강을 해칠 우려가 없다고 인정한 것이 실제로는 없거나, 실제로 있다고 하더라도 그것이 무엇인지를 알 수 없게 되면 현실적으로 준수가 불가능하고, 선별적·자의적 집행이 가능하게 된다. 실제로는 안전해서 국민에게 해악이 없음에도 처벌을 받을 가능성 때문에 식품 등을 만들거나 소비할 자유가 제한된다.

형벌조항의 일부가 되기 위해서는 식품위생법 시행규칙에 별표로 첨부되어 공포되고, 시행일자 후에 적용되도록 해야 한다. 심의결과를 식품의약품안전처 인터넷에 게시하는 것으로는 정확성, 불변성, 적용 일시의 확정성 등을 담보하기 어렵다.

인체의 건강을 해칠 우려가 없다는 판정은 형벌 및 국민의 기본권과 관련된 사항으로서 그 내용의 하위 법령 유보를 위해서는 법률에 우려 판정의 기준이 제시되어야 한다. 규제 주체인 식품의약품안전처에 백지 위임을 하

▶ 공공기관의 정보공개에 관한 법률 이하 '정보공개법'이라 한다) 제2조제1호, 제5조제1항 및 제9조제1항을 종합하면 '정보'란 공공기관이 직무상 작성 또는 취득하여 관리하고 있는 문서(전자문서를 포함한다. 이하 같다) 및 전자매체를 비롯한 모든 형태의 매체 등에 기록된 사항을 말하고, 모든 국민은 정보의 공개를 청구할 권리를 가지며, 공공기관이 보유 관리하는 정보는 동 법률이 정하는 비공개사유에 해당되지 않는 한 원칙적으로 이를 공개하여야 하는바, 여기에서 정보공개의 대상이 되는 정보는 현실적으로 존재하고 물리적 기술적으로 공개가 가능한 것이어야 하며, 해당 정보는 공공기관이 보유 관리하는 상태 그대로 공개하는 것이므로 공공기관이 그 정보를 보유 관리하고 있을 상당한 개연성이 있다는 점에 대해서는 원칙적으로 공개청구자에게 그 입증책임이 있다고 할 것(대법원 2006. 1. 13. 선고 2003두9459 판결)이다.

보유 관리의 개연성의 입증이 없다는 근거로 정보공개거부 취소청구마저 각하하는 내용을 형벌조항의 일부로 삼아 처벌함은 죄형 법정주의, 법치주의에 반한다. 형벌조항을 이루는 내용에 대해 국민이 그 존재의 개연성을 입증해야 한다는 논리는 인정될 수 없다.

국민이 정부에 대해 알 권리는 헌법이 보장하는 근본적 권리이다. 국민은 공적 기관의 모든 서류와 논의 과정에 대해 그것이 공개될 경우 사생활 침해가 크다는 등 특별한 사정이 인정되지 않는 한 이를 확인하여 검사할 권리가 있다. 알 권리는 국민의 정부 행위 점검을 보장하여 국민은 정부에 대해 알고, 비로소 개인의 권리를 보호할 수 있게 된다. 국민이 물리적인 '공공기관이 보유 관리하는 상태'를 알 수 없음에도, 그것을 그대로 요구하지 않아 가공이 필요하다는 이유로 혹은 직무를 수행한 공무원의 성명·직위와 같이 법률에 공개가 의무화되어 있고, 논리적으로 존재가 분명함에도 정보 공개를 거부하거나 민원으로 처리하여 바로 각하하고 행정심판마저 이 같은 처리를 그대로 용인하는 현 실태는 개정되어야 한다.

고, 그 판정에 대해 사법적 심사를 포기함은 권력분립에도 반한다.

이러한 형벌조항의 운영 실태는 과연 법치주의가 진지하게 실현되는지에 대해 의구심과 무력감을 가지게 한다. 이러한 실태를 그대로 수용하는 판결은 입법과 행정 개선에 아무런 동기도 부여하지 않는다. 국민의 안전과 인권 보장을 위한 면밀한 입법과 행정을 유도하기 위해서도 위 판결은 변경되어야 한다.

▶ 구 식품위생법 시행규칙(2014. 3. 6. 총리령 제1068호로 개정되기 전의 것, 이하 '시행규칙'이라 한다) 제36조 [별표 14](이하 '시행규칙 조항'이라 한다)에 규정된 업종별 시설기준의 위반은 시설개수명령[식품위생법(이하 '법'이라 한다) 제74조 제1항]이나 영업정지 및 영업소폐쇄 등(법 제75조 제1항 제6호) 행정처분의 대상이 될 뿐만 아니라 곧바로 형사처벌의 대상도 되므로(법 제97조 제4호), 업종별 시설기준은 식품위생법상 각 영업의 종류에 따라 필수적으로 요구되는 시설의 기준을 제한적으로 열거한 것이다. 그리고 시행규칙 조항은 침익적 행정행위의 근거가 되는 행정법규에 해당하므로 엄격하게 해석·적용하여야 하고 행정행위의 상대방에게 불리한 방향으로 지나치게 확장해석하거나 유추해석해서는 안 되며, 입법 취지와 목적 등을 고려한 목적론적 해석이 전적으로 배제되는 것은 아니라고 하더라도 해석이 문언의 통상적인 의미를 벗어나서는 아니 된다.

그런데 시행규칙 조항에는 일반음식점에서 손님들이 춤을 출 수 있도록 하는 시설(이하 '무도장'이라 한다)을 설치해서는 안 된다는 내용이 명시적으로 규정되어 있지 않고, 다만 시행규칙 제89조가 법 제74조에 따른 행정처분의 기준으로 마련한 [별표 23] 제3호 8. 라. 1)에서 위반사항을 '유흥주점 외의 영업장에 무도장을 설치한 경우'로 한 행정처분 기준을 규정하고 있을 뿐이다. 그러나 이러한 행정처분 기준은 행정청 내부의 재량준칙에 불과하므로, 재량준칙에서 위반사항의 하나로 '유흥주점 외의 영업장에 무도장을 설치한 경우'를 들고 있다고 하여 이를 위반의 대상이 된

금지의무의 근거규정이라고 해석할 수는 없다. 또한 업종별 시설기준에 관한 시행규칙 조항의 '8. 식품접객업의 시설기준'의 구체적 내용을 살펴보더라도, 시설기준 위반의 하나로서 '유흥주점 외의 영업장에 무도장을 설치한 경우'를 금지하고 있다고 해석할 만한 규정이 없고, 달리 식품위생법령에 이러한 내용의 시설기준 위반 금지의무를 부과하고 있는 규정을 찾아보기 어렵다.

그리고 법 제37조 제1항, 제4항, 식품위생법 시행령 제21조가 식품접객업의 구체적 종류로 허가 대상인 유흥주점영업과 신고 대상인 일반음식점영업을 구분하고 있지만, 업종 구분에 기반한 영업질서를 해치는 위반행위를 반드시 업종별 시설기준 위반으로 규제해야 하는 것은 아니고, 이를 업태 위반(법 제94조 제1항 제3호)이나 식품접객영업자의 준수사항 위반(법 제44조 제1항, 제75조 제1항 제13호)으로도 규제할 수 있는 것이므로, 이러한 식품위생법령상 업종 구분만으로 일반음식점에 무도장을 설치하는 것이 업종별 시설기준을 위반한 것이라고 볼 수는 없다.

또한 업종별 시설기준은 각 영업의 종류에 따라 갖추어야 할 최소한의 기준을 정한 것일 뿐이므로, 업종별 시설기준에서 명시적으로 설치를 금지하지 아니한 개개 시설의 이용 형태나 이용 범위를 제한하는 것은 본질적으로 업태 위반이나 식품접객영업자의 준수사항 위반으로 규율해야 할 영역이라고 보인다.

이상과 같은 여러 사정과 식품위생법령의 전반적인 체계 및 내용을 종합하면, 업종별 시설기준에 관한 시행규칙 조항에서 '유흥주점 외의 영업장에 무도장을 설치한 것'을 금지하고 있다고 보기 어려우므로, 일반음식점 내 무도장의 설치·운영행위가 업태 위반으로 형사처벌의 대상이 되는 등은 별론으로 하더라도, 이러한 행위가 시행규칙 조항에 정한 업종별 시설기준 위반에 해당하여 시설개수명령의 대상이 된다고 볼 수는 없다.(대법원 2015. 7. 9. 선고 2014두47853 판결)

[나] 전자금융거래법의 '대여', '양도'

▶ 구 전자금융거래법(2015. 1. 20. 법률 제13069호로 개정되기 전의 것, 이하 '구 전자금융거래법'이라 한다)은 제6조 제3항 제2호에서 '대가를 주고 접근매체를 대여받거나 대가를 받고 접근매체를 대여하는 행위'를 금지하고, 제49조 제4항 제2호에서 '제6조 제3항 제2호를 위반하여 접근매체를 대여받거나 대여한 자'를 처벌하고 있었는데, 개정 전자금융거래법(2015. 1. 20. 법률 제13069호로 개정된 것, 이하 '개정 전자금융거래법'이라 한다)은 제6조 제3항 제2호에서 '대가를 수수·요구 또는 약속하면서 접근매체를 대여받거나 대여하는 행위 또는 보관·전달·유통하는 행위'를 금지하고, 제49조 제4항 제2호에서 '제6조 제3항 제2호 또는 제3호를 위반하여 접근매체를 대여받거나 대여한 자 또는 보관·전달·유통한 자'를 처벌하는 것으로 변경하여 규정하고 있다. 위와 같은 구 전자금융거래법 및 개정 전자금융거래법의 각 규정 내용과 취지에 비추어 볼 때, 대가를 약속받고 접근매체를 대여하는 행위를 처벌할 필요성이 있다고 하더라도 그러한 행위를 구 전자금융거래법 제49조 제4항 제2호, 제6조 제3항 제2호에서 정한 '대가를 받고 접근매체를 대여'함으로 인한 구 전자금융거래법 위반죄로 처벌하는 것은 형벌법규의 확장해석 또는 유추해석으로서 죄형법정주의에 반하여 허용될 수 없다.(대법원 2015. 2. 26. 선고 2015도354 판결)

▶ 구 전자금융거래법(2008. 12. 31. 법률 제9325호로 개정되기 전의 것, 이하 같다) 제2조 제10호는 금융계좌에 관한 접근매체의 종류로 '전자식 카드 및 이에 준하는 전자적 정보', '금융기관 또는 전자금융업자에 등록된 이용자번호' 등을 규정하고 있고, 제6조 제3항은 접근매체를 양도·양수하는 행위를 원칙적으로 금지하고 있으며, 제49조 제5항 제1호는 '제6조 제3항의 규정을 위반하여 접근매체를 양도·양수한 자는 1년 이하의 징역 또는 1천만 원 이하의 벌금에 처한다'고 규정하고 있다. 일반적으로 양

도라고 하면 권리나 물건 등을 남에게 넘겨주는 행위를 지칭하는데, 형벌
법규의 해석은 엄격하여야 하고 명문규정의 의미를 피고인에게 불리한 방
향으로 지나치게 확장 해석하거나 유추 해석하는 것은 죄형 법정주의 원
칙상 허용되지 않는 점, 민법상 양도와 임대를 별개의 개념으로 취급하고
있는 점, 이른바 '대포통장'을 활용한 범죄에 적극 대처하기 위하여 2008.
12. 31. 법률 제9325호로 구 전자금융거래법을 개정하면서 '대가를 매개
로 접근매체를 대여받거나 대여하는 행위'에 대한 금지 및 처벌 조항을 신
설한 점(제6조 제3항 제2호, 제49조 제4항 제2호) 등에 비추어 보면, 구
전자금융거래법에서 말하는 '양도'에는 단순히 접근매체를 빌려 주거나 일
시적으로 사용하게 하는 행위는 포함되지 아니한다고 보아야 한다.(대법
원 2012. 7. 5. 선고 2011도16167 판결)

〔다〕 아동청소년이용 음란물

▶ 형벌법규의 해석은 엄격하여야 하고, 명문규정의 의미를 피고인에게
불리한 방향으로 지나치게 확장해석하거나 유추해석하는 것은 죄형법정
주의의 원칙에 어긋나는 것으로서 허용되지 아니한다(대법원 2009. 12.
10. 선고 2009도3053 판결 등 참조).

구 아동·청소년의 성보호에 관한 법률 제11조 제1항은 아동·청소년이용
음란물을 제작·수입 또는 수출한 자를 5년 이상의 유기징역에 처하도록
규정하면서, 제2조 제5호에서 "아동·청소년이용음란물은 아동·청소년
또는 아동·청소년으로 인식될 수 있는 사람이나 표현물이 등장하여 제4
호의 어느 하나에 해당하는 행위를 하거나 그 밖의 성적 행위를 하는 내용
을 표현하는 것으로서 필름·비디오물·게임물 또는 컴퓨터나 그 밖의 통
신매체를 통한 화상·영상 등의 형태로 된 것을 말한다."고 정의하고, 같
은 조 제4호는 각 목으로 '가. 성교 행위, 나. 구강·항문 등 신체의 일부
나 도구를 이용한 유사 성교행위, 다. 신체의 전부 또는 일부를 접촉·노
출하는 행위로서 일반인의 성적 수치심이나 혐오감을 일으키는 행위, 라.

자위 행위'를 규정하고 있다.

앞서 본 법리와 위와 같은 관련 규정들의 문언 및 법정형 그 밖에 위 규정들의 연혁 등에 비추어 보면, 구 아동·청소년의 성보호에 관한 법률 제2조 제5호에서 말하는 '아동·청소년이용음란물'은 '아동·청소년'이나 '아동·청소년 또는 아동·청소년으로 인식될 수 있는 사람이나 표현물'이 등장하여 그 아동·청소년 등이 제2조 제4호 각 목의 행위나 그 밖의 성적 행위를 하거나 하는 것과 같다고 평가될 수 있는 내용을 표현하는 것이어야 한다(대법원 2013. 9. 12. 선고 2013도502 판결 등 참조).

그리고 위와 동일한 근거로, 아동·청소년이 등장하여 구 아동·청소년의 성보호에 관한 법률 제2조 제4호 다목의 행위를 하는 <u>화상·영상 등이 아동·청소년이용음란물에 해당한다고 하려면, 신체의 전부 또는 일부를 접촉·노출하는 행위가 나머지 각 목의 행위에 준하는 성적 행위에 해당한다고 평가될 수 있는 내용을 표현하는 것이어야</u> 할 것이다.

나. 구체적 판단

검사가 제출한 증거에 의하면 피고인이 촬영한 사진은 '수사보고(피의자의 휴대폰에서 확인된 범행 사진자료 첨부 관련)'의 사진으로서, ① 피해자가 짧은 하의를 입고 옆으로 누운 자세에서 브래지어와 윗옷이 함께 올려져 가슴 옆 부분이 살짝 드러나고 등허리 부위가 드러나며 하의 아래로 다리가 드러난 모습, ② 피해자가 엎드린 자세에서 하의가 엉덩이 중간 부분까지 내려져 상의 아래 허리 부위와 팬티 윗부분이 드러난 모습, ③ 피해자가 옷을 입은 채 잠들어 있고 팬티를 입은 서○○이 피해자의 옆에서 팔베개 해주는 모습이 촬영되어 있음이 인정된다.

그 중 ①, ②의 모습은 '아동·청소년이 신체의 일부를 노출하는 행위'에 해당하기는 하나, 노출된 신체의 부위와 범위 등에 비추어 볼 때 구 아동·청소년의 성보호에 관한 법률 제2조 제4호 가, 나, 라목의 각 행위에 준하는 정도로 일반인의 성적 수치심이나 혐오감을 일으키는 행위에 해당한다고 보기 어렵고, ③의 모습은 위 제2조 제4호 각 목의 행위나 그 밖의 성적 행위에 해당한다고 보기 어렵다. 따라서 피고인이 촬영한 사진들은 아동·청소년이용음란물이라고 볼 수 없고, 달리 이를 인정할 만한 증거가 없다.(광주지방법원 2021. 3. 15. 선고 2020고합435 판결. 2021. 8. 27. 확정)

3] 역사

14세기 영국에서는 집시(Gypsies)와 같은 가벼운 죄도 사형에 처했다. 이러한 가혹한 형벌에 대해 사법부는 목사의 은총 원칙(Benefit of Clergy Doctrine)을 만들었다. 사형이 선고된 피고인이 성경 몇 구절을 암송하면, 재판관은 피고인을 교회 재판 관할로 이송했다. 그러면 목사는 피고인이 성경 구절을 암송하는지 확인하고 피고인의 엄지손가락에 낙인을 찍은 후, 재산을 몰수하되, 1년 복역 후에 석방했다.[267] 손쉽게 생명을 박탈하는 부정의를 해결하기 위한 현실적 방법이었다.

한편 재판관들은 가혹한 형벌에 대처하기 위한 다른 방법으로 피고인에게 유리하도록 형벌조항을 엄격하게 해석하여 제한적으로 적용했다.

영국의 윌리엄 블랙스톤(William Blackstone)은 '양과 다른 가축(sheep or other cattle)'을 훔치면 사형에 처하는 조항은 오직 '양'만을 대상으로 할 뿐이고 '다른 가축'은 그 범위가 너무 넓어 이를 적용할 수 없다고 해석한 판결을 소개했다.[268]

1547년 영국법원은 '말들(horses)'을 훔치면 처벌하는 조항을 '말 한 마리(horse)'를 훔친 사람에게 적용할 수 없다고 판결했다. '말들'은 복수이므로 단수인 '말'에는 적용할 수 없다고 해석했다. 영국 의회는 다음해에 법조항을 '말 또는 말들'로 수정했다.[269]

---

267 Shon Hopwood, "Clarity in Criminal Law", 54 Am. Crim. L. Rev. 695 (2017), 714쪽

268 Shon Hopwood, "Clarity in Criminal Law", 54 Am. Crim. L. Rev. 695 (2017), 714쪽

269 Ross E. Davies, "A public trust exception to the rule of lenity", 63 U. Chi. L. Rev. 1175 (1966),

이처럼 엄격 해석은 역사적 경험을 바탕으로 정립되었다. 단순한 관념의 산물이 아니다. 현실에서의 형벌조항의 확장 적용으로 인한 피해를 막기 위해 사법부는 법을 엄격하게 해석하고, 막연한 법은 무효로 판결하며, 이러한 점에서 사법부는 입법부와 대립해야만 한다는 원리이다.

◆ 프랑스 선장이 미국을 향해 항해하던 중 프랑스 선박을 버리고 미국에 망명했다. 프랑스 정부는 미국에 그를 프랑스로 인도해 달라고 청구했다.

1795년 미국 연방대법원은 인도할 수 없다고 판결했다. 그 이유는 다음과 같다.

「특별한 조약이 없으면 망명자를 본국으로 송환할 수 없다는 법률이 시행중이다. 영사협약(Consular Convention) 제9조에 의하면 선적 증명서(register of ship)에 의하여 선박의 선원임을 입증해야만 인도가 가능하다고 되어 있다. 형벌 또는 형벌에 가까운 조항은 엄격하게 해석해야 한다. 피고인에 대한 선적 증명서가 없으므로 인도할 수 없다.」[270]

◆ '신고 없이 밤에 화물을 미국에 하역(unladen)하거나 배달(deliver)하는 행위'를 금지하는 법조항이 있었다. 미국 항구에서 몰래 다른 나라로 보내려고 선적하다가 적발된 물건을 위 조항을 근거로 몰수할 수 있는지 문제가 되었다.

'미국에의 하역 또는 배달'의 의미에 '미국 항구에서 다른 나라로 보내기 위해 선적하는 행위'를 포함한다는 해석은 확장 해석에 해당한다.

1810년 미국 법원은 세관 검사를 받지 않고 미국 항구에서 몰래 선적한 행위에 위 조항을 적용할 수 없다고 판결했다. 그 이유는 다음과 같다.

「몰수(forfeiture)는 징벌(penal)이므로 반드시 엄격하게 해석해야 한다. 조항의 의미에 애매성이 있고, 그 애매성이 합리적으로 해결될 수 없으면 징벌을 가할 수 없다.

1177쪽

270 United States v. Lawrence, 3 U.S. 42 (1795), 45쪽

또 명시적으로 표현되지 않은 입법 의도는 해석에서 고려할 수 없다.」[271]

◆ 중국 내륙 안으로 35마일 들어간 중국의 강 위의 미국 배에서 살인사건이 발생했다.

당시 피고인에게 적용할 유일한 형벌조항은 '공해(on the high seas)'상의 선박에서 살인을 한 사람은 3년 미만의 징역에 처한다는 것뿐이었다. 다른 나라 안의 '강'에 있는 선박에서의 살인을 처벌하는 조항은 없었다.

당시 미국 법률은 '공해'와 '강'을 나누어 각각 별도의 조항에 규정하고 있었다. 당연히 '공해'에 강이 포함된다고 해석할 것인지가 문제되었다.

1820년 미 연방대법원은 피고인에게 무죄를 판결했는데 그 이유는 다음과 같다.

「공해는 일반적이고 상식적으로 이해하면 해변 밖의 바다를 말하고, 육지 내부에 있는 강까지 포함하지 않는다. 피고인에게 적용할 형벌조항에는 범행 장소로서 강이 적시되어 있지 않다. 징벌조항을 엄격하게 해석함은 일반적으로 잘 알려진 원칙이다.[272] 징벌조항의 해석에 있어 입법 의도를 감안해야 하지만 일반적으로 단어가 가지는 의미의 범위를 넘어서는 해석은 허용되지 않는다. 징벌조항이 정한 행위와 성격이 같다거나 혹은 죄질이 동등하다는 이유로 확장해서 처벌할 수 없다. 의회가 위 형벌조항에 강을 실수로 누락하였을 확률이 높지만 확률은 법해석의 지침이 되지 않는다.[273] 의회가 강에서의 살인죄를 처벌하지 않기로 한 이유가 납득되지 않는다. 그러나 성문의 형벌조항에 의하면 의회가 이를 처벌할 수 없도록 한 것이다. 사법부는 형벌조항의 분명한 의미를 확장해서 적용할 수 없다. 입법 의도는 법률에 사용된 단어로부터 얻어져야 하며 그 단어에 애매함이 없을 때에는 해석의 여지가 없다.」[274]

---

271 The Enterprise, 4 Hall L.J. 115 (1810)

272 U.S. v. Wiltberger, 18 U.S. 76, (1820) 94쪽; (the well known rule that this is a penal statute and is to be construed strictly)

273 U.S. v. Wiltberger, 18 U.S. 76, (1820) 104쪽; (probability is not a guide which a court, in construing a penal statute, can safely take.)

274 U.S. v. Wiltberger, 18 U.S. 76, (1820) 95~96쪽; (the intention of the legislature is to be collected from the words they employed and where there is no ambiguity in the words, there is no room for construction.)

◆ '출입 금지 고지를 받은 후에 다른 사람의 영역에 들어가는 행위'[275]를 처벌하는 조항이 있다.

흑인 출입을 금하는 레스토랑에서 흑인이 자리를 잡고 앉았다. 종업원이 이를 발견하고 흑인의 출입을 금한다는 사인을 붙였다. 흑인이 나가지 않자 종업원은 흑인에게 퇴거를 요구했다. 그래도 흑인은 이에 불응했다. 종업원의 신고로 흑인인 피고인은 불법침입(trespass)으로 기소되었다.

사우스캘롤라이나 주 최고법원은 위 처벌조항의 구성요건에는 출입 금지 고지를 받고서 다른 사람의 주거에 들어가는 행위뿐만 아니라 '나가달라는 요구를 받고서도 그대로 남아 있는 행위'도 포함한다고 해석했다.

그러나 미 연방대법원은 위 형벌조항은 피고인에게 적용할 수 없다고 했다. 그 이유는 다음과 같다.

「형벌조항은 '출입 금지 고지를 받은 후에 다른 사람의 영역에 들어가는 행위'로 분명하게 규정되어 있다. 법원은 일반인이 예견할 수 없게, 소급 적용되도록 (unforeseeably and retroactively) 형벌조항의 적용 범위를 확대 해석할 수 없다.[276]

일반인은 형벌조항의 의미가 구체적이고 분명한 경우에는, 추상적이거나 불분명한 경우보다 자신의 행위가 그 조항에 해당하는지 여부에 대한 판단에 확신을 가진다. 따라서 구체적이고 분명한 형벌조항의 의미를 확장 해석하여 소급 적용하면, 형벌조항이 추상적이거나 광범위한 때보다 공정한 고지가 심각하게 침해된다. 적정절차 위반도 더 크다. 사법부가 형벌조항을 확장 해석하면 범죄는 적정한 정도로 명확하게 규정되어야 한다는 원칙은 무의미해진다. 형벌조항을 예견 불가능하게 확장 적용하는 것은 실질적으로 소급 입법과 같다. 입법부가 소급 입법을 하는 것이 제한되는 것처럼 사법부도 소급 적용하는 해석을 할 수 없다.」

---

275 (entry upon the lands of another after notice from the owner or tenant prohibiting such entry)

276 Bouie v. City of Columbia, 378 U.S. 347(1964), 352쪽

4) 사법부의 형벌조항 창설과 폐지

(1) 사법부의 판례 형법 창설 금지

권력분립에 따라 사법부가 형벌조항을 만들 수 없음은 이론상으로는 의문의 여지가 없다.

1812년 미국 연방대법원은 의회가 제정한 성문 법률이 아닌 사법부의 재판으로 형벌을 만들거나 처벌할 수 없다고 판결했다.

◆ 1800년경 미국에는 모욕죄를 처벌하는 성문 법률은 없었지만, 판결에 의해 처벌하고 있었다.

피고인은 미국 대통령과 의회가 나폴레옹에게 2백만 불을 주어 스페인과 조약을 맺도록 했다고 표현하여 대통령과 의회를 모욕했다고 기소되었다.

미 연방대법원은 형평성이나 감정에 따르면 피고인을 처벌할 필요는 있지만, 이러한 필요성은 형벌의 근거가 될 수 없으므로 판례법에 의한 처벌은 폐지한다고 판결했다.[277]

판례 형법(Common Law Crime)을 인정하지 않은 이유는 소급 형벌과 같은 성격을 갖기 때문이다.[278] 어떤 행위가 처벌 대상인지를 판결로 결정하면 형벌의 사후 입법이 된다.[279] 즉 행위 전에는 처벌 대상인지 정해져 있지 않았는데, 피고인의 행위가 처벌 대상이라고 판결하면서 처벌하면 사후 입법 혹은 소급 형벌과 실질이 같다.

형벌조항이 불명확하지 않다고 판결하더라도 그 적용 범위에 대하여

---

[277] U.S. v. Hudson, 7 Cranch 32 (1812)

[278] Rogers v. Tennessee, 532 U.S. 451 (2001), 476쪽; (common-law crimes partake of the odious nature of an ex post facto law.)

[279] Bostjan M. Zupancic, "On legal Formalism: The principle of Legality in Criminal Law", 27 Loy. L. Rev. 369.(1981), 423쪽

형벌조항 자체 또는 선행 판결에서 공정한 고지가 없는 한, 이전과 다른 새로운 해석(Novel Construction)으로 그와 다른 유형의 행위에 형벌조항을 적용하면 적정절차에 위배된다.[280] 실질적인 형벌조항의 사후 입법이기 때문이다.

적정절차에 따라 사법부는 ① 형벌의 특정 구성요건을 만들거나 이를 만든 선례의 유효성을 인정하거나[281] ② 범죄의 구성요건을 삭제해서 처벌 범위를 확대하는 방향으로 기존의 법조항을 바꾸거나[282]③ 이전의 법체계에서 행해진 행위에 대해 이러한 변경을 소급 적용하는[283]해석을 할 수 없다.

그러나 사법부는 공정한 고지의 범위 내에서 선행 판결에 일치되는 새로운 사실관계에 형벌조항을 적용하거나,[284] 공정한 고지에 반하지 않는 한도 내에서 범죄의 특정 구성요건을 추가해서 축소 해석한 과거의 판결을 파기하고 그 결론을 당해 사건에 적용하거나, 과거의 구성요건에 관한 해석을 재평가하여 장래에 적용하는 것은 허용된다. 물론 공정한 고지에 반하여 피고인에게 불리하게 피고인의 과거 행위에 적용하도록 형벌조항을 변경하는 해석은 허용되지 않는다.[285]

(2) 사법부의 입법 현상

위와 같은 이론에도 불구하고, 실무상으로는 입법부가 사법부에 입법 권한을 위임하여 실질적으로 사법부가 입법하는 현상이 정립되어 있다는 견

---

280 Marks v. U.S. 430 U.S. 188 (1977); Rabe v. Washington, 405 U.S. 313 (1972)

281 (acknowledging the validity, when they were rendered, of prior decisions establishing a particular element of a crime)

282 (changing the prior law so as to eliminate that element)

283 (applying that change to conduct that occurred under the prior regime)

284 (apply common-law criminal rules to new fact patterns so long as that application is consistent with a fair reading of prior cases)

285 Rogers v. Tennessee, 532 U.S. 451 (2001), 481쪽

해가 있다.[286] 입법부가 넓거나 개방적 언어(Broad or Open-Textured Language)를 사용한 때에는 사법부에 형벌조항의 구체적 의미를 정할 권한을 위임한 것이라고 한다.[287]

사건별로 판례법을 정립하여 온 전통에 따라 입법부가 법조항의 폭을 채우는 권한을 사법부에 위임하기 위해 넓은 폭을 가진 일반 언어로 된 형벌조항을 제정한 것이므로, 사법부는 입법부가 의도한 목적을 달성하기 위해 법해석에 있어 넓은 재량이 허용된다는 논리이다.[288]

이 견해가 타당하다면 징벌조항의 엄격 해석은 실질적으로 무의미하게 된다. 엄격 해석은 사법부의 해석에 의한 징벌조항의 창설을 금하기 때문이다.

유교식 법 관념에 의하면 예(禮)에 통달한 도덕적 지배자가 있으면 법이 없어도 사회질서 유지가 가능하다. 법은 보완적 수단에 불과하다. 중앙의 최고 권력자의 말이나 명령이 중요하다. 이러한 사회에서는 법률은 비공식적이고 불명확하다. 현명한 권력자의 선정과 정의감이 중요할 뿐이다. 그러나 제한 없는 재량은 권한을 가진 자가 자신의 주관에 따라 자의적으로 결정할 수 있게 한다. 자의적 결정을 받는 대상인 국민은 자신의 행위가 적법한지 예견이 불가능하게 된다. 반면 일반적이고, 객관적인 법은 비개인적이며 예견 가능한 권한 행사가 되도록 한다. 이를 통해 국민의 자유, 평등과 안전이 보장된다.

법은 도덕이나 지혜와는 다르다. 법은 일반적인 옳고 그름을 정하는 기준이 아니라 분쟁을 해결하기 위한 기준이다. 따라서 도덕은 불명확해도 문제가 없지만 법은 그렇지 않다.

사람의 도덕성은 그 사람의 정체성에 있어 가장 중심적 부분이다. 형벌조

---

286 Dan M. Kahan, "Lenity and Federal Common Law Crimes", 1994 Sup. Cr. REv. 345 (1994), 347쪽

287 Julian R. Murphy, "Lenity and the Constitution: Could Congress Abrogate the Rule of Lenity", 56 HARV. J. on Legis 423 (2019), 441~442쪽

288 Julian R. Murphy, "Lenity and the Constitution: Could Congress Abrogate the Rule of Lenity", 56 HARV. J. on Legis 423 (2019), 443쪽; Justic John Paul Stevens, McNally v. United States.483 U.S. 350 (1987), 372~373쪽

항이 사회적 도덕성을 반영하고 있을 때 정당성이 유지된다. 그러나 입법부가 도덕이나 옳음을 근거로 불명확한 형벌조항을 만들고, 사법부가 임의로 형벌조항을 확장해서 처벌함으로써 도덕성이나 옳음을 강제한다면 국가의 자의적 힘 앞에 국민의 복종을 요구하는 것이 된다.

시간이 흐름에 따라 사회 구성원이 공유하는 사고가 변화했을 때 사법부는 이에 맞추어 법을 새롭게 해석할 재량이 있다. 다만 이때 결정문, 판결문 등을 통하여 이러한 변화를 지적한 후 축소 또는 전부 무효로 해석하여 입법부에 개정을 하도록 하는 것과 사법부에서 직접 입법하는 것에는 차이가 있다.

사법부는 징벌조항을 엄격하게 해석해야만 하고, 징벌조항의 적용 범위를 확장하려면 입법부가 법률로 정해야 한다.[289]

입법부가 특정한 목적을 달성하기 위해 의도적으로 넓은 행위에 적용하도록 넓은 적용 폭을 가진 단어를 형벌조항에 사용한 경우 광범하기는 하여도 불명확하지 않다고 해석할 수 있다.[290] 사법부는 이러한 넓은 개념의 단어가 사용된 형벌조항을 명시된 입법 의도를 고려해 유효하다고 해석할 수 있다. 그러나 이때에도 입법 의도 등을 포함한 모든 해석 방법을 사용한 후에도 애매함이 남아 있을 때에는 형벌조항을 창설하거나 확장하는 해석은 할 수 없다.[291]

● **형법**
제232조의2(사전자기록위작·변작) 사무처리를 그르치게 할 목적으로 권리·의무 또는 사실증명에 관한 타인의 전자기록등 특수매체기록을 위작 또는 변작한 자는 5년 이하의 징역 또는 1천만원 이하의 벌금에 처한다.

---

289 Julian R. Murphy, "Lenity and the Constitution: Could Congress Abrogate the Rule of Lenity", 56 HARV. J. on Legis 423 (2019), 443쪽

290 Julian R. Murphy, "Lenity and the Constitution: Could Congress Abrogate the Rule of Lenity", 56 HARV. J. on Legis 423 (2019), 444쪽

291 Julian R. Murphy, "Lenity and the Constitution: Could Congress Abrogate the Rule of Lenity", 56 HARV. J. on Legis 423 (2019), 444쪽; (create or extend criminal liability when the statutory language remains ambiguous after other interpretative methods have been exhausted)

▶ [대법관 이기택, 대법관 김재형, 대법관 박정화, 대법관 안철상, 대법관 노태악의 반대의견]

(나) 형법 제232조의2에서 정한 '위작'에 다수의견이 말하는 것처럼 허위의 전자기록 작성을 포함하는 것이 입법자의 의사였다고 하더라도, 입법자의 의사는 법 해석에 있어 고려되어야 할 여러 가지 요소 중 하나에 불과한 것이어서, 법원이 '위작'의 개념을 입법자의 의사와 달리 해석하더라도 형벌법규의 해석방법을 벗어난 것이 아니다. 사법부의 역할은 법이 무엇인지 선언하는 것이고, 잘못된 입법은 새로운 입법을 통하여 해결하는 것이 정도(正道)이다. 잘못된 입법에 대해 문언의 통상적인 의미를 벗어나 새로운 의미를 창설하는 수준의 해석을 통하여 처벌의 범위를 확대함으로써 입법의 불비를 해결하는 것은 바람직한 태도가 아니다.

(다) 전자기록의 허위작성 행위에 대한 처벌의 공백이 있다는 이유로 불명확한 규정을 확대해석하는 것은 죄형 법정주의의 원칙에 어긋난다. 처벌의 필요성이 있다면 적절한 입법을 통하여 해결할 일이지 불명확한 규정을 확대해석함으로써 해결하려는 것은 타당하다고 할 수 없다. 특히 공전자기록과 사전자기록에서 말하는 '위작'을 동일한 의미로 해석하여야 한다는 점을 받아들인다고 하더라도, 공전자기록의 무형위조를 처벌할 필요가 있다고 하여 사전자기록의 무형위조도 함께 처벌되는 결과를 받아들여야 한다는 것은 동의하기 어렵다. 사법부의 역할은 개인의 기본권을 수호하는 일이고, 시대적 상황에 따라 처벌의 필요성이 있다는 이유로 명확하지 않은 처벌규정을 확장해석하는 방법으로 사회를 규율하겠다는 태도는 사법부의 본분을 넘어서는 것이다.(대법원 2020. 8. 27. 선고 2019도11294 전원합의체 판결)

[3] 법해석을 통한 형벌조항의 폐지

사회 환경과 국민의 관념 변화를 반영한 헌법재판소의 간통죄 위헌 결정은 간통죄로 처벌받을 가능성을 배제한다는 의미에서 개인의 자유를 확대한 것이다. 그런데 형벌조항의 폐지는 국민에게 정치적 책임을 지는 입법부의 권한이라는 점에서는 문제가 있다.

그러나 시대와 환경의 변화에 따라 국민의 특정 권리에 대하여 사회적으로 합의된 요구가 있어 대처할 필요가 있음에도 입법부가 외면할 때에는 사법부는 구체적 사건에 있어 정의, 공정성 또는 도덕성의 요구에 맞게 자유를 증진시키는 판결을 할 수 있다. 정의와 인권을 보다 신속하게 증진하기 위한 보충적 선택으로 허용된다. 만일 사법부의 이러한 결정에 정당성이 없다면 입법부는 사법부 결정에 배치되는 입법을 할 수 있다.

신화 창조에 지나지 않는 단순한 자의적 의지가 아니라 객관적인 자료, 공유된 확신, 널리 확산된 가치, 상식의 명령에 따른 형벌조항 폐지의 법해석은 충분한 이성으로 뒷받침되는 한 사법부에 의한 법의 발견이지 정치적 입법 행위가 아니다.[292] 시간과 상황의 변화에 따라 이전까지 알려지지 않았던 널리 공유된 새로운 인식을 적정하게 고려한 사법적 인지(Judicial Cognition)에 해당한다.[293] 이는 사법부의 자의적 권한 행사에 의한 입법, 예를 들면 충분한 이성적 근거가 없는 형벌조항의 확대 해석과 구별된다.

▶ 헌재 간통죄 위헌 결정
재판관 박한철, 재판관 이진성, 재판관 김창종, 재판관 서기석, 재판관 조용호의 위헌의견
사회 구조 및 결혼과 성에 관한 국민의 의식이 변화되고, 성적 자기결정권을 보다 중요시하는 인식이 확산됨에 따라 간통행위를 국가가 형벌로 다

---

292 Edgar Bodenheimer, "Hart, Dworkin, and the Problem of Judicial Lawmaking Discretion", 11 GA. L. REV. 1143 (1977), 1167~1168쪽

293 Edgar Bodenheimer, "Hart, Dworkin, and the Problem of Judicial Lawmaking Discretion", 11 GA. L. REV. 1143 (1977), 1170쪽

스리는 것이 적정한지에 대해서는 이제 더 이상 국민의 인식이 일치한다고 보기 어렵고, 비록 비도덕적인 행위라 할지라도 본질적으로 개인의 사생활에 속하고 사회에 끼치는 해악이 그다지 크지 않거나 구체적 법익에 대한 명백한 침해가 없는 경우에는 국가권력이 개입해서는 안 된다는 것이 현대 형법의 추세여서 전세계적으로 간통죄는 폐지되고 있다. 또한 간통죄의 보호법익인 혼인과 가정의 유지는 당사자의 자유로운 의지와 애정에 맡겨야지, 형벌을 통하여 타율적으로 강제될 수 없는 것이며, 현재 간통으로 처벌되는 비율이 매우 낮고, 간통행위에 대한 사회적 비난 역시 상당한 수준으로 낮아져 간통죄는 행위규제규범으로서 기능을 잃어가고, 형사정책상 일반예방 및 특별예방의 효과를 거두기도 어렵게 되었다. 부부 간 정조의무 및 여성 배우자의 보호는 간통한 배우자를 상대로 한 재판상 이혼 청구, 손해배상청구 등 민사상의 제도에 의해 보다 효과적으로 달성될 수 있고, 오히려 간통죄가 유책의 정도가 훨씬 큰 배우자의 이혼수단으로 이용되거나 일시 탈선한 가정주부 등을 공갈하는 수단으로 악용되고 있기도 하다. 결국 심판대상조항은 과잉금지원칙에 위배하여 국민의 성적 자기결정권 및 사생활의 비밀과 자유를 침해하는 것으로서 헌법에 위반된다.

재판관 김이수의 위헌의견

간통죄의 본질은 자유로운 의사에 기하여 혼인이라는 사회제도를 선택한 자가 의도적으로 배우자에 대한 성적 성실의무를 위배하는 성적 배임행위를 저지른 데 있다. 혼인생활을 영위하고 있는 간통행위자 및 배우자 있는 상간자에 대한 형사 처벌은 부부 간의 성적 성실의무에 기초한 혼인제도에 내포되어 있는 사회윤리적 기본질서를 최소한도로 보호하려는 정당한 목적 하에 이루어지는 것으로서 개인의 성적 자기결정권에 대한 과도한 제한이라고 하기 어렵다. 그러나 사실상 혼인관계의 회복이 불가능한 파탄상태로 인해 배우자에 대한 성적 성실의무를 더 이상 부담하지 아니하는 간통행위자나 미혼인 상간자의 상간행위 같이 비난가능성 내지 반사회성이 없는 경우도 있다. 그럼에도 불구하고, 심판대상조항이 일률적으로 모든 간통행위자 및 상간자를 형사 처벌하도록 규정한 것은 개인의 성적 자기결정권을 과도하게 제한하는 국가형벌권의 과잉행사로서 헌법에 위반된다.

재판관 강일원의 위헌의견

간통 및 상간행위가 내밀한 사생활의 영역에 속하는 것이라고 해도 이에 대한 법적 규제를 할 필요성은 인정되고, 그에 대한 규제의 정도는 원칙적으로 입법자가 결정할 사항이므로, 입법자가 간통행위를 예방하기 위하여 형벌이라는 제재수단을 도입한 것이 그 자체로 헌법에 위반된다고 볼 수는 없다. 그러나 형법은 간통죄를 친고죄로 규정하면서, 배우자의 종용이나 유서가 있는 경우 간통죄로 고소할 수 없도록 규정하고 있는데, 소극적 소추조건인 종용이나 유서의 개념이 명확하지 않아 수범자인 국민이 국가공권력 행사의 범위와 한계를 확실하게 예측할 수 없으므로 심판대상조항은 명확성원칙에 위배되며, 간통 및 상간행위에는 행위의 태양에 따라 죄질이 현저하게 다른 수많은 경우가 존재함에도 반드시 징역형으로만 응징하도록 한 것은 구체적 사안의 개별성과 특수성을 고려할 수 있는 가능성을 배제 또는 제한하여 책임과 형벌간 비례의 원칙에 위배되어 헌법에 위반된다.

재판관 이정미, 재판관 안창호의 반대의견

간통은 일부일처제에 기초한 혼인이라는 사회적 제도를 훼손하고 가족공동체의 유지·보호에 파괴적인 영향을 미치는 행위라는 점에서 개인의 성적 자기결정권의 보호영역에 포함되어 있다고 보기 어렵다. 배우자 있는 자의 간통 및 그에 동조한 상간자의 행위는 단순한 윤리적·도덕적 차원의 문제를 넘어서 사회질서를 해치고 타인의 권리를 침해하는 것이라고 보는 우리 사회의 법의식은 여전히 유효하다. 특히 간통죄의 폐지는 우리 사회

전반에서 성도덕 의식의 하향화를 가져오고 성도덕의 문란을 초래할 수 있으며, 그 결과 혼인과 가족 공동체의 해체를 촉진시킬 수 있다는 점에서, 간통죄를 형사 처벌하도록 한 입법자의 판단이 자의적인 것이라고 보기는 어렵다. 부부공동생활이 파탄되어 회복될 수 없을 정도의 상태에 이르러 더 이상 배우자에 대한 성적 성실의무를 부담한다고 볼 수 없는 경우에는 간통행위가 사회윤리 내지 사회상규에 위배되지 아니하는 행위로서 위법성이 조각될 여지가 있으므로 과잉처벌의 문제는 발생하지 않을 수 있다. 심판대상조항은 징역형만을 규정하고 있으나 법정형의 상한 자체가 높지 않아 지나치게 과중한 형벌을 규정하고 있다고 볼 수 없고, 벌금형에 의할 경우 간통행위자에 대하여 위하력을 가지기 어려우므로 형벌체계상 균형에 반하는 것이라고 할 수도 없다. 또한 현행 민법상의 제도나 재판실무에 비추어보면, 간통죄를 폐지할 경우 수많은 가족공동체가 파괴되고 가정 내 약자와 어린 자녀들의 인권과 복리가 침해되는 사태가 발생하게 될 것을 우려하지 않을 수 없다. 따라서 심판대상조항은 과잉금지원칙에 위반된다고 할 수도 없다.

재판관 이진성의 다수의견에 대한 보충의견

간통행위는 행위 유형이 다양하여 법정형으로 징역형만 규정한 것이 책임과 형벌 사이에 균형을 잃을 가능성은 있지만, 재산형인 벌금형이나 명예형인 자격형이 배우자에 대한 정조의무를 저버리고 혼인제도의 문란을 가져오는 비윤리적 범죄인 간통죄에 유효하고 적절한 수단이라고 보기 어렵다. 부부 일방의 부정행위로 인한 민사, 가사 문제들의 해결수단을 간통죄를 유지시켜 형사사건에서 찾을 것도 아니다. 간통행위로 인한 가족의 해체 사태에서 손해배상, 재산분할청구, 자녀양육 등에 관한 재판실무관행을 개선하고 배우자와 자녀를 위해 필요한 제도를 새로 강구해야 한다.(헌재 2015. 2. 26. 2009헌바17 등)

5) 관용의 원칙과 공정한 의미 해석

(1) 관용의 원칙

[가] 의의

관용의 원칙(Rule of Lenity)은 형벌조항의 의미를 해석함에 있어 심각한 애매함이나 불확실성(Grievous Ambiguity or Uncertainty)이 있을 때에는 피고인에게 유리하게 해석해야 한다는 것이다.[294]

관용의 원칙은 1958년 프랑크푸르터(Frankfurter) 대법관이 전통적인 엄격해석을 부르는 이름으로 사용했다.[295] 따라서 관용의 원칙은 엄격 해석의 다른 명칭이라고 할 수 있다.

관용의 원칙은 기본적으로 조문이 심각하게 애매하다는 판단을 전제로 한다. 즉 조문이 다양하게 해석되는 경우가 아니면 관용의 원칙이 적용될 여지가 없다. 그런데 해석의 다양은 해석 방법의 다양성 때문에 발생하므로 관용의 원칙은 법의 해석 방법과 밀접한 관련이 있다.

한편 미국 3개 주는 이를 입법화하였다.

플로리다 주 법은 "이 법 및 다른 법에 의해 규정된 범죄는 엄격하게 해석한다.; 만일 언어가 여러 가지 다른 해석이 가능할 때에는 피고인에게 가장 유리하게 해석한다."라고 되어 있다.[296] 그러나 다른 모든 해석방법을 활용해도 해결이 불가능할 때 마지막으로 이 조문을 적용하므로 이 조문에 따른

---

[294] Leslie A. Dickinson, "Revisting the 'merger problem' in money laundering prosecutions post-Santos and the fraud enforcement and recovery act of 2009", 28 Notre Dame J.L. Ethics & Pub. Pol'y 579, (2014), 586쪽

[295] Gore v. United States, 357 U.S. 386 (1958)

[296] FLA. Stat. § 775.021(1) (The provisions of this code and offenses defined by other statutes shall be strictly construed; when the language is susceptible of differing constructions, it shall be construed most favorable to the accused.)

관용 해석은 '최후의 캐논(Canon of Last Resort)'이라고 한다.[297]

오하이오 주는 형벌조항을 해석하면서 입법 의도를 감안하기 전에 관용의 원칙을 적용하도록(Lenity-Second Approach)했다.[298] 조직범죄법(RICO[299])의 거래액이 500불 이상일 때 적용되도록 되어 있는 조항을 460불과 250불씩 2회에 걸쳐 거래한 경우에 적용할 수 있는지에 대해 하급심은 입법 의도를 감안하여 적용될 수 있다고 해석했다. 그러나 주 최고법원은 이를 파기하고 입법 의도를 감안할 수 없고, 법조항의 문자 자체를 해석할 때 애매하므로 관용의 원칙에 따라 피고인에게 적용되지 않는다고 판결했다.[300] 다른 해석방법은 관용의 원칙에 우선하여 적용하지만 입법 의도는 관용의 원칙에 우선할 수 없다.

텍사스 주는 형법을 제외한 다른 법률의 범죄에 대해 관용의 원칙을 적용하는 입법[301]을 했다. 이는 적어도 형법 이외의 법률에 의한 범죄에 대해서는 처벌 범위를 확장하는 사법부의 창의적 해석을 줄이기 위한 것이다.

〔나〕 요건

관용의 원칙은 형벌조항에 심각한 애매함이나 불확실성(Uncertainty)[302]이 있을 때만 적용된다.[303] 관용의 원칙을 적용하기 위해서는 사법부가 형벌조항을 해석하기 위한 모든 법해석 방법을 다 동원해도 그 의미를 추측할 수

---

297 Maisie A. Wilson, "The Law of Lenity: Enacting a Codified Federal Rule of Lenity", 70 DUKE L.J. 1663 (2021), 1696쪽

298 Maisie A. Wilson, "The Law of Lenity: Enacting a Codified Federal Rule of Lenity", 70 DUKE L.J. 1663 (2021), 1697쪽

299 Racketeer Influenced and Corrupt Organization Act

300 State v. Stevens, 11 N.E.3d 252 (Ohio 2014)

301 Tex. Gov'r Code Ann. §311.035(b)

302 여기서 불확실성은 어떤 것이 옳은지 알 수 없어 합리적인 확신에 이를 수 없음을 의미한다. 애매성과 동일한 개념이다. 이에 비해 불명확성은 막연성을 포함한 더 넓은 개념이다.

303 Staples v. United States, 511 U.S. 600(1994); Chapman v. United States, 500 U.S. 453 (1991)

있을 뿐인 수준으로 애매해야 한다.[304] 즉 사법부가 다른 조항을 검토하는
등 모든 노력을 다해도 여전히 애매함이 있을 때에 적용한다.[305]

대부분의 형벌조항은 어느 정도는 애매함이 있다. 이때 사법부는 법해석
방법을 통하여 오직 추측해야만 하는 수준 이상으로 명확하게 할 수 있다.
따라서 사법부가 입법 의도 등이 무엇인지 확인하여 법조항의 의미를 명확
히 할 수 있으면 관용의 원칙을 적용할 심각한 애매함이나 불확실성은 없
다.[306]

입법 의도, 입법 역사, 입법 목적 등을 고려하여 심각한 애매성이 있을 때
에 한하여 관용의 원칙을 적용하는 주류 실무에 의하면 관용의 원칙은 자주
적용되지 않는다.

[다] 적용 범위
① 의의

형벌조항은 어떤 행위가 범죄가 되는지와 형벌이 얼마나 중한지를 미리
공정하게 고지해야 한다.[307] 따라서 범죄 행위는 물론 양형에 관해서도 엄격
하게 해석해야 한다.[308]

---

304 Wayne R. LaFave, 『Criminal Law』(4th edition), Thomson West, (2003), 89쪽; (no more than a guess as to what Congress intended)

305 Smith v. U.S., 508 U.S. 223 (1993), 239쪽

306 John F. Decker, "Addressing Vagueness, Ambiguity, And Other Uncertainty In American Criminal Laws", 80 Denv. U. L. Rev. 241 (2002), 264쪽

307 Wayne R. LaFave, 『Criminal Law』(4th edition), Thomson West, (2003), 88쪽; (criminals should be given fair warning, before they engage in a course of conduct, as to what conduct is punishable and how severe the punishment is.)

308 United States v. Batchelder, 442 U.S. 114, 121, 99 S.Ct. 2198, 2202, 60 L.Ed.2d 755 (1979); Simpson v. United States, 435 U.S. 6, 14-15, 98 S.Ct. 909, 913-914, 55 L.Ed.2d 70 (1978); (The Court's opinion in Ladner v. United States, 358 U.S. 169, 178, 79 S.Ct. 209, 214, 3 L.Ed.2d 199 (1958), states the rule: "This policy of lenity means that the Court will not interpret a federal criminal statute so as to increase the penalty that it places on an individual when such an interpretation can be based on no more than a guess as to what Congress intended." See

엄격 해석, 관용의 원칙의 적용 범위는 형벌조항에만 한정되지 않는다. 형벌은 물론 조세, 국외 추방과 같은 징벌적 조항에도 적용된다. 이러한 조항도 국민에게 부담을 주기 때문이다.

▶ (1) 형벌조항이나 조세법의 해석에 있어서는 헌법상의 죄형 법정주의, 조세법률주의의 원칙상 엄격하게 법문을 해석하여야 하고 합리적인 이유 없이 확장 해석하거나 유추 해석할 수는 없는바, '유효한' 법률조항의 불명확한 의미를 논리적·체계적 해석을 통해 합리적으로 보충하는 데에서 더 나아가, 해석을 통하여 전혀 새로운 법률상의 근거를 만들어 내거나, 기존에는 존재하였으나 실효되어 더 이상 존재한다고 볼 수 없는 법률조항을 여전히 '유효한' 것으로 해석한다면, 이는 법률해석의 한계를 벗어나 '법률의 부존재'로 말미암아 형벌의 부과나 과세의 근거가 될 수 없는 것을 법률해석을 통하여 창설해 내는 일종의 '입법행위'로서 헌법상의 권력분립 원칙, 죄형 법정주의, 조세법률주의의 원칙에 반한다.

(2) 이 사건 부칙조항은 과세근거조항이자 주식상장기한을 대통령령에 위임하는 근거조항이므로 이 사건 전문개정법의 시행에도 불구하고 존속하려면 반드시 위 전문개정법에 그 적용이나 시행의 유예에 관한 명문의 근거가 있었어야 할 것이나, 입법자의 실수 기타의 이유로 이 사건 부칙조항이 이 사건 전문개정법에 반영되지 못한 이상, 위 전문개정법 시행 이후에는 전문개정법률의 일반적 효력에 의하여 더 이상 유효하지 않게 된 것으로 보아야 한다. 비록 이 사건 전문개정법이 시행된 1994. 1. 1. 이후 제정된 조세감면규제법(조세특례제한법) 시행령들에서 이 사건 부칙조항을 위임근거로 명시한 후 주식상장기한을 연장해 왔고, 조세특례제한법 중 개정법률(2002. 12. 11. 법률 제6762호로 개정된 것)에서 이 사건 부칙조항의 문구를 변경하는 입법을 한 사실이 있으나, 이는 이미 실효된 이 사

Whalen v. United States, 445 U.S. 684, 695, n. 10, 100 S.Ct. 1432, 1440,n. 10, 63 L.Ed.2d 715, n. 10 (1980); Simpson v. United States, 435 U.S., at 15, 98 S.Ct., at 914.)

건 부칙조항을 위임의 근거 또는 변경대상으로 한 것으로서 아무런 의미가 없을 뿐만 아니라, 이 사건 부칙조항과 같은 내용의 과세근거조항을 재입법한 것으로 볼 수도 없다.

(3) 다만, 이 사건 부칙조항이 실효되지 않고 여전히 존재한다는 전제 하에 과세하더라도, 청구인들을 비롯하여 주식상장을 전제로 자산재평가를 실시한 후 정해진 주식상장기한 내에 상장하지 못하였거나 자산재평가를 취소한 법인들로서는 부당하게 이익을 침해당한 것으로 볼 수 없는데다가, 이 사건 부칙조항이 실효되었다고 해석하면, 이미 상장을 전제로 자산재평가를 실시한 법인에 대한 사후관리가 불가능하게 되는 법률의 공백상태가 발생하고, 종래 자산재평가를 실시하지 아니한 채 원가주의에 입각하여 성실하게 법인세 등을 신고·납부한 법인이나 상장기간을 준수한 법인들과 비교하여 볼 때 청구인들을 비롯한 위 해당 법인들이 부당한 이익을 얻게 되어 과세형평에 어긋나는 결과에 이를 수도 있다. 그러나 과세요건법정주의 및 과세요건명확주의를 포함하는 조세법률주의가 지배하는 조세법의 영역에서는 경과규정의 미비라는 명백한 입법의 공백을 방지하고 형평성의 왜곡을 시정하는 것은 원칙적으로 입법자의 권한이고 책임이지 법문의 한계 안에서 법률을 해석·적용하는 법원이나 과세관청의 몫은 아니다. 뿐만 아니라 구체적 타당성을 이유로 법률에 대한 유추 해석 내지 보충적 해석을 하는 것도 어디까지나 '유효한' 법률조항을 대상으로 할 수 있는 것이지 이미 '실효된' 법률조항은 그러한 해석의 대상이 될 수 없다. 따라서 관련 당사자가 공평에 반하는 이익을 얻을 가능성이 있다 하여 이미 실효된 법률조항을 유효한 것으로 해석하여 과세의 근거로 삼는 것은 과세근거의 창설을 국회가 제정하는 법률에 맡기고 있는 헌법상 권력분립원칙과 조세법률주의의 원칙에 반한다.

(4) 따라서, 이 사건 전부개정법의 시행에도 불구하고 이 사건 부칙조항이 실효되지 않은 것으로 해석하는 것은 헌법상의 권력분립원칙과 조세법률주의의 원칙에 위배되어 헌법에 위반된다.(헌재 2012. 5. 31. 2009헌바123 등)

② 과태료

▶ 죄형 법정주의는 무엇이 범죄이며 그에 대한 형벌이 어떠한 것인가는 국민의 대표로 구성된 입법부가 제정한 법률로써 정하여야 한다는 원칙인데, 부동산등기특별조치법 제11조 제1항 본문 중 제2조 제1항에 관한 부분이 정하고 있는 과태료는 행정상의 질서유지를 위한 행정질서벌에 해당할 뿐 형벌이라고 할 수 없어 죄형 법정주의의 규율대상에 해당하지 아니한다.(헌재 1998. 5. 28. 96헌바83)

위 헌법재판소의 결정에 의하면 과태료는 형벌이 아니므로 입법부에서 제정한 성문 법률 없이 정할 수 있는 것처럼 보인다. 그러나 행정질서벌도 국민의 의사에 의하지 않는 기본권 제약이므로 법률의 근거 없이 가능하다고 할 수 없다. 나아가 행정질서벌도 징벌이므로 엄격 해석의 원칙이 적용되어야 한다.

▶ 죄형 법정주의는 국가형벌권의 자의적인 행사로부터 개인의 자유와 권리를 보호하기 위하여 범죄와 형벌을 법률로 정할 것을 요구한다. 그러한 취지에 비추어 보면 형벌법규의 해석은 엄격하여야 하고, 명문의 형벌법규의 의미를 피고인에게 불리한 방향으로 지나치게 확장 해석하거나 유추 해석하는 것은 죄형 법정주의의 원칙에 어긋나는 것으로서 허용되지 아니한다.(대법원 2011. 8. 25. 선고 2011도7725 판결)

국가형벌권의 자의적인 행사로부터 개인의 자유와 권리를 보호하기 위한 것이 죄형 법정주의라면 행정질서벌이라고 하여 적용을 배제할 합리적인 이유가 없다.

[라] 관용의 원칙 적용 방식

관용의 원칙은 형벌조항의 의미를 해석함에 있어 심각한 애매함이나 불확실성이 있을 때 적용된다. 그런데 일반적으로 문자의 의미는 그 문자만을 볼 때에는 애매해도 전체 문장, 저자의 의도 등을 살펴보면 보다 명료해 질 수 있다. 형벌조항의 의미도 마찬가지이다. ⅰ) 형벌조항의 그 문제된 문구만 고려할 때, ⅱ) 형벌조항의 문구에 더하여 다른 문장, 전체 맥락 등을 고려할 때, ⅲ) 나아가 그에 더하여 형벌조항을 제정한 입법 의도까지 고려할 때에 각각 애매함의 수준도 달라진다. 이때 관용의 원칙을 적용하기 위해 형벌조항의 문구만 고려해야 하는지, 다른 문장, 전체 맥락 등까지 고려해야 하는지, 아니면 입법 의도 등 모든 방법을 고려할 수 있는지가 문제된다.

이에 따라 관용의 원칙 적용 방식은 따라 3가지로 분류할 수 있다.

① 최후 적용 방식

형벌조항에 기재된 문자의 의미를 좁게 해석할 수 있어도 입법 의도를 감안해 넓게 해석하거나, 혹은 일반 상식이나 입법 의도에 의하면 좁게 해석될 수 있음에도 문자의 의미대로 넓게 해석하는 방식이다.[309] 물론 넓게 해석한다고 하더라도 문자의 의미 내에서만 가능하다. 이에 의하면 문자, 입법 역사, 입법 의도 등을 포함한 모든 해석 방법을 동원한 결과 두 개 이상의 해석이 가능하고, 그중 어떤 해석이 타당한지에 대하여 합리적인 해결에 이르지 못한 때 관용의 원칙을 적용한다. 관용의 원칙은 다른 모든 법해석 지도 원리를 이용한 후 해결이 불가능할 때 적용되므로 '최후 적용 방식(Lenity-Last Approach)'이라 한다.

이 방식에 의하면 형벌조항의 의미에 대한 넓은 해석과 좁은 해석이 동등한 가치를 가지고 있어 어떤 해석이 타당하다고 결정할 수 없을 때에만 관용의 원칙이 적용된다. 따라서 관용의 원칙은 최소한으로 적용될 수밖에 없다. 미 연방법원에서 주로 활용되는 방식이다.

---

309 Zachary Price, "The Rule of Lenity as a Rule of Structure", 72 Fordham L. Rev. 885 (2004), 891쪽

② 2차 적용 방식

입법 의도, 입법 역사는 물론 문자 외의 자료는 법해석의 자료에서 배제하고, 문자 자체만으로 의미를 좁게 해석할 수 있으면, 좁게 해석하는 방식이다.[310] 문자주의(Textualism)라고 할 수 있다.

문자주의는 형벌조항에 기재된 문자의 일반적이고 평범한 의미(Plain Meaning), 즉 조문을 읽었을 때 일반인의 마음에 떠오르는 상식적 해석을 추구한다.[311] 이때 법해석의 지도 원리 중 문자적 원리(Textual Cannon)를 사용한다. 그 결과 객관적으로 합리적인 해석이 2개 이상이 존재하여 애매성이 해결되지 않을 때 관용의 원칙을 적용한다.[312]

문자의 분명한 의미와 문자적 원리를 동원하여 애매성이 해결 되지 않을 경우에 관용의 원칙을 적용한다. 이때 입법 의도, 입법 역사 등을 고려하지 않는다. 비문자적(Nontextual) 법해석 지도 원리는 사용하지 않는다. 법해석 지도원리 중 문자적 원리 다음으로 관용의 원칙이 적용되므로 '2차 적용 방식(Lenity-Second Approach)'이라 한다.

다만 이 방식에서도 법률에 명시된 입법 목적을 고려하기도 한다. 또 심각한 애매성이 아닌 합리적 의심이 있을 수준의 애매성이 있어도 관용의 원칙을 적용하기도 한다.[313]

③ 우선 적용 방식

형벌조항을 설득력 있는 가장 좁은 의미로 해석하는 방식이다. 형벌조

---

310 Zachary Price, "The Rule of Lenity as a Rule of Structure", 72 Fordham L. Rev. 885 (2004), 892쪽

311 Zachary Price, "The Rule of Lenity as a Rule of Structure", 72 Fordham L. Rev. 885 (2004), 893쪽

312 Maisie A. Wilson, "The Law of Lenity: Enacting a Codified Federal Rule of Lenity", 70 DUKE L.J. 1663 (2021), 1672~1682쪽

313 Maisie A. Wilson, "The Law of Lenity: Enacting a Codified Federal Rule of Lenity", 70 DUKE L.J. 1663 (2021), 1672~1682쪽

항 이외의 다른 것을 고려하는 법해석 지도 원리를 사용하지 않고, 오직 형
벌조항만을 살펴 설득력 있는 최소한의 의미로 해석한다. 다른 법해석 지
도 원리를 사용하지 않고 관용의 원칙을 바로 적용한다. '우선 적용 방식
(Lenity-First Approach)'이라 한다.

이 방식은 피고인에게 일방적으로 유리한 해석이 되어, 입법 의도를 달성
할 수 없게 하는 문제가 있다. 그러나 이 입장에서는 이러한 결과가 비록 비
합리적이더라도, 피고인에게 유리하게 해석하는 것이 관용의 원칙이므로
어쩔 수 없다고 한다.[314]

④ 기타

피고인에 대한 공정한 고지를 침해하고, 자의적이며 차별적 법적용이 발
생하는지를 먼저 검토하여, 이에 많은 문제가 생기는 해석을 할 수 없다는
견해도 있다.[315] 입법 역사를 고려하지 않은 상태에서 애매성이 있을 때 적
용해야 한다는 견해,[316] 잘 정의되지 않은 법률의 일반 목적은 고려하지 않
은 상태에서 애매성이 있을 때 적용해야 한다는 견해[317]도 있다.

〔마〕 미국 판례

다음은 관용 해석을 적용한 미국 판례의 일부이다.

◆ '상업에 이용되는(used in commerce)' 주택에 방화를 하면 가중 처벌하는 조항
이 있다.

---

314 Zachary Price, "The Rule of Lenity as a Rule of Structure", 72 Fordham L. Rev. 885 (2004), 894쪽
315 Robert Batey, "Vagueness and the Construction of Criminal Statutes- Balancing Acts.", 5 Va. J. Soc. Pol'y & L. 1 (1997), 43쪽
316 John Roverts, United States v. Hayes, 555 U.S. 415 (2009), 436~437쪽
317 Scalia, Moskal v. U.S. 498 U.S. 103 (1990), 132쪽

피고인이 영업장소로 사용되지 않는 주택에 방화했다. 피고인은 이 주택은 상업에 이용되지 않으므로 가중 처벌조항 적용이 없다고 주장했다.

검사는 위 주택이 영업장소로는 사용되지 않은 점은 인정했다. 그러나 주택이 은행 대출의 담보로 제공되었고, 재난보험에 가입되어 있으며, 다른 주로부터 난방가스를 제공받으므로 '상업에 이용된다.'는 의미에 해당한다고 주장했다. 주택, 보험회사, 타 주의 가스회사와의 거래에 이용되었기 때문이다.

이에 대해 미 연방대법원은 개인이 사적으로 사용하는 주택은 일상생활에 제공될 뿐이고 적극적인 영업에 사용하지 않는다고 보는 것이 일반적 인식이라고 했다. 검사 의 주장에도 합리성이 있지만, 피고인의 주장에도 합리성이 있고 이러한 수준의 애매 함이 있을 때 피고인에게 유리하게 해석한다고 했다.[318]

◆ '공적인 일'의 교환 대가로서(in exchange for) 금품을 수수하면 뇌물죄로 처벌 하는 조항이 있다.

버지니아 주지사가 17만 5천 불 상당의 차용금과 선물을 받고, 대가로 공적인 일 (official act)을 했거나 하려고 약속했다는 사실로 기소되었다.

주지사는 통상적으로 행하던 미팅을 주선하고(arranging meeting), 자신의 사택 에서 공여자 회사를 위한 행사를 개최하고(hosting events), 공여자 회사에서 만들고 자 하는 제품에 대한 연구 진행을 위하여 다른 공무원에게 연락하는 행위(contacting other government official)를 했다.

이 사건의 쟁점은 공적인 일의 범위였다. 미 연방대법원은 주지사의 행위는 이 조 항에서의 '공적인 일'에 해당하지 않는다고 판결했다.[319] 그 이유는 다음과 같다.

「공무원으로서 일상적으로 하는 일은 위 조항의 공적인 일에 포함되지 않는다. 장

---

318 Jones v. United States, 529 U.S. 848 (2000)

319 McDonnell v. U.S. 136 S.Ct. 2355 (2016)

기적인 목표, 목적 달성 혹은 이를 위한 일련의 절차에 포함되는 행위[320]도 여기서의 공적일 일에 포함되지 않는다. 계약 체결, 고용, 허가, 법과 규칙의 제정 등 특정한 공적 의사결정에 영향을 주거나 사실상 영향을 주는 행위는 공적인 일에 해당하지만, 정부의 업무에 있어 결정을 수반하지 않은 일상적 활동이나 정착된 관행에 의한 행위는 공적 행위에 해당하지 않는다.[321]

예를 들어 대통령이 백악관에 우승팀을 초대하는 행위, 농림부 장관이 농업에 관한 연설을 하는 행위, 교육부 장관이 고등학교에 방문하는 행위는 공적인 일이 아니다. 이렇게 형벌조항의 의미를 한정해서 해석해야지만 어리석게 뇌물죄로 처벌하는 것을 피할 수 있다.[322]

가령 연구에 대해 이야기하거나 연구 정보를 얻기 위한 모임을 개최하거나 단순히 일반적 연구 지원의 의사를 표현하는 행위와 실제로 상대와 연구 계약을 체결하는 행위는 구분해야 한다. 전자는 여기에서의 '공적인 일'에 해당하지 않는다. 물론 이때에도 다른 공무원이 공적인 일을 하도록 다른 공무원에게 압력을 가하거나 조언하는 행위는 공적인 일에 해당한다.[323]

만일 공무원의 모든 행위를 공적인 일로 확대 해석하면 '공적인 일'이라는 구성요건은 의미가 없게 된다. 아울러 공적인 일의 개념을 확장하면 공직자가 무엇을 받으면 그가 한 모든 행위에 대해 대가 관계(quid pro quo)가 인정되는데 이는 중대한 헌법적 문제를 일으키게 된다. 즉 대의 민주주의 정부는 공직자가 그 구성원으로부터 이야기를 듣고 그들의 관심에 따라 적정하게 행동함을 전제로 하는데, 위와 같이 대가관계를 확장하게 되면 공직자는 기소되지는 않을까 하는 의구심을 가져 시민과의 민주적 대화의 기회를 줄여 결국 정당한 민주적 참여에 상당한 지장을 초래할 수밖에

---

320 (act that a public official customarily performs, including acts in furtherance of longer-term goals or in a series of steps to exercise influence or achieve an end)

321 McDonnell v. U.S. 136 S.Ct. 2355 (2016), 2366쪽

322 McDonnell v. U.S. 136 S.Ct. 2355 (2016), 2370쪽; (avoid the absurdity of convicting individual on corruption charge), U.S. v. Sun-Diamond Growers of Cal., 526 U.S. 398 (1999)

323 McDonnell v. U.S. 136 S.Ct. 2355 (2016), 2371쪽

없다.[324]

또 형벌조항을 좁게 해석하거나 넓게 해석하는 두 해석이 모두 가능한 때에 있어, 넓은 해석으로 검찰의 과잉 기소가 가능하다면 좁은 해석이 합리적이다.[325] 공적인 일은 일반인으로는 어떤 행위가 금지 대상인지를 알기에 불분명한 개념인데, 검찰의 기준 없는 확장 적용을 허용하면 공정한 고지 없는 일상 행위도 15년의 징역형까지 가능한 죄로 기소될 수 있어 헌법의 적정절차에 부합하지 않는다.」[326]

형벌조항을 확장 적용하면 국가 형벌권의 선례 없는 급습을 초래하므로[327] 애매한 형벌조항에 의해 기습적으로 공격받는 상황으로부터 국민을 보호하자는 취지이다.

◆ ① 특정 위법 행위로부터의 '수익(proceeds)'을 포함한 실제 거래행위로서 ② 거래된 재산이 그 위법 행위의 이익의 한 형태임을 피고인이 알고 있을 때 ③ 범죄활동을 증진시키는 거래(transaction to promote criminal activity)를 중하게 처벌하는 조항이 있다.[328] 자금 세탁에 관한 조항이다.

피고인은 불법으로 복권 사업을 운영했다. 피고인은 복권 판매 대가로 받은 돈 중 일부는 중개업자의 급여, 중개 수수료 및 당첨자에 대한 당첨금으로 지급했다. 이때 급여, 중개 수수료, 당첨금이 특정 위법 행위의 '수익(proceeds)'에 해당하는지가 쟁점이 되었다. 즉 '수익'이 '범죄 이익(criminal profits)'만을 의미하는지 아니면 '범죄 행위로 수령한 것(criminal receipts)'을 의미하는지가 쟁점이 되었다.[329] 만일 이익으

---

324 McDonnell v. U.S. 136 S.Ct. 2355 (2016), 2372쪽

325 McDonnell v. U.S. 136 S.Ct. 2355 (2016), 2373쪽

326 McDonnell v. U.S. 136 S.Ct. 2355 (2016), 2373쪽

327 U.S. v. Enmons, 410 U.S. 396 (1973); McNally v. U.S, 483 U.S. 350 (1987)

328 18 U.S.C. § 1956(a0(1)(A)(i); (a charged transaction in fact involved the proceeds of specified unlawful activity), (defendant knew that the property involved in the charged transaction represented the proceeds of some form of unlawful activity)

329 U.S. v. Santos, 553 U.S. 507 (2008), 510쪽

로 보면 급여, 중개 수수료, 당첨금은 이에 해당하지 않는다. 수령으로 본다면 해당하게 된다.

검찰은 좁게 해석하면 자금 세탁법의 효과가 제한된다고 했다. 따라서 수령으로 넓게 해석해야 한다고 주장했다.

미 연방대법원의 판결 요지는 다음과 같다.

「법률에 '수익'의 정의 조항이 없으므로 일반적인 의미로 해석한다. 영어 사전에 의하면 수익은 수령 또는 이익을 의미한다.[330] 그런데 법률 전체를 보아도 둘 중 어떤 의미인지에 대한 애매함을 해결할 수 없다. 이와 같이 처벌·불처벌 두 해석이 모두 가능할 때에는 관용의 원칙을 적용해 피고인에게 유리하게 해석해야 한다.[331] 명확하게 규정되어 있지 않은 형벌조항에 의해 피고인이 처벌받지 않도록 함은 물론, 입법부가 더욱 명확한 형벌조항을 만들고, 사법부가 형벌조항을 만들지 않기 위해서이다.

법원은 형벌조항을 해석함에 있어 의회의 입법 의도를 추론하는 독심술가(mind reader)의 역할을 담당할 수 없다.[332] 형벌조항의 단어를 어떤 의미로 해석할 수 있다는 가능성은 형벌조항 해석의 지도 원리가 될 수 없다.[333] 입법부가 입법 의도를 스스로 표현하지 않아 애매함이 발생한 때에는 관용 해석을 해야 한다.[334]

범죄로 인한 이익을 통해 다른 새로운 범죄로 이행하는 현상을 막기 위해 자금 세탁을 중한 범죄로 처벌하는 것이 입법 의도이다. 만일 자금세탁 처벌조항을 범죄 행위로 인한 금원의 '수령행위'까지 적용한다면 불법 복권 발행행위로서의 복표 대금의 수수행위를 처벌하는 제1955조가 돈세탁 처벌조항인 제1956조에 흡수되는 문제(merger problem)가 발생한다. 이렇게 되면 5년 이하의 징역형이 규정되어 있는 불법복권 발행행위가 20년 형의 돈세탁행위에 해당되게 된다. 이때 검찰은 어떤 조항

---

330 U.S. v. Santos, 553 U.S. 507 (2008), 511쪽

331 U.S. v. Santos, 553 U.S. 507 (2008), 514쪽

332 U.S. v. Santos, 553 U.S. 507 (2008), 515쪽

333 (Probability in not a guide which a court, in construing a penal statute, can safely take.)

334 (When Congress leaves to the Judiciary the task of imputing to Congress an undeclared will, the ambiguity should be resolved in favor of lenity.)

을 적용할지를 선택할 수 있게 되어 플리바게닝에 있어 유리한 지위를 차지한다.

이렇게 해석을 하면 절취한 돈을 도주 차량을 빌리는데 지불하는 행위, 범죄로 얻은 돈을 공범에게 나누어주는 행위, 범죄로 얻은 돈을 다른 사람에게 전달하는 행위가 모두 자금세탁 죄에 해당하게 된다. 즉 불법 취득 또는 판매가 있으면 이에 뒤따르는 금전의 지급행위가 모두 자금세탁범죄에 해당하게 된다. 이는 일반 범죄에 통상적으로 수반되는 금전지급 행위로서 처벌하지 않던 것인데 갑자기 그 금전지급 행위를 자금세탁의 중한 형으로 처벌하는 것이므로 허용될 수 없다.」[335]

◆ 두 번 또는 연이은 유죄평결(second or subsequent)을 받은 경우 의무적으로 가중처벌을 하는 조항이 있다.

이에 대해 두 번 이상의 기소에 의해 두 번 이상의 유죄평결을 받은 경우로 해석할 수도 있지만, 한 번의 기소로 여러 소인에 대하여 두 번 이상의 유죄평결을 받는 경우까지 포함한다고 한 판결이 있다.[336]

[2] 공정한 의미 해석

[가] 의의

일반인은 실제로는 대개 형벌조항을 읽지 않는다. 이러한 현실을 고려하면 공정한 고지는 상상에 불과하므로 이에 기초한 엄격 해석은 근거가 없다는 비판이 있다. 즉 엄격 해석은 입법 의도를 무력화한다고 한다. 또 해석자에 따라 형벌조항의 애매함이나 불확실성의 판단이 달라 자의적이고 판단 기준이 불투명하여, 애매성은 사실상 결과를 정해 놓고 이용하는 명분에 불과하다고 한다. 그리고 민사 사안에까지 확대 적용되는 부작용이 있다는 견해이다.[337]

---

335 U.S. v. Santos, 553 U.S. 507 (2008), 517쪽

336 Deal v. United States, 508 U.S. 129 (1993)

337 Samuel A. Thumma, "State Anti-Lenity Statutes and Judicial Resisitance: "What a Long

따라서 일방적인 엄격 해석보다 형벌의 목적 등을 균형 있게 고려함이 바람직하다는 시각에서 공정한 의미 해석 원칙이 등장했다.[338]

미국의 표준 형법전(Model Penal Code)도 관용 해석을 채택하지 않았다.[339] 즉 제1.02(3)항은 "형벌조항은 단어의 공정한 의미에 따라 해석해야 하지만, 언어가 다른 해석이 가능한 때에는 본 장의 일반 목적 및 개별조항의 특별 목적을 증진하는 방향으로 해석해야 한다."라고 되어 있다.[340]

이러한 해석 원칙을 '공정한 의미 원칙(Fair Import Rule)'이라고 한다. 공정한 의미 원칙은 관용 해석보다 형벌조항 해석에 있어 덜 엄격하다. 입법 의도를 좌절시키지 않는 방식의 해석을 허용하기 때문이다.[341][342]

미국 애리조나 주, 루이지애나 주 등은 "형벌조항의 단어는 일반적 의미를 고려하고, 맥락과 연계하며, 입법 목적을 참고하여 단어가 가진 공정한 의미(Fair Import of Their Words)에 맞게 해석해야 한다."라는 법조항을 입법했다.[343]

Strange Trip It's Been"", 28 GEO. Mason L. REV. 49 (2020), 61~63쪽

338 Samuel A. Thumma, "State Anti-Lenity Statutes and Judicial Resisitance: "What a Long Strange Trip It's Been"", 28 GEO. Mason L. REV. 49 (2020), 64쪽

339 John F. Decker, "Addressing Vagueness, Ambiguity, And Other Uncertainty In American Criminal Laws", 80 Denv. U. L. Rev. 241 (2002), 265쪽; Model Penal Code §1.02(3) (1962)

340 Model Penal Code § 1.02(3); (the provisions of the Code shall be construed according to the fair import of their terms but when the language is susceptible of differing constructions it shall be interpreted to further the general purposes stated in this Section and the special purposes of the particular provision involved.)

341 John F. Decker, "Addressing Vagueness, Ambiguity, And Other Uncertainty In American Criminal Laws", 80 Denv. U. L. Rev. 241 (2002), 265쪽

342 Paul H. Robinson, "Fair Notice And Fair Adjudication: Two Kinds Of Legality", 154 U. Pa. L. Rev. 335 (2005), 347쪽

343 Ariz Rev. Stat. § 13-104; Cal Penal Code § 4; 1942 LA. Acts NO. 43 art 3 등

〔나〕 미국 판례

◆ 미성년자 의제 강간죄의 피해자의 연령이 '14세 이상 17세보다 많지 않은'[344]
으로 되어 있다.

피해자는 17번째 생일을 막 지났다. 이 경우가 미성년자에 해당하는지, 즉 '17세
보다 많지 않음(not older than 17)'의 의미에 18번째 생일 이전까지를 포함하는지가
문제되었다.

이때 18번째 생일에 이르기 전까지를 17세라고 하면, 17번째 생일부터 18번째 생
일에 이르기 전까지가 17세이다. 그러나 17번째 생일에 이르면 17세가 되고 그 다음
날은 더 이상 17세가 아닌 17세 더하기 1일이 된다고 해석할 수 있고 이때는 17세가
아니라는 해석도 가능하다.

엄격 해석에 의하면 17세의 생일을 막 지나면 피고인에게 유리하게 해석하여 이
조항을 적용할 수 없다. 그러나 용어의 공정한 의미 해석에 의하면 일반적이고 사회
적으로 수용되는 의미에 따라 18세에 이르기 이전까지는 17세로 보아 이 조항을 적
용하게 된다.[345]

◆ '경찰의 체포를 의도적으로 방해하는 행위'[346]를 처벌하는 조항이 있다. 이 형벌
조항에는 피고인이 체포자가 경찰임을 알았을 것이 구성요건으로 되어 있지 않다.

이때 피고인이 체포자가 경찰임을 알 것을 구성요건으로 해석함은 형벌조항에 없
는 새로운 구성요건을 더 하는 것이므로 허용되지 않는다는 판결이 있다.[347]

미 연방법원의 논리는 다음과 같다.

「위 조항에는 다른 주의 형벌조항의 요건인 '알면서 의도적으로(knowingly and
willfully)'라는 표현이 없다. 따라서 다른 주의 구성요건과 명백히 구별된다. 만일 입

---

344 (14 years of age or older, but not older than 17)
345 State v. Christensen, 20 P.3d 329 (2001)
346 (intentionally prevents a peace officer from effecting an arrest)
347 Newman v. State, 942 A.2d 588 (2008)

법부가 이를 구성요건으로 의도했으면 이 문구를 명시적으로 형벌조항에 표현했을 것이다. 또한 체포자의 신분을 알았을 것을 요구할 경우 대중적 인기가 없는 경찰 보호가 불충분하게 된다. 특히 언더 커버로 활동하는 경찰을 전혀 보호할 수 없다. 이러한 상황을 반영한 입법 의도를 고려해서 해석해야 한다.

그러나 피고인에게 불법적인 힘이 가해지고, 이에 저항하는 것이 정당한 상황에서 피고인이 피해자가 경찰관임을 알지 못했고, 그러한 착오에 잘못이 없으면 고의를 조각한다.」[348]

◆ 슬롯머신 소지를 처벌하는 조항이 있다. 슬롯머신의 의미에 대해 '도박에 사용될 수 있는 모든 슬롯머신'[349]이라는 다른 법조항이 있다.

피고인은 도박장에 슬롯머신을 두었지만, 손님이 도박할 수 있게 작동하도록 설치하지는 않았다.

미 연방법원은 위 다른 조항 등을 고려하면, '도박에 사용될 수 있는 모든 슬롯머신'이 작동 중인 것만을 의미하고, 작동될 수도 있는 것은 포함하지 않는다는 해석은 공정한 의미의 해석에 반한다고 했다.[350]

◆ 절도는 사람이 없는 장소에서 이루어질 수 있다. 예를 들면 사람이 없는 집 마당에서 자전거를 훔치는 때이다. 그러나 사람이 잠시 한 눈을 파는 사이에 옆에 세워둔 자전거를 훔치는 경우도 있다. 이때 후자를 중하게 처벌하기 위해 '다른 사람으로부터의 절도(theft from the person of another)'를 가중하는 형벌조항이 있다.

이 경우 '다른 사람으로부터'의 의미를 ⓐ 피해자가 재물을 직접 소지하거나 관리하에 두는(taking directly from the body of the person) 경우만을 의미한다고 해석하거나 ⓑ 피해자와 매우 가까운 거리에 있는(takings from the immediate vicinity

---

348 Newman v. State, 942 A.2d 588 (2008), 593쪽

349 (all slot machines capable of being used for gambling)

350 State v. Cummings, 262 N.W.2d 56 (1978)

of the victim) 경우를 포함한다고 해석할 수 있다.

이를 엄격하게 해석하면 피해자의 신체 소지품을 몰래 가져가는 것(actual taking from the body of the victim)을 말하고, 피해자가 있는 장소 혹은 관리하는 곳에서 가져가는 것(a taking from his presence or control)은 해당되지 않는다고 할 수 있다. 이는 피해자의 신체나 직접적인 프라이버시 보호를 입법 목적으로 한 때에 해당한다.

그러나 피해자가 끌고 가는 쇼핑 카트에서 피해자 몰래 피해자의 지갑을 가져간 경우, 운전석에 앉아 있는 피해자의 옆 조수석에서 피해자의 지갑을 가져간 경우와 같이 피해자가 지배·관리하는 영역에서 절도한 때에는 신체적 대결 가능성이 있어 형량을 가중할 필요가 있다는 명시된 입법 의도가 있을 때에는 후자의 해석이 가능하다.

미 연방법원은 폭력의 위험성을 고려하여 형을 가중하고, 좁은 해석을 배제한 입법 의도가 명시적으로 확인되므로 후자의 해석이 상당하다고 판결했다.[351]

◆ 뇌물죄 적용 대상 공무원을 '공적 기능에 있어 미국 또는 정부를 위하여 혹은 대리하여 행동하는 사용자 또는 개인'[352]으로 정의한 법조항이 있다.

민간인 신분이지만, 정부 주택 자금을 관리하는 지역사회 비영리 사회복지 조직(Community Based, Social Service Organization)의 직원[353]이 이에 포함되는지가 문제되었다.

연방정부는 주 정부에 주택 개선 자금을 지원했다. 주 정부는 이 자금을 지역 비영리 사회 복지 조직에 주면서 사용 및 관리에 대한 재량을 부여했다. 피고인은 이 비영리 사회 복지 조직의 대표자이다. 피고인은 거래 업체와 계약을 체결하고 그 대가로 거래 업자로부터 위 자금으로 준 계약금의 일부를 되돌려 받았다.

---

351 State v. Tramble, 144 Ariz. 48 (1985)

352 18 U.S.C. §201(a); (employee or person acting for or on behalf of the United States or any department in any official function)

353 Dixson v. United States, 465 U.S. 482 (1984)

미 연방대법원의 다수 의견은 피고인이 공무원에 해당한다고 해석했다. 그 취지는 다음과 같다.

「위 조항을 해석함에 있어 입법 역사를 고려한 후 그래도 해석이 불가능하면 관용의 원칙에 따라 피고인에게 유리한 해석을 한다.

그런데 의회의 위원회에서는 정부가 주장한 '정부를 위하여 혹은 대리하여'라는 문구를 그대로 유지하고, 또 '법원에서 판결로 인정하는 범위를 제한하지 않는다.'고 명시적으로 표현했다. 한편 판례는 위 조항을 넓은 의미로 해석하고 있다. 이러한 점을 감안하면, 위 조항의 의미는 연방정부에 고용되었다는 형식과 상관없이 '공적 책임을 지고, 공적 신뢰를 받는 지위에 있는 자'[354]를 포함한다.

피고인은 연방 정부의 자금을 분배할 책임을 맡음으로써 공적 역할을 수행하게 되었다. 물론 공무원에 해당하기 위해서는 단순히 연방정부를 돕는 정도로는 부족하며, 반드시 연방정부의 정책이나 프로그램을 수행하는데 공적인 책임을 부담해야 한다.[355] 따라서 가령 연방정부에서 짐을 나르는 자(baggage porter)는 이에 해당하지 않는다.」

다수 의견에 대한 반대 의견은 다음과 같다.[356]

「의회 위원회의 보고서는 그 의도가 명백하지 않다. 정부에 직접 고용된 자와 단지 연방정부의 자금을 받은 민간 업자는 전혀 다른 지위에 있다. 입법 역사도 사실은 구체적으로 의회가 어떤 의도를 가지고 있는지를 설명해 주지 못한다. 오히려 연방정부의 자금을 받았더라도 그 자금을 받은 자의 자주적 판단을 존중한다는 '수여자 자주성 원칙(Principle of Grantee Autonomy)'에 의하면 의회는 연방 및 주 정부의 고용인만을 공무원에 해당한다고 의도한 것이고, 민간인은 이에 해당하지 않는다고 한 점이 인정된다. 따라서 관용의 원칙이 적용되어야 한다. 비록 어떤 행위가 명백히 비난받을 만하고, 다른 법 위반이 된다고 하더라도, 해당 형벌조항 위반인지를 알 수 없으

---

354 (the person occupies a position of public trust with official federal responsibilities)

355 (must possess some degree of official responsibility for carrying out a federal program or policy)

356 Dixson v. United States, 465 U.S. 482 (1984), 502쪽 이하

면 관용의 원칙이 적용된다. 각 형벌조항의 의미는 적어도 사법부의 해석을 통해 범죄 행위와 범죄 행위가 아닌 것을 구별할 수 있어야 하는데,[357] 이 조항은 그렇게 할 수 없을 정도로 애매하다. 따라서 피고인에게 불리하게 적용할 수 없다.」

[3] 두 해석 원칙의 관계

엄격 해석과 공정한 의미 해석은 외견상 충돌되는 것처럼 보인다. 그러나 이 두 원칙은 실제로는 충돌되지 않는다고 할 수 있다. 공정한 의미 해석도 형벌조항 문자의 공정하고 분명한 의미를 넘는 확장 해석을 금하기 때문이다.[358] 공정한 의미 해석도 입법 역사 등을 고려한다. 또 관용의 원칙이 추구하는 가치를 배제하지 않는다.

한편 엄격 해석, 즉 관용의 원칙도 피고인에게 일방적 이익이 되는 해석은 허용하지 않는다. 형벌조항을 최소한의 의미로 해석해야만 하는 것도 아니다. 공정한 고지에 포함되는 넓은 의미로 해석할 수 있다. 관용의 원칙은 입법 의도가 무엇인지를 추측해야만 하는 심각한 애매함과 불확실성이 있어, 두 가지 이상의 합리적 해석이 있고 그중 어느 것을 적용해야 할지를 납득할 수 있는 방법으로 해결할 수 없을 때만 적용된다.[359] 이처럼 관용의 원칙을 축소하면 관용의 원칙에 의해서도 일반 상식과 명시된 입법 의도를 반영하여 문자의 공정한 의미로 해석할 수 있다.[360] 따라서 관용의 원칙을 적용한다고 하여 반드시 공정한 의미 해석과 다르게 되지는 않는다.

---

357 (A Criminal statute, after if not before it is judicially construed, should have a discernable meaning.)

358 State v. Turner, 864 P.2d 235 (Mont. 1993), 248쪽 Gray, J., dissenting. (Both require court to construe penal statutes according to the fair import of their term. It prohibits extending penal statutes beyond the statute's descriptive terms, or the fair and clear import of the language used.)

359 People v. Avery, 27 Cal. 4th 49 (2002), 58쪽

360 United States v. Brown, 333 U.S. 18 (1948)

3. 광범하므로 무효

가) 의의

광범성(Overbreadth)은 형벌조항에 법적 명확성이 있더라도 적용의 범위
가 지나치게 넓어 선별적, 자의적 집행이 가능한 경우의 문제이다.

형벌조항의 적용 범위가 광범하면 국민의 많은 행위가 적용 대상이 된다.
이 경우에는 국민은 형벌조항의 적용 범위에 해당할 수도 있다고 생각하는
행위를 하지 않게 된다. 이에 따라 국민의 기본권이 당초의 입법 목적에 비
해 지나치게 제한된다. 헌법상 보호되는 권리도 함께 제한될 수 있다. 광범
성은 입법 당시 입법부가 예상하지 못하고, 의도하지 아니한 행위에도 법조
항이 적용된다는 점에서 문제가 된다.

한편 많은 국민이 광범한 형벌조항의 적용 범위에 속하는 행위를 할 수
도 있다. 지키기 어려운 법은 현실적으로 지킬 수 없기 때문이다. 이러한 경
우에는 모두를 적발하여 처벌할 수 없다. 결국 선별적으로 처벌하게 된다는
문제가 발생한다.

광범성은 형벌조항의 적용 폭이 매우 넓어 거의 모든 행위를 포섭한다는
(All-Encompassing Statute)의미이다.

형벌조항이 적용되는지 여부를 결정하는 선이 불명확하다면 막연성의 문
제이다. 그러나 불명확하지 않더라도 형벌조항의 적용 폭이 지나치게 넓어
침범할 수 없는 개인의 사적 영역에까지 개입한다면 광범성이 문제된다.[361]

나) 광범성의 기준

광범하므로 무효의 기준은 ⓐ 표현의 자유와 ⓑ 그 이외의 경우로 나뉜다.

---

[361] John F. Decker, "Addressing Vagueness, Ambiguity, And Other Uncertainty In American
Criminal Laws", 80 Denv. U. L. Rev. 241 (2002), 266쪽

1) 표현의 자유

(1) 보호의 취지

표현의 자유는 자의적 지배를 제거하고, 공적 결정에 의문을 제기함으로써 공정한 절차를 거치도록 하는데 중요한 기능을 한다. 특히 표현의 자유에 대한 형벌조항을 해석함에 있어서는 이러한 점을 감안해야 한다. 민주국가의 입법례를 살펴보아도 의견을 표명하거나 진실한 사실을 표현하는 행위를 처벌하는 입법례는 찾기 어렵다.

▶ 어떤 표현이나 정보의 가치 유무, 해악성 유무가 국가에 의하여 1차적으로 재단되어서는 아니 되며, 이는 시민사회의 자기교정기능과 사상과 의견의 경쟁메커니즘에 맡겨져야 한다.(헌재 1998. 4. 30. 95헌가16; 헌재 2002. 6. 27. 99헌마480)

▶ 유엔인권위원회는 표현의 자유를 보장하기 위하여 명예훼손죄에서 진실 항변을 허용해야 하고 명예훼손죄의 비범죄화를 고려해야 하며 특히 명예훼손을 이유로 구금을 해서는 안 된다고 하였다[UN Human Rights Committee (HRC), General comment no. 34, Article 19, Freedoms of opinion and expression, 12 September 2011, CCPR/C/GC/34, para. 47]. 더욱이 유엔인권이사회 특별보고관 보고서는 대한민국에 대해 형법상 명예훼손죄를 폐지할 것을 권고하였다. 명예훼손을 형사처벌하는 것은 표현의 자유에 대한 권리를 지나치게 위축시키는 효과가 있고 명예훼손에 대해서는 민법상 손해배상으로 적절하게 해결할 수 있다는 점을 고려하여 형사처벌은 정당화되지 않는다는 것이다[Frank La Rue, Report of the Special Rapporteur on the promotion and protection of the right to freedom of opinion and expression, Human Rights Council 17th Session,

Agenda item 3, A/HRC/17/27/Add.2 (21 March 2011), para. 28].(대법원
2020. 11. 19. 선고 2020도5813 전원합의체 판결)

헌법상 보호받는 표현의 상당한 부분을 금지하는 법률은 표면적으로
(Facially) 전부 무효이다.[362]

표현의 자유에 있어서는 자신의 사안에 적용할 때 무효라는 주장뿐만 아
니라 가정적 사실에 기해 일반적으로 제3자에게 적용할 때 무효라고 주장
할 수 있다. 이러한 것을 표면적으로 광범하다는(Facial Overbreadth) 주장이
라고 한다. 이 주장을 허용하는 이유는 표현의 자유가 가장 기본적인 권리
이기 때문이다. 헌법이 모든 국민에게 보장하고 있는 표현의 자유는 다양한
견해에 대한 인내를 전제로 자유로운 사고의 교환시장을 형성하여 개인의
자율성과 인간으로서의 존엄성을 보장하고, 진실 발견, 민주적 절차와 자치
를 실현하기 위한 것이다. 헌법상 표현의 자유는 다른 사람과는 다른 자신
만의 개인적 생각을 포함한 모든 종류의 사고나 감정을 말할 자유를 의미한
다. 헌법이 표현의 자유를 보장하는 이유는 표현의 자유가 개인으로서의 인
격과 감정을 발전시키고 자기 정체성을 유지하는데 반드시 요구되는 매우
중요한 것이기 때문이다. 헌법이 모든 국민에게 보장하는 표현의 자유는 인
권의 가장 기본적 내용으로서 처벌범위를 확장하여 자유로운 표현을 억제
하는 효과를 낳는 것은 헌법정신에 반한다. 일반인의 사적 의사표현에 있어
국가가 그 내용이 부적절하다는 이유로 제한할 수 있다면 국가가 국민에 대
하여 특정한 아이디어나 관점을 유도하는 일이 가능해지므로 헌법이 보장
하고 있는 표현의 자유를 침해하는 결과가 될 수 있다. 언론과 표현의 자유
가 현실에서 실질적으로 구현될 수 있도록 숨 쉴 수 있는 공간을 허용하는
것은 사법부의 의무이며, 사법적 판단을 함에 있어 그 판단이 자유로운 표
현 영역에 대한 허용할 수 없는 간섭이 되지 않도록 주의해야 한다. 따라서

---

[362] U.S. v. Williams, 553 U.S. 285 (2008), 292쪽; (a statute is facially invalid if it prohibits a
substantial amount of protected speech)

피고인의 사안에서는 광범하지 않더라도, 가정적으로 제3자에게 적용할 경우 광범한 때에는 광범하므로 무효로 판결한다.

형벌조항이 헌법이 보장하는 표현까지 처벌하면 광범하므로 무효에 해당하여 위헌 무효이다. 이러한 형벌조항은 표현의 자유에 대한 허용할 수 없는 억제 효과(Impermissible Chilling Effect)를 가져오므로 사회에 피해를 준다. 일단 형벌조항이 존재하는 한 적용되지 않을 수 있다는 단순한 가능성은 억제 효과를 완화시키는 치료제가 되지 못한다.[363]

표현을 광범하게 처벌하여 제한하면, 헌법상 보호되지 않는 표현으로 인한 피해를 줄일 수는 있다. 반면 표현의 자유를 넓게 허용하면 헌법상 보호되지 않는 표현으로 인한 피해가 발생할 수 있다.

표현의 자유에서의 광범하므로 무효는 표현을 허용할 때의 피해보다 침묵하게 할 때 발생하는 해악이 더 크다는 결론을 반영한 원칙이다. 따라서 피고인의 사안에서는 위헌이 아니더라도 일반적으로 표현의 자유를 상당히 제한하여 자유로운 사고의 교환을 억제한다면 광범하므로 무효이다.

사법부는 특히 공익적 사안에 대한 표현 내용 중 몇 퍼센트의 명예훼손적 내용이 있으면 처벌할 수 있는지를 정하고 이를 측정하여 보석상의 저울처럼 정교하게 처벌받는 피고인과 처벌받지 않는 피의자를 가려낼 수는 없다. 처벌해야 할 모욕과 처벌해서는 안 될 모욕을 정할 기준도 정하기 어렵다. 이러한 상황에서는 선별적으로 기소하고 처벌한다는 비판은 피할 수 없는 현실이 된다.

대한민국 헌법 제21조 제4항에 의하면 헌법상 표현의 자유도 타인의 명예나 권리 또는 공중도덕이나 사회윤리를 침해하여서는 아니 된다. 헌법상 보호받지 못하는 표현은 마치 트럭의 경적과 같이 소리이기는 하지만 의미의 전달이라는 보호할 만한 언어적 가치가 없기 때문이다. 즉 특정한 아이디어라는 내용의 전달이 아니라, 그 내용을 불문하고 사회적으로 수용할 수 없는 특정한 표현 방식을 담고 있기 때문이다. 그런데 만일 의사나 정보의

---

363 U.S. v. Baranski, 484 F.2d 556 (1973), 564쪽

전달이라는 기능을 가지고 있는 언어 표현과 의사 표현적 행위에 듣는 사람의 입장에서 불편한 내용이 포함되어 있다는 이유로 처벌한다면 당사자의 이해관계의 대립을 사유로 국가 형벌권이 개입함으로써 헌법이 보장하고 있는 표현의 자유가 위축되는 결과가 발생한다. 이는 헌법의 기본적 이념에 부합하지 않는다.

모욕죄와 명예훼손죄를 손쉽게 적용하면 표현의 자유를 제한하는 도구로 사용될 수 있다. 당파적 이익을 위해 표현의 자유를 제한하는 도구로 형벌 조항이 이용되게 해서는 안 된다.

언어 표현과 의사를 표현하는 행위(Communicative Conduct)는 구별된다. 의사 표현 행위는 행위이므로 언어 자체와 다른 성격도 있기 때문이다.

　　■　처 A와 남편 B는 이혼을 하기로 했다. A와 B는 가정법원 가사조사실에서 가사조사를 받고 있었다. 딸에 대한 양육권을 두고 A와 B가 대립했다. 그러던 중 B가 A는 부정행위를 했으니 딸을 키울 수 없다고 말했다. 그리고 A가 부정행위를 고백했다고 말했다. 참지 못한 A는 "남자와 부정행위를 한 적이 없습니다. B가 저를 완전 쓰레기로 몰아가고 있습니다. B에게 정말 화가 납니다."라고 말했다. 이에 B가 큰 소리로 "너 남자 문제로 나에게 무릎 꿇고 사과했잖아."라고 말했다. A는 "저는 부정행위를 한 적 없습니다. 남자와 만나지 않았습니다."라고 하면서 테이블에 있던 종이컵과 1회용 녹차를 바닥에 던졌다.

　　이러한 경우 A가 종이컵 등을 던진 행위는 순수한 언어 표현은 아니다. 그러나 전체적 맥락에서 볼 때는 자신의 결백함을 표현하는 의사 표현 행위로 볼 수도 있다.

이때 의사 표현 행위에 광범하므로 무효 원칙을 적용함에 있어서는 ⓐ 그 법조항이 표현과 관련이 있는가, 헌법상 표현의 자유의 맥락에 의하여 해석되어야 하는가라는 진입의 문제(Threshold Question)와 ⓑ 의사 표현적 행위 (Expressive Conduct)가 표현과 밀접한 관련이 있는 행위라서 이를 헌법상 보호받는 표현과 분리해서 따로 떼어 낼 수 없는가라는 제거의 문제(Removal Question)가 검토된다.[364]

이때에는 형벌조항의 단어뿐만 아니라 형벌조항으로 인한 효과도 고려한다. 행위자가 형벌조항이 적용될지에 대해서 자신의 행위 상황과 표현에 의해 장차 발생할 결과를 어림짐작해야 할 뿐만 아니라 형벌조항이 장래 재판에서 어떻게 해석될지 여부까지 어림짐작해야 한다면 광범하다고 해석한다.

의사 표현 행위를 제한하는 형벌조항은 헌법적으로 보호받는 표현과 집회결사의 자유를 상당히 제한할 때 한하여 광범하므로 무효 원칙이 적용된다. 광범하므로 무효 원칙은 비상업적 표현에 적용되고 상업적 표현에는 적용되지 않는다.[365]

표현의 자유를 보호하면서도 명백한 반사회적 행위를 처벌해야 하는 이익을 균형 있게 실현해야 한다. 이를 위해 광범성으로 인한 표현의 자유 침해는 실제 존재하면서도 상당해야(Both Real and Substantial)만 인정된다. 광범하므로 무효는 형벌조항의 위헌 무효를 위한 최후 수단(Last Resort)이다. 빈번히 사용되지는 않는다. 피고인에게 뜻하지 않은 횡재(Windfall)를 주는 결과를 피하기 위해서다. 따라서 사안에 따라 때때로 위헌일 수 있다는 이유만으로는 광범하므로 무효라고 인정하지 않는다. 이러한 경우에는 침해정도가 상당하게 광범하지 않다(Not Substantially Overbroad)고 보아 형벌조항이 유효라고 해석한다.[366] 표현이 언어뿐만 아니라 표현적 행위를 수반한 때에

---

364 U.S. v. Baranski, 484 F.2d 556 (1973), 563쪽

365 Village of Hoffman Estates v. Flipside, Hoffman Estates, Inc., 455 U.S. 489 (1982), 496쪽

366 John F. Decker, "Addressing Vagueness, Ambiguity, And Other Uncertainty In American Criminal Laws", 80 Denv. U. L. Rev. 241 (2002), 274쪽

도 마찬가지다.[367]

    미국 판례에 의하면 공적 사안에 대하여는 실제 악의, 즉 허위 사실임을 인식하거나 의도적으로 무시한다는 주관적 구성요건 없이 단지 타인의 명예를 훼손한다는 인식만을 주관적 구성요건으로 한 형벌조항은 광범하므로 무효이다. 또 헌법상 표현의 자유는 저속하거나 공격적으로 보이는 표현도 보호하므로[368] 폭행이나 상해를 가하지 않으며, 직접적으로 평화를 파괴하는 행위를 유발하지 않는 모욕적인 언어(Opprobrious Language)만을 처벌하는 조항은 광범하여 표면상 무효이다.[369][370] 그러므로 사실 적시가 없는 의견만을 내용으로 처벌하는 모욕죄, 진실한 사실을 적시하는 내용을 처벌하는 명예훼손죄는 무효이다. 허위사실 적시를 처벌하는 명예훼손죄는 공적 사안 또는 공무원, 공적 인물에 관한 내용일 때에는 허위 사실임을 인식하거나 또는 의도적으로 무시했다는 주관적 구성요건, 즉 실제 악의를 구성요건으로 하지 않는 한 무효이다. 이는 표현의 자유 보장을 위해서다.

(2) 예

〔가〕 미국 판례

    ◆ 미네소타 주에는 '불법적이지 않는 성격의 집회나 모임을 방해하는 행위'[371]를 처벌하는 조항이 있었다.

---

367 Broadrick v. Oklahoma, 413 U.S. 601 (1973), 615~616쪽

368 (First Amendment and Fourteenth Amendments protect speech, including that which might be deemed vulgar or offensive.)

369 Lewis v. City of New Orleans, 415 U.S. 130 (1974)

370 John F. Decker, "Addressing Vagueness, Ambiguity, And Other Uncertainty In American Criminal Laws", 80 Denv. U. L. Rev. 241 (2002), 269쪽

371 (disturbing assemblies or meetings, not unlawful in its character)

미 연방법원은 위 조항은 막연하지는 않지만 광범하다고 했다. 그 취지는 다음과 같다.

「상대방을 자극하는 티셔츠를 입거나 험한 말을 하거나 혹은 목소리를 높여 말한 경우에도 위 조항의 '방해하는 행위'에 해당할 수 있다. 이는 헌법상 보호되는 표현과 의사 표현 행위까지도 상당히 제한한다.[372] 위 조항에 의하면 고의 아닌 과실로 방해한 행위도 처벌 가능해서 범죄의 주관적 요건에 있어 형벌의 적용 범위를 확장한다. 따라서 광범하게 표현의 자유가 제한될 수 있다.

그리고 위 조항의 '방해'는 범죄의 행위적 요건에 있어 적용 범위에 아무런 의미 있는 한계를 설정하지 못한다. 방해는 '평안, 질서, 정돈된 상태의 파괴 혹은 붕괴', '간섭하다, 개입하다.' 혹은 '불편하게 하다.'는 의미이다. 이러한 의미는 행위의 구체적 양태를 한정하지 못한다. 모임은 모든 종류의 집회나 회합을 의미하므로 구성요건인 '집회나 모임'도 범위를 유의미한 방법으로 한정하지 못한다.[373]

이를 종합하면 위 조항은 모든 종류의 합법적 모임의 평안을 방해하거나 개입하는 모든 종류의 행위를 금지하는 놀라울 정도로 광범한 형벌조항(criminal prohibition of alarming breadth)에 해당한다. 가령 다양한 정치적 · 인종적 단체에 대해서 국익에 해롭다고 비판하는 공개적 연설도, 특정 모임에 대해 공격적인 문구가 새겨진 티셔츠를 입는 행위도, 길거리에서 성조기를 태우는 행위도 모두 처벌 대상이 되기 때문이다.[374]

위 조항이 단순히 모든 표현이나 행위를 제한하지는 않아 축소 해석이 가능하다는 이유로 합헌으로 할 수 없다. 즉 광범하므로 무효 원칙은 헌법상 보호되는 표현이 얼마나 많이 금지되지 않는가가 아니라, 입법 목적에 비해 헌법상 보호되는 표현이 너무 많이 금지되는가를 기준으로 판단한다.[375] 입법의 필요가 있다고 하더라도 표현의

---

372 State v. Hensel, 901 N.W.2d 166 (2017), 171쪽

373 State v. Hensel, 901 N.W.2d 166 (2017), 172쪽; (does not limit the breadth of the statute in any significant way)

374 State v. Hensel, 901 N.W.2d 166 (2017), 172쪽

375 State v. Hensel, 901 N.W.2d 166 (2017), 173쪽; (the constitutionality of a statute under the overbreadth doctrine does not depend on how much protected expression it does not (but could) ban, but rather on whether it bans too much protected expression in relation to its legitimate sweep.)

자유가 지나치게 제한되어서는 안 된다. 광범하므로 무효는 표현의 자유를 보호하기 위해 표현의 자유 허용으로 인한 어느 정도의 사회적 불편함을 감수한다는 원칙이다.

축소 해석은 형벌조항의 단어 안에 핵심적 행위로 적용 대상을 한정할 수 있는 쉽게 구별할 수 있는 의미가 있을 때 가능하다. 형벌조항의 단어의 의미가 분명한 때에는 그 의미와 다른 새로운 단어나 문구를 넣는 것은 입법이므로 허용되지 않는다. 따라서 위 조항을 축소 해석할 수 없다.」[376]

◆ '비밀 혹은 선천적 기형을 노출하거나 불명예스러운 문서를 공표하거나 기타 방법으로 수치나 놀림을 받도록 하겠다는 내용으로 협박(threat)'하면 처벌하는 조항이 있었다.

미 연방법원은 이 조항은 보호받는 표현을 상당히 제한하기 때문에 광범하여 표면상 무효라고 판결했다. 그 취지는 다음과 같다.

「위 조항은 구체적인 내용의 협박이 아니라 일반적인 내용의 협박에도 적용된다. 특히 진실한 표현과 정확한 사실을 노출한 때에도 적용된다. 또 공적 사안에 대한 표현도 처벌 대상이 된다. 협박이 어떠한 맥락에서 발생하는지에 관계없이 적용된다. 가령 성적으로 학대를 당한 학생이 선생님에게 '사표를 내지 않으면 신고하고 진실을 공개하겠다.'고 말한 것도 처벌 대상이 된다. 폭행이나 상해를 가하는 표현 또는 직접적으로 평화를 파괴하는 행위를 유발하는 모욕적인 언어는 헌법상 보호되지 않지만 그 이외의 표현은 헌법상 보호되므로 광범하므로 무효 원칙이 적용될 수 있다.

위 조항은 입법부가 협박을 단어로 사용하고, 불법한 협박으로 제한하지 않았다. 따라서 적법 또는 불법 협박 모두를 처벌하도록 되어 있다. 사법부가 이에 '불법'을 추가하는 해석은 형벌조항의 문구를 수정하는 새로운 입법이고 제한 해석이 아니다. 진실한 문서를 공표한 때에도 처벌하도록 되어 있는 문구를 분리해서 일부 무효로 할 수 없다.」[377]

---

[376] State v. Hensel, 901 N.W.2d 166 (2017), 178쪽

[377] State v. Jorgenson, 946 N.W.2d 596 (2020)

◆ '상업적 목적으로 동물 잔혹성(animal cruelty) 묘사(depiction)물을 제작, 소지, 판매하는 행위'를 처벌하는 조항이 있다.

위 조항에서 '동물 잔혹성'은 살아있는 동물을 '고의적으로 불구가 되게 하거나, 절단하거나, 고문하거나, 부상을 당하게 하거나, 죽이는 행위[378]로 그러한 행위가 법으로 금지된 경우를 말한다.'고 정의되어 있다. 다만 묘사가 중대한(serious) 종교적, 정치적, 과학적, 교육적, 보도적, 역사적, 예술적 가치가 있을 때에는 예외로 한다는 조항이 있다.

개나 고양이, 원숭이, 쥐, 햄스터 등을 의도적으로 고문하고 죽이는 비디오(crush videos)를 단속하는 것이 입법 목적이다.

미 연방대법원은 이 조항을 광범하므로 전부 무효라고 판결했다. 그 취지는 다음과 같다.

「'절단, 고문'은 잔혹성을 내포하지만, '부상 혹은 사망'은 반드시 잔혹성이라는 의미를 수반하지 않는다. '법을 위반한 행위'의 의미도 그 법이 무엇인지 한정되어 있지 않다. 따라서 가령 절취한 소를 인도적인 방법으로 죽인 때도 포함되게 된다.

예외 조항도 오직 중대한 때에만 적용되므로 위 조항을 광범하게 적용하는 것을 막을 수 있는 기준으로 작동될 수 없다. 그러므로 예외를 적용할지 여부가 오직 검찰에 달려있게 된다.

중대한 가치가 있는 표현만 헌법상 보장되는 것은 아니므로 예외에 해당하여야 처벌하지 않는 조항은 표현의 자유를 침해한다.

위헌을 막기 위해 제한 해석을 통해 법률을 재작성하는 것은 입법 영역에 대한 침해일 뿐 아니라 입법부로 하여금 먼저 법을 엄격하게 재단하여 작성할 동기를 심각히 줄이므로 광범하므로 전부 무효로 판결한다.」[379]

---

[378] (intentionally maimed, mutilated, tortured, wounded, or killed)

[379] U.S. v. Stevens, 559 U.S. 460 (2010)

〔나〕 대한민국 판례

▶ 법률은 되도록 명확한 용어로 규정하여야 한다는 명확성의 원칙은 민주주의·법치주의 원리의 표현으로서 모든 기본권제한 입법에 요구되는 것이나, 표현의 자유를 규제하는 입법에 있어서는 더욱 중요한 의미를 지닌다. 현대 민주사회에서 표현의 자유가 국민주권주의 이념의 실현에 불가결한 것인 점에 비추어 볼 때, 불명확한 규범에 의한 표현의 자유의 규제는 헌법상 보호받는 표현에 대한 위축효과를 수반하고, 그로 인해 다양한 의견, 견해, 사상의 표출을 가능케 하여 이러한 표현들이 상호 검증을 거치도록 한다는 표현의 자유의 본래의 기능을 상실케 한다. 즉, 무엇이 금지되는 표현인지가 불명확한 경우에, 자신이 행하고자 하는 표현이 규제의 대상이 아니라는 확신이 없는 기본권주체는 대체로 규제를 받을 것을 우려해서 표현행위를 스스로 억제하게 될 가능성이 높은 것이다. 그렇기 때문에 표현의 자유를 규제하는 법률은 규제되는 표현의 개념을 세밀하고 명확하게 규정할 것이 헌법적으로 요구된다. ……중략……

통상의 사전적 풀이에 따르면, "음란"이란 "음탕하고 난잡함"을 의미하고, "저속"이란 "품위가 낮고 속됨"이라고 풀이되고 있다. 그렇다면 이 사건 법률조항의 "저속"이란 그 외설성이 음란에는 달하지 않는 성적 표현뿐만 아니라 폭력적이고 잔인한 표현 및 욕설 등 상스럽고 천한 내용 등의 표현을 가리키는 것이라고 파악할 수 있다. 따라서 "음란"의 개념과는 달리 이 "저속"의 개념은 우선 그 적용 범위가 매우 광범위하다고 하지 않을 수 없다. 그리고 "저속"이라는 문언은 보충적인 해석에 의한다 하더라도 그 의미내용을 확정하기 어려울 정도로 매우 추상적이다. 어느 정도의 성적 표현이 저속한 것인지, 어느 정도의 폭력성과 잔인성이 있는 경우에 저속에 해당되는지, 그리고 어느 정도 상스러운 표현이 저속에 해당되는지 도무지 알 수 없기 때문에 수범자나 법집행자에게 적정한 지침을 제시하지 못하고 있는 것으로 판단된다. 다시 말하면, 이 "저속"의 개념에는 출판사등록이 취소되는 성적 표현의 하한이 열려 있을 뿐만 아니라 폭력성이나 잔인성 및 천한 정도도 그 하한이 모두 열려 있어서, 출판을 하고자 하는 자는 어느 정도로 자신의 표현내용을 조절해야 되는지를 도저히 알 수 없도록 되어 있다. 성을 소재로 한 유머나 왜곡된 사회도덕이나 윤리를 풍자하는 다소 품위 없는 표현도 여기의 "저속"에 해당될 수 있고, 한두 번의 폭력적인 표현이나 살인현장의 다소 상세한 묘사도 여기의 "저속"에 해당될 수도 있을 것이다. 이렇게 된다면 이 사건 법률조항은 결국 자의적인 법집행의 가능성을 열어 주는 셈이 될 것이고, 이로 말미암아 언론·출판의 자유가 매우 위축될 수 있는 것임은 의심의 여지가 없다고 하겠다. 물론 이 사건 법률조항은 출판사등록취소의 요건으로서 "저속한 간행물"의 출판 외에 "공중도덕이나 사회윤리의 침해"라는 요건을 함께 요구하고 있어서 "저속" 여부를 판단하기 위한 기준을 제시하고 있는 것으로 볼 수도 있다. 그러나 "공중도덕"이나 "사회윤리"의 개념 자체도 확정적인 개념이 아니기 때문에 이들 기준을 사용한다 하더라도 "저속"의 의미내용을 확정짓는 것이 용이한 일은 아니라고 하겠다. 그렇다면 이 사건 법률조항 중 "저속한 간행물" 부분은 불명확하고 애매모호할 뿐만 아니라 지나치게 광범위한 표현내용을 규율하는 것이어서 명확성의 원칙 및 과도한 광범성의 원칙에 반한다고 하지 않을 수 없다.(헌재 1998. 4. 30. 95헌가16)

▶ 1. 표현의 자유를 규제하는 입법에 있어서 명확성의 원칙은 특별히 중요한 의미를 지닌다. 무엇이 금지되는 표현인지가 불명확한 경우에, 자신이 행하고자 하는 표현이 규제의 대상이 아니라는 확신이 없는 기본권주체는 대체로 규제를 받을 것을 우려해서 표현행위를 스스로 억제하게 될 가능성이 높기 때문에 표현의 자유를 규제하는 법률은 규제되는 표현의 개념을 세밀하고 명확하게 규정할 것이 헌법적으로 요구된다. 그런데, "공공의 안녕질서 또는 미풍양속을 해하는"이라는 불온통신의 개념은 너무나 불명확하고 애매하다. 여기서의 "공공의 안녕질서"는 위 헌법 제37조 제2항의 "국가의 안전보장·질서유지"와, "미풍양속"은 헌법 제21조 제

4항의 "공중도덕이나 사회윤리"와 비교하여 볼 때 동어반복이라 해도 좋을 정도로 전혀 구체화되어 있지 아니하다. 이처럼, "공공의 안녕질서", "미풍양속"은 매우 추상적인 개념이어서 어떠한 표현행위가 과연 "공공의 안녕질서"나 "미풍양속"을 해하는 것인지, 아닌지에 관한 판단은 사람마다의 가치관, 윤리관에 따라 크게 달라질 수밖에 없고, 법집행자의 통상적 해석을 통하여 그 의미내용을 객관적으로 확정하기도 어렵다.

2. 전기통신사업법 제53조는 "공공의 안녕질서 또는 미풍양속을 해하는"이라는 불온통신의 개념을 전제로 하여 규제를 가하는 것으로서 불온통신 개념의 모호성, 추상성, 포괄성으로 말미암아 필연적으로 규제되지 않아야 할 표현까지 다함께 규제하게 되어 과잉금지원칙에 어긋난다. 즉, 헌법재판소가 명시적으로 보호받는 표현으로 분류한 바 있는 '저속한' 표현이나, 이른바 '청소년유해매체물' 중 음란물에 이르지 아니하여 성인에 의한 표현과 접근까지 금지할 이유가 없는 선정적인 표현물도 '미풍양속'에 반한다 하여 규제될 수 있고, 성(性), 혼인, 가족제도에 관한 표현들이 "미풍양속"을 해하는 것으로 규제되고 예민한 정치적, 사회적 이슈에 관한 표현들이 "공공의 안녕질서"를 해하는 것으로 규제될 가능성이 있어 표현의 자유의 본질적 기능이 훼손된다. 3. 전기통신사업법 제53조 제2항은 "제1항의 규정에 의한 공공의 안녕질서 또는 미풍양속을 해하는 것으로 인정되는 통신의 대상 등은 대통령령으로 정한다."라고 규정하고 있는바 이는 포괄위임입법금지원칙에 위배된다. 왜냐하면, 위에서 본 바와 같이 "공공의 안녕질서"나 "미풍양속"의 개념은 대단히 추상적이고 불명확하여, 수범자인 국민으로 하여금 어떤 내용들이 대통령령에 정하여질지 그 기준과 대강을 예측할 수도 없게 되어 있고, 행정입법자에게도 적정한 지침을 제공하지 못함으로써 그로 인한 행정입법을 제대로 통제하는 기능을 수행하지 못한다. 그리하여 행정입법자는 다분히 자신이 판단하는 또는 원하는 "안녕질서", "미풍양속"의 관념에 따라 헌법적으로 보호받아야 할 표현까지 얼마든지 규제대상으로 삼을 수 있게 되어 있다. 이는 위 조항의 위임에 의하여 제정

된 전기통신사업법시행령 제16조 제2호와 제3호가 위 전기통신사업법 제
53조 제1항에 못지않게 불명확하고 광범위하게 통신을 규제하고 있는 점에
서 더욱 명백하게 드러난다.(헌재 2002. 6. 27. 99헌마480)

▶ 형법 제311조의 모욕죄는 사람의 가치에 대한 사회적 평가를 의미하는
외부적 명예를 보호법익으로 하는 범죄로서, 모욕죄에서 말하는 모욕이란
사실을 적시하지 아니하고 사람의 '사회적 평가'를 저하할 만한 방법으로 추
상적 판단이나 경멸적 감정을 표현하는 것을 의미한다(대법원 1987. 5. 12.
선고 87도739 판결, 대법원 2003. 11. 28. 선고 2003도3972 판결 등 참조).
이와 달리 모욕죄의 보호법익을 사람의 '명예감정'으로 오해하여 어떠한 표
현이 상대방에게 모욕감을 줄 만한 표현에 해당하는지에 따라 모욕죄의 성
립 여부를 판단해서는 안 된다. 따라서 어떠한 표현이 객관적으로 상대방의
인격적 가치에 대한 사회적 평가를 저하할 만한 방식으로 행해진 것이 아니
라면, 설령 그 표현이 매우 저속하고 무례한 방법으로 표시되었고 그 표현
으로 인해 상대방이 불쾌한 감정을 느꼈다고 하더라도 이를 두고 모욕죄의
구성요건에 해당한다고 볼 수는 없다. 어떠한 표현 행위가 모욕죄에 해당하
는지는 그 표현 내용 이외에 발언자와 상대방과의 관계, 발언자가 발언하게
된 경위와 발언의 횟수, 발언의 의미와 전체적인 맥락, 발언한 장소와 발언
전후의 정황 등을 모두 고려하여 그 표현 행위가 객관적으로 상대방의 인격
적 가치에 대한 사회적 평가를 저하할 만했는지를 기준으로 판단하여야 한
다(대법원 2015. 9. 10. 선고 2015도2229 판결 등 참조).
따라서 상호간의 말다툼이나 싸움 중에 섞여있는 단발성 욕설, 일방의 의도
적인 자극·도발로 유발된 감정적 거친 표현, 무례하거나 저속한 언행으로
서 불쾌감을 일으키는 정도의 표현 등의 경우에는 모욕죄의 구성요건, 특히
'사회적 평가저하'에 해당하는지 여부를 엄격하게 판단해야 한다. 이는 헌법
적 가치인 표현의 자유 보장의 측면과 형법의 최후수단성(보충성) 등의 가치
와도 부합하는 법해석 원칙이다.(광주지방법원 2020. 11. 10 선고 2020노

315 판결; 대법원 2021. 6. 10. 선고 2020도16255 판결로 확정)

▽ 원심 판결

가. 공소사실의요지

이 사건 공소사실 중 공소장 별지 범죄일람표 순번 3번 모욕의 점의 요지는 피고인이 나이가 많다는 이유로 피해자에게 "어린 놈의 새끼가", "나이도 어린놈의 새끼가"라고 말하여 모욕하였다는 것이고, 공소장 별지 범죄일람표 순번 5번 모욕의 점의 요지는 일병 유○○이 동기생 채팅방에 "성○이는 뭐 안했나"는 메시지를 보내자 피고인이 "성○인 배렸다"라고 하여 피해자를 공연히 모욕하였다는 것이며, 공소장 별지 범죄일람표 순번 6번, 순번 7번 각 모욕의 점은 피해자가 옷을 털지 않고 피고인의 침대에 앉았다는 이유로 "미친년아", "씨발년아", "미친놈아", "씨발새끼야" 등의 욕설을 하여 모욕하였다는 것이고, 공소장 별지 범죄일람표 순번 8번 모욕의 점은 피해자가 휴가 기간 다녀온 이야기를 제대로 하지 않았다는 이유로 "씨발", "병신", "이 새끼" 등의 욕설을 하여 모욕하였다는 것이며, 공소장 별지 범죄일람표 순번 9번 모욕의 점은 피해자가 피고인 때문에 힘들다고 말했다는 이유로 "씨발", "저새끼", "좆같다" 등의 욕설을 하여 모욕하였다는 것이다.

나. 판단

1) 공소장 별지 범죄일람표 순번 3번 모욕의 점에 관하여 피고인이 평소 피해자에게 "나이도 안 되고, 짬도 안 되는게"라는 말을 많이 하였다는 취지의 황○윤의 진술조서 기재에 비추어 피고인이 피해자의 나이가 어린 사실을 비하하여 위 공소사실과 같은 표현을 한 사실은 인정된다. 다만, 피고인의 이 부분 발언 중 모욕으로 평가할 만한 부분은 '새끼'라는 부분뿐인데, 피고인의 이 부분 표현의 의미는 피해자의 나이가 어린 것을 비하한 의미로 해석될 뿐 피해자에 대하여 경멸적인 표현을 한 것이라고 단정하기는 어렵고, 피고인에게 피해자에 대한 모욕의 고의가 있었다고 평가하기에도 부족하다고 할 것이다.

2) 공소장 별지 범죄일람표 순번 5번 모욕의 점에 관하여 피고인이 이 부분 공소사실과 같이 "배렸다"라는 발언을 하게 된 경위는 당시 피고인과 피해자, 유○○, 이○완, 김○윤 등이 주고받은 문자 메시지의 내용에 비추어 단순히 피해자가 여자를 만나지 못한 점을 희화화하여 표현한 것으로 해석될 뿐 피고인이 피해자의 인격적 가치에 대한 사회적 평가를 저하시킬 만한 모욕적 언사를 한 것이라고 단정하기는 어렵다.

3) 공소장 별지 범죄일람표 순번 6번 및 순번 7번 모욕의 점에 관하여 피고인이 피해자에게 위 각 공소사실과 같이 "미친년아", "씨발년아", "미친놈아", "씨발새끼야"등의 욕설을 한 사실은 인정된다. 다만, 피고인이 피해자에게 그와 같은 욕설을 하게 된 경위가 피해자가 옷을 털지 않고 피고인의 침대에 앉은 것에 대해 화가나 분노를 표출하기 위한 것인 점, 욕설 내용에 구체적인 사실관계가 드러나 있지 않고 단순 욕설이 반복된 것으로 보이는 점 등에 비추어 위 각 공소사실의 표현이 모욕죄의 보호법익인 타인의 외부적 명예를 저하하는 표현으로 단정하기 어렵고, 피해자를 모욕할 고의가 있었다고 평가하기 어렵다.

4) 공소장 별지 범죄일람표 순번 8번 모욕의 점에 관하여 피고인이 피해자에게 위 공소사실과 같이 "씨발", "병신", "이 새끼" 등의 욕설을 한 사실은 인정된다. 다만, 피고인이 피해자와 대화 도중 피해자가 휴가기간 동안 '헌팅포차'에서 있었던 일에 대해 이야기를 하지 않아 그 내용을 알고 싶어 피해자를 다그치는 과정에서 나온 표현인 점, 욕설 내용에 구체적인 사실관계가 드러나 있지 않고 단순 욕설이 반복된 것으로 보이는 점 등에 비추어 위 공소사실의 표현이 모욕죄의 보호법익인 타인의 외부적 명예를 저하하는 표현으로 단정하기 어렵고, 피해자를 모욕할 고의가 있었다고 평가하기 어렵다.

5) 공소장 별지 범죄일람표 순번 9번 모욕의 점에 관하여 피고인이 피해자에게 위 공소사실과 같이 "씨발", "저새끼", "좆같다" 등의 욕설을 한 사실은 인정된다. 다만, 위와 같은 표현이 피해자가 피고인 때문에 힘들다고 말하자 피고인 역시 피해자 때문에 힘들었던 사정을 이야기하는 과정에서 분노

를 표출하기 위한 것인 점, 욕설 내용에 구체적인 사실관계가 드러나 있지 않고 단순 욕설이 반복된 것으로 보이는 점 등에 비추어 위 공소사실의 표현이 모욕죄의 보호법익인 타인의 외부적 명예를 저하하는 표현으로 단정하기 어렵고, 피해자를 모욕할 고의가 있었다고 평가하기 어렵다.(수도군단 보통 군사법원 2019. 12. 19. 선고 2019고40 판결)

2) 표현의 자유 이외의 맥락

표현의 자유와 무관한 경우에는 광범하므로 무효 원칙은 피고인에게는 물론 제3자 일반에게도 광범해야 적용된다. 따라서 피고인에게 적용할 때 (As Applied Challenged) 광범하므로 무효가 아닐 때에는 광범하므로 무효 주장이 인정되지 않는다.

또 공정한 고지에 반하지 않게 일부 무효 또는 축소 해석이 가능하다면 광범하므로 무효로 되지 않는다.

Ⅵ. 형벌조항의 해석 방법

형벌조항의 의미가 법률에 정의되어 있지 않고, 또 그 단어의 의미가 분명하거나 일상적이지 않을 때에는 해석이 필요하다. 형벌조항에 기재된 단어는 평범하고 일반적인 의미를 찾는데서 시작한다. 사법부는 실제 사건의 구체적 쟁점을 염두에 두고, 그 단어가 사용된 맥락, 법률의 목적 조항, 명시된 입법 의도 등을 고려하여 해석한다. [380]

1. 문자의 분명한 의미

가) 의의

1) 의미

형벌조항의 문자의 의미가 분명하여 뜻이 명확할 때에는 비록 다른 해석이 지혜롭다고 하더라도 그 분명한 의미대로 해석해야 한다(Plain Meaning

---

[380] State v. Stockton, 97 Wash. 2d 528 (1982), 533쪽; (In determining the meaning of words used but not defined in a statute and which have no fixed, ordinary meaning, a court must give careful consideration to the subject matter involved, the context in which the words are used, and the purpose of th statute.)

Rule). 비록 입법 의도가 형벌조항에 표현된 문자와 다르다고 하더라도 문자의 의미가 분명하면 그대로 해석해야 한다. 그러므로 사법부는 먼저 문자의 일반적 의미를 살피고, 만일 그 의미가 분명하면 더 이상 추가적인 해석을 할 수 없다.[381] 형벌조항은 문자의 분명한 의미를 넘어 확장 해석할 수 없다.[382]

법치주의에 의하면 비록 공공의 이익을 위해 필요하더라도 개인의 자유, 생명, 재산권을 제한하는 법은 엄격하게 해석해야 한다. 또 형벌조항의 문자의 의미를 넘는 법해석을 통해 실질적 입법을 하는 것은 권력분립에 반한다. 그러므로 비록 처벌하지 못하는 사례가 발생하더라도 형벌조항의 단어가 지닌 정확하고 일반적인 의미(Correct and Ordinary Meaning of its Language)를 넘는 해석은 금지된다.[383]

형벌조항은 먼저 문자 그대로의 의미를 해석해야 한다. 의미가 불명확할 때에는 입법 의도를 확인하기 위하여, 견해의 대립은 있지만 입법 자료 등을 참고할 수도 있다. 그러나 형벌조항의 문자의 의미가 분명하면 참고할 수 없다.[384] 형벌조항의 문자의 의미가 분명함에도 입법 의도 등을 참고하여 다르게 해석하면 일반인은 예견이 불가능하여 형벌의 함정에 빠지게 된다.[385]

일반적으로 법조항의 단어는 일상적 의미(Ordinary Meaning)로 사용되었다고 해석한다.[386] 즉 특별한 반대 정의 조항이 없는 한 일상적인, 현재의, 상

---

[381] (when interpreting a statute, courts must first look to the plain meaning of the statute and should look no further if th plain meaning clearly conveys the intent behind the statute.)

[382] Myers v. Fulbright, 367 F.Supp.3d 1171 (2019), 1176쪽; United States v. Morris, 39 U.S. 464 (1840), 475쪽

[383] Shon Hopwood, "Clarity in Criminal Law", 54 Am. Crim. L. Rev. 695 (2017), 717쪽

[384] Burlington N.R.R. Co. v. Oklahoma Tax Comm'n 481 U.S. 454 (1987), 461쪽; (When language of statute is unambiguous, review of legislative history is unnecessary.)

[385] United States v. Bost, 87 F.3d 1333(1996), 1337쪽

[386] Richards v. United States, 369 U.S. 1(1962), 9쪽

식에 부합하는 의미로 해석한다.[387] 억지스럽거나 일방적 해석(Strained and Forced Construction)은 허용되지 않는다.[388] 가령 의도적으로 자해하여 발생한 상해에 대해서는 보험금을 지급하지 않는다는 법조항이 있다고 하자. 이경우 다른 사람을 먼저 공격하여 그로부터 반격을 당해 상해를 입었을 때 다른 사람을 공격한 점에 대해 의도가 있다고 하더라도 이를 자해로 인한 상해에 포함된다는 해석은 억지스럽거나 일방적이다.

판례에 의해 일정한 의미로 해석되어 온 단어를 법조항에서 사용한 때에는 반대의 의사가 명시되어 있지 않는 한 입법부가 그 의미대로 사용한 것으로 해석한다.[389] 그러나 반드시 판례가 인정한 의미대로 해석해야만 하는 것은 아니다. 법조항이나 맥락에서 상당한 수준으로 그 단어가 명백히 다른 의미임을 표현하고 있을 경우에는 달리 해석할 수 있다.

형벌조항에 어떤 단어가 있을 때 그 단어의 의미를 제한하면 합헌이라고 축소 해석할 수 있다. 그러나 단어 자체가 법조항에 없는데도 해석을 하면서 그 단어가 있는 것으로 전제한 다음 그 단어를 축소 해석해서 한정 합헌 판결을 할 수는 없다. 이 같은 해석은 입법 영역에 대한 심각한 침해이고, 단순한 사법 행위가 아닌 사법적 입법(Judicial Legislation)이다. 법률의 재해석이 아닌 법률의 재작성이다. 이러한 때에는 위헌으로 선고하여 입법부로 하여금 새롭게 입법하도록 해야 한다.[390]

형벌조항의 해석은 조항에 있는 문구나 문구가 포섭하는 내용이 무엇인지를 확인하여 선언하는 것이다. 따라서 조항에 없는 문구를 삽입하거나, 혹은 존재하는 문구를 제거할 수는 없다.[391]

---

387 United States v. Gray, 96 F. 3d 769 (1996), 774쪽

388 Civil Service Com'n v. Pinder, 812 P.2d 645 (Colo. 1991), 644쪽

389 Wayne R. LaFave, 『Criminal Law』(4th edition), Thomson West, (2003), 91쪽

390 Myers v. Fulbright, 367 F.Supp.3d 1171 (2019), 1178쪽

391 (In construction of a statute, the office of the judge is simply to ascertain and declare what is in terms or in substance contained therein, not to insert what has been omitted or to omit what has been inserted.)

2) 미국 판례

◆ 워싱턴 주의 형벌조항에 의하면 2급 건물침입강도죄가 성립하려면 건물 (building)에 침입하여 사람이나 재산에 대한 범죄를 저질러야 한다.

형벌조항에는 '건물은 일반적 의미 외에 담장으로 보호된 지역(fenced area)을 포함한다.'[392]고 정의되어 있다. 그러나 '담장으로 보호된 지역'의 의미를 정의한 조항은 없다.

피고인은 1/3 부분만 담장이 쳐져 있고 다른 곳은 자갈이 쌓여 있거나 언덕으로 되어 있는 장소의 담장이 없는 곳으로 들어갔다.

피고인은 담장으로 보호된 구역은 완전히 담장이 쳐진 지역을 말하며, 따라서 일부만 담장이 있는 곳은 건물에 해당하지 않는다고 주장했다.

이에 대해 검사는 일부만 담장으로 에워싸여 있어도 지형적인 장애나 다른 장애물이 그 지역을 공중의 접근으로부터 막는 곳이라면 이에 해당한다고 주장했다.

미 연방법원은 무죄 판결을 했다. 그 요지는 다음과 같다.

「담장으로 보호된 구역의 의미를 판례법 시대에 이해해 오던 것과 달리 일반적 의미를 넘어서 지나치게 넓은 개념으로 해석하면 형벌의 범위를 확장하게 되므로 허용될 수 없다.[393] 법원은 형벌조항의 일반적 의미를 해석함에 있어 조문의 맥락 (phrase's context)을 고려할 수 있다. 따라서 형벌조항의 의미의 한도에서 판례법을 참조하여 해석할 수 있다. 판례법상으로는 담장으로 보호된 지역은 담장 혹은 다른 구조물로 완전히(completely) 봉쇄된 지역을 말하며, 부분적으로 봉쇄되거나 다른 자연물로 봉쇄된 곳을 포함하지 않는다. 따라서 피고인이 들어간 곳은 위 조항의 건물에 해당하지 않는다.」

---

392 (building, in addition to its ordinary meaning, includes any fenced area)

393 State v. Engel, 166 Wash. 2d 572 (2009), 580쪽; (Upholding an overly broad definition of "fenced area" would extend criminal liability beyond what is warranted by the plain language of the statute, as understood in the context of the common law.)

◆ 몬태나 주의 형사 명예훼손죄는 증오, 경멸, 조롱, 품격의 저하, 불명예 또는 사업상의 피해에 이르게 한다는 내용을 알면서 제3자에게 사실을 알리는 행위를 처벌 대상으로 한다.

미 연방항소법원은 이 형벌조항은 공적 사안에 대해 허위임을 알거나 허위임을 의도적으로 무시하는 실제 악의가 없는 허위 사실 표현 행위와 진실한 표현 행위도 처벌한다는 점에서 광범하고, 막연하여 위헌이라고 판결했다.

또 위 조항을 구성요건이 실제 악의를 요한다는 의미 한도 내에서는 유효하다고 축소 해석할 수 없다고 했다. 그 요지는 다음과 같다.

「위 조항을 축소 해석을 할 실제 악의에 대해서 입법부가 아무런 검토를 하지 않았다. 그러므로 입법부는 실제 악의를 구성요건으로 할 의도가 없었다고 볼 수 있다. 이처럼 위 조항에 축소 해석할 단어 즉 실제 악의가 없음에도 실제 악의를 추가하는 해석은 법해석이 아닌 입법이다.」[394]

3) 대한민국 판례

▶ [다수의견] (가) 항공보안법 제42조는 "위계 또는 위력으로써 운항 중인 항공기의 항로를 변경하게 하여 정상 운항을 방해한 사람은 1년 이상 10년 이하의 징역에 처한다."라고 규정하고 있다. 같은 법 제2조 제1호는 '운항 중'을 '승객이 탑승한 후 항공기의 모든 문이 닫힌 때로부터 내리기 위하여 문을 열 때까지'로 정의하였다. 그러나 항공보안법에 '항로'가 무엇인지에 관하여 정의한 규정은 없다.

(나) 죄형 법정주의는 국가형벌권의 자의적인 행사로부터 개인의 자유와 권리를 보호하기 위하여 범죄와 형벌을 법률로 정할 것을 요구한다. 그러한 취지에 비추어 보면 형벌법규의 해석은 엄격하여야 하고, 문언의 가능한 의미를 벗어나 피고인에게 불리한 방향으로 해석하는 것은 죄형 법정

394 Myers v. Fulbright, 367 F.Supp.3d 1171 (2019)

주의의 내용인 확장 해석금지에 따라 허용되지 아니한다. 법률을 해석할 때 입법 취지와 목적, 제·개정 연혁, 법질서 전체와의 조화, 다른 법령과의 관계 등을 고려하는 체계적·논리적 해석 방법을 사용할 수 있으나, 문언 자체가 비교적 명확한 개념으로 구성되어 있다면 원칙적으로 이러한 해석 방법은 활용할 필요가 없거나 제한될 수밖에 없다. 죄형 법정주의 원칙이 적용되는 형벌법규의 해석에서는 더욱 그러하다.

(다) 법령에서 쓰인 용어에 관해 정의규정이 없는 경우에는 원칙적으로 사전적인 정의 등 일반적으로 받아들여진 의미에 따라야 한다. 국립국어원의 표준국어대사전은 항로를 '항공기가 통행하는 공로(空路)'로 정의하고 있다. 국어학적 의미에서 항로는 공중의 개념을 내포하고 있음이 분명하다. 항공기 운항과 관련하여 '항로'가 지상에서의 이동 경로를 가리키는 용어로 쓰인 예를 찾을 수 없다.

(라) 다른 법률에서 항로는 '항공로'의 뜻으로 사용되기도 하였다. 구 항공법(2016. 3. 29. 법률 제14116호로 폐지) 제115조의2 제2항은, 국토교통부장관이 항공운송사업자에게 운항증명을 하는 경우 '운항하려는 항로' 등 운항조건을 정하도록 규정하였다. 이 조문의 내용을 물려받은 항공안전법(2016. 3. 29. 법률 제14116호) 제90조 제2항은 '운항하려는 항로'를 '운항하려는 항공로'로 바꾸었으므로, 여기에서 '항로'는 항공로와 같은 뜻으로 쓰였음이 분명하다. 항공로의 법률적 정의는 '국토교통부장관이 항공기 등의 항행에 적합하다고 지정한 지구의 표면상에 표시한 공간의 길'로 규정되어 있으므로(항공안전법 제2조 제13호, 구 항공법에서의 정의도 같다), 항공기가 비행하면서 다녀야 항공로가 될 수 있다. 이처럼 항로가 법률용어로서 항공로와 혼용되기도 한 것을 볼 때, 입법자도 항로를 공중의 개념을 내포한 단어로 인식하였다고 볼 수 있다.

(마) 반면에 입법자가 유달리 본죄 처벌규정에서만 '항로'를 통상의 의미와 달리 지상에서의 이동 경로까지 포함하는 뜻으로 사용하였다고 볼 만한 입법자료는 찾을 수 없다.

본죄는 항공보안법의 전신인 구 항공기운항안전법(1974. 12. 26. 법률 제
2742호) 제11조에서 처음으로 범죄로 규정되었다. 구 항공기운항안전법
의 제정과정에서 법률안 심사를 위해 열린 1974. 11. 26. 국회 법제사법
위원회 회의록은, 본죄의 처벌규정에 관하여는 아무런 논의가 없어서 '항
로'의 의미를 알 수 있는 직접적인 단서가 되기 어렵다. 다만 제안이유에
관한 설명을 보면, 민간 항공기에 대한 범죄 억제를 위한 국제협약에 우리
나라가 가입한 데 따른 협력의무의 이행으로 범죄행위자에 대한 가중처벌규
정 등을 마련하기 위해 구 항공기운항안전법이 제정된 것임을 알 수 있다.

(바) 본죄의 객체는 '운항 중'의 항공기이다. 그러나 위계 또는 위력으로
변경할 대상인 '항로'는 별개의 구성요건요소로서 그 자체로 죄형 법정주
의 원칙에 부합하게 해석해야 할 대상이 된다. 항로가 공중의 개념을 내포
한 말이고, 입법자가 그 말뜻을 사전적 정의보다 넓은 의미로 사용하였다
고 볼 자료가 없다. 지상의 항공기가 이동할 때 '운항 중'이 된다는 이유만
으로 그때 다니는 지상의 길까지 '항로'로 해석하는 것은 문언의 가능한 의
미를 벗어난다.

(사) 지상에서 이동하는 항공기의 경로를 함부로 변경하는 것은 다른 항공
기나 시설물과 충돌할 수 있어 위험성이 큰 행위임이 분명하다. 그러나 처
벌의 필요성만으로 죄형 법정주의 원칙을 후퇴시켜서는 안 된다. 그런 행
위는 기장에 대한 업무방해죄로 처벌할 수 있을 뿐만 아니라, 많은 경우
폭행·협박 또는 위계를 수반할 것이므로 10년 이하의 징역으로 처벌 가능
한 직무집행방해죄(항공보안법 제43조) 등에 해당할 수 있어 처벌의 공백
이 생기는 것도 아니다.(대법원 2017. 12. 21. 선고 2015도8335 전원합
의체 판결)

▶ 폭행행위 자체가 추행으로 인정되는 이른바 '기습추행'을 강제추행에
포함시킨다고 하더라도, 강제추행죄의 구성요건이 '폭행 또는 협박으로
사람에 대하여 추행한 자'라고 규정되어 있는 이상 행위자가 행한 거동이

나 행태가 상대방에 대한 유형력의 행사라고 볼 수 있는 행위에 해당하고, 그러한 행위 자체가 성욕의 흥분, 자극 또는 만족을 목적으로 하는 행위로서 건전한 상식 있는 일반인이 성적 수치심이나 혐오 감정을 느끼게 하는 것이라고 볼 만한 징표를 가지는 것이어서 폭행행위와 추행행위가 동시에 피해자의 부주의 등을 틈타 기습적으로 실현된 것이라고 평가할 수 있는 것이어야 하며, 주관적으로 그러한 행위를 통하여 성욕을 충족하려는 의도가 있어야 하는 것은 아니라 하더라도 적어도 상대방에게 성적 수치심이나 혐오감을 야기할 만한 행위를 행한다는 인식하에 일반적인 입장에서 성욕의 자극이나 만족을 구하려는 행태로 볼 만한 경향성이 드러나 상대방의 성적 자유(성적 자기결정권)를 <u>폭력적 행태에 의하여 침해한 경우라고 평가할 수 있는 경우에야</u> 비로소 형사책임의 영역에서 취급되는 강제추행죄의 죄책이 성립한다.(대구지방법원 2012. 6. 8. 선고 2011고합686 판결)

▶ [2] 도로교통법 제43조는 무면허운전 등을 금지하면서 "누구든지 제80조의 규정에 의하여 지방경찰청장으로부터 운전면허를 받지 아니하거나 운전면허의 효력이 정지된 경우에는 자동차 등을 운전하여서는 아니 된다."라고 정하여, 운전자의 금지사항으로 운전면허를 받지 아니한 경우와 운전면허의 효력이 정지된 경우를 구별하여 대등하게 나열하고 있다. 그렇다면 '운전면허를 받지 아니하고'라는 법률문언의 통상적인 의미에 '운전면허를 받았으나 그 후 운전면허의 효력이 정지된 경우'가 당연히 포함된다고는 해석할 수 없다.(대법원 2011. 8. 25. 선고 2011도7725 판결)

나) 명예훼손죄의 전파가능성

● 형법

제307조(명예훼손) ① 공연히 사실을 적시하여 사람의 명예를 훼손한 자는 2년 이하의 징역이나 금고 또는 500만원 이하의 벌금에 처한다.

② 공연히 허위의 사실을 적시하여 사람의 명예를 훼손한 자는 5년 이하의 징역, 10년 이하의 자격정지 또는 1천만원 이하의 벌금에 처한다.

형법 제307조의 명예훼손죄는 ① '공연히 사실 또는 허위 사실을 적시하여'라는 범죄행위로 ② 사람의 명예를 훼손하는 결과가 발생해야 성립한다. 이때 '공연히'는 부사로서 '적시하여'를 수식한다.

명예훼손죄의 구성요건인 '공연히'의 의미를 '불특정 또는 다수인이 인식할 수 있는 상태'를 의미한다고 해석하면 논리적으로 '특정 소수자'가 인식할 수 있는 상태'는 명예훼손죄의 '공연히'에 해당하지 않게 된다.

그러므로 대법원 판례의 다수의견과 같이 '공연히'를 '세상에서 다 알 만큼 떳떳하게', '숨김이나 거리낌이 없이 그대로 드러나게'라는 의미로 이해한다면 널리 알리기 위한 방법으로 특정 소수자에게 적시했더라도 이에 해당한다고 해석하면 족하다. 즉 표현의 상대방이 다수인지 소수인지, 특정되었는지는 범죄 성립의 요소가 아니다. 가령 언론에 보도되도록 특정 기자 1명에게 전달하여 그 기자가 보도한 때에는 기자를 도구로 사용하여 '공연히' 사실을 적시한 행위에 해당한다. 반대로 폐쇄 공간에서 비밀보안 유지 약정을 한 수명 앞에서 한 표현은 '널리 알려질 것으로 인식한 행위'가 아니므로 이에 해당하지 않는다.

그런데 판례는 여기서 그치지 않고, '특정의 개인 또는 소수인이라도 불특정 또는 다수인에게 전파 또는 유포될 개연성이 있는 경우라면 공연하다.'고 한다. '공연히'라는 문자의 의미 안에 '전파 가능성'이 포함된다는 해석이다.

그러나 형벌조항의 의미가 분명하여 뜻이 분명할 때에는 비록 다른 해석이 정책적으로 더 바람직하다고 하더라도 문자의 의미대로 해석해야 한다. 문자의 의미가 불명확할 때에는 그 단어 안에 내포된 용이하게 구별할 수 있는 핵심적 행위를 한정할 수 있을 때 그 범위 내로의 제한 해석이 가능할 뿐이다. 만일 그 단어 안에 내포되지 않은 새로운 의미를 추가하여 처벌 대상인 행위 유형을 확장한다면 해석의 한계를 벗어난 입법에 해당한다.

법조항에 포함되지 않은 것은 입법부가 의도적으로 제외한 것으로 해석한다는(Casus Omissus) 원칙에 따르면 명예훼손죄에서 입법부가 방화죄와 달리 '가능성, 위험성' 등을 형벌조항의 문구로 채택하지 않는 것은 가능성, 위험성만으로는 처벌하지 않겠다는 의도라고 해석할 수 있다. 만일 입법부가 위험성, 가능성을 처벌하려는 의도였다면 방화죄의 구체적 위험범 같이 '전파 가능성'이라는 문구를 법조항에 표현했을 것이기 때문이다.

형벌조항의 해석에서 '공연히'라는 단어의 의미에 '전파 가능성'이라는 의미가 포함되어 있다고 할 수 없다. 이는 문자의 분명한 의미를 넘는 해석이다. 문제는 '공연히'의 의미에 '전파 가능성'이 포함되어 있다고 해석할 경우에 실제로 공연히 적시하지 않았음에도 피고인의 의도와 무관하게 공연히 적시한 것으로 확장 해석할 수 있게 된다는 점에 있다.

다수의견은 "객관적 기준에 따라 전파 가능성을 판단할 수 있고, 행위자도 발언 당시 공연성 여부를 충분히 예견할 수 있으며, 상대방의 전파 의사만으로 전파 가능성을 판단하거나 실제 전파되었다는 결과를 가지고 책임을 묻는 것이 아니다."라고 한다.

그런데 사법부가 피고인이 전파 가능성을 예견할 수 있었다고 판단하는 경우에는 피고인은 객관적으로 특정 소수인에게 사실을 적시하였을 뿐, 그 사실이 실제로 전파되지 않았음에도 전파 가능성이 있었다는 추상적 평가에 의해 처벌받게 된다. 즉 피고인의 주관적 인식과 객관적 행위 및 결과와 달리 실제로 널리 알려지지 않아도 전파 가능성이 있다는 사법부의 판단에 따라 처벌받을 수 있게 된다. 이러한 해석은 공연히 적시하지 않고, 널리 전달되지 않은 때도 가능성만으로 처벌받을 위험에 처하게 한다. 이는 예견 가능성 없이 수사 · 기소의 대상이 되는 범위를 확장한다. 결국 위축 효과로 표현의 자유를 지나치게 제한하는 결과가 된다.

이렇게 가능성을 추가하여 해석하는 것은 문언의 분명한 의미를 넘어선 입법행위이다. '전파 가능성이 있는 사실 적시'라는 행위 유형을 처벌하려면 형벌조항에 "널리 전달할 개연성이 있는 특정 소수자에게 사실을 적시하여, 명예를 훼손할 가능성이 있게 한 때"라는 문구를 명시적으로 추가해야 한다.

▶ [1] [다수의견] 명예훼손죄의 관련 규정들은 명예에 대한 침해가 '공연히' 또는 '공공연하게' 이루어질 것을 요구하는데, '공연히' 또는 '공공연하게'는 사전적으로 '세상에서 다 알 만큼 떳떳하게', '숨김이나 거리낌이 없이 그대로 드러나게'라는 뜻이다. 공연성을 행위 태양으로 요구하는 것은 사회에 유포되어 사회적으로 유해한 명예훼손 행위만을 처벌함으로써 개인의 표현의 자유가 지나치게 제한되지 않도록 하기 위함이다. 대법원 판례는 명예훼손죄의 구성요건으로서 공연성에 관하여 '불특정 또는 다수인이 인식할 수 있는 상태'를 의미한다고 밝혀 왔고, 이는 학계의 일반적인 견해이기도 하다.

대법원은 명예훼손죄의 공연성에 관하여 개별적으로 소수의 사람에게 사실을 적시하였더라도 그 상대방이 불특정 또는 다수인에게 적시된 사실을 전파할 가능성이 있는 때에는 공연성이 인정된다고 일관되게 판시하여, 이른바 전파가능성 이론은 공연성에 관한 확립된 법리로 정착되었다. 이러한 법리는 정보통신망 이용촉진 및 정보보호 등에 관한 법률(이하 '정보통신망법'이라 한다)상 정보통신망을 이용한 명예훼손이나 공직선거법상 후보자비방죄 등의 공연성 판단에도 동일하게 적용되어, 적시한 사실이 허위인지 여부나 특별법상 명예훼손 행위인지 여부에 관계없이 명예훼손범죄의 공연성에 관한 대법원 판례의 기본적 법리로 적용되어 왔다.

공연성에 관한 전파가능성 법리는 대법원이 오랜 시간에 걸쳐 발전시켜 온 것으로서 현재에도 여전히 법리적으로나 현실적인 측면에 비추어 타당하므로 유지되어야 한다. 대법원 판례와 재판 실무는 전파가능성 법리를 제한 없이 적용할 경우 공연성 요건이 무의미하게 되고 처벌이 확대되게 되어 표현의 자유가 위축될 우려가 있다는 점을 고려하여, 전파가능성의 구체적·객관적인 적용 기준을 세우고, 피고인의 범의를 엄격히 보거나 적시의 상대방과 피고인 또는 피해자의 관계에 따라 전파가능성을 부정하는 등 판단 기준을 사례별로 유형화하면서 전파가능성에 대한 인식이 필요함을 전제로 전파가능성 법리를 적용함으로써 공연성을 엄격하게 인정하여 왔다. 구체적으로 살펴보면 다음과 같다.

(가) 공연성은 명예훼손죄의 구성요건으로서, 특정 소수에 대한 사실적시의 경우 공연성이 부정되는 유력한 사정이 될 수 있으므로, 전파될 가능성에 관하여는 검사의 엄격한 증명이 필요하다. 나아가 대법원은 '특정의 개인이나 소수인에게 개인적 또는 사적으로 정보를 전달하는 것과 같은 행위는 공연하다고 할 수 없고, 다만 특정의 개인 또는 소수인이라고 하더라도 불특정 또는 다수인에게 전파 또는 유포될 개연성이 있는 경우라면 공연하다고 할 수 있다'고 판시하여 전파될 가능성에 대한 증명의 정도로 단순히 '가능성'이 아닌 '개연성'을 요구하였다.

(나) 공연성의 존부는 발언자와 상대방 또는 피해자 사이의 관계나 지위, 대화를 하게 된 경위와 상황, 사실적시의 내용, 적시의 방법과 장소 등 행위 당시의 객관적 제반 사정에 관하여 심리한 다음, 그로부터 상대방이 불특정 또는 다수인에게 전파할 가능성이 있는지 여부를 검토하여 종합적으로 판단하여야 한다. 발언 이후 실제 전파되었는지 여부는 전파가능성 유무를 판단하는 고려요소가 될 수 있으나, 발언 후 실제 전파 여부라는 우연한 사정은 공연성 인정 여부를 판단함에 있어 소극적 사정으로만 고려되어야 한다. 따라서 전파가능성 법리에 따르더라도 위와 같은 객관적 기준에 따라 전파가능성을 판단할 수 있고, 행위자도 발언 당시 공연성 여부를 충분히 예견할 수 있으며, 상대방의 전파의사만으로 전파가능성을 판단하거나 실제 전파되었다는 결과를 가지고 책임을 묻는 것이 아니다.

(다) 추상적 위험범으로서 명예훼손죄는 개인의 명예에 대한 사회적 평가를 진위에 관계없이 보호함을 목적으로 하고, 적시된 사실이 특정인의 사회적 평가를 침해할 가능성이 있을 정도로 구체성을 띠어야 하나, 위와 같

이 침해할 위험이 발생한 것으로 족하고 침해의 결과를 요구하지 않으므로, 다수의 사람에게 사실을 적시한 경우뿐만 아니라 소수의 사람에게 발언하였다고 하더라도 그로 인해 불특정 또는 다수인이 인식할 수 있는 상태를 초래한 경우에도 공연히 발언한 것으로 해석할 수 있다.

(라) 전파가능성 법리는 정보통신망 등 다양한 유형의 명예훼손 처벌규정에서의 공연성 개념에 부합한다고 볼 수 있다. 인터넷, 스마트폰과 같은 모바일 기술 등의 발달과 보편화로 SNS, 이메일, 포털사이트 등 정보통신망을 통해 대부분의 의사표현이나 의사전달이 이루어지고 있고, 그에 따라 정보통신망을 이용한 명예훼손도 급격히 증가해 가고 있다. 이러한 정보통신망과 정보유통과정은 비대면성, 접근성, 익명성 및 연결성 등을 본질적 속성으로 하고 있어서, 정보의 무한 저장, 재생산 및 전달이 용이하여 정보통신망을 이용한 명예훼손은 '행위 상대방' 범위와 경계가 불분명해지고, 명예훼손 내용을 소수에게만 보냈음에도 행위 자체로 불특정 또는 는 다수인이 인식할 수 있는 상태를 형성하는 경우가 다수 발생하게 된다. 특히 정보통신망에 의한 명예훼손의 경우 행위자가 적시한 정보에 대한 통제가능성을 쉽게 상실하게 되고, 빠른 전파성으로 인하여 피해자의 명예훼손의 침해 정도와 범위가 광범위하게 되어 표현에 대한 반론과 토론을 통한 자정작용이 사실상 무의미한 경우도 적지 아니하다. 따라서 정보통신망을 이용한 명예훼손 행위에 대하여, 상대방이 직접 인식하여야 한다거나, 특정된 소수의 상대방으로는 공연성을 충족하지 못한다는 법리를 내세운다면 해결 기준으로 기능하기 어렵게 된다. 오히려 특정 소수에게 전달한 경우에도 그로부터 불특정 또는 다수인에 대한 전파가능성 여부를 가려 개인의 사회적 평가가 침해될 일반적 위험성이 발생하였는지를 검토하는 것이 실질적인 공연성 판단에 부합되고, 공연성의 범위를 제한하는 구체적인 기준이 될 수 있다. 이러한 공연성의 의미는 형법과 정보통신망법 등의 특별법에서 동일하게 적용되어야 한다.

[대법관 김재형, 대법관 안철상, 대법관 김선수의 반대의견] 다수의견은 명예훼손죄의 구성요건인 '공연성'에 관하여 전파가능성 법리를 유지하고 자 한다. 그러나 명예훼손죄에서 말하는 공연성은 전파가능성을 포섭할 수 없는 개념이다. 형법 제307조 제1항, 제2항에 규정된 공연성은 불특 정 또는 다수인이 직접 인식할 수 있는 상태를 가리키는 것이고, 특정 개 인이나 소수에게 말하여 이로부터 불특정 또는 다수인에게 전파될 가능성 이 있다고 하더라도 공연성 요건을 충족한다고 볼 수 없다. 다수의견은 범 죄구성요건을 확장하여 적용함으로써 형법이 예정한 범주를 벗어나 형사 처벌을 하는 것으로서 죄형 법정주의와 형법해석의 원칙에 반하여 찬성할 수 없다. 전파가능성 법리를 이유로 공연성을 인정한 대법원판결들은 변 경되어야 한다. 상세한 이유는 다음과 같다.

(가) 전파가능성이 있다는 이유로 공연성을 인정하는 것은 <u>문언의 통상적 의미를 벗어나 피고인에게 불리한 확장 해석</u>으로 죄형 법정주의에서 금지 하는 유추 해석에 해당한다.

명예훼손죄의 구성요건으로 공연성을 정한 입법 취지는 사람의 인격적 가 치에 대한 평가를 떨어뜨릴 수 있는 행위 가운데 사적인 대화나 정보 전달 의 차원을 넘어서서 '사회적으로' 또는 '공개적으로' 사실을 드러내는 것에 한정하여 처벌하려는 데 있다. 다른 사람의 명예를 침해할 수 있는 사실이 사회에 유포되는 경우만을 처벌하고자 하는 것이 입법자의 결단이라고 할 수 있는데, 이는 명예훼손죄의 성립 범위를 좁혀 헌법상 표현의 자유를 가 급적 넓게 보장하는 기능을 수행한다.

전파가능성이란 아직 그러한 결과가 현실로 발생하지 않았지만 앞으로 전 파될 수도 있다는 뜻이다. 그러한 결과가 발생하지 않은 상황에서 앞으 로 전파될 '가능성'이라는 추측을 처벌의 근거로 삼는 것은 죄형 법정주의 에 명백히 반한다. 가능성을 개연성으로 바꾼다고 해서 사정이 달라지는 것도 아니다. 공연성을 전파가능성만으로 인정하는 것은 명예를 훼손하 는 — 명예훼손을 위험범으로 보는 다수의견에 따르면 훼손할 위험이 있는 — 행위가 '공연히' 이루어지지 않은 경우까지도 전파되어 공연한 것으로 될 '가능성'이 있다는 이유로 처벌 대상이 된다는 것이다. 이러한 해석은 명백히 피고인에게 불리한 것으로서 허용되어서는 안 되는 부당한 확장 해석이자 유추 해석에 해당한다.

(나) 형법은 '공연히 사실 또는 허위 사실을 적시한 행위'를 처벌하도록 명확히 규정하고 있다. 명예훼손죄의 성립 여부는 적시된 사실의 전파가능성이 아니라 사실적시 행위 자체가 공연성을 가지고 있는지에 따라 판단해야 한다. 이때 공연성은 행위의 성격이나 모습을 분석하여 그것이 불특정 또는 다수인에 대한 것인지, 사실적시 행위가 공개된 장소 등에서 이루어져 불특정 또는 다수인이 이를 인식하였거나 인식할 수 있었는지, 그와 같은 상태가 사회적 또는 공개적으로 유포되었다고 볼 수 있는지를 판단하면 된다. 전파가능성 법리는 명예훼손죄의 구성요건인 공연성 이외에 전파가능성이라는 새로운 구성요건을 창설하는 결과가 되어 죄형 법정주의에 어긋난다. 그리고 전파가능성 법리는 명확성 원칙을 훼손하여 명예훼손죄가 가지고 있는 행위규범으로서의 기능을 저해하고 법 적용자로 하여금 형벌법규를 자의적으로 운용하는 것을 허용하는 결과를 초래한다.

(다) 형법 등에서 공연성을 구성요건으로 하는 여러 범죄에서 공연성의 의미는 동일하게 해석해야 한다. 그것이 각 규정의 입법 취지와 형사법의 체계적인 해석에 합치된다. 명예훼손죄에서 공연음란죄(형법 제245조)나 음화 등 전시·상영죄(형법 제243조)와 달리 공연성 개념에 전파가능성을 포함한 것은 형법의 통일적 해석을 무너뜨린 것으로 공연성에 관하여 일관성이 없다는 비판을 면할 수 없다.

(라) 사실적시의 상대방이 전파할 가능성이 있는지 여부로 공연성을 판단하는 것은 수범자의 예견가능성을 침해하여 행위자에 대한 결과책임을 묻는 것으로서, 이는 형사법의 평가방식에 어긋난다. 결국 명예훼손죄에서 명예훼손 사실을 들은 상대방이 행위자가 적시한 사실을 장차 다른 사람에게 전달할지 여부에 따라 명예훼손죄의 성립 여부를 결정하는 것은 행

위에 대한 불법평가에서 고려 대상으로 삼아서는 안 되는 우연한 사정을 들어 결과책임을 묻는 것이다.

(마) 공연성을 전파가능성 여부로 판단하는 것은 명예훼손죄의 가벌성의 범위를 지나치게 확장하는 결과를 가져오고 형법의 보충성 원칙에도 반한다. 공연성 판단에 전파가능성을 고려하는 것은 명예훼손죄의 행위 양태로 요구되는 공연성을 전파가능성으로 대체하여, 외적 명예가 현실적으로 침해되지 않아도 침해될 위험만으로 성립되는 추상적 위험범인 명예훼손죄의 보호법익이나 그 정도를 행위 양태와 혼동한 것이다. 명예훼손죄가 추상적 위험범이라는 것은 공연히 적시된 사실로 인해 명예가 훼손될 위험이 있는 경우에 처벌한다는 것이지, 적시된 사실이 공연하게 될 위험이 있는 경우까지 처벌하는 것이 아니다. 명예훼손죄의 처벌 근거는 사실이 계속 전파되어 나갈 위험, 즉 타인이 전파함으로써 발생할 명예훼손 위험에 있는 것이 아니라, 공연하게 사실을 적시함으로써 발생할 명예훼손의 위험에 있기 때문이다. 또한 특정 소수와의 사적 대화나 정보 전달의 경우에도 전파가능성이 있는 경우 공연성이 있다고 보는 것은 거의 모든 사실 적시 행위를 원칙적으로 명예훼손죄의 구성요건에 해당한다고 보는 것으로, 형법의 보충성 원칙에 반한다.

(바) 전파가능성 유무를 판단할 수 있는 객관적 기준을 설정하는 것이 어렵기 때문에 구체적 적용에 자의가 개입될 소지가 크다. 사실 적시자·상대방·피해자의 관계 등을 기초로 전파가능성을 따지더라도 어떤 경우에 전파가 가능한지에 대한 객관적 기준을 설정하기 어려운 것은 마찬가지이다. 직장동료나 친구에게 사실을 적시한 경우에 행위자나 피해자와 어느 정도 밀접한 관계에 있어야 전파할 가능성이 없는지를 객관화하기 어렵고, 이를 증명하거나 판단하는 것은 쉽지 않기 때문에 전파가능성은 구체적 증명 없이 '적어도 전파될 가능성은 있다'는 방향으로 포섭될 위험이 더욱 커지게 된다.

(사) 정보통신망법은 정보통신망을 이용하더라도 사실적시 행위를 공공연

하게 할 것을 요구하므로 그 공연성 개념은 명예훼손죄의 공연성과 동일하다. 정보통신망을 통하더라도 특정 소수에게만 사실을 적시한 경우에는 여전히 공연성이 있다고 할 수 없고, 이러한 행위는 형법이나 정보통신망법상 명예훼손죄의 규율대상이 아니다. 즉, 정보통신망, 예컨대 이메일이나 SNS 메시지를 통해 친구 1명에게 사실을 적시한 것과 편지를 쓰거나 대면하여 말로 하는 것은 특정된 소수에게 사실을 적시하였다는 행위 양태가 동일한 것이고, 정보통신망을 이용하였다고 해서 명예에 대한 침해의 일반적 위험성이 발생하였다고 볼 수는 없다. 인터넷과 과학기술의 발달로 정보의 무한 저장과 재생산으로 인한 명예훼손의 피해 정도와 범위가 넓어지는 문제는 양형에 반영하거나 정보통신망법에 의한 가중처벌로 해결되어야 하고, 이를 이유로 공연성의 개념이 변경되어야 할 필요는 없다.

(아) 다수의견은 개인의 명예를 보호하기 위해 사적인 관계와 공간에서 이루어지는 표현행위까지 구성요건에 해당한다고 본 다음 다시 표현의 자유와 조화를 도모하고자 형법 제310조의 위법성조각사유를 넓게 보려고 한다. 그러나 이는 결국 개인의 명예보호에 치우친 것은 마찬가지이고, 전파가능성 법리를 유지하기 위한 구실에 지나지 않는다. 아무리 형법 제310조의 위법성조각사유를 넓게 보더라도 발언의 주된 목적이나 내용에 공익성이 없는 이상 명예훼손죄로 처벌받는다. 사적인 공간에서 사적인 대화에 공익성을 가지는 경우가 얼마나 있는지 의문일 뿐만 아니라 이를 요구하는 것은 사적인 주제에 관한 사담(私談)을 금지하는 것과 마찬가지이다. 모든 국민은 사적 대화 내용이 피해자에게 흘러 들어가지 않는 요행을 바라는 것 외에는 형사 처벌을 피할 수 없다. 이것은 모든 국민을 잠재적인 또는 미처 발각되지 않은 범죄자로 보는 것이다.

[2] [다수의견] 피고인이 갑의 집 뒷길에서 피고인의 남편 을 및 갑의 친척인 병이 듣는 가운데 갑에게 '저것이 징역 살다온 전과자다' 등으로 큰 소리로 말함으로써 공연히 사실을 적시하여 갑의 명예를 훼손하였다는 내용으로 기소된 사안에서, 피고인과 갑은 이웃 주민으로 여러 가지 문제로 갑

등관계에 있었고, 당일에도 피고인은 갑과 말다툼을 하는 과정에서 위와 같은 발언을 하게 된 점, 을과 갑의 처인 정은 피고인과 갑이 큰 소리로 다투는 소리를 듣고 각자의 집에서 나오게 되었는데, 갑과 정은 '피고인이 전과자라고 크게 소리쳤고, 이를 병 외에도 마을 사람들이 들었다'는 취지로 일관되게 진술한 점, 피고인은 신고를 받고 출동한 경찰관 앞에서도 '갑은 아주 질이 나쁜 전과자'라고 큰 소리로 수회 소리치기도 한 점, 갑이 사는 곳은 갑, 병과 같은 성씨를 가진 집성촌으로 갑에게 전과가 있음에도 병은 '피고인으로부터 갑이 전과자라는 사실을 처음 들었다'고 진술하여 갑과 가까운 사이가 아니었던 것으로 보이는 점을 종합하면, 갑과 병의 친분 정도나 적시된 사실이 갑의 공개하기 꺼려지는 개인사에 관한 것으로 주변에 회자될 가능성이 큰 내용이라는 점을 고려할 때 병이 갑과 친척관계에 있다는 이유만으로 전파가능성이 부정된다고 볼 수 없고(갑과 병 사이의 촌수나 구체적 친밀관계가 밝혀진 바도 없다), 오히려 피고인은 갑과의 싸움 과정에서 단지 갑을 모욕 내지 비방하기 위하여 공개된 장소에서 큰 소리로 말하여 다른 마을 사람들이 들을 수 있을 정도였던 것으로 불특정 또는 다수인이 인식할 수 있는 상태였다고 봄이 타당하므로 피고인의 위 발언은 공연성이 인정된다는 이유로, 같은 취지에서 공소사실을 유죄로 인정한 원심판단이 정당하다고 한 사례.

[대법관 김재형, 대법관 안철상, 대법관 김선수의 반대의견] 위 사안에서, 피고인이 피고인의 남편 을과 갑의 친척 병이 듣고 있는 가운데 갑에 대한 사실을 적시한 것과 같이 특정 소수에게 말한 것만으로 불특정 또는 다수인이 직접 인식할 수 있는 상태에 있었다고 볼 수 없으므로, 피고인의 발언에 공연성이 있다고 보기 어려워 피고인의 행위가 갑에 대한 명예훼손죄에 해당한다고 할 수 없고, 공소사실은 갑에 대한 명예훼손 사실을 들은 상대방이 을과 병 2명임에도 전파가능성 법리가 적용되어 공연성이 인정될 수 있다는 전제에 있고, 재판 과정에서 병이 갑의 친척이라는 것이 밝혀졌는바, 이와 같이 상대방이 피고인 또는 피해자와 특수한 신분관계에

있는 점은 공연성(다수의견의 경우에는 전파가능성)이 부정될 수 있는 유력한 사정이므로, 그러한 신분관계에도 불구하고 피고인의 발언이 공연성이 있다는 점에 관해서는 합리적 의심이 없을 정도의 증명이 필요하다는 이유로, 이와 달리 공연성에 관하여 충분한 심리나 증명이 이루어졌다고 보기 어려운데도 피고인의 발언이 전파될 가능성이 있어 공연성이 충족됨을 전제로 공소사실을 유죄로 판단한 원심판결에는 명예훼손죄에서 공연성에 관한 법리를 오해하여 판결에 영향을 미친 잘못이 있다.(대법원 2020. 11. 19. 선고 2020도5813 전원합의체 판결)

다) 위험범

1) 새로운 언어의 추가와 위험성 유무의 판단 기준

위험범은 결과범에 있어 결과 발생을 요하지 않고, 법익을 침해할 위험이 발생한 것으로 족한 범죄를 의미한다. 형벌조항의 구성요건에 위험의 발생이 기재되어 있는 구체적 위험범과 달리 추상적 위험범은 위험의 발생이 구성요건으로 되어 있지 않더라도 위험이 발생하면 범죄가 성립한다고 해석한다. 가령 형법 제166조 제2항은 조문에 '공공의 위험을 발생하게 한 자'로 되어 있으므로 구체적 위험범이다.

● **형법**
제166조(일반건조물 등 방화)
② 자기소유의 제1항의 물건을 불태워 공공의 위험을 발생하게 한 자는 7년 이하의 징역 또는 1천만원 이하의 벌금에 처한다.

문제는 형법 제355조 제2항의 배임죄 등을 추상적 위험범이라고 하여, 구성요건에 '손해 발생의 가능성을 발생하게 한 때'와 같은 문구가 없음에도 '손해를 가한 때'의 의미에 '손해 발생의 위험성'이 포함된다고 해석할 수 있는지 여부이다.

● **형법**

제355조(횡령, 배임) ② 타인의 사무를 처리하는 자가 그 임무에 위배하는 행위로써 재산상의 이익을 취득하거나 제삼자로 하여금 이를 취득하게 하여 본인에게 손해를 가한 때에도 전항의 형과 같다.

제359조(미수범) 제355조 내지 제357조의 미수범은 처벌한다.

▶ 배임죄에서 '재산상의 손해를 가한 때'라 함은 현실적인 손해를 가한 경우뿐만 아니라 재산상 손해 발생의 위험을 초래한 경우도 포함되고……(대법원 2006. 11. 9. 선고 2004도7027 판결)

● **형법**

제314조(업무방해) ① 제313조의 방법 또는 위력으로써 사람의 업무를 방해한 자는 5년 이하의 징역 또는 1천500만원 이하의 벌금에 처한다.

▶ 업무방해죄의 성립에 있어서 업무방해의 결과가 실제로 발생함을 요하는 것은 아니고 업무방해의 결과를 초래할 위험이 발생하면 족하다.(대법원 2004. 3. 26. 선고 2003도7927 판결)

'위험성'은 '위험하거나 그렇게 될 가능성이 있는 성질'이다. '위험'은 '해로움이나 손실이 생길 우려가 있거나 또는 그런 상태'이다. 가능성은 '앞으로 실현될 수 있는 성질이나 정도'를 의미한다.

이처럼 '손해를 가한 때'를 '손해의 위험성을 발생하게 한 때'로 해석하거나 또는 '손해'에 '손해 발생의 위험성 또는 가능성'이 포함한다는 해석은 형벌조항의 분명한 의미를 넘는 확장 해석이다. 일반인은 '손해를 가한 때'와 '손해의 위험성을 발생하게 한 때'를 다르다고 인식한다. 가령 일반인도 '상처를 입은 때'와 '상처를 입을 위험성을 발생하게 한 때'가 다르고, '상처를 입은 때'에는 '상처를 입을 위험성이 발생한 때'를 포함한다고 이해하지 않는다.

따라서 '손해를 가한 때'에 '손해의 위험성을 발생하게 한 때'가 포함된다는 해석은 문언의 분명한 의미를 넘어선 확장 해석에 해당한다. 이처럼 처벌 범위를 확대하기 위해서는 '손해를 가하거나 손해의 가능성을 발생하게 한 때'로 형벌조항의 문구를 개정해야 한다. '손해의 가능성을 발생하게 한 때' 기수로 처벌할 경우 실제 손해가 발생하지 않아 가상의 손해액을 산정함에 있어 실무상 어려움을 야기한다.

위험성은 유무 판단의 자의성에도 문제가 있다. 즉 위험성이 없으면 처벌할 수 없으므로, 처벌할 수 있는 위험성이 있는지를 판단해야 하는데 이 판단이 자의적일 수 있기 때문이다.

가령 '공개된 장소에서 큰 소리로 말하여 다른 사람들이 들을 수 있을 정도로서 불특정 또는 다수인이 인식할 수 있는 상태'가 인정되면 전파 가능성이 있다고 하자.

그런데 실제로 근처에 사람이 없다면 객관적 사실에 기초한 불특정 다수의 사람이 들을 확률은 0이다. 가능성 또는 개연성을 확률의 한 분류로 보면 확률이 0이면 가능성 또는 개연성은 없다. 그럼에도 개연성이 존재한다고 함은 실제의 객관적 사실에 반하는 반(反)사실적 추론이다.[395] 실제로는 존재하지 않는 개연성을 존재한다고 사실에 반하는 추정을 한 후 그에 의하면 범죄 결과가 발생할 수 있다는 우려를 개연성이 있다는 표현을 통해 처벌하는 것이다.

이처럼 결과 발생이 객관적으로 불가능한데도 위험성이 있다고 인정함은 법익침해가 객관적으로는 발생할 수 없지만, 오직 피고인의 의도나 성향이 위험하다고 할 때 인정될 수 있다. 예를 들면 사람이라고 오인하고 사체에 총을 쏜 때 물리적으로 사람을 죽일 가능성은 0이지만, 피고인의 의도나 성

395 Peter Westen, "Impossibility Attempts: A Speculative Thesis", 5 Ohio St. J. Crim. L. 523 (2008), 547쪽

향이 사람에게 총을 쏘아 죽일 수 있는 위험성을 가지고 있음을 의미한다. 판례가 위험성 판단을 피고인이 행위 당시에 인식한 사정을 놓고 평가하는 것도 이러한 취지이다. 그러나 만일 피고인이 범죄 의도를 명백히 하여 위험한 성향을 드러낸 이상 장래 범죄를 저지를 위험을 막고자 하는 취지라면 이는 현재의 범죄 행위와 범죄 결과가 아닌 미래의 위험에 대한 예견에 기초한 것이므로 형벌의 근거가 될 수 없다. 이러한 장래의 위험성 판단은 자의적일 수 있고 객관적 기준이 있을 수 없다.

이렇게 범인의 의도와 행위를 중심으로 하면 위험성이 있게 되고, 실제 물리적 객관적 상황에 주목하면 위험성이 없게 되면, 처벌은 사실상 사법부가 어떤 것에 중점을 두는지에 따라 결정된다.[396] 다시 말하면 먼저 범인을 처벌해야 할지, 말아야 할지를 결정한 후, 처벌해야겠다고 결정하면 그에 따라 의도와 행위에 중점을 두어 위험성이 있다고 설시하고, 처벌하지 않는다고 결정하면 그에 따라 객관적 상황에 중점을 두어 위험성이 없다고 설시하면 된다. 결국 사법부의 주관에 따라 처벌 여부를 먼저 결정하고 그에 따라 논리를 선택하는 과정을 거치게 된다.

일반적으로 A가 저주 인형으로 B를 죽일 수 있다고 믿고 B의 저주 인형을 칼로 찌른 경우 위험성이 없다고 생각한다. 저주 인형으로는 살인의 결과 발생이 불가능하다는 점을 알기 때문이다. 그런데 살인 의도로 이미 사망한 사체에 총을 쏜 행위는 위험성이 있으므로 처벌해야 한다고 생각한다. 이러한 행위는 사회적으로 위험하므로 처벌해서 일반인과 사회를 보호해야 할 필요가 있다고 보기 때문이다. 그러나 살인죄는 살아 있는 사람을 쏠 때 성립한다. 이미 물리적으로 죽은 자를 살인할 수 없다. 객관적으로 사체를 다시 살려 총으로 쏘아 죽일 수 있는 상황이 아니다. 객관적으로는 동일하게 사람을 죽일 수 없음에도 이처럼 다른 판단을 하는 것은 위험성을 우려 즉 두려움에 기초하여 판단하기 때문이다.

396 Peter Westen, "Impossibility Attempts: A Speculative Thesis", 5 Ohio St. J. Crim. L. 523 (2008), 530쪽

이처럼 두려움이라는 심리에 기초하여 가능성 또는 위험성을 판단하면 총을 쏜 때는 두려움을 낳지만, 저주 인형을 칼로 찌르는 때는 두려움을 유발하지 않기 때문에 위험성이 없다는 결론에 이른다. 그런데 두려움은 획일적으로 판단할 수 없는 변수가 심한 것이다. 따라서 처벌과 처벌하지 않음을 판단함에 있어 일관되지 않는 결론이 도출된다. 두려움은 행위의 중요성과 범인의 의도 등을 고려한 판단자의 주관적 인상에 따라 크게 좌우된다.[397]

▶ [2] [다수의견] 형법 제300조는 준강간죄의 미수범을 처벌한다. 또한 형법 제27조는 "실행의 수단 또는 대상의 착오로 인하여 결과의 발생이 불가능하더라도 위험성이 있는 때에는 처벌한다. 단, 형을 감경 또는 면제할 수 있다."라고 규정하여 불능미수범을 처벌하고 있다.

따라서 피고인이 피해자가 심신상실 또는 항거불능의 상태에 있다고 인식하고 그러한 상태를 이용하여 간음할 의사로 피해자를 간음하였으나 피해자가 실제로는 심신상실 또는 항거불능의 상태에 있지 않은 경우에는, 실행의 수단 또는 대상의 착오로 인하여 준강간죄에서 규정하고 있는 구성요건적 결과의 발생이 처음부터 불가능하였고 실제로 그러한 결과가 발생하였다고 할 수 없다. 피고인이 준강간의 실행에 착수하였으나 범죄가 기수에 이르지 못하였으므로 준강간죄의 미수범이 성립한다. 피고인이 행위 당시에 인식한 사정을 놓고 일반인이 객관적으로 판단하여 보았을 때 준강간의 결과가 발생할 위험성이 있었으므로 준강간죄의 불능미수가 성립한다.

구체적인 이유는 다음과 같다.

① 형법 제27조에서 규정하고 있는 불능미수는 행위자에게 범죄의사가 있고 실행의 착수라고 볼 수 있는 행위가 있지만 실행의 수단이나 대상의 착오로 처음부터 구성요건이 충족될 가능성이 없는 경우이다. 다만 결과적

---

[397] Peter Westen, "Impossibility Attempts: A Speculative Thesis", 5 Ohio St. J. Crim. L. 523 (2008), 560~562쪽

으로 구성요건의 충족은 불가능하지만, 그 행위의 위험성이 있으면 불능미수로 처벌한다. 불능미수는 행위자가 실제로 존재하지 않는 사실을 존재한다고 오인하였다는 측면에서 존재하는 사실을 인식하지 못한 사실의 착오와 다르다.

② 형법은 제25조 제1항에서 "범죄의 실행에 착수하여 행위를 종료하지 못하였거나 결과가 발생하지 아니한 때에는 미수범으로 처벌한다."라고 하여 장애미수를 규정하고, 제26조에서 "범인이 자의로 실행에 착수한 행위를 중지하거나 그 행위로 인한 결과의 발생을 방지한 때에는 형을 감경 또는 면제한다."라고 하여 중지미수를 규정하고 있다. 장애미수 또는 중지미수는 범죄의 실행에 착수할 당시 실행행위를 놓고 판단하였을 때 행위자가 의도한 범죄의 기수가 성립할 가능성이 있었으므로 처음부터 기수가 될 가능성이 객관적으로 배제되는 불능미수와 구별된다.

③ 형법 제27조에서 정한 '실행의 수단 또는 대상의 착오'는 행위자가 시도한 행위방법 또는 행위객체로는 결과의 발생이 처음부터 불가능하다는 것을 의미한다. 그리고 '결과 발생의 불가능'은 실행의 수단 또는 대상의 원시적 불가능성으로 인하여 범죄가 기수에 이를 수 없는 것을 의미한다고 보아야 한다.

한편 불능범과 구별되는 불능미수의 성립요건인 '위험성'은 피고인이 행위 당시에 인식한 사정을 놓고 일반인이 객관적으로 판단하여 결과 발생의 가능성이 있는지 여부를 따져야 한다.

④ 형법 제299조에서 정한 준강간죄는 사람의 심신상실 또는 항거불능의 상태를 이용하여 간음함으로써 성립하는 범죄로서, 정신적·신체적 사정으로 인하여 성적인 자기방어를 할 수 없는 사람의 성적 자기결정권을 보호법익으로 한다. 심신상실 또는 항거불능의 상태는 피해자인 사람에게 존재하여야 하므로 준강간죄에서 행위의 대상은 '심신상실 또는 항거불능의 상태에 있는 사람'이다. 그리고 구성요건에 해당하는 행위는 그러한 '심신상실 또는 항거불능의 상태를 이용하여 간음'하는 것이다. 심신상실

또는 항거불능의 상태에 있는 사람에 대하여 그 사람의 그러한 상태를 이용하여 간음행위를 하면 구성요건이 충족되어 준강간죄가 기수에 이른다. 피고인이 피해자가 심신상실 또는 항거불능의 상태에 있다고 인식하고 그러한 상태를 이용하여 간음할 의사를 가지고 간음하였으나, 실행의 착수 당시부터 피해자가 실제로는 심신상실 또는 항거불능의 상태에 있지 않았다면, 실행의 수단 또는 대상의 착오로 준강간죄의 기수에 이를 가능성이 처음부터 없다고 볼 수 있다. 이 경우 피고인이 행위 당시에 인식한 사정을 놓고 일반인이 객관적으로 판단하여 보았을 때 정신적 · 신체적 사정으로 인하여 성적인 자기방어를 할 수 없는 사람의 성적 자기결정권을 침해하여 준강간의 결과가 발생할 위험성이 있었다면 불능미수가 성립한다.

[대법관 권순일, 대법관 안철상, 대법관 김상환의 반대의견] ① 형법 제13조(범의)는 "죄의 성립요소인 사실을 인식하지 못한 행위는 벌하지 아니한다."라고 규정하고 있다. 여기에서 '죄의 성립요소인 사실'이란 형법에 규정된 범죄유형인 구성요건에서 외부적 표지인 객관적 구성요건요소, 즉 행위주체 · 객체 · 행위 · 결과 등을 말한다. 이와 달리 행위자의 내면에 속하는 심리적 · 정신적 상태를 주관적 구성요건요소라고 하는데, 고의가 대표적인 예이다. 형법 제13조는 고의범이 성립하려면 행위자는 객관적 구성요건요소인 행위주체 · 객체 · 행위 · 결과 등에 관한 인식을 갖고 있어야 한다고 규정하고 있으므로, 구성요건 중에 특별한 행위양태(예컨대 강간죄에서의 '폭행 · 협박'이나 준강간죄에서의 '심신상실 또는 항거불능의 상태를 이용' 등)를 필요로 하는 경우에는 이러한 사정의 존재까지도 행위자가 인식하여야 한다.

② 형법 제27조(불능범)는 "실행의 수단 또는 대상의 착오로 인하여 결과의 발생이 불가능하더라도 위험성이 있는 때에는 처벌한다. 단, 형을 감경 또는 면제할 수 있다."라고 규정하고 있다. 이 조항 표제에서 말하는 '불능범'이란 범죄행위의 성질상 결과 발생 또는 법익침해의 가능성이 절대로 있을 수 없는 경우를 말한다. 여기에서 '실행의 수단의 착오'란 실행에 착

수하였으나 행위자가 선택한 실행수단의 성질상 그 수단으로는 의욕한 결과 발생을 현실적으로 일으킬 수 없음에도 무지나 오인으로 인하여 당해 구성요건적 행위의 기수가능성을 상정한 경우를 의미한다. 그리고 대상의 착오란 행위자가 선택한 행위객체의 성질상 그 행위객체가 흠결되어 있거나 침해될 수 없는 상태에 놓여 있어 의욕한 결과 발생을 현실적으로 일으킬 수 없음에도 무지나 오인으로 인하여 당해 구성요건적 행위의 기수가능성을 상정한 경우를 의미한다. 한편 형법 제27조에서 '결과 발생이 불가능'하다는 것은 범죄기수의 불가능뿐만 아니라 범죄실현의 불가능을 포함하는 개념이다. 행위가 종료된 사후적 시점에서 판단하게 되면 형법에 규정된 모든 형태의 미수범은 결과가 발생하지 않은 사태라고 볼 수 있으므로, 만약 '결과불발생', 즉 결과가 현실적으로 발생하지 않았다는 것과 '결과발생불가능', 즉 범죄실현이 불가능하다는 것을 구분하지 않는다면 장애미수범과 불능미수범은 구별되지 않는다. 다시 말하면, 형법 제27조의 '결과 발생의 불가능'은 사실관계의 확정단계에서 밝혀지는 '결과불발생'과는 엄격히 구별되는 개념이다.

이 조항의 표제는 '불능범'으로 되어 있지만, 그 내용은 가벌적 불능범, 즉 '불능미수'에 관한 것이다. 불능미수란 행위의 성질상 어떠한 경우에도 구성요건이 실현될 가능성이 없지만 '위험성' 때문에 미수범으로 처벌하는 경우를 말한다. 판례는 불능미수의 판단 기준으로서 위험성의 판단은 피고인이 행위 당시에 인식한 사정을 놓고 이것이 객관적으로 일반인의 판단으로 보아 결과 발생의 가능성이 있느냐를 따져야 한다는 입장을 취하고 있다.

형법 제27조의 입법 취지는, 행위자가 의도한 대로 구성요건을 실현하는 것이 객관적으로 보아 애당초 가능하지 않았기 때문에 원칙적으로 미수범으로도 처벌의 대상이 되지 않을 것이지만 규범적 관점에서 보아 위험성 요건을 충족하는 예외적인 경우에는 미수범으로 보아 형사처벌을 가능하게 하자는 데 있다. 그렇기 때문에 형법 제27조에서 말하는 결과 발생의 불가능 여부는 실행의 수단이나 대상을 착오한 행위자가 아니라 그 행위 자체의 의미를 통찰력이 있는 일반인의 기준에서 보아 어떠한 조건하에서도 결과 발생의 개연성이 존재하지 않는지를 기준으로 판단하여야 한다. 따라서 일정한 조건하에서는 결과 발생의 개연성이 존재하지만 특별히 그 행위 당시의 사정으로 인해 결과 발생이 이루어지지 못한 경우는 불능미수가 아니라 장애미수가 될 뿐이다.

③ 강간죄나 준강간죄는 구성요건결과의 발생을 요건으로 하는 결과범이자 보호법익의 현실적 침해를 요하는 침해범이다. 그러므로 강간죄나 준강간죄에서 구성요건결과가 발생하였는지 여부는 간음이 이루어졌는지, 즉 그 보호법익인 개인의 성적 자기결정권이 침해되었는지를 기준으로 판단하여야 한다.

다수의견은 준강간죄의 행위의 객체를 '심신상실 또는 항거불능의 상태에 있는 사람'이라고 보고 있다. 그러나 형법 제299조는 "사람의 심신상실 또는 항거불능의 상태를 이용하여 간음 또는 추행을 한 자는 제297조, 제297조의2 및 제298조의 예에 의한다."라고 규정함으로써 '심신상실 또는 항거불능의 상태를 이용'하여 '사람'을 '간음 또는 추행'하는 것을 처벌하고 있다. 즉 심신상실 또는 항거불능의 상태를 이용하는 것은 범행 방법으로서 구성요건의 특별한 행위양태에 해당하고, 구성요건행위의 객체는 사람이다. 이러한 점은 "폭행 또는 협박으로 사람을 강간한 자는 3년 이상의 유기징역에 처한다."라고 정한 형법 제297조의 규정과 비교하여 보면 보다 분명하게 드러난다. 형법 제297조의 '폭행 또는 협박으로'에 대응하는 부분이 형법 제299조의 '사람의 심신상실 또는 항거불능의 상태를 이용하여'라는 부분이다. 구성요건행위이자 구성요건결과인 간음이 피해자가 저항할 수 없는 상태에 놓였을 때 이루어진다는 점은 강간죄나 준강간죄 모두 마찬가지이다. 다만 강간죄의 경우에는 '폭행 또는 협박으로' 항거를 불가능하게 하는 데 반하여, 준강간죄의 경우에는 이미 존재하고 있는 '항거불능의 상태를 이용'한다는 점이 다를 뿐이다. 다수의견의 견해는 형벌조항의 문언의 범위를 벗어나는 해석이다.

④ 결론적으로, 다수의견은 구성요건해당성 또는 구성요건의 충족의 문제와 형법 제27조에서 말하는 결과 발생의 불가능의 의미를 혼동하고 있다. 만약 다수의견처럼 보게 되면, 피고인의 행위가 검사가 공소 제기한 범죄의 구성요건을 충족하지 못하면 그 결과의 발생이 불가능한 때에 해당한다는 것과 다름없고, 검사가 공소장에 기재한 적용법조에서 규정하고 있는 범죄의 구성요건요소가 되는 사실을 증명하지 못한 때에도 불능미수범으로 처벌할 수 있다는 결론에 이르게 된다. 이러한 해석론은 근대형법의 기본원칙인 죄형 법정주의를 전면적으로 형해화하는 결과를 초래하는 것이어서 도저히 받아들일 수 없다.(대법원 2019. 3. 28. 선고 2018도 16002 전원합의체 판결)

2) 배임죄의 경우

(1) 손해 발생의 가능성 인정의 자의성

가령 배임죄에 있어 타인의 사무를 처리하는 자가 임무에 위반하여 법률상 무효인 행위를 한 때 그 행위의 법률상 효력이 없으므로 손해 발생의 가능성이 없다고 할 수도 있고, 무효이기는 하지만 그 행위로 인해 채무 부담의 가능성이 있다는 '우려'에 의해 손해 발생의 가능성이 있다고 판단할 수도 있다.

(2) 위험성을 인정한 대한민국 판례

▶ 갑 주식회사의 실질적 경영자인 피고인이 자신의 개인사업체가 갑 회사에 골프장 조경용 수목을 매도하였다는 허위의 매매계약을 체결하고 그 매매대금 채권과 갑 회사의 피고인에 대한 채권을 상계처리한 사안에서, 피고인의 수목 매매대금 채권이 존재하지 아니하여 상계가 법률상 무효라

고 하더라도 갑 회사에 재산상 실해 발생의 위험이 초래되었다고 보아 업무상배임죄가 성립한다고 본 원심판단을 수긍한 사례.(대법원 2012. 2. 23. 선고 2011도15857 판결)

▶ 공소외 학교법인의 이사인 피고인이 위 학교법인의 이사장인 원심 상피고인 1과 공모하여 위 학교법인의 전 이사장인 원심 상피고인 2 개인명의의 당좌수표를 회수하기 위하여 위 학교법인 명의로 이 사건 약속어음 6매를 발행하고 그 중 5매에 대하여 강제집행인락공증을 해 준 이상, 당시 위어음을 발행함에 있어서 이사회의 적법한 결의를 거치지 아니하고 관할청의 허가를 받지 아니하여 법률상 당연 무효라고 하더라도 배임행위가 성립함에 아무런 지장이 없다.(대법원 1995. 12. 22. 선고 94도3013 판결)

▶ 이 사건 아파트 55세대에 관하여 공소외 2 회사 앞으로 소유권이전등기를 마쳐준 피고인의 행위에 원심 판시와 같은 무효사유가 있다 하더라도, 그로 인해 피해 회사 소유의 이 사건 아파트 55세대에 관하여 공소외 2 회사 명의의 소유권이전등기가 실제로 경료된 이상 경제적 관점에서는 피해 회사에 현실적인 손해가 발생하였거나 재산상 실해 발생의 위험이 초래되었다고 봄이 타당하다.(대법원 2017. 10. 26. 선고 2013도6896 판결)

▶ 금융기관이 거래처의 기존 대출금에 대한 원리금에 충당하기 위하여 거래처에 신규대출을 하면서, 형식상 신규대출을 하는 것처럼 서류상 정리를 하였을 뿐 실제로 거래처에 대출금을 새로 교부하지 아니하였다면 그로 인하여 금융기관에 새로운 손해가 발생하지 아니하므로 따로 업무상배임죄가 성립된다고 볼 수 없다. 그렇지만 금융기관이 실제로 거래처에 대출금을 새로 교부한 경우에는 거래처가 그 대출금을 임의로 처분할 수 없다거나 그 밖에 어떠한 이유로든 그 대출금이 기존 대출금의 원리금으로 상환될 수밖에 없다는 등의 특별한 사정이 없는 한, 비록 새로운 대출

금이 기존 대출금의 원리금으로 상환되도록 약정되어 있다고 하더라도 그 대출과 동시에 이미 손해발생의 위험은 발생하였다고 보아야 할 것이므로 업무상배임죄가 성립한다.(대법원 2013. 10. 17. 선고 2013도6826 판결)

(3) 위험성을 인정하지 않은 대한민국 판례

▶ 배임행위가 법률상 무효이기 때문에 본인의 재산상태가 사실상으로도 악화된 바가 없다면 현실적인 손해가 없음은 물론이고 실해가 발생할 위험도 없는 것이어서 본인에게 재산상의 손해를 가한 것이라고 할 수 없으므로 새마을금고이사장이 임무에 위배하여 이사회의 의결없이 타인에게 금고이사장명의로 채무를 부담하는 각서를 작성·교부하였다 하더라도 배임죄가 성립된다고 할 수 없다.(대법원 1987. 11. 10. 선고 87도993 판결)

▶ 배임죄에서 '재산상 손해를 가한 때'에는 현실적인 손해를 가한 경우뿐만 아니라 재산상 실해발생의 위험을 초래한 경우도 포함되나, 그러한 손해발생의 위험조차 초래되지 아니한 경우에는 배임죄가 성립하지 아니한다. 이에 따라 법인의 대표자가 법인 명의로 한 채무부담행위가 법률상 효력이 없는 경우에는 특별한 사정이 없는 한 그로 인하여 법인에 어떠한 손해가 발생하거나 발생할 위험이 있다고 할 수 없으므로 그 대표자의 행위는 배임죄를 구성하지 아니하며, 주식회사의 대표이사 등이 회사의 이익을 위해서가 아니라 자기 또는 제3자의 이익을 도모할 목적으로 대표권을 행사한 경우에 상대방이 대표이사 등의 진의를 알았거나 알 수 있었을 때에는 그 행위는 회사에 대하여 무효가 되므로 위와 같이 보아야 한다.(대법원 2012. 5. 24. 선고 2012도2142 판결)

▶ 상호저축은행이 채무를 보증하거나 담보를 제공하는 행위를 금지하는 구 상호저축은행법(2010. 3. 22. 법률 제10175호로 개정되기 전의 것) 제18조의2 제4호는 효력규정으로서 이에 위배하는 상호저축은행 대표이사

등의 행위는 무효이므로, 그로 인하여 상호저축은행이 민법상 사용자책임 또는 법인의 불법행위책임을 부담하는 등의 특별한 사정이 없는 한 배임죄는 성립하지 아니한다.(대법원 2010. 9. 30. 선고 2010도6490 판결)

▶ 부동산 매매업자 갑이 피고인에게서 구 국토의 계획 및 이용에 관한 법률(2007. 7. 27. 법률 제8564호로 개정되기 전의 것, 이하 '법'이라 한다)에서 정한 토지거래허가구역 내 토지를 매수하면서, 매수인을 자신이 운영하는 부동산컨설팅 회사 직원 을 등의 명의로 하고, 소유권이전등기는 갑이 지정하는 자에게 하기로 하는 내용의 토지매매계약을 체결하고 대금을 지급하였는데, 그 후 위 토지가 허가구역 지정에서 해제되자 피고인이 이를 임의로 처분한 사안에서, 법상 토지거래허가에 필요한 거주요건을 갖추지 못한 갑이 허가요건을 갖춘 병 명의로 허가를 받으려는 의사로 위와 같이 토지매매계약을 체결한 이상, 이와 같은 행위는 처음부터 토지거래허가를 잠탈한 경우에 해당하고, 따라서 위 계약은 처음 체결된 때부터 확정적으로 무효이므로 피고인의 행위가 배임죄를 구성한다고 보기 어려운데도, 위 계약이 토지거래허가를 잠탈하는 내용의 계약이라고 단정할 수 없다는 이유로 피고인에게 배임죄를 인정한 원심판결에 논리와 경험법칙 위반 또는 법리오해의 위법이 있다고 한 사례.(대법원 2011. 6. 30. 선고 2011도614 판결)

[4] 관용의 원칙에 의한 해석

다음의 사례를 생각해보자.

10월 20일부터 수렵 허용 기간이다. A와 B 모두 10월 20일에 사슴을 포획하였다고 하자. 그런데 A는 10월 19일로 알고 수렵을 했으나 실제로는 10월 20일이었다. B는 수렵한 날이 10월 20일인 것은 알고 있었지만 수렵 허용 기간이 10월 21일부터로 알고 있었다. A와 B 모두 불법 수렵을 하려고 의도했다.

객관적으로는 A와 B는 모두 수렵 허용 기간에 수렵을 했다. 그러나 A는 날짜를, B는 허용 기간을 잘못 알았다. 의도는 모두 불법하다.

A는 날짜를 잘못 안 것이어서 위험성이 있고, B는 법규정인 허용 기간을 잘못한 것이므로 위험성이 없다고 할 수도 있다. 그러나 B가 법규정을 잘못 알았다고 하더라도 법규정은 이미 공포된 사실일 뿐이므로 위험성이 있다는 논리로 A, B를 모두 처벌할 수도 있다. 반면에 A가 실제 수렵을 한 날짜가 금지기간이 아니므로 위반이 불가능하고, 위험성이 없으므로 모두 처벌할 수 없다는 결론도 가능하다. 이러한 것은 실질적으로는 원칙이 없는 것과도 같다. 판단자의 주관적 결단에 따라 결정되기 때문이다.

범죄 행위나 범죄 결과 없이 범죄를 저지르려는 마음속의 의도만으로는 형사 처벌할 수 없는 이유는 무고한 인간이 처벌받을 위험성과 남용 가능성 때문이다. 마찬가지로 객관적으로 결과 발생이 불가능함에도 의도에 따른 행위를 했다는 이유로 구성요건에서 정한 손해의 의미를 '두려움, 우려'라는 주관적 판단에 따라 위험성을 인정하여 확장 해석하여 처벌하면 같은 부작용이 있다.

▶ [2] [다수의견] (가) 배임죄로 기소된 형사사건의 재판실무에서 배임죄의 기수시기를 심리·판단하기란 쉽지 않다. 타인의 사무를 처리하는 자가 형식적으로는 본인을 위한 법률행위를 하는 외관을 갖추고 있지만 그러한 행위가 실질적으로는 배임죄에서의 임무위배행위에 해당하는 경우, 이러한 행위는 민사재판에서 반사회질서의 법률행위(민법 제103조 참조) 등에 해당한다는 사유로 무효로 판단될 가능성이 적지 않은데, 형사재판에서 배임죄의 성립 여부를 판단할 때에도 이러한 행위에 대한 민사법상의 평가가 경제적 관점에서 피해자의 재산 상태에 미치는 영향 등을 충분히 고려하여야 하기 때문이다. 결국 형사재판에서 배임죄의 객관적 구성요건요소인 손해 발생 또는 배임죄의 보호법익인 피해자의 재산상 이익의 침해 여부를 판단할 때에는 종래의 대법원판례를 기준으로 하되 구체적 사안별

로 타인의 사무의 내용과 성질, 임무위배의 중대성 및 본인의 재산 상태에 미치는 영향 등을 종합하여 신중하게 판단하여야 한다.

(나) 주식회사의 대표이사가 대표권을 남용하는 등 그 임무에 위배하여 회사 명의로 의무를 부담하는 행위를 하더라도 일단 회사의 행위로서 유효하고, 다만 상대방이 대표이사의 진의를 알았거나 알 수 있었을 때에는 회사에 대하여 무효가 된다. 따라서 상대방이 대표권남용 사실을 알았거나 알 수 있었던 경우 그 의무부담행위는 원칙적으로 회사에 대하여 효력이 없고, 경제적 관점에서 보아도 이러한 사실만으로는 회사에 현실적인 손해가 발생하였다거나 실해 발생의 위험이 초래되었다고 평가하기 어려우므로, 달리 그 의무부담행위로 인하여 실제로 채무의 이행이 이루어졌다거나 회사가 민법상 불법행위책임을 부담하게 되었다는 등의 사정이 없는 이상 배임죄의 기수에 이른 것은 아니다. 그러나 이 경우에도 대표이사로서는 배임의 범의로 임무위배행위를 함으로써 실행에 착수한 것이므로 배임죄의 미수범이 된다.

그리고 상대방이 대표권남용 사실을 알지 못하였다는 등의 사정이 있어 그 의무부담행위가 회사에 대하여 유효한 경우에는 회사의 채무가 발생하고 회사는 그 채무를 이행할 의무를 부담하므로, 이러한 채무의 발생은 그 자체로 현실적인 손해 또는 재산상 실해 발생의 위험이라고 할 것이어서 그 채무가 현실적으로 이행되기 전이라도 배임죄의 기수에 이르렀다고 보아야 한다.

(다) 주식회사의 대표이사가 대표권을 남용하는 등 그 임무에 위배하여 약속어음 발행을 한 행위가 배임죄에 해당하는지도 원칙적으로 위에서 살펴본 의무부담행위와 마찬가지로 보아야 한다. 다만 약속어음 발행의 경우 어음법상 발행인은 종전의 소지인에 대한 인적 관계로 인한 항변으로써 소지인에게 대항하지 못하므로(어음법 제17조, 제77조), 어음발행이 무효라 하더라도 그 어음이 실제로 제3자에게 유통되었다면 회사로서는 어음채무를 부담할 위험이 구체적·현실적으로 발생하였다고 보아야 하

고, 따라서 그 어음채무가 실제로 이행되기 전이라도 배임죄의 기수범이
된다. 그러나 약속어음 발행이 무효일 뿐만 아니라 그 어음이 유통되지도
않았다면 회사는 어음발행의 상대방에게 어음채무를 부담하지 않기 때문
에 특별한 사정이 없는 한 회사에 현실적으로 손해가 발생하였다거나 실
해 발생의 위험이 발생하였다고도 볼 수 없으므로, 이때에는 배임죄의 기
수범이 아니라 배임미수죄로 처벌하여야 한다.

[대법관 박보영, 대법관 고영한, 대법관 김창석, 대법관 김신의 별개의견]
(가) 배임죄는 위험범이 아니라 침해범으로 보아야 한다. 배임죄를 위험범
으로 파악하는 것은 형법규정의 문언에 부합하지 않는 해석이다. 즉 형법
제355조 제2항은 임무에 위배하는 행위로써 재산상의 이익을 취득하거나
제3자로 하여금 이를 취득하게 하여 본인에게 손해를 가한 때에 배임죄가
성립한다고 규정하고 있고, 여기서 '손해를 가한 때'란 문언상 '손해를 현
실적으로 발생하게 한 때'를 의미한다. 그럼에도 종래의 판례는 배임죄의
'손해를 가한 때'에 현실적인 손해 외에 실해 발생의 위험을 초래한 경우
도 포함된다고 해석함으로써 배임죄의 기수 성립 범위를 넓히고 있다. 실
해 발생의 위험을 가한 때는 손해를 가한 때와 전혀 같지 않은데도 이 둘
을 똑같이 취급하는 해석은 문언해석의 범위를 벗어난 것일 뿐만 아니라,
형벌규정의 의미를 피고인에게 불리한 방향으로 확장하여 해석하는 것으
로서 죄형 법정주의 원칙에 반한다. 또한 형법은 다른 재산범죄와 달리 배
임죄의 경우에는 재산상 손해를 가할 것을 객관적 구성요건으로 명시하고
있는데, 이는 타인의 사무를 처리하는 자가 임무에 위배한 행위를 하더라
도 본인에게 현실적인 재산상 손해를 가하지 않으면 배임죄의 기수가 될
수 없다는 점을 강조하기 위한 입법적 조치로 이해된다. 따라서 재산상 손
해가 구성요건으로 명시되어 있지 않은 사기죄나 횡령죄 등 다른 재산범
죄의 재산상 이익이나 손해에 관한 해석론을 같이하여야 할 필요가 없다.
배임죄의 경우에는 구성요건의 특수성과 입법 취지 등을 고려하여 임무에
위배한 행위가 본인에게 현실적인 재산상 손해를 가한 경우에만 재산상

손해 요건이 충족된다고 해석하여야 한다.

(나) 의무부담행위에 따라 채무가 발생하거나 민법상 불법행위책임을 부담하게 되더라도 이는 손해 발생의 위험일 뿐 현실적인 손해에는 해당하지 않는다고 보아야 한다. 배임죄는 재산권을 보호법익으로 하는 범죄이므로 배임죄를 침해범으로 보는 한 재산권에 대한 현실적인 침해가 있는 때에 배임죄의 기수가 된다. 그런데 재산권에 대한 침해라는 측면에서 보면 채무가 발생하여 채무를 이행하여야 할 법률상 의무를 부담한다는 것은 재산권에 대한 현실적인 침해가 아니라 재산권이 침해될 위험이 발생한 것으로 보는 것이 자연스럽다. 이는 어떠한 채무가 발생하였다고 하여 그 채무가 언제나 이행되는 것은 아니라는 점에 비추어 보면 더욱 그러하다. 즉 의무부담행위에 따른 채무가 발생하더라도 채무의 기한이나 조건, 채무자의 자력과 변제 의사, 채권자의 청구와 수령, 소멸시효 등 여러 사정에 따라 그 채무는 실제로 이행될 수도 있고 이행되지 않을 수도 있다. 그럼에도 채무가 발생하여 그 채무를 이행하여야 할 의무를 부담하게 되었다고 하여 곧바로 배임죄의 보호법익인 재산권이 현실적으로 침해되었다고 해석하는 것은, 법익 침해의 위험에 불과한 것을 현실적인 법익의 침해로 사실상 의제하는 것이어서 보호법익의 보호 정도에 따라 침해범과 위험범을 구별하고 있는 형법의 체계에 부합하지 않는다.(대법원 2017. 7. 20. 선고 2014도1104 전원합의체 판결)

배임죄에 있어 구체적으로 민사 채무가 실행되어 집행되기 전 단계인 '본인에게 민사 채무를 부담하게 한 때'가 '본인에게 손해를 가한 때'에 해당하는지에 있어 ① 본인에게 민사 채무를 부담하게 한 때와 ② 구체적으로 민사 채무가 실행되어 집행된 때가 각각 '본인에게 손해를 가한 때'에 해당한다고 해석함이 합리적으로 가능하고, 어떤 것이 타당한지에 대하여 결론을 내릴 수 없다면 관용의 원칙에 따라 후자로 해석함이 상당하다.

그러므로 민사 채무 부담에 그친 때에는 배임미수죄에 해당한다. 그러나 범죄행위 시에는 그 후의 민사 채무의 실행으로 인한 집행을 인식할 수 있으므로 실제 집행이 있었다면 판결의 선고 시까지 기수죄로 공소장을 변경해야 할 것이다.

3] 위증, 무고, 유기, 낙태, 명예훼손, 업무방해, 신용훼손

형벌조항은 ① 범죄행위 ② 구성요건적 상황 ③ 결과로 구성된다. 물론 모든 형벌조항이 ① 범죄행위 ② 구성요건적 상황 ③ 결과를 전부 요하는 것은 아니다.

● **형법**

제324조(강요) ① 폭행 또는 협박으로 사람의 권리행사를 방해하거나 의무없는 일을 하게 한 자는 5년 이하의 징역 또는 3천만원 이하의 벌금에 처한다.

제169조(진화방해) 화재에 있어서 진화용의 시설 또는 물건을 은닉 또는 손괴하거나 기타 방법으로 진화를 방해한 자는 10년 이하의 징역에 처한다.

제152조(위증) ① 법률에 의하여 선서한 증인이 허위의 진술을 한 때에는 5년 이하의 징역 또는 1천만원 이하의 벌금에 처한다.

제156조(무고) 타인으로 하여금 형사처분 또는 징계처분을 받게 할 목적으로 공무소 또는 공무원에 대하여 허위의 사실을 신고한 자는 10년 이하의 징역 또는 1천500만원 이하의 벌금에 처한다.

제271조(유기) ① 나이가 많거나 어림, 질병 그 밖의 사정으로 도움이 필요한 사람을 법률상 또는 계약상 보호할 의무가 있는 자가 유기한 경우에는 3년 이하의 징역 또는 500만원 이하의 벌금에 처한다.

269조(낙태) ① 부녀가 약물 기타 방법으로 낙태한 때에는 1년 이하의 징역 또는 200만원 이하의 벌금에 처한다.

제313조(신용훼손) 허위의 사실을 유포하거나 기타 위계로써 사람의 신용을 훼손한

자는 5년 이하의 징역 또는 1천500만원 이하의 벌금에 처한다.

제314조(업무방해) ① 제313조의 방법 또는 위력으로써 사람의 업무를 방해한 자는 5년 이하의 징역 또는 1천500만원 이하의 벌금에 처한다.

제307조(명예훼손) ① 공연히 사실을 적시하여 사람의 명예를 훼손한 자는 2년 이하의 징역이나 금고 또는 500만원 이하의 벌금에 처한다.
② 공연히 허위의 사실을 적시하여 사람의 명예를 훼손한 자는 5년 이하의 징역, 10년 이하의 자격정지 또는 1천만원 이하의 벌금에 처한다.

예를 들어 강요죄에서 행위는 '폭행 또는 협박'이고, 결과는 '다른 사람의 권리행사를 방해하거나 의무 없는 일을 하도록 하는 것'이다. 진화방해죄에 있어서 구성요건적 상황은 '화재에 있어서'이다.

위증죄, 무고죄, 유기죄, 낙태죄는 구성요건에 기재된 행위를 종료하면 범죄가 성립하고 별도로 위험의 발생을 요하지 않는다. 형법에 의하면 유기, 낙태는 행위로 규정되어 있다. 따라서 형벌조항에 위험의 발생을 요건으로 하지 않음에도 위험의 발생을 요한다고 해석할 필요가 없다. 그러나 유기, 낙태가 무엇인지를 형벌조항에 구체적으로 규정할 필요가 있다.

명예훼손, 업무방해, 신용훼손죄와 같은 침해범은 결과가 발생해야 한다. 그런데 형벌조항에 '결과 발생의 가능성'이 기재되어 있지 않음에도 이를 포함한다는 해석은 엄격 해석에 반한다.

2. 언외의 예외, 명백한 과오

형벌조항의 문자의 의미가 분명하더라도 그대로 해석하면 피고인에게 지나치게 가혹하거나, 또 심히 어리석거나 상식적 가치도 없을 때에는 문자대로의 의미가 아닌 다른 의미임을 인정할 수 있는 입법 의도를 확인하여 문자 그대로 해석하지 않는다(Implied Exception and Obvious Mistakes).[398]

가령 '고의로 우편배달을 방해하는 행위'를 처벌하는 조항이 있다고 하자. 경찰관이 영장에 의해 살인범인 우편배달원을 체포하는 바람에 우편배달이 방해된 경우 경찰관의 체포행위는 위 형벌조항에 적용되지 않는다고 해석한다. 이때에도 '우편배달을 방해한 때'에 해당한다고 문자대로 해석하면 부정의하고, 어리석은 결과가 되기 때문이다.

호텔 경영주가 '호텔, 식당 혹은 레스토랑'에서 손님이 잠을 잘 수 있도록 허락하면 처벌하는 조항이 있다고 하자. 그런데 호텔 경영주가 호텔의 방에서 손님이 잠을 자도록 허락함은 당연히 허용되는 일이다. 그러나 위 조항을 문자 그대로 해석하면 호텔에서 잠을 자도록 한 때에도 적용된다. 따라서 위 형벌조항의 '호텔,'에서 ','를 삭제하여 '호텔 식당 혹은 레스토랑'으로, 즉 '호텔의 식당 혹은 레스토랑'으로 해석해서 호텔 경영주를 처벌하지 않는다. 호텔의 경영주라도 호텔의 식당 또는 레스토랑에서 숙박을 허용하면 위생에 문제가 발생하므로 처벌하려는 입법 의도를 반영하는 해석이다. 그러나 형벌조항이 명백하게 잘못되었다고 하더라도 피고인에게 유리한 때에는 이를 시정하여 해석하지 않는다. 피고인에게 불리한 해석이 되기 때문이다.[399]

입법부에는 항상 피고인에게 지나치게 가혹하거나, 또 심히 어리석거나 상식적 가치도 없는 입법을 피할 의도가 있다고 추정한다.

단속 경찰관이 범인을 추적하는 과정에서 과속한 경우, 자신의 생명을 구하기 위해 어쩔 수 없는 상황에서 다른 사람 소유의 음식을 절취한 경우, 경찰의 함정수사에 의해 경찰에게 술을 판매한 경우 등에 있어 처음부터 구성요건에 해당하지 않는다는 해석은 일단 범죄가 성립한다고 해석한 후 피고인이 긴급피난이나 자구행위를 주장하는 것보다 피고인에게 유리하다.[400]

---

398 Wayne R. LaFave, 『Criminal Law』(4th edition), Thomson West, (2003), 86쪽

399 Wayne R. LaFave, 『Criminal Law』(4th edition), Thomson West, (2003), 87~88쪽

400 Wayne R. LaFave, 『Criminal Law』(4th edition), Thomson West, (2003), 87쪽

3. 맥락

가) 의의

언어는 의사소통의 목적 달성을 위한 수단이자 장치이다. 이 의사소통의 목적은 맥락을 통해 정확한 이해가 가능하다.

가령 "나는 마당에서 고양이를 보았다."라는 문장이 있다고 하자. 이때 이 문장이 마당에 나무나 개, 낙엽이 없다는 의미인가는 맥락에 달려 있다. 위 문장이 마당에 있는 모든 것에 대한 설명이라면 나무나 개, 낙엽이 없다는 의미이다. 그러나 마당에 고양이가 있는지, 없는지에 대한 설명이라면 그렇지 않다. 따라서 맥락을 고려하지 않고서는 정확한 의사소통이 되지 않는다.

또 "A가 도자기 진열장 옆에 있는 B를 노려 총을 쏘았다."라는 문장에서 '노려'는 B만을 수식한 것일 수 있다. 이때에는 B가 어디 있는지는 문제되지 않는다. 그러나 '노려'가 A가 도자기 진열장 옆에 있는 상태, 즉 문장 전체를 수식한 것일 수도 있다. 이때에는 B가 어디 있는지가 의미 있게 된다.

이처럼 법조항의 의미는 문자 자체의 분명함과 상관없이 맥락에도 의존한다. 따라서 법조항은 전체로서 해석해야 한다.[401] 언어는 서로 관련되어 각각의 의미는 다른 것과 서로 관통하고, 또 전체적으로도 그 단어가 사용된 맥락으로부터 의미를 가지게 된다.[402] 따라서 한 조항의 의미를 해석할 때에는 법률에 있는 다른 조항을 참조하여 해석할 수 있다(Intra Textualism).[403] 법조항의 단어를 고립적으로 분석해서는 안 된다. 법률의 전

---

[401] (a statute is to be read as a whole since the meaning of statutory language, plain or not, depends on context.)

[402] King v. St. Vincent's Hosp., 502 U.S. 215 (1991), 221쪽; (Words are not pebbles in alien juxtaposition; they have only a communal existence; and not only does the meaning of each interpenetrate the other, but all in their aggregate take their purport from the setting in which they are used.)

[403] James Dawson, "Public Danger", 36 Cardozo L. Rev. 2183, (2015), 2198쪽

체적인 구성과 맥락을 고려하여 특정 조항과 절을 살핌으로써 법률의 다른
여러 부분과 조화를 이루도록 해석해야 한다.[404]

한 개의 법조항만을 볼 때에는 애매해도 나머지 법조항이나 법체계를 종
합하면 명료해 질 수 있다. 그 법조항의 문구가 다른 곳에 사용되어 맥락상
명료해지거나 가능한 여러 해석 중 특정한 해석만이 다른 법조항과 양립할
수 있어 그 해석이 타당하게 되기 때문이다.[405] 따라서 형벌조항의 의미를
해석함에 있어서는 전체적 맥락 및 그 단어가 위치한 구체적 맥락을 고려해
야 한다.

물론 각각의 사건은 구체적 사실관계가 모두 다르므로 구체적 사건마다
맥락이 다르기 때문에[406] 법조항의 해석을 고유하게 할 수 있다.

그러나 형벌조항에서 반복해서 나오는 단어는 일관되게 해석한다.[407] 같
은 단어를 사실 관계가 다르다고 해서 다른 의미로 해석할 수 없다.[408] 형벌
조항의 의미는 적용할 때마다 달라질 수 없다. 이렇게 다르게 해석하면 형
벌조항은 그때그때 달라지기 때문이다.

형벌조항에 있어 일반적인 개념의 단어는 조문에 있는 보다 구체적인 개
념의 단어와 일관되고 유사하게 해석해야 한다.[409]

---

[404] People v. Acostga, 29 Cal. 4th 105 (2002), 112쪽; (Courts must harmonize the various parts
of a statutory enactment by considering the particular clause or section in the context of the
statutory framework as a whole.)

[405] United Savings Assn. of Texas v. Timbers of Inwood Forest Associations, Ltd., 484 U.S. 365
(1988), 371쪽

[406] Morell E. Mullins, Sr., "Tools, Not Rules: The Heuristic Nature of Statutory Interpretation", 30
J. Legis 1 (2003), 46쪽

[407] Michael L. Travers, "Mistake of law in mala prohibita crimes", 62 U. Chi. L. Rev. 1301 (1995),
1308쪽

[408] U.S. v. Santos, 553 U.S. 507 (2008), 521쪽

[409] State v. Seger, 1 Wash. App. 516 (1969), 518쪽; State v. Roadhs, 71 Wash. 2d 705(1967), 708쪽;
(More general terms in a statute are interpreted in a manner consistent with and analogous
to more specific terms of the statute. Noscitur a sociis.)

같은 주제를 다루는 법률[410]에서의 단어는 반드시 종합적으로 해석해야 한다.[411]

단어는 문법과 맥락에 따라 의미가 달라지기도 하므로 명확한 단어도 문법과 맥락에 따라 실제로는 애매할 수 있다.

예를 들어 '누구든 고의로 아동 포르노를 묘사한 사진을 배포한 자[412]'를 처벌하는 조항이 있다고 하자. 이 경우 '고의로'가 '배포'만을 수식하는지, 혹은 문장 전체, 즉 배포의 내용물이 아동 포르노임을 아는 것까지를 내용으로 하는지 애매하다. 이때 후자로 해석하면 법해석이 아닌 새로운 구성요건의 추가로 입법에 해당한다는 비판을 받을 수 있다. 따라서 후자의 의도임을 명확히 하기 위해 입법부는 '누구든 아동 포르노를 내용으로 함을 알면서 아동 포르노를 묘사한 사진을 고의로 배포한 자[413]'와 같이 규정해야 한다.[414]

나) 예

1) 아동 · 청소년의 성보호에 관한 법률

● 아동 · 청소년의 성보호에 관한 법률

　제11조(아동 · 청소년성착취물의 제작 · 배포 등) ② 영리를 목적으로 아동 · 청소년성착취물을 판매 · 대여 · 배포 · 제공하거나 이를 목적으로 소지 · 운반 · 광고 · 소개하거나 공연히 전시 또는 상영한 자는 5년 이상의 징역에 처한다.

410　'in pari materia', 이는 'upon the same subject'라는 의미의 라틴어이다.

411　Wayne R. LaFave, 『Criminal Law』(4th edition), Thomson West, (2003), 96쪽; (must be construed together.)

412　(any person who knowingly distributes a depiction that contains child pornograph shall be punished.)

413　(any person who knowingly distributes a depiction, knowing the depiction to contain child pornography.)

414　Lawrence M. Solan, "Why Laws Work Pretty Well, but Not Great: Words and Rules in Legal Interpretation", 26 Law & Soc. Inquiry 243 (2001), 262쪽

③ 아동 · 청소년성착취물을 배포 · 제공하거나 이를 목적으로 광고 · 소개하거나 공연히 전시 또는 상영한 자는 3년 이상의 징역에 처한다.

④ 아동 · 청소년성착취물을 제작할 것이라는 정황을 알면서 아동 · 청소년을 아동 · 청소년성착취물의 제작자에게 알선한 자는 3년 이상의 징역에 처한다.

⑤ 아동 · 청소년성착취물을 구입하거나 아동 · 청소년성착취물임을 알면서 이를 소지 · 시청한 자는 1년 이상의 징역에 처한다.

위 제11조 제2항에서는 다음과 같은 3가지 점이 애매하다.

첫째 '소지 · 운반 · 광고 · 소개'를 '판매 · 대여 · 배포 · 제공을 목적으로'만이 수식하는지 아니면 '영리를 목적으로'도 수식하는지 여부이다. 가령 영리 목적 없이 대여 목적으로 소지한 때에도 포함한다고 해석할 수 있는가이다.

예를 들면 영리 목적은 없이 단지 친구에게 빌려줄 목적으로 소지한 때 이 조항을 적용할 수 있는지가 문제된다. 만일 적용할 수 있다면 영리를 목적으로 판매한 행위와 영리 목적 없이 빌려줄 목적으로 소지한 행위의 가벌성을 같다고 보아 같은 법정형으로 처벌할 수 있는가에 대한 애매함이 발생한다.

둘째 '영리를 목적으로'와 '이를 목적으로'가 '공연히 전시 또는 상영한'을 수식하는지 여부이다. 가령 영리 목적 및 판매 · 대여 · 배포 · 제공할 목적 없이 공연히 전시한 행위도 포함한다고 해석할 수 있는 지이다. 위 제3항에 '공연히 전시 또는 상영한 자'가 있는 것에 비추어 보면 제2항은 '영리 목적 및 판매 · 대여 · 배포 · 제공할 목적이 있는 공연히 전시한 행위'로 한정하는 것이 아닌가에 대한 애매함이 발생한다. '아동 · 청소년성착취물을 배포 · 제공할 목적으로 공연히 전시 또는 상영'한 것으로 해석한다면 제2항과 제3항은 중복된다.

셋째 영리를 목적으로 비디오를 판매한 자가 판매한 비디오물 중 아동 · 청소년성착취물이 있었지만 이를 몰랐을 경우도 본 조항에 해당하는지 여부이다. 아동 · 청소년성착취물임을 알았을 것을 명시한 제5항에 대비해 보면 아동 · 청소년성착취물인지 몰라도 영리를 목적으로 판매하면 적용할 수 있다고 해석할 수 있는 가능성이 있어 애매함이 발생한다.

입법부는 이러한 애매함이 발생하지 않도록 명확하게 입법해야 한다.

2] 지배 · 개입의 부당노동행위

● 노동조합 및 노동관계조정법

제90조(벌칙) 제44조제2항, 제69조제4항, 제77조 또는 제81조제1항의 규정에 위반한 자는 2년 이하의 징역 또는 2천만원 이하의 벌금에 처한다.

제81조(부당노동행위) ① 사용자는 다음 각 호의 어느 하나에 해당하는 행위(이하 "不當勞動行爲"라 한다)를 할 수 없다.
4. 근로자가 노동조합을 조직 또는 운영하는 것을 지배하거나 이에 개입하는 행위와 근로시간 면제한도를 초과하여 급여를 지급하거나 노동조합의 운영비를 원조하는 행위. 다만, 근로자가 근로시간 중에 제24조 제2항에 따른 활동을 하는 것을 사용자가 허용함은 무방하며, 또한 근로자의 후생자금 또는 경제상의 불행 그 밖에 재해의 방지와 구제 등을 위한 기금의 기부와 최소한의 규모의 노동조합사무소의 제공 및 그 밖에 이에 준하여 노동조합의 자주적인 운영 또는 활동을 침해할 위험이 없는 범위에서의 운영비 원조행위는 예외로 한다.

▶ 사용자가 연설, 사내방송, 게시문, 서한 등을 통하여 의견을 표명할 수 있는 언론의 자유를 가지고 있음은 당연하나, 그 표명된 의견의 내용과 함께 그것이 행하여진 상황, 시점, 장소, 방법 및 그것이 노동조합의 운영이나 활동에 미치거나 미칠 수 있는 영향 등을 종합하여 노동조합의 조직이나 운영 및 활동을 지배하거나 이에 개입하는 의사가 인정되는 경우에는 '근로자가 노동조합을 조직 또는 운영하는 것을 지배하거나 이에 개입하는 행위'로서 부당노동행위가 성립한다(대법원 1998. 5. 22. 선고 97누8076 판결 등 참조). 또 그 지배 · 개입으로서의 부당노동행위의 성립에 반드시 근로자의 단결권의 침해라는 결과의 발생까지 요하는 것은 아니다(대법원 1997. 5. 7. 선고 96누2057 판결 등 참조).

기록에 비추어 살펴보면, 원심이 같은 법리를 전제로 하여, 제1심이 적법
하게 채택·조사한 증거들에 의하면, 회사의 조합비에 대한 가압류로 인해
경제적인 어려움을 겪고 있던 지회가 이를 극복하기 위한 방안으로 채권
을 발행하기로 하자, 피고인 1, 2 등이 2회에 걸쳐 지회의 채권발행을 중
단할 것을 촉구하고, <u>업무에 지장을 초래하는 채권발행이나 근무시간 중
의 채권발행에 대하여 엄중 조치하겠다는 내용의 공문을 발송한 사실이
인정되고,</u> 당시 노동조합의 경제적 상황과 회사 측 공문 내용 등에 비추어
보면 위와 같은 행위는 단순히 사용자의 입장에서 노사현안에 대한 의견
을 개진하는 수준을 넘어 조합원 개개인의 판단과 행동, 노동조합의 운영
에까지 영향을 미치려는 시도로서 노동조합의 운영에 개입하는 행위임을
충분히 인정할 수 있고, 이 사건에 있어 실제로 지회가 회사의 의견을 무
시한 채 채권발행을 강행하여 사용자 측의 위와 같은 의사표명이 노조활
동에 전혀 영향을 미치지 못하였다고 하더라도 이 부분 공소사실을 유죄
로 인정하는 데 장애가 되지 아니한다고 판단한 것은 정당하고, 거기에 상
고이유의 주장과 같이 판결 결과에 영향을 미친 법리오해나 채증법칙 위
배 또는 심리미진에 의한 사실오인 등의 위법이 있다고 할 수 없다.(대법
원 2006. 9. 8. 선고 2006도388 판결)

노동조합 및 노동관계조정법 제81조 제1항 제4호의 부당노동행위는 노
조의 결정과 운영에 대해 지배·개입하거나 재정적, 기타 지원을 금지한
다.[415]
이는 자율적인 노조의 결성과 운영을 막기 위해 고용주가 노조를 만들거
나 노조를 조정하는 행위를 방지하려는 조항이다. 즉 회사가 지배하는 노조
가 근로자의 자율적 노조 결성 및 운영 노력을 훼방하는 일을 방지하는 데

---

[415] National Labor Relations Act, 29 U.S.C.A. §158 (a) Unfair labor practices by employer도 같은
규정이다.

입법취지가 있다.[416]

● 노동조합 및 노동관계조정법

제1조(목적) 이 법은 헌법에 의한 근로자의 단결권 · 단체교섭권 및 단체행동권을 보장하여 근로조건의 유지 · 개선과 근로자의 경제적 · 사회적 지위의 향상을 도모하고, <u>노동관계를 공정하게 조정하여</u> 노동쟁의를 예방 · 해결함으로써 산업평화의 유지와 국민경제의 발전에 이바지함을 목적으로 한다.

노동조합법은 노조와 경영자의 대심구조(Adversary Model)를 논리로 한다. 즉 노조와 경영자는 서로 대립되고 독립된 구조에서 근로조건 등에 대해 논의해야 회사가 장기적으로 발전할 수 있는데, 만일 경영자가 노조를 지원하면 대심적 구조가 무너져 결국 근로자의 이익은 물론 경제 발전을 저해하게 된다는 이론에 기초한 것이다.[417]

이처럼 근로조건 등에서 노조와 경영자의 대심구조를 추구하므로 미국 연방 노동관계법에는 고용주의 부당노동행위와 더불어 노조의 부당노동행위 금지 규정이 있다.[418] 가령 노조가 고용주에게 특정한 작업 배치를 강제하거나 요구하는 행위, 특정한 근로자를 차별하도록 요구하는 행위 등이 금지된다. 물론 노동관계법 위반이 범죄로 되어있지는 않다.

미국 노동관계법상 지배(Dominion)는 고용주가 노조의 정책 내용이나 조합 선거에 영향을 미치는 구성강령(Constitution)이나 규칙(Bylaws) 등에 대하여 지시함을 말한다.[419] 개입(Interference)은 지배와 완전히 구별되는 의미는

---

416 Fed. Lab. Law: NLRB Prac. §6:3 참조; Electromation, Inc., 309 N.L.R.B. 990, 142 L.R.R.M. (BNA) 1001, 1992-93 NLRB Dec. (CCH) P 17609, 1992 WL 386692 (1992); E.I. du Pont de Nemours & Co., 311 N.L.R.B. 893, 143 L.R.R.M. (BNA) 1121, 143 L.R.R.M. (BNA) 1268, 1993 WL 191471 (1993)

417 "New Standard for Domination and Support under Section 8(A)(2)", 82 Yale L. J. 510, (1973), 515쪽

418 National Labor Relations Act, 29 U.S.C.A. §158 (b) Unfair labor practices by labor organization

419 Martin T. Moe, "Participatory Workplace Decisionmaking and the NLRA: Section 8(A)(2),

아니지만 조합의 자율성을 저해하는 것을 포섭하기 위한 개념이다. 이는 고용주가 조합의 구성강령이나 규칙을 설계하는데 적극적으로 참여하여 고용주의 동의 없이는 조합의 구성조직을 바꿀 수 없게 하는 것을 의미한다. 노동조합의 선거나 내부운영에 참여하거나 조합의 의제(Agenda)나 모임의 절차(Procedure of Meeting)를 감독하는 것이 이에 해당한다.[420]

고용주도 표현의 자유가 있으므로 노동조합에 대한 일반적 의견을 표현할 수 있다. 즉 미국 노동관계법 제158조 (c)항은 "보복의 협박이나 강제력 또는 이익 약속이 없는 견해 표현"의 표제 하에 "서면, 인쇄물, 그래픽 또는 시각적 형태의 견해, 논증 또는 의견의 표현은 만일 그 표현에 보복의 협박이나 강제력 또는 이익 약속이 없는 한 이 이하의 조항에 의한 부당한 노동 관행을 구성하거나 또는 그 점을 입증하는 증거가 되지 않는다."라고 규정한다.[421] 이 조항에 의하면 조합에 가입했을 때의 좋지 않은 결과에 대한 경고를 할 수는 있지만 그것이 협박을 가장하는 것이라면 허용되지 않을 것이다.

◆ '노조는 필요 없다. 노조결성에 반대표를 던지는 것이 결국 노동자와 그 가족에게 최선이다.'는 취지로 말한 것은 허용된다.[422]

◆ 미국 자동차 산업 쇠락의 부분적 원인이 노조의 엉터리 작업규칙 때문이며 1/3

Electronmation, and the Specter of the Company Union", 68 N.Y.U.L.Rev. 1127 (1993), 1139쪽

420 Martin T. Moe, "Participatory Workplace decisionmaking and the NLRA:Section 8(A)(2), Electronmation, and the specter of the company union", 68 N.Y.U.L.Rev. 1127 (1993), 1139쪽

421 ((c) Expression of views without threat of reprisal or force or promise of benefit
The expressing of any views, argument, or opinion, or the dissemination thereof, whether in written, printed, graphic, or visual form, shall not constitute or be evidence of an unfair labor practice under any of the provisions of this subchapter, if such expression contains no threat of reprisal or force or promise of benefit.)

422 Charlotte S. Alexander, "Anticipatory retaliation, threats, and the silencing of the brown collar workforce", 50 Am. Bus. L. J. 779, (2013), 821쪽; Werthan Packaging, Inc., 345 N.L.R.B. 343 (N.L.R.B. 2005)

의 노조원이 노조 때문에 공장문을 닫게 되어 결국 자리를 잃었다는 취지의 발언도 허용된다.[423]

◆ 노조원이 폭력을 행사하는 영화를 보고 '그런 폭력이 우리와 우리 사회, 우리 친구에게도 행사될 수 있다.'고 말하는 것도 허용된다.[424]

지배는 '자기의 의사대로 복종하게 하여 다스림', 개입은 '관계없는 일에 끼어 듦', 간섭은 '직접 관계가 없는 남의 일에 부당하게 참견함'을 의미한다. 이 의미는 '위협', '방해'와 구별된다. 위협이나 방해는 노조활동에 지장을 초래함을 요할 것이지만, 지배·개입은 이러한 결과를 요하지 않을 것이다. 그러나 지배·개입은 의사과정을 장악하여 영향력을 미치는 것을 요한다고 할 수 있다.

가령 내부 회의를 하는데 밖에서 소음 등을 일으킨다면 방해라고 할 수 있지만 지배·개입이라고 할 수는 없다. 반면 회의의 참가자에게 일정한 의사를 강제하거나 일정한 의사결정을 하도록 조종한다면 회의가 방해 없이 진행되었다고 하더라도 지배·개입이라고 할 수 있을 것이다.

제81조 제1항 제4호는 '지배·개입'과 상응하여 '초과하여 급여를 지급하거나 노동조합의 운영비를 원조하는 행위'를 금지하고 있다. 단어는 그 옆의 다른 단어에 의해 그 의미를 알 수 있다는 원칙에 의하면 '지배·개입'은 '초과하여 급여를 지급하거나 노동조합의 운영비를 원조하는 행위'와 같이 노조의 자율적 의사 결정에 간여하는 것으로 해석해야 한다. 이러한 해석은 확장 해석 금지에도 부합한다.

[423] Charlotte S. Alexander, "Anticipatory retaliation, threats, and the silencing of the brown collar workforce", 50 Am. Bus. L. J. 779, (2013), 821쪽; Int'l Union, UAW v. NLRB, 834 F.2d 816 (9th Cir. 1987), 819쪽

[424] Charlotte S. Alexander, "Anticipatory Retaliation, Threats, and the Silencing of the Brown Collar Workforce", 50 Am. Bus. L. J. 779, (2013), 821쪽; Luxuray of N.Y., Div. of Beaunit Corp. v. NLRB, 447 F.2d 112 (2d Cir. 1971), 115쪽

3) 대한민국 판례

▶ 형법 제151조 소정의 범인도피죄에서 '도피하게 하는 행위'는 은닉 이외의 방법으로 범인에 대한 수사, 재판 및 형의 집행 등 형사사법의 작용을 곤란 또는 불가능하게 하는 일체의 행위를 말하는 것으로서 그 수단과 방법에는 어떠한 제한이 없고, 또한 위 죄는 위험범으로서 현실적으로 형사사법의 작용을 방해하는 결과가 초래될 것이 요구되지 아니하지만, 같은 조에 함께 규정되어 있는 은닉행위에 비견될 정도로 수사기관의 발견·체포를 곤란하게 하는 행위 즉 직접 범인을 도피시키는 행위 또는 도피를 직접적으로 용이하게 하는 행위에 한정된다고 해석함이 상당하고, 그 자체로는 도피시키는 것을 직접적인 목적으로 하였다고 보기 어려운 어떤 행위의 결과 간접적으로 범인이 안심하고 도피할 수 있게 한 경우까지 포함되는 것은 아니다.(대법원 2003. 2. 14. 선고 2002도5374 판결)

▶ [다수의견] (마) 동일한 법령에서의 용어는 법령에 다른 규정이 있는 등 특별한 사정이 없는 한 동일하게 해석·적용되어야 한다. 공전자기록등위작죄와 사전자기록등위작죄는 행위의 객체가 '공전자기록'이냐 아니면 '사전자기록'이냐만 다를 뿐 다른 구성요건은 모두 동일하고, 두 죄 모두 형법 제20장(문서에 관한 죄)에 규정되어 있다. 나아가 형법은 사문서의 경우 유형위조(제231조)만을 처벌하면서 예외적으로 무형위조(제233조)를 처벌하고 있는 반면, 공문서의 경우에는 유형위조(제225조)뿐만 아니라 별도의 처벌규정을 두어 무형위조(제227조)를 함께 처벌하고 있다. 그런데 전자기록등위작죄를 문서위조죄에 대응하는 죄로 보아 권한 있는 사람이 그 권한을 남용하여 허위의 정보를 입력함으로써 시스템 설치·운영 주체의 의사에 반하는 사전자기록을 생성하는 행위에 대하여 사전자기록등위작죄로 처벌할 수 없는 것으로 해석한다면, 이에 상응하여 권한 있는 사람이 그 권한을 남용하여 허위의 정보를 입력함으로써 시스템 설치·운영

주체의 의사에 반하는 공전자기록을 생성하는 행위에 대하여도 형법 제
227조의2에서 정한 공전자기록등위작죄로 처벌할 수 없는 것으로 해석해
야 한다. 이는 권한 있는 사람의 허위공문서작성을 처벌하고 있는 형법과
도 맞지 않아 부당하다. 특히 전산망 시스템의 구축과 설치·운영에는 고
도의 기술성·전문성·신뢰성을 요하므로 허위의 전자기록을 작성한 경우
에는 처벌할 필요성이 문서에 비해 훨씬 더 크다.(대법원 2020. 8. 27. 선
고 2019도11294 전원합의체 판결)

▶ 형법 제214조는 제1항에서 "행사할 목적으로 대한민국 또는 외국의 공
채증서 기타 유가증권을 위조 또는 변조한 자는 10년 이하의 징역에 처한
다."라고 정하여 유가증권의 발행에 관한 위조·변조행위를 처벌하고, 이
와 별도로 제2항에서 "행사할 목적으로 유가증권의 권리의무에 관한 기재
를 위조 또는 변조한 자도 전항의 형과 같다."라고 정하여 유가증권의 배
서·인수·보증 등에 관한 위조·변조행위를 처벌하고 있다.
부정수표 단속법은 부정수표 등의 '발행'을 단속·처벌함으로써 국민의 경
제생활의 안전과 유통증권인 수표의 기능을 보장함을 목적으로 한다(제1
조). 구 부정수표 단속법(2010. 3. 24. 법률 제10185호로 개정되기 전의
것, 이하 '구 부정수표 단속법'이라 한다) 제2조에서 처벌 대상으로 정하고
있는 부정수표를 작성한 자는 수표용지에 수표의 기본요건을 작성한 자라
고 보아야 하므로, 구 부정수표 단속법 제2조도 부정수표 발행을 규율하
는 조항이라고 해석된다. 수표위조·변조죄에 관한 구 부정수표 단속법 제
5조는 "수표를 위조 또는 변조한 자는 1년 이상의 유기징역과 수표금액의
10배 이하의 벌금에 처한다."라고 정하여 수표의 강한 유통성과 거래수단
으로서의 중요성을 감안하여 유가증권 중 수표의 위조·변조행위에 관하
여는 범죄성립요건을 완화하여 초과주관적 구성요건인 '행사할 목적'을 요
구하지 않는 한편, 형법 제214조 제1항 위반에 해당하는 다른 유가증권위
조·변조행위보다 그 형을 가중하여 처벌하려는 규정이다.

위에서 본 것처럼 형법 제214조에서 발행에 관한 위조·변조는 대상을 '유가증권'으로, 배서 등에 관한 위조·변조는 대상을 '유가증권의 권리의무에 관한 기재'로 구분하여 표현하고 있는데, 구 부정수표 단속법 제5조는 위조·변조 대상을 '수표'라고만 표현하고 있다. 구 부정수표 단속법 제5조는 유가증권에 관한 형법 제214조 제1항 위반행위를 가중처벌하려는 규정이므로, 그 처벌범위가 지나치게 넓어지지 않도록 제한적으로 해석할 필요가 있다.

따라서 구 부정수표 단속법 제5조에서 처벌하는 행위는 수표의 발행에 관한 위조·변조를 말하고, 수표의 배서를 위조·변조한 경우에는 수표의 권리의무에 관한 기재를 위조·변조한 것으로서, 형법 제214조 제2항에 해당하는지 여부는 별론으로 하고 구 부정수표 단속법 제5조에는 해당하지 않는다.(대법원 2019. 11. 28. 선고 2019도12022 판결)

▶ 구 보조금의 예산 및 관리에 관한 법률(2011. 7. 25. 법률 제10898호 보조금 관리에 관한 법률로 개정되기 전의 것, 이하 '보조금관리법'이라 한다) 제40조에 규정된 '허위의 신청 기타 부정한 방법'이라 함은 정상적인 절차에 의해서는 같은 법에 의한 보조금을 지급받을 수 없음에도 위계 기타 사회통념상 부정이라고 인정되는 행위로서 보조금 교부에 관한 의사결정에 영향을 미칠 수 있는 적극적 및 소극적 행위를 뜻한다. 또한, 위 법률 조항은 보조금 등을 실제로 교부받은 경우만을 처벌하는 내용이고 달리 같은 법에 그 미수죄를 규정하지 않고 있는 점 및 같은 법 제42조에서 개별적인 보조금 행정상의 절차 위반에 대하여 별개의 처벌규정을 두고 있는 점 등에 비추어, 그 취지는 국가의 재정적 이익을 보호법익으로 하여 그 침해를 처벌함에 있고 추상적으로 보조금 행정의 질서나 공정성에 대한 위험 또는 보조금 행정상 개개 절차의 위반 자체를 처벌하는 것은 아니므로, 같은 조 소정의 '부정한 방법으로 보조금의 교부를 받은' 경우라 함은 보조금의 교부 대상이 되지 아니하는 사무 또는 사업에 대하여 보

조금을 받거나 당해 사업 등에 교부되어야 할 금액을 초과하여 보조금을 교부받는 것을 가리키며, 보조금을 교부받음에 있어 다소 정당성이 결여된 것이라고 볼 여지가 있는 수단이 사용되었더라도 보조금을 교부받아야 할 자격이 있는 사업 등에 대하여 정당한 금액의 교부를 받은 경우는 여기에 해당하지 아니한다. (대법원 2014. 3. 27. 선고 2013도6886 판결)

● **수난구호법**
제1조(목적) 이 법은 해수면과 내수면에서 조난된 사람, 선박, 항공기, 수상레저기구 등의 수색 · 구조 · 구난 및 보호에 필요한 사항을 규정함으로써 조난사고로부터 국민의 생명과 신체 및 재산을 보호하고 공공의 복리증진에 이바지하는 것을 목적으로 한다.

제2조(정의) 이 법에서 사용하는 용어의 정의는 다음과 같다.
3. "수난구호"란 해수면 또는 내수면에서 조난된 사람 및 선박, 항공기, 수상레저기구 등(이하 "선박등"이라 한다)의 수색 · 구조 · 구난과 구조된 사람 · 선박등 및 물건의 보호 · 관리 · 사후처리에 관한 업무를 말한다.
4. "조난사고"란 해수면 또는 내수면에서 선박등의 침몰 · 좌초 · 전복 · 충돌 · 화재 · 기관고장 및 추락 등으로 인하여 사람의 생명 · 신체 및 선박등의 안전이 위험에 처한 상태를 말한다.
7. "구조"란 조난을 당한 사람을 구출하여 응급조치 또는 그 밖의 필요한 것을 제공하고 안전한 장소로 인도하기 위한 활동을 말한다.

제18조(인근 선박등의 구조지원) ① 조난현장의 부근에 있는 선박등의 선장 · 기장 등은 조난된 선박등이나 구조본부의 장 또는 소방관서의 장으로부터 구조요청을 받은 때에는 가능한 한 조난된 사람을 신속히 구조할 수 있도록 최대한 지원을 제공하여야 한다. 다만, 조난사고의 원인을 제공한 선박의 선장 및 승무원은 요청이 없더라도 조난된 사람을 신속히 구조하는 데 필요한 조치를 하여야 한다.

▶ [4] [다수의견] 수난구호법 제1조, 제2조 제3호, 제4호, 제7호, 제18조 제1항의 체계, 내용 및 취지와 더불어, <u>수난구호법 제18조 제1항은 구조대상을 '조난된 선박'이 아니라 '조난된 사람'으로 명시하고 있는데, 같은 법 제2조 제4호에서 조난사고가 다른 선박과의 충돌 등 외부적 원인 외에</u>

화재, 기관고장 등과 같이 선박 자체의 내부적 원인으로도 발생할 수 있음을 전제로 하고 있으므로, 조난된 선박의 선장 및 승무원이라 하더라도 구조활동이 불가능한 상황이 아니라면 구조조치의무를 부담하게 하는 것이 조난된 사람의 신속한 구조를 목적으로 하는 수난구호법의 입법 취지에 부합하는 점을 고려하면, 수난구호법 제18조 제1항 단서의 '조난사고의 원인을 제공한 선박의 선장 및 승무원'에는 조난사고의 원인을 스스로 제공하여 '조난된 선박의 선장 및 승무원'도 포함된다.

[대법관 이상훈, 대법관 김용덕, 대법관 김신, 대법관 조희대, 대법관 이기택의 반대의견] '조난된 선박의 선장 및 승무원'은 수난구호법 제18조 제1항 본문의 구조대상이 되는 '조난된 사람'에 해당한다. 선박 조난사고에서 위 본문의 '조난현장의 부근에 있는 선박, 항공기, 수상레저기구 등의 선장·기장 등'은 조난된 선박의 조난된 사람에게서 직·간접적으로 구조요청을 받는 사람이므로, 그 자신은 '조난된 선박의 선장 및 승무원'이 될 수 없다. 따라서 위 본문의 요건 충족을 전제로 하는 단서의 '조난사고의 원인을 제공한 선박의 선장 및 승무원'에 '조난된 선박의 선장 및 승무원'은 포함될 수 없다. 요컨대, 수난구호법 제18조 제1항은 기본적으로 조난된 선박의 구조요청에 따라 발생하는 인근 선박 선장 등의 조난된 선박 내외의 조난된 사람에 대한 구조지원 내지 구조조치의무를 규정하고 있는 것이지, 조난된 사람이라는 지위에 차이가 없어 모두 구조대상이 된다는 점에서 다르지 않은 조난된 선박 내부 사람들 상호 간의 구조지원 내지 구조조치의무를 규정한 것으로 볼 수는 없다.(대법원 2015. 11. 12. 선고 2015도6809 전원합의체 판결)

4. 법률의 제목, 장(章), 조항의 표제

가) 의의

1) 의미

예를 들면 "수난구호법'과 같은 법률의 제목(Title of the Statutes), 형법 '제13장 방화와 실화의 죄'와 같은 장의 문구, 형법 '제164조 현주건조물 등에의 방화'와 같은 표제의 문구는 법해석에서 이용한다. 형벌조항이 속한 장에 표현된 명시적인 문구는 형벌조항의 해석에 사용된다.[425]

입법 의도를 파악함에 있어, 입법자가 법률의 제목으로 삼은 두주(Headnote)나 특정 장에 해당하는 관련 목차는 법률의 제목과 같은 정도의 의미를 부여해야 한다.[426] 그러나 법조항의 의미가 분명하고, 평범하며, 간결하여 다른 해석의 여지가 없을 때에는 두주나 목차를 다른 해석을 위한 자료로 할 수 없다.[427]

가령 "저당권자가 불법영득 의사로 저당물을 저당권이 없는 것처럼 속여 처분하거나 혹은 저당권 설정자의 서면 동의 없이 처분한 때"를 처벌하는 조항이 있다고 하자.

이때 저당권자에게 불법영득의 의사가 없어도 저당물을 담보로 제공한 자의 서면 동의 없이 처분한 경우에는 처벌한다는 해석이 가능한지 문제된다. 이는 ① '불법영득의 의사로'라는 문구가 ② '저당권자의 서면 동의 없이' 에 직접 연결되지 않아 저당권자의 서면 동의 없이 처분한 때에는 피고인에게 불법영득의 의사가 없어도 처벌한다고 해석할 수도 있기 때문이다.

---

[425] Wayne R. LaFave, 『Criminal Law』(4th edition), Thomson West, (2003), 95쪽

[426] State v. Seger, 1 Wash. App. 516 (1969), 518쪽; (A headnote intended by the legislature as a title or an index to the particular section to which it appertains, must be given at least as much weight as the title of the act in determining legislative intent.)

[427] State v. Crothers, 118 Wash. 226 (1922), 228쪽

예를 들면 저당권 설정자의 서면 동의는 없었지만 구두로 동의를 받았거나 혹은 구두로도 동의를 받지는 않았지만, 자신의 이익을 위한 것이 아니라 저당권 설정자의 이익을 위해, 즉 저당물이 급속히 훼손되어 가는 상황에서 저당권 설정자와 연락이 되지 않아 저당권 설정자를 위해 긴급히 처분하여 대가물을 보존하려한 때에도 위 조항에 해당한다고 해석할 수 있는지의 문제이다.

그런데 ① 판례가 타인의 재물을 보관하던 중 임의로 처분한 때에는 피고인의 불법영득의 의사를 주관적 구성요건으로 해석해 왔고 ② 순수한 금지적 범죄일 때에는 고의를 요하지 않는다고 할 수도 있지만 횡령죄는 그 자체로 비도덕적인 본래적 범죄이기 때문에 불법영득 의사를 요한다고 해석함이 상당하고[428] ③ 아울러 위 형벌조항이 속한 표제가 "저당물을 불법영득의 의사로 처분한 행위"라고 되어 있다면, 입법자는 명시적으로 저당권자의 서면 동의 없이 처분한 때에도 불법영득 의사로 처분한 행위를 처벌할 의도로 표현한 것으로 해석한다.[429]

2) 미국 판례

◆ 총을 '과실로(negligently)' 상자 안에 잠가 두지 않아 미성년자가 그 총으로 다른 사람 혹은 자신을 다치게 하거나 사망하게 한 경우 총의 소유자, 소지자, 보관자를 처벌하는 조항이 있다.

위 형벌조항의 제목(Title)에 '형사적 과실(criminally negligent)'이라는 문구가 있다.

이때에는 위 형벌조항의 '과실'은 민사적 과실이 아닌 형사적 과실, 즉 형벌을 받을 만한 보다 중한 부주의를 의미한다고 해석해야 한다. 제목은 입법 의도를 파악하는데

---

428 금지적 범죄(malum prohibitum)는 원래 그 자체가 본래적으로 악한 것이 아니라 법률로 정했기 때문에 범죄가 되는 행위를 말한다. 즉 입법자가 범죄로 만들었기 때문에 범죄가 되는 경우이다. 식품안전 규정 위반과 같은 규제범죄가 대표적으로 이에 해당한다. 본래적 범죄(malum in se)는 강간죄, 살인죄와 같이 그 자체가 본래 악한 범죄행위이다.

429 State v. Miller, 87 P. 723 (1906), 723~724쪽

있어 결정적이지는 않지만 중요한 의미를 가진다.[430]

3] 대한민국 판례

▶ [2] 형법 제273조 제1항에서 말하는 '학대'라 함은 육체적으로 고통을 주거나 정신적으로 차별대우를 하는 행위를 가리키고, 이러한 학대행위는 형법의 규정체제상 학대와 유기의 죄가 같은 장에 위치하고 있는 점 등에 비추어 단순히 상대방의 인격에 대한 반인륜적 침해만으로는 부족하고 적어도 유기에 준할 정도에 이르러야 한다.(대법원 2000. 4. 25. 선고 2000도223 판결)

나] 예

1] 보이스 피싱 사기죄의 범죄단체 적용 문제

● 형법
제5장 공안(公安)을 해하는 죄
제114조(범죄단체 등의 조직) 사형, 무기 또는 장기 4년 이상의 징역에 해당하는 범죄를 목적으로 하는 단체 또는 집단을 조직하거나 이에 가입 또는 그 구성원으로 활동한 사람은 그 목적한 죄에 정한 형으로 처벌한다. 다만, 형을 감경할 수 있다.

● 폭력행위 등 처벌에 관한 법률
제4조(단체 등의 구성 · 활동) ① 이 법에 규정된 범죄를 목적으로 하는 단체 또는 집단을 구성하거나 그러한 단체 또는 집단에 가입하거나 그 구성원으로 활동한 사람은 다음 각 호의 구분에 따라 처벌한다.
1. 수괴(首魁): 사형, 무기 또는 10년 이상의 징역
2. 간부: 무기 또는 7년 이상의 징역
3. 수괴 · 간부 외의 사람: 2년 이상의 유기징역

---

[430] State v. Wilchinsk, 242 Conn. 211 (1997), 230쪽

● 국가보안법
제3조(반국가단체의 구성등) ① 반국가단체를 구성하거나 이에 가입한 자는 다음의 구별에 따라 처벌한다.
1. 수괴의 임무에 종사한 자는 사형 또는 무기징역에 처한다.
2. 간부 기타 지도적 임무에 종사한 자는 사형·무기 또는 5년 이상의 징역에 처한다.
3. 그 이외의 자는 2년 이상의 유기징역에 처한다.

▶ 형법 제114조 제1항 소정의 범죄를 목적으로 하는 단체라 함은 특정다수인이 일정한 범죄를 수행한다는 공동목적 아래 이루어진 계속적인 결합체로서 그 단체를 주도하는 최소한의 통솔체제를 갖추고 있음을 요한다고 할 것이다(대법원 1976.4.13. 선고 76도340 판결; 1977.12.27. 선고 77도3463 판결; 1981.11.24. 선고 81도2608 판결 참조).
원심판결 이유에 의하면, 원심은피고인 2에 대한 이 사건 공소사실중 범죄단체조직의 점에 관하여피고인 2가공소외 1, 공소외 2, 공소외 3 등과 은행에 당좌계정을 개설하여 은행으로부터 어음용지를 교부받아 거액의 어음을 발행한 후 이를 부도시키는 방법등으로 타인의 재물을 편취하기로 모의한 뒤 위 범죄를 목적으로 "○○○○"이라는 상호로 사무실을 개설하여 전자제품 도매상을 경영하는 것처럼 위장하고 이어공소외 1 이름으로 은행에 당좌계정을 개설하여 그 은행으로부터 다량의 어음용지를 교부받아 이를 확보하는 한편 그 과정에서피고인 2가 위 ○○○○의 실질적인 대표자로서 지급의 입출, 어음용지와 도장 등의 보관책임 등을 맡고 공소외 1, 공소외 3은 대외적인 업무를 맡고 공소외 2는 감사로서의 임무를 수행하기로 한 사실은 인정되지만 위 인정사실만으로는 피고인 2, 공소외 1 등의 <u>결합의 정도가 어음사기, 범행의 실행을 위한 예비나 공모의 범위를 넘어 어음사기를 목적으로 한 범죄단체로서의 단체내부의 질서를 유지하는 통솔체제를 갖춘 계속적인 결합체에 이른 것으로는 볼 수 없고 그밖에 그와 같은 범죄단체를 조직하였다고 인정할 증거 없으므로</u> 위 공소사실은 결국 범죄사실의 증명이 없는 때에 귀착한다는 취지로 판단하고 피고인 2

에 대한 이 부분 공소사실에 대하여 무죄를 선고하고 있는바 원심이 이와 같은 조치를 취함에 있어 거친 증거의 취사과정을 기록에 비추어 살펴보아도 정당하고 거기에 소론과 같은 채증법칙 위반의 위법이나 법리오해의 위법이 없으므로 논지는 이유 없다.(대법원 1985. 10. 8. 선고 85도1515 판결)

▶ [1] 형법 제114조에서 정한 '범죄를 목적으로 하는 단체'란 특정 다수인이 일정한 범죄를 수행한다는 공동목적 아래 구성한 계속적인 결합체로서 그 단체를 주도하거나 내부의 질서를 유지하는 최소한의 통솔체계를 갖춘 것을 의미한다.
[2] 형법 제114조에서 정한 '범죄를 목적으로 하는 집단'이란 특정 다수인이 사형, 무기 또는 장기 4년 이상의 범죄를 수행한다는 공동목적 아래 구성원들이 정해진 역할분담에 따라 행동함으로써 범죄를 반복적으로 실행할 수 있는 조직체계를 갖춘 계속적인 결합체를 의미한다. '범죄단체'에서 요구되는 '최소한의 통솔체계'를 갖출 필요는 없지만, 범죄의 계획과 실행을 용이하게 할 정도의 조직적 구조를 갖추어야 한다.(대법원 2020. 8. 20. 선고 2019도16263 판결)

▶ [1] 피고인들이 불특정 다수의 피해자들에게 전화하여 금융기관 등을 사칭하면서 신용등급을 올려 낮은 이자로 대출을 해주겠다고 속여 신용관리비용 명목의 돈을 송금받아 편취할 목적으로 보이스피싱 사기 조직을 구성하고 이에 가담하여 조직원으로 활동함으로써 범죄단체를 조직하거나 이에 가입·활동하였다는 내용으로 기소된 사안에서, 위 보이스피싱 조직은 보이스피싱이라는 사기범죄를 목적으로 구성된 다수인의 계속적인 결합체로서 총책을 중심으로 간부급 조직원들과 상담원들, 현금인출책 등으로 구성되어 내부의 위계질서가 유지되고 조직원의 역할 분담이 이루어지는 최소한의 통솔체계를 갖춘 형법상의 범죄단체에 해당하고, 보이스피싱 조직의 업무를 수행한 피고인들에게 범죄단체 가입 및 활동에 대한 고의가 인정되며, 피고인들의 보이스피싱 조직에 의한 사기범죄 행위가 범

죄단체 활동에 해당한다고 본 원심판단을 수긍한 사례.(대법원 2017. 10. 26. 선고 2017도8600 판결)

판례는 보이스피싱 조직, 불법 사이트 운영조직, 불법 대부업조직 등에 있어 형법 제114조를 적용하는 해석을 하고 있다.

그러나 형법 제114조는 제5장의 공안을 해하는 죄에 들어 있다. 따라서 개인적 법익에 관한 장에 속한 사기죄 등에 형법 제114조를 적용하는 것은 형법조문의 법체계를 넘는 피고인에게 불리한 유추 또는 확장 해석이다.

만일 제114조를 형법의 여러 장에 걸친 범죄에 적용하는 것이 입법 의도라면 형법 총칙에 규정해야 한다. 총칙이 아닌 각칙의 한 장에 들어 있는 형벌조항을 다른 장에 속한 조항이나 특별법의 범죄에 적용하는 것은 형법의 명시된 체계에 반하는 해석이다.

형벌은 기본적으로 의도만으로 처벌하지 않는다. 범죄행위나 법익침해의 결과가 없는 경우의 처벌은 제한적으로 허용된다. 조직의 가입은 그 자체로는 헌법이 보장하는 집회·결사의 자유의 한 내용이다. 따라서 이를 처벌하기 위해서는 입법부의 구체적 입법이 필요하다. 입법부에서 구체적 형벌조항을 제정하지 않고, 사법부의 해석으로 형법 제114조를 적용하는 것은 예견 가능성을 침해하고 공정한 고지 없는 처벌로서 적정절차 위반이다.

2) 폭발성물건파열

● 형법

제13장 방화와 실화의 죄

제172조(폭발성물건파열) ① 보일러, 고압가스 기타 폭발성 있는 물건을 파열시켜 사람의 생명, 신체 또는 재산에 대하여 위험을 발생시킨 자는 1년 이상의 유기징역에 처한다.

② 제1항의 죄를 범하여 사람을 상해에 이르게 한 때에는 무기 또는 3년 이상의 징역에 처한다. 사망에 이르게 한 때에는 무기 또는 5년 이상의 징역에 처한다.

형법 총론에서는 죄형 법정주의를 설명하면서도 실제 중요한 형법 각칙에서는 이를 벗어난 일관되지 않은 견해를 볼 수 있다. 죄형 법정주의는 성문의 형벌조항을 정교하게 만들고, 그 형벌조항의 의미 범위 내에 든다고 예견할 수 있는 범위 내에서의 적용을 의미한다. 불명확하게 만든 형벌조항, 성문 조항의 의미를 무시하는 자유로운 해석은 죄형 법정주의에 반한다.

가령 형법 제172조의 폭발성물건파열죄는 폭발성 있는 물건을 파열시켜 사람의 생명·신체 또는 재산에 대하여 위험을 발생시키거나, 사람을 사상하는 행위를 처벌하는 조항이다. 폭발물을 파열시키는 행위는 폭발에 의해 고열 및 폭풍 등에 의해 공공의 위험이 발생하고, 폭발물이 파열할 때 불과 열기를 내기 때문에 방화에 준하여 방화죄의 장에 포함된 것이다.

그런데 이에 대하여 입법론상으로 국가적 법익의 죄인 제6장 폭발물에 관한 죄에서 규정해야 한다고 하면서 폭발성물건파열죄를 제5장에 이어서 해설하는 견해가 있다.[431]

그러나 죄형 법정주의를 헌법상 원리로 인정한다면 성문의 법조문과 법체계를 넘는 해석은 허용될 수 없다. 폭발성물건파열죄의 형벌조항은 제13장 '방화와 실화의 죄'에 속해 있지 제6장에 속해 있지 않다. 따라서 명문의 법체계를 넘어 본죄를 폭발물에 관한 죄라고 해석할 수 없다.

> 제301조(강간 등 상해·치상) 제297조, 제297조의2 및 제298조부터 제300조까지의 죄를 범한 자가 사람을 상해하거나 상해에 이르게 한 때에는 무기 또는 5년 이상의 징역에 처한다.

> 제301조의2(강간등 살인·치사) 제297조, 제297조의2 및 제298조부터 제300조까지의 죄를 범한 자가 사람을 살해한 때에는 사형 또는 무기징역에 처한다. 사망에 이르게 한 때에는 무기 또는 10년 이상의 징역에 처한다.

---

431 오영근, 형법각론(5판), 485. 김일수·서보학, 새로 쓴 형법각론(9판)은 폭발성물건파열죄를 제5장에 이어서 해설하고 있다(452 이하).

형법 제172조 제2항의 내용은 폭발성물건파열 치사상이다. 그러나 표제는 폭발성물건파열만으로 되어 있다. 이와 달리 강간죄에서는 제301조의 2를 두어 강간 등 살인·치사를 표제로 하고 있다. 같은 형법에서 이러한 비일관성을 유지해서는 안 된다.

아울러 형법 제301조의 2는 고의범인 살인과 과실범은 치사를 나누고 과실범의 법정형을 고의범보다 가볍게 했다. 일관성을 유지하기 위해서는 형법 제301조에 있어서도 고의범과 과실범의 법정형을 나누어 과실범을 경하게 해야 한다. 마찬가지로 형법 제172조에 있어서도 상해와 치상, 살인과 치사를 각각 나누어 규정해야 한다.

5. 법조항 문구의 현저한 변경

각각의 법조항에서 서로 다른 단어가 사용된 때에는 서로 다른 의미라고 해석한다(Striking Change of Expression).[432] 같은 법률의 서로 다른 법조항에 상당히 다른 언어를 사용하였다면 입법부가 두 법조항에 서로 다른 의미를 부여하였음을 나타낸 것이다.

같은 법률의 한 장에서는 특정한 단어를 사용하고 다른 장에는 그 단어를 사용하지 않은 때에는 의도적으로 한 장에 그 단어를 사용하고, 다른 장에서는 그 단어를 배제하였다고 추정한다.[433]

가령 형벌조항이 "저당권자가 불법영득의 의사로 저당물을 저당권이 없는 것처럼 속여 처분하거나 혹은 저당권 설정자의 서면의 동의 없이 처분한 때"라고 되어 있다고 하자. 이때 후반부의 "서면 동의 없이 처분한 때"에는 불법영득의 의사가 없어도 처벌하려는 입법 의도의 표현일 수도 있다. 그러

---

[432] John F. Decker, "Addressing Vagueness, Ambiguity, And Other Uncertainty In American Criminal Laws", 80 Denv. U. L. Rev. 241 (2002), 261쪽

[433] U.S. v. Gonzales, 520 U.S. 1 (1997), 5쪽

므로 저당물을 처분할 때에는 법조항의 전반부와 달리 불법영득 의사에 관계없이 저당권 설정자의 서면 동의를 받도록 하려는 명시된 입법 의도가 인정된다면 불법영득의 의사를 요하지 않는다고 해석할 수 있다.[434]

"허위임을 알면서 거짓 진술을 한 때" 처벌하는 조항이 있다고 하자. 이때 입법부에서 "허위임을 알면서" 부분을 삭제한 때에는 진실하다고 생각하고 거짓 진술한 때도 처벌하려는 입법 의도로 개정하였다고 해석할 수 있다.[435]

◆ 중범죄자가 총기를 보관하면 처벌하는 조항이 있다. 그러나 총기(firearm)에 대한 정의 조항은 없다. 인접한 다른 법조항에 총기란 '폭발 작용에 의해 발사체(projectile)를 추진시키는 권총, 엽총, 소총'이라고 정의되었다.

이때 총기를 현재 작동하는(presently operable)것으로 제한하는 표현이 없음에도 현재 작동하는 총기로 한정하는 해석은 비합리적으로 입법 의도를 방해하는 결과가 되므로 인정되지 않는다.[436]

6. 일반적 단어의 동종 제한

가) 의의

법조항의 적용 대상을 열거할 때 구체적 대상을 나열한 후 '등' 또는 '기타', '그 밖의'와 같은 일반적 단어를 사용했을 때, 그 일반적 단어는 앞의 구체적 대상과 같은 종류로 제한하여 해석한다(Ejusdem Generis, of the Same Kind). 단어는 그 옆의 다른 단어에 의해 그 의미를 알 수 있다[437]는 법해석

---

434 Wayne R. LaFave, 『Criminal Law』(4th edition), Thomson West, (2003), 95쪽

435 Wayne R. LaFave, 『Criminal Law』(4th edition), Thomson West, (2003), 95쪽

436 Armstrong v. Commonwealth, 263 VA. 573 (2002), 583쪽

437 noscitur a sociis; 이는 단어는 옆의 단어에 의해 알 수 있다는 "a word is known by the company it keeps" 의미의 라틴어이다.

의 지도 원리에 따른 해석 방법이다.

법조항의 적용 대상을 열거함에 있어서 일반적인 언어 앞에 구체적인 단어가 있고, 일반적 단어의 의미에 불명확성이 있을 때 일반적 언어는 오직 그 앞의 구체적인 단어가 제시하는 대상과 유사한 성질로 한정하는 의미로 해석한다. 그 반대도 마찬가지이다. 즉 일반적 단어는 그 앞의 구체적 단어로 열거한 대상을 제외한 같은 성질의 종류만을 의미한다고 해석한다. 특히 형벌조항의 해석에서는 피고인에게 유리하도록 이와 같이 제한적으로 해석해야 한다.

만일 일반적 단어를 앞의 구체적 단어와 관련 없이 모든 대상을 포용하는 의미로 해석한다면 구체적 단어는 필요 없는 과잉 언어가 된다. 반대로 구체적 단어만이 의미가 있다고 해석한다면 일반적 단어 역시 필요 없는 과잉 언어가 된다. 일반적 단어와 구체적 단어 모두 각각 의미를 가진 단어로서 나란히 의미를 유지시키기 위해서는 일반적 단어를 구체적 단어와 같은 종류(Same Class)를 의미한다고 해석해야 한다. 또 단어는 문장의 맥락 속에서 존재하므로 한 문장에 있어 일반적 단어는 그것과 연관이 있는 다른 구체적 단어의 분명한 의미와 부합되는 한도 내에서만 구체성을 가진다. 따라서 이 원칙은 법조항의 문장 내의 내부적 일관성을 유지하기 위한 해석 원칙이다. 법조항은 내·외부적 일관성을 유지하도록 해석해야 한다.

동종 제한 해석은 입법 의도에 반하는 확장 해석을 막는다. 일반적 단어를 특정되지 않은 모든 것을 포함한다고 해석하면 앞에서 구체적으로 특정하여 대상을 정한 입법 의도에 반한다.

법조항에 구체적 대상을 열거한 후 "이상을 포함하지만, 그에 한정하지 않는다(includes, but is not limited to)."라는 문구가 있는 경우에도 동종 제한 해석을 한다.[438]

동종 제한을 적용하기 위해서는 앞선 구체적 단어가 의미에 있어 특정한 성질을 가지고 있고, 그 단어들이 공통성을 가지고 있어야 한다. 그래서 나

---

[438] State v. Stockton, 97 Wash. 2d 528 (1982), 532쪽

중에 위치한 추상적 단어를 그 종류의 의미 내로 한정할 수 있어야 한다.

◆ 법조항에 '서면 또는 라디오나 텔레비전에 의한, 공고, 전단(circular), 광고, 편지, 혹은 통신'으로 된 문구가 있다.

여기서 '통신'을 모든 의사소통을 포함하는 의미로 해석하면 '공고, 전단, 광고, 편지'라는 단어가 불필요하게 된다. 사법부는 이러한 해석을 피해야 한다. 입법부는 법조항의 모든 단어에 의미를 부여하여 입법했다고 추정하기 때문이다. '공고, 전단, 광고, 편지'라는 단어에 비추어 '통신'은 널리 공중에 전달하는 의미로 해석한다. 또 '라디오나 텔레비전에 의한'이라는 문구에 의해서 대면 혹은 전화에 의한 통신은 배제하는 의미로 해석한다.[439]

◆ '자동차, 화물차, 트럭, 오토바이, 기타 자체 엔진으로 추진하는 차량(vehicle)으로서 궤도 위에서 달리는 것을 제외한 것'이라는 법조항이 있다.

여기서 '자동차, 화물차, 트럭, 오토바이'가 육상에서 운행되는 것에 한정되어 있으므로 '기타 자체 엔진으로 추진하는 차량'에 비행기는 제외된다고 해석한다.[440] '차량' 자체에 육상에서 이동하는 물건이라는 의미가 내포되어 있기도 하다.

◆ '폭탄, 다이너마이트, 니트로글리세린, 다른 종류의 폭발물'이라는 법조항 문구가 있다.

여기서 앞의 '폭탄, 다이너마이트, 니트로글리세린'이 강력한 폭발 효과를 발생시키는 물건이다. 이는 '불꽃놀이에 사용하는 폭죽(firecracker)'의 폭발 효과와 구별된다. 따라서 '다른 종류의 폭발물'을 해석함에 있어 '불꽃놀이에 사용하는 폭죽'은 포함되지 않는다고 해석한다.[441]

---

[439] Gustafson v. Alloyd Co., Inc., 515 U.S. 561 (1995)

[440] McBoyle v. United States. 283 U.S. 25 (1931)

[441] State v. Lancaster, 506 S.W.2d 403 (Mo. 1974)

◆ '도구, 장치 또는 다른 물건'이라는 법조항 문구가 있다.

여기서 '다른 물건'에 손가락은 포함되지 않는다고 해석한다. 앞에서 열거된 대상
이 모두 무생물이기 때문이다.[442]

◆ '소유자의 재산(property) 또는 용역(service)을 협박하여 빼앗는 행위'를 중죄
로 처벌하는 조항이 있다. '용역'은 "노동, 직업적 용역, 교통 서비스, 전자 컴퓨터 서
비스, 호텔 숙박, 식당, 유흥의 제공, 장비의 사용 목적 제공, 가스, 전기, 증기, 물과
같은 공공적 상품의 제공을 포함하지만 이에 한정하지 않는다."라고 정의되어 있다.

미 연방법원은 여기서 대가의 지불없는 성적 행위의 요구는 '용역'에 해당한다고
해석할 수 없다고 했다. 그 이유는 다음과 같다.

「'용역'의 정의 조항의 구체적 적용 대상이 상업적 혹은 경제적 행위로 한정되어 있
다. 재산을 빼앗지 않고 협박으로 타인의 법적 권리를 제한하는 행위는 경죄로 처벌
하고, 재산을 빼앗는 행위는 본 조항의 중죄로 처벌하는 것이 입법 의도임이 확인되
었으므로 경제적 대가의 지불없는 성적 행위를 포함한다고 해석할 수 없다.[443] 그리
고 '노동(labor)'이나 '여흥(entertainment)'에 '대가의 지불없는 성적 행위 요구'가
포함된다는 것은 지나치게 넓은(far too broad) 해석이다.[444] 오히려 용역에 대가의
지불없는 성적 행위의 요구가 포함된다고 해석하면 피고인에 대한 공정한 고지를 침
해하게 된다.」

종류는 객관성이나 목적성이 없는 순수한 분류가 불가능한 개념이다. 따
라서 입법 의도가 문제 해결을 위한 예시를 제시하는 것일 뿐이고, 열거된
예시 자체에 중점을 두고 있지 않음이 명시된 때에는 열거된 예시에 한정하
는 해석을 해서는 안 된다.

---

[442] State v. Hooper, 386 N.E.2d 1348 (1979)

[443] State v. Stockton, 97 Wash. 2d 528 (1982)

[444] State v. Stockton, 97 Wash. 2d 528 (1982), 533쪽

동종 제한은 의미의 불명확성이 있을 때의 해석 방법일 뿐이므로 명시된 입법 의도에 의하면 불명확성이 없을 때에는 적용되지 않는다. 따라서 적용 범위를 확대하려는 취지에서 구체적 대상에 더하여 법조항에 일반적 문구 를 추가한 때에는 동종 제한의 원칙을 적용하지 않는다.

◆ '권총, 회전식 연발권총, 엽총, 소총, 기관총, 기타 화기 혹은 모든 종류의 위험 하거나 생명을 앗아갈 무기[445]'를 사용해 강간하는 행위를 처벌하는 조항이 있다.

피해자의 목에 칼을 대고 강간한 행위에 있어 칼은 '기타 화기'에는 속하지 않지만 '모든 종류의 위험하거나 생명을 앗아갈 무기'에는 속한다고 해석한다.[446] 입법부가 총기에만 한정할 의도였다면 '모든 종류의 위험하거나 생명을 앗아갈 무기'라는 문구 는 무의미하다. 또 '모든 종류의 위험하거나 생명을 앗아갈 무기'는 그 앞부분과 단절 되어 독립적인 의미를 가진다. 일반적 의미에 의해서도 '모든 종류의 위험하거나 생 명을 앗아갈 무기'에는 칼이 포함된다고 해석할 수 있다.

◆ '중대한 신체적 해악'의 정의 조항이 '사망의 확률을 높이거나, 심각한 영구적 변형을 야기하거나, 신체 조직이나 기능에 영구적 장애나 손상을 일으키는 신체 상 해'로 되어 있었다.

그 후 법률을 변경하여 "다른 중대한 신체적 상해"를 추가했다. 입법 과정의 의사 록에도 원래의 상해보다 범위를 확대시킨다는 논의가 명시되어 있으면 칼로 피해자 의 얼굴을 수회 그어 봉합 수술을 하게 하는 상처도 이에 포함된다고 해석한다.[447]

◆ '몸값 혹은 보상 혹은 그 외의 것을 위해 납치[448]'하면 처벌하는 조항이 있다.

---

445 'pistol, revolver, rifle, shotgun, machine gun or any other firearm or any dangerous or deadly weapon'

446 Kidwell v. State, 230 N. E. 2d 590 (1967)

447 La Barge v. States, 74 Wis.2d 327 (1976)

448 'held for ransom or reward or otherwise'

이때 원래 형벌조항은 '몸값 혹은 보상'이었는데 그 범위를 확장하기 위하여 '혹은 그 외의 것을'을 추가하는 내용으로 개정했다. 입법 과정에서 위원회의 설명에도 보상만을 위한 것이 아니라 다른 모든 이유를 포함한다고 되어 있어 입법부의 의도가 금전적 이익 이외의 납치에도 적용하려한 것이 확인되었다. 이 경우에는 궁극적 목적과 관계없이 납치 자체에 적용하는 의미로 해석한다.[449] 따라서 체포를 면하기 위해 경찰관을 납치한 행위도 이에 해당한다.

◆ '몸값, 보상 혹은 기타 불법적 이유[450]로 사람을 납치'하면 처벌하는 조항이 있다.

이 경우 입법 의도가 '기타 불법적 이유'를 금전적 사유로 한정하지 않았음이 명확한 때에는 동종 제한이 적용되지 않는다. 물론 불법적 이유는 법률에 위반됨을 의미하므로 구체적 법률위반이 있어야 한다.[451] 따라서 법률에 의한 피해자에 대한 접근금지 명령에 위배하여 피고인이 피해자가 있는 병원에 몰래 들어가 자신의 집으로 납치한 행위에 적용할 수 있다.

한편 동종 제한이라고 하여 일반적 단어의 의미가 가진 종류의 한계보다 좁게 해석할 수는 없다.

◆ 성매매(prostitution), 방탕(debauchery) 혹은 다른 비도덕적 목적(any other immoral purpose)을 위해 여성을 이동하는 행위를 처벌하는 조항이 있다.

이때 '다른 비도덕적 목적'에는 종교적 믿음에 따라 중혼(polygamy)을 위해 복수의 부인을 운송하는 행위도 포함한다고 해석한다.[452]

---

449 Gooch v. United States. 56 S.Ct, 395 (1936)

450 (for ransom, reward or other unlawful reason)

451 Crump v. States, 625 P.2d 857 (1981)

452 Cleveland v. U.S. 329 U.S. 14 (1946)

나) 폭발성물건파열

● 형법

제172조(폭발성물건파열) ① 보일러, 고압가스 기타 폭발성 있는 물건을 파열시켜 사람의 생명, 신체 또는 재산에 대하여 위험을 발생시킨 자는 1년 이상의 유기징역에 처한다.

위 조항의 '기타 폭발성 있는 물건'을 해석함에 있어, 보일러·고압가스는 예시에 불과하다는 것이 일반적인 해석이다.[453]

그러나 형벌조항을 해석함에 있어 입법부가 의도하지 않는 확장 해석은 허용되지 않는다. 그러므로 입법부가 보일러, 고압가스라는 단어에 중점을 두고 있지 않음을 명시하지 않는 한 동종 제한에 따라, 여기서의 '기타 폭발성 있는 물건'은 모든 폭발성 있는 물건을 말하는 것이 아니라 보일러 또는 고압가스에 준하는 폭발성 있는 물건이라고 한정하여 해석해야 한다.

7. 명시 사항 한정

특정 법조항이 어떤 것을 명시적으로 적시한 때에는 그 외의 것을 배제한다(Expressio Unius, Exclusio Alterius)고 해석한다. 입법부가 법조항의 적용 대상을 명시하여 정했을 때에는, 나머지 명시되지 않은 것은 적용 대상에서 배제하는 의도로 추정한다.[454] 마찬가지로 법조항에 어떤 종류의 하나 또는 그 이상을 명시적으로 언급했을 때는 언급하지 않은 같은 종류의 다른 것은 배제한다고 해석한다.[455]

---

453 주석형법 〔각칙(2)〕(5판), 246(박찬).

454 State v. Seger, 1 Wash. App. 516 (1969), 518쪽

455 (Expression unius est exclusio alterius. the explicit mention of one thing is the exclusion of another. Affirmative specification exclude implication.)

◆ 법조항에 방화죄의 대상 차량을 '숙박용 차량'이라고 규정하였다면 '일반 차량'은 해당하지 않는다고 해석한다.[456]

◆ 가정 폭력에 있어 적용 대상인 가족 관계를 정한 규정이 있다면 그 이외의 관계에 있는 자는 적용 대상인 가족 관계에 해당하지 않는다고 해석한다.[457]

법조항에 일련의 예외 사항이 나열된 때(a list of exceptions)에는 그 이외의 다른 예외는 인정하지 않는다고 해석한다.[458]

가령 중혼을 처벌하지만, 7년 이상 실종된 배우자의 생존 여부를 알 수 없는 때에는 예외로 처벌하지 않는 조항이 있다고 하자.

배우자가 실종된 지 7년이 안 되었다. 그러나 피고인은 그가 확실히 죽었다고 알았다고 하자. 이 경우 명시된 예외 조항이 7년 이상 실종을 요하도록 되어 있고, 명시된 예외는 그 이외의 다른 예외를 인정하지 않는다는 해석 원칙에 따라 피고인을 중혼으로 처벌한다.[459]

8. 구체적 법률과 신법

가) 구체적 법률 우선

같은 사항에 대하여 두 개 이상의 법조항이 있을 때에는 쟁점을 보다 상세히 규정하고 있는 법조항에 따른다.

---

456 People v. Nichols, 474 P. 2d 673 (1970)

457 Walt v. States, 727 A.2d 836 (Del. 1999)

458 John F. Decker, "Addressing Vagueness, Ambiguity, And Other Uncertainty In American Criminal Laws", 80 Denv. U. L. Rev. 241 (2002), 261쪽; (expression unius est exclusion alterius; the expression of one thing is the exclusion of another.)

459 Wayne R. LaFave, 『Criminal Law』(4th edition), Thomson West, (2003), 98쪽

두 개의 이상의 법조항이 있을 때에는 그 조항 모두가 입법 효과를 달성하도록 해석해야 하나, 만일 서로 양립이 불가능할 때에는 나중에 시행된 신법이 구법에 우선한다고 해석한다(The Special Controls the General, the Later Controls the Earlier).[460]

이에 의하면 해당 사안을 구체적으로 다루는 법, 즉 특별법을 일반법보다 우선 적용하고, 같은 정도로 구체성을 가진 두 법이 있을 때에는 나중에 시행된 법 즉 신법을 구법보다 우선하여 적용한다.

가령 허가 없이 낚시하면 처벌하는 법조항과 한강에서는 허가 없는 낚시를 허용하는 법조항이 있다고 하자. 이때에는 한강을 제외한 다른 곳에서의 허가 없는 낚시행위만 처벌한다고 해석한다. 한강이라는 구체성을 가진 법이 우선하기 때문이다. 만일 허가 없는 낚시 처벌조항은 1990년에 시행되었는데, 한강에서의 낚시 허용 조항은 2000년에 시행되었다면 한강을 제외한 다른 곳에서의 허가 없는 낚시행위만 처벌한다는 해석은 정확성이 높아진다.

반대로 한강에서의 낚시 허용조항은 1990년에 시행되었는데, 허가 없는 낚시 처벌조항은 2000년에 시행된 경우, 즉 2000년에 시행된 허가 없는 낚시 처벌조항으로 1990년대 한강에서의 낚시 허용조항이 폐기된 것으로 해석할 수 있는가가 문제된다. 이에 대해서는 원칙적으로 묵시적인 법률 폐기는 인정되지 않는다고 해석한다.[461] 따라서 이때에는 이전의 특별법을 최근의 일반법보다 우선 적용한다. 즉 원칙적으로 한강에서의 낚시 허용조항이 일반적 낚시 금지조항보다 우선한다고 해석한다.

그러므로 일반적으로 구법인 구체적인 특별법의 형벌조항이 신법인 일반적 형벌조항보다 우선한다고 해석한다. 이러한 해석은 피고인에게 유리할 때만 적용한다. 또 형벌조항의 의미가 분명하면 입법 의도를 고려할 필요도

---

460 Jared A. Goldstein, "Equitable balancing in the age of statutes", 96 Va. L. Rev. 485, (2010), 541~542쪽

461 (repeals by implication are not favored)

없고, 형벌조항의 분명한 의미에 반하는 해석은 허용되지 않는다.[462]

◆ ① 강도죄 처벌조항이 있다. 이와 별도로 ② 총을 휴대하여 강도를 한 경우 강도죄 가중 처벌조항이 있다. 그 외에 ③ 총기를 휴대하여 중죄(felony)를 범한 경우 가중 처벌조항이 있다.

피고인이 총을 휴대하여 강도를 범하였다고 하자.

이때 피고인에 대하여 ②의 강도죄 가중 처벌조항은 구체적 형벌조항이고 ③의 총기 휴대 중죄 가중 처벌조항은 일반적 형벌조항이다. '총기'보다는 '총', '중죄'보다는 '강도'가 구체적이기 때문이다.

이 경우 구체적 형벌조항과 더불어 일반적 형벌조항을 경합범으로 처벌한다고 발의한 의원의 제안서가 본회의에서 거부된 때에는 입법 의도가 경합범으로 처벌하려는 것이라고 볼 수 없다. 그리고 일반적 형벌조항이 나중에 입법되었다고 하더라도 구체적 형벌조항이 우선한다. 특히 1개의 행위는 구체적 형벌조항만으로 의율하고, 일반적 조항으로 기소하지 말라는 법무부 지침이 있었을 경우에는 구체적 형벌조항만 적용한다고 해석한다.[463]

나) 묵시적 법률 폐기

선행 법률을 폐기하려는 입법 의도가 의사록에 명시적으로 기재되어 있을 경우에 피고인에게 유리할 때에는 묵시적으로 선행 법률이 폐기되었다는 해석이 가능하다. 그러나 형벌조항에서는 묵시적 폐기를 인정하여 피고인에게 불리하게 처벌하는 해석은 허용되지 않는다.[464]

◆ 1933년의 특별 법률에는 미성년자 범죄의 구 교도소(county jail) 최장 구금기

---

462 U.S. v. Gonzales, 520 U.S. 1 (1997)

463 Simpson v. U.S., 435 U.S. 6 (1978)

464 Wayne R. LaFave, 『Criminal Law』(4th edition), Thomson West, (2003), 98쪽

간이 2년으로 제한되어 있었다. 1941년 제정된 일반법인 형법에는 미성년자의 구 또는 시 교도소(county or city jail) 최장 구금기간을 1년 미만으로 개정했다. 형법에는 '변경되지 않은 종전의 다른 조항은 그대로 유효하고, 개정된 조항은 개정 시부터 시행된다.'고 되어 있다.

　이때에는 종전 특별법에 따른 구 교도소에서의 구금 기간은 개정된 형법에 따라 개정되었으므로 1년 미만으로 제한된다고 해석한다.[465]

다) 공무집행방해죄와 업무방해죄

● 형법
제8장 공무방해에 관한 죄
제136조(공무집행방해) ① 직무를 집행하는 공무원에 대하여 폭행 또는 협박한 자는 5년 이하의 징역 또는 1천만원 이하의 벌금에 처한다.

제34장 신용, 업무와 경매에 관한 죄
제313조(신용훼손) 허위의 사실을 유포하거나 기타 위계로써 사람의 신용을 훼손한 자는 5년 이하의 징역 또는 1천500만원 이하의 벌금에 처한다.

제314조(업무방해) ① 제313조의 방법 또는 위력으로써 사람의 업무를 방해한 자는 5년 이하의 징역 또는 1천500만원 이하의 벌금에 처한다.

▶ [1] [다수의견] 형법상 업무방해죄의 보호법익은 업무를 통한 사람의 사회적 · 경제적 활동을 보호하려는 데 있으므로, 그 보호대상이 되는 '업무'란 직업 또는 계속적으로 종사하는 사무나 사업을 말하고, 여기서 '사무' 또는 '사업'은 단순히 경제적 활동만을 의미하는 것이 아니라 널리 사람이 그 사회생활상의 지위에서 계속적으로 행하는 일체의 사회적 활동을 의미한다. 한편, 형법상 업무방해죄와 별도로 규정한 공무집행방해죄에서 '직무의 집행'이란 널리 공무원이 직무상 취급할 수 있는 사무를 행하는 것

---

[465] Ex Parte Chiapetto, 209 P.2d 154 (1949)

을 의미하는데, 이 죄의 보호법익이 공무원에 의하여 구체적으로 행하여
지는 국가 또는 공공기관의 기능을 보호하고자 하는 데 있는 점을 감안할
때, 공무원의 직무집행이 적법한 경우에 한하여 공무집행방해죄가 성립하
고, 여기에서 적법한 공무집행이란 그 행위가 공무원의 추상적 권한에 속
할 뿐 아니라 구체적 직무집행에 관한 법률상 요건과 방식을 갖춘 경우를
가리키는 것으로 보아야 한다. 이와 같이 업무방해죄와 공무집행방해죄는
그 보호법익과 보호대상이 상이할 뿐만 아니라 업무방해죄의 행위유형에
비하여 공무집행방해죄의 행위유형은 보다 제한되어 있다. 즉 공무집행방
해죄는 폭행, 협박에 이른 경우를 구성요건으로 삼고 있을 뿐 이에 이르지
아니하는 위력 등에 의한 경우는 그 구성요건의 대상으로 삼고 있지 않다.
또한, 형법은 공무집행방해죄 외에도 여러 가지 유형의 공무방해행위를
처벌하는 규정을 개별적 · 구체적으로 마련하여 두고 있으므로, 이러한 처
벌조항 이외에 공무의 집행을 업무방해죄에 의하여 보호받도록 하여야 할
현실적 필요가 적다는 측면도 있다. 그러므로 형법이 업무방해죄와는 별
도로 공무집행방해죄를 규정하고 있는 것은 사적 업무와 공무를 구별하여
공무에 관해서는 공무원에 대한 폭행, 협박 또는 위계의 방법으로 그 집행
을 방해하는 경우에 한하여 처벌하겠다는 취지라고 보아야 한다. 따라서
공무원이 직무상 수행하는 공무를 방해하는 행위에 대해서는 업무방해죄
로 의율할 수는 없다고 해석함이 상당하다.
[대법관 양승태, 대법관 안대희, 대법관 차한성 반대의견] 공무원이 직무
상 수행하는 공무 역시 공무원이라는 사회생활상의 지위에서 계속적으로
종사하는 사무이므로 업무방해죄의 '업무'의 개념에 당연히 포섭되고, 업
무방해죄의 업무에 공무를 제외한다는 명문의 규정이 없는 이상 공무도
업무방해죄의 업무에 포함된다. 뿐만 아니라 업무방해죄는 일반적으로 사
람의 사회적 · 경제적 활동의 자유를 보호법익으로 하는 것인데, 공무원 개
인에 대하여도 자신의 업무인 공무수행을 통한 인격발현 및 활동의 자유
는 보호되어야 하므로 단순히 공무원이 영위하는 사무가 공무라는 이유만

으로 업무방해죄의 업무에서 배제되어서는 아니 된다. 따라서 공무의 성질상 그 집행을 방해하는 자를 배제할 수 있는 강제력을 가지지 않은 공무원에 대하여 폭행, 협박에 이르지 않는 위력 등에 의한 저항 행위가 있는 경우에는 일반 개인에 대한 업무방해행위와 아무런 차이가 없으므로 업무방해죄로 처벌되어야 한다. 그리고 형법이 컴퓨터 등 정보처리장치에 대한 손괴나 데이터의 부정조작의 방법에 의한 업무방해죄의 규정을 신설하면서 같은 내용의 공무집행방해죄를 따로 규정하지 않은 것은 컴퓨터 등 정보처리장치에 대한 손괴나 데이터의 부정조작의 방법에 의한 업무방해죄의 규정에 의하여 이러한 방법에 의한 공무방해행위를 처벌할 수 있기 때문이라고 보아야 한다. 한편, 다수의견처럼 공무에 대하여는 업무방해죄가 성립하지 아니한다고 보게 되면 입법자가 예상하지 아니한 형벌의 불균형을 초래하고 현실적으로 공공기관에서 많은 민원인들의 감정적인 소란행위를 조장하는 결과를 초래하게 될 위험이 있다. 따라서 <u>업무방해죄에 있어 '업무'에는 공무원이 직무상 수행하는 공무도 당연히 포함되는 것으로서 직무를 집행하는 공무원에게 폭행 또는 협박의 정도에 이르지 않는 위력을 가하여 그의 공무 수행을 방해한 경우에는 업무방해죄가 성립한다고 보아야 한다.</u>

[2] 지방경찰청 민원실에서 민원인들이 진정사건의 처리와 관련하여 지방경찰청장과의 면담 등을 요구하면서 이를 제지하는 경찰관들에게 큰소리로 욕설을 하고 행패를 부린 행위에 대하여, 경찰관들의 수사 관련 업무를 방해한 것이라는 이유로 업무방해죄의 성립을 인정한 원심판결에, 업무방해죄의 성립범위에 관한 법리를 오해한 위법이 있다고 한 사례.(대법원 2009. 11. 19. 선고 2009도4166 전원합의체 판결)

폭행, 협박에 이르지 않을 정도의 위력으로 공무를 방해한 때 업무방해죄가 성립하는지는 업무방해죄의 업무에 공무가 포함되는지와 관련이 있다.

업무방해죄는 업무방해라는 결과 외에 허위사실 유포, 위계 또는 위력이

라는 범죄 행위를 범죄구성요건으로 한다. 이와 같이 특정 행위를 구성요건
으로 하는 이유는 인간에게는 의사결정과 행동의 자유가 보장되고, 시장에
서도 경쟁의 자유가 인정되는데, 이처럼 허용되는 자유의 범위 내에서 행한
행위의 결과로 상대방의 업무에 지장을 초래하게 되더라도 책임을 부여할
수 없다는 논리에 기초한다. 따라서 피고인이 어떤 행위를 하거나 하지 않
아 그에 따라 상대방의 업무에 지장이 발생되었다고 하더라도 모두 처벌하
지 않고, 오직 허위사실 유포, 위계 또는 위력이라는 구성요건에 해당할 경
우로 처벌의 범위를 한정한 것이다.

　　업무방해죄는 자유 민주주의 사회의 시장에서의 업무를 보호하기 위한
것이다. 업무방해죄는 제34장의 신용, 업무와 경매에 관한 죄의 장에 속해
있다. 그러므로 업무방해죄의 업무에 공무가 포함된다고 해석할 수 없다.
업무의 개념을 모든 일로 해석하면 다른 사람의 모든 일에 지장을 주는 피
고인의 허위사실 유포, 위계 또는 위력 행위를 포섭한다. 이러한 해석은 예
견 가능성을 해하는 확장 해석이 될 수 있다.

9. 전체 단어 유의미 해석

　　법조항은 모든 문장, 단어에 의미를 부여하며 해석해야 한다.[466] 법조항
의 모든 단어는 의미가 있으며 과잉 언어가 아니라고 해석한다.[467] 형벌조항
에서는 구성요건을 이루는 단어 하나하나를 신중하게 보아야 하며 단어의
과잉으로 불필요하다는 해석은 최대한 자제해야 한다.[468] 오직 다른 가능성

---

[466] Amanda K. Branch, "Hyde in plain sight -- Back to basics with the Hyde amendment", 33
　　Rev. Litig. 371 (2014), 388쪽; TRW Inc v. Andrews, 534 U.S. 19, 31 (2001); U.S. v. Menasche,
　　348 U.S. 528(1955), 538-39쪽

[467] (statutory language is not superfluous)

[468] Pennsylvania Dept. of Public Welfare v. Davenport, 495 U.S. 522(1990), 562쪽; Potter v.
　　United States, 155 U.S. 438 (1894), 446쪽

이 없을 때에만 불필요한 단어로 해석한다.

　가령 '건물, 방 또는 다른 구조물[469]'이라고 되어 있을 때 '다른 구조물'은 '건물'과 '방'을 포함하지 않는다. 건물과 방이 독자적 의미를 가져야 하기 때문이다.

　법조항의 모든 언어가 의미를 가지기 위해서는 각각의 단어는 인접 단어가 의미를 가지도록 독자적이며, 제한적인 의미로 해석해야 한다.

　◆ 공적인 일의 대가로서(in exchange for) 금품 수수하면 처벌하는 조항이 있다. 여기에서 '공적인 일' 및 '대가로서'가 각각 의미를 가지도록 해석해야 한다.

　대통령이 백악관에서 우승팀을 초대하는 것, 농림부 장관이 농업에 관한 연설을 하는 것, 교육부 장관이 고등학교에 방문하는 것은 공적인 일이 아니다. 이렇게 해석해야 공적인 일이라는 단어가 독자적 의미를 가지게 되기 때문이다.[470] '공적인 일'이 독자적인 의미를 가지도록 해석해야 하므로 관행적으로 피고인과 다른 사람에 대하여 동등하게 진행하는 사실적 행위로서 '공적인 일'로서의 의미가 없는 행위는 '공적인 일'이 아니다.

　◆ 마약 거래상이 거래 행위 중 무기를 사용하거나 운반하는 때 가중 처벌하는 형벌조항이 있다.[471] 형벌조항은 '마약 거래 관련 범죄 행위 중 무기를 사용하거나 운반한 자'[472]를 대상으로 한다. 같은 법의 '무기'의 정의 조항에는 폭탄, 로켓, 미사일이 포함되어 있다.

　피고인이 판매할 목적으로 대마초를 트럭에 실어 운반하다가 검거되었다. 그 트럭의 잠겨 있는 조수석 앞 사물함(glove compartment) 안에 총이 들어 있었다. 또 트럭

---

469 (building or a room or other structure)

470 McDonnell v. U.S. 136 S.Ct. 2355 (2016), 2370쪽; U.S. v. Sun-Diamond Growers of Cal., 526 U.S. 398 (1999)

471 Muscarello v. U.S., 524 U.S. 125 (1998)

472 (A person who uses or carries a firearm during and in relation to a drug trafficking crime)

의 트렁크 안에도 총이 들어 있었다.

이때 총기를 몸에 휴대하지 않고, '차의 트렁크나 잠겨 있는 조수석 앞 사물함에 넣어 다닌 때'에도 총기 '운반' 행위에 해당하는지가 문제되었다.

법원은 '사용(use)'을 무기의 적극적 활용(active employment), 즉 예를 들면 무기를 상대방에게 보이거나 혹은 교환하는 것(displaying or bartering of a gun)으로 좁게 해석하고 있었다.

피고인은 다음과 같이 주장했다.

「법원이 '사용'을 좁게 해석하므로 일관성을 유지하려면 '운반'도 좁게 해석해야 한다. 따라서 몸에 가깝게 휴대한 것으로 한정해야 한다. '운반'의 의미를 넓게 해석하면 버스, 기차, 배의 검색된 수하물에 무기를 넣어 둔 때도 처벌받게 되어 입법 의도를 넘는 법해석이 된다. 그러므로 '즉시 접근할 수 있는(immediately accessible)'이라는 의미로 한정해야 한다. 결국 자동차의 트렁크나 잠겨있는 조수석 앞 사물함에 들어있는 총은 운반한 것이 아니다.」

미 연방대법원은 차의 트렁크나 잠긴 조수석 앞 사물함에 넣어 다닌 때에도 운반에 해당한다고 해석했다. 그 취지는 다음과 같다.

「'운반'의 의미를 해석하기 위해 먼저 일반적인 단어의 의미를 살핀다. 사전이나 단어의 어원에 의하면 운반은 운송 수단으로 나른다는 의미를 포함한다. 직접 사람의 몸에 휴대해서 나르는 것으로 한정되어 있지 않다. 컴퓨터화된 신문 데이터(computerized newspaper data)를 검색해 보면, 문자 중의 1/3이 총을 차량에 싣고 운반하는 문장으로 되어 있다.

'운반'에는 휴대하다는 의미도 있어서 몸에 휴대하는 의미로 제한해서 해석할 수도 있다. 그러나 맥락을 통해서 해석하면 그렇지 않다. 먼저 법조항은 '사용하거나 운반한'으로 되어 있는데 이 경우 '사용'과 '운반'을 문장의 맥락과 관계없이 독립적으로 해석할 수 없다. 의회가 법조항을 제정할 때에는 법조항의 단어에 각각 고유한 의미를 부여했고, 지나치게 넓지 않는 의미를 부여했다고[473] 가정한다. 따라서 '사용'과

---

473 (Congress intended each term to have a particular, nonsuperfluous meaning)

'운반'도 각각 고유하고, 원래의 의미보다 지나치게 넓지 않은 의미를 부여한 것으로 보아 않아야 한다.

가령 '사용'을 넓게 해석하면 그 의미에 '운반'이라는 단어가 흡수되어 버린다. 그러면 의회가 '운반'이라는 단어를 사용한 의도가 사라지게 된다. 마찬가지로 '운반'도 고유한 독립적 의미를 가져야 한다. 따라서 '사용'은 적극적으로 활용하는 것(active employment), 즉 예를 들어 무기를 상대방에게 보이거나 혹은 교환하는 것(displaying or bartering of a gun)으로 해석하고, '운반'에는 차량으로 나르는 것을 포함하는 의미로 해석하여 두 단어가 모두 의미를 가지게 해석해야 한다. 만일 '운반'을 휴대와 같은 좁은 의미로 해석하면 그 단어를 사용한 의회의 의도가 사라진다. 그러면 차량으로 총을 운반하는 행위는 포함되지 않게 되는데 이는 의회의 의도에 반한다. 이처럼 법조항에서 맥락상 '운반' 외에 '사용'이 있는 점을 살펴 해석한다.

한편 '운반'을 지나치게 넓게 해석하면 피고인이 무기를 버스, 기차, 배에 수하물로 발송한 때에도 '운반'에 해당한다고 확장할 가능성이 있다. 즉 A가 운송회사에 D를 목적지로 소포를 발송한 때 운송회사 직원 C가 A의 집에 와서 소포를 인수하여 운송트럭에 싣고 D로 간 경우에 '운반'은 C가 한 것임에도 A도 '운반'한 것이라고 해석할 수 있다. 이렇게 되면 마약 거래와 관련 없이 무기를 탁송의뢰한 때에도 가중처벌을 받게 될 수 있다. 그러나 법조항은 '마약 범죄와 관련하여 마약 범죄를 범하는 동안 총을 운반하는'으로 되어 있다. 따라서 맥락상 '운반'을 휴대보다 넓게 해석하더라도 위험성 없는 행위에 동 조항을 광범하게 적용하지 않을 수 있다.

무기 정의조항에 폭탄, 로켓, 미사일이 포함되어 있다. 마약상이 이러한 무기를 직접 휴대할 수는 없다. '운반'을 '직접 휴대'라고 해석하면 폭탄, 로켓, 미사일은 적용대상이 아니게 되는데 이는 맥락상 맞지 않는다.」

10. 차용된 조항

형벌조항을 다른 입법례에서 착안하여 입법하였거나(Borrowed Statutes), 그렇지 않더라도 다른 입법례에서 도움을 얻을 수 있는 경우 이를 고려해서 해석한다.

> ▶ [다수의견] (사) 문서죄에 관한 우리나라 형법과 일본 형법은 그 체계가 유사하고, 일본 형법 제161조의2 제1항이 규정한 사전자적기록부정작출죄의 '부정작출'에 권한 있는 사람이 그 권한을 남용하여 허위의 전자적기록을 생성하는 경우를 포함할 경우 문서죄와의 체계가 맞지 않게 되는 문제점도 동일하다. 그럼에도 일본 형법 제161조의2가 신설될 당시의 입법자료에 따르면 '데이터를 입력할 권한을 갖는 사람으로서 진실한 데이터를 입력할 의무가 있는 사람이 그 권한을 남용하여 시스템 설치자의 의사에 반하여 허위의 데이터를 입력하는 행위'도 '부정작출'에 해당하는 것으로 보았다. 이러한 일본의 태도는 우리가 형법 제232조의2에서의 '위작'의 개념을 해석하면서 참고할 수 있다.
> [대법관 이기택, 대법관 김재형, 대법관 박정화, 대법관 안철상, 대법관 노태악의 반대의견] (라) 우리 형법에서 전자기록 관련 범죄의 행위 태양은 '위작'인 반면, 일본 형법에서는 '부정작출(不正作出)'로 되어 있어 용어가 서로 다르다. 일본 형법은 '작출'이라는 용어를 사용하여 무형위조를 포함하는 의미를, 그리고 그 앞에 '부정'이라는 용어를 추가하여 권한을 남용하는 행위라는 의미를 부여하고 있으므로, 법문 자체에서 권한남용적 무형위조라는 해석을 도출할 수 있다. 이처럼 행위 태양에 관한 용어가 서로 다른 점에 비추어 볼 때, '위작'의 개념을 '부정작출'이란 용어를 사용하고 있는 일본 형법과 동일하게 해석할 수 없다.(대법원 2020. 8. 27. 선고 2019도11294 전원합의체 판결)

11. 입법 의도

형벌조항에 있어 문자의 의미가 불확실하거나 애매할 때는 관용의 원칙
에 따라 피고인의 이익으로 해석해야 하고, 입법 역사(Legislative History)나
전체 조문의 체계를 고려한 확장 해석은 허용되지 않는다는 입장[474][475]이 있
다. 문자주의가 이에 해당한다.

목적주의는 언어 자체 및 법체계(the Language and Structure), 입법 역
사(Legislative History), 그리고 입법 동기(Motivating Policies of the Act)를 포함해
서 해석한다.[476] 목적주의도 엄격 해석을 한다. 그러나 엄격 해석이라고 하
여 입법 의도를 무시한 가장 협의의 의미만을 뜻하는 것은 아니다.[477]

실무의 주류는 법해석을 법조항에 명시된 입법 의도가 무엇인지를 찾아
그 의도에 따른 의미를 부여하는 것이라고 한다. 법조항 자체의 분명한 의
미를 수정하거나 변경하는 해석은 입법 의도를 훼손한다.

국민의 기본권과 자유는 법률의 명확성, 법해석의 투명성을 통해 보장
된다.[478] 입법 의도가 불명확한 법조항으로부터 단지 입법 의도가 추정된
다는 이유만으로는 기본권을 제한하는 해석을 할 수 없다. 기본권을 제
한하기 위해서는 입법부는 입법 의도를 구체적이고 명확하게(Specific and
Unambiguous) 규정해야만 한다.[479] 포괄적이거나 불명확한 단어로 쉽게 기본
권을 제한할 수는 없다. 사법부는 법조항에 구체적이고 명확하게 표현된 문
구가 없는 한 기본권을 보호(Rights-Protective)하는 해석을 해야 한다. 법 적

---

474 미국 연방대법관 Scalia, Renquist, O'connor, Kennedy

475 Shon Hopwood, "Clarity in Criminal Law", 54 Am. Crim. L. Rev. 695 (2017), 701쪽

476 Bifulco v. U.S.,447 U.S. 381 (1980), 387쪽; United States v. Bass., 404 U.S. 336 (1971), 347쪽;
Moskal v. United States, 498 U.S. 103 (1990), 108쪽

477 Moskal v. United States, 498 U.S. 103 (1990), 113쪽

478 Dan Meagher, "The Principle of Legality as Clear Statement Rule: Significance and
Problems", 36 Sydney L. Rev. 413 (2014), 422쪽

479 Immigration and Naturalization Service v. St Cyr, 533 U.S.289 (2001), 298~299쪽

격성의 원칙(Principle of Legality)에 따라 국민의 기본권 제한을 최소화하거나 피하는 쪽으로 해석해야 한다.[480]

따라서 비록 입법부의 법률 제정 과정에서 의원이 입법 의도를 설명했다고 하더라도 그것이 명백히 조문화되지 않는 이상 사법부의 기본권 제한 해석을 강제하는 결정적 자료가 될 수 없다. 입법부는 기본권 제한을 고려했을 뿐만 아니라 제한하기로 결정했다는 점까지 법조항에 명확하게 기재해야 한다.

다만, 일정한 경우 형벌조항에 해결해야 할 불명확성이 있는 때에는 이를 해결하기 위해 입법 의도를 고려할 수 있다. 이 경우에 기본권 제한을 위해서는 입법 의도가 명시적으로 표시되어 기본권 제한 해석을 할 수밖에 없어야 한다. 단지 기본권 제한이 가능하다는 해석과 불가능하다는 해석이 가능한데 그중 가능하다는 해석을 선택할 수도 있는 정도로는 안 된다.[481]

명시되지 않은 입법 의도는 법해석의 자료가 될 수 없다. 명시된 문언이 없이 단순하게 입법 의도를 추정할 수는 없기 때문이다.

입법 과정에서 논의 중 제안되었다가 최종적으로 거부된 안을 해석 자료로 사용할 수는 없다.[482]

입법부의 입법 절차에서 의원의 발표 자료는 다른 의원들이 공통적으로 형벌조항을 어떤 의미로 이해하였는지를 해석하는데 도움이 될 수 있다. 물론 1명의 국회의원이 일방적으로 주장한 자료는 사용할 수 없다.

초안의 문구(Wording)로부터 수정된 문구는 법조항의 의미를 해석하는 자료가 될 수 있다. 가령 중혼을 처벌하면서도, 7년 이상 배우자의 생사가 불명할 때에는 예외적으로 혼인을 허용하는 조항이 있다고 하자. 이때 입법

---

480 Dan Meagher, "The Principle of Legality as Clear Statement Rule: Significance and Problems", 36 Sydney L. Rev. 413 (2014), 424쪽

481 Dan Meagher, "The Principle of Legality as Clear Statement Rule: Significance and Problems", 36 Sydney L. Rev. 413 (2014), 427쪽

482 James Dawson, "Public Danger", 36 Cardozo L. Rev. 2183, (2015), 2202쪽: (rejected proposal rule)

과정에서 배우자가 사망하였다고 믿을 만한 사정이 있을 때로부터 1년이
지난 후에는 처벌하지 않는 예외 조항을 마련했다가 최종적으로 삭제되었
다고 하자. 이 경우에는 배우자가 항해 중 난파된 배와 함께 사라졌다는 같
은 배에 승선했던 사람의 말을 믿고 그로부터 2년 후 다른 사람과 혼인하였
다고 하더라도 예외조항에 해당하지 않는다는 것이 입법부의 의도라고 해
석해야 한다. [483]

　법률 해석에서 입법 의도를 감안할 경우에는 입법부가 법률을 제정하는
과정에서 작성한 자료를 참고할 수 있다. 입법 후의 주석서 등은 법률 제정
당시의 입법 의도를 신뢰성 있게 표시하는 척도가 아니다. [484]

　입법 의도가 명시적으로 기록되어 있다 하더라도 이는 형벌조항의 해석
에 있어서 선호해서는 안 된다. 국민은 형벌조항 자체로부터 어떤 행위가
범죄가 되는지를 알 수 있어야 한다. 국민으로 하여금 입법 역사를 찾아 조
항의 의미를 이해하도록 함은 공정하지 않다. 따라서 엄격 해석은 입법 역
사를 사용한 해석 방법을 지양한다. [485]

　명시된 입법 의도를 감안하여 해석한다고 하더라도 그 의도도 형벌조항
의 문자로부터 도출된 의미에 포섭되어야 한다. 따라서 입법 의도만으로 그
조항의 문자의 의미 및 체계의 한계를 넘어서는 해석을 할 수 없다. [486] 형벌
조항이 아닌 법조문에 있어서도 기재된 문자의 의미를 넘어선 해석은 입법
의도가 강하고 명백하게 표현되어 있지 않는 한 지양한다. [487]

---

[483] Wayne R. LaFave, 『Criminal Law』(4th edition), Thomson West, (2003), 93쪽

[484] Gustafson v. Alloyd Co., Inc., 515 U.S. 561 (1995), 578쪽

[485] Wayne R. LaFave, 『Criminal Law』(4th edition), Thomson West, (2003), 94쪽

[486] Francis Cardell-Oliver, "Parliament, the Judiciary and Fundamental Rights: The Strength of the Principle of Legality", 41 Melb. U. L. Rev. 30, (2017), 36쪽

[487] Crandon v. United States, 494 U.S. 152 (1990), 160쪽; (It is rare that legislative history or statutory policies will support a construction of a statute broader than that clearly warranted by the text.)

입법 의도가 명확히 표현되어 있고 이것이 형벌조항의 문자의 의미에도 부합하여 중대한 애매함이 없으면 관용의 원칙은 적용되지 않는다.[488]

▶ 형벌법규는 문언에 따라 엄격하게 해석·적용하여야 하고 피고인에게 불리한 방향으로 <u>지나치게</u> 확장 해석하거나 유추 해석하여서는 아니 되지만, 형벌법규의 해석에서도 법률문언의 통상적인 의미를 벗어나지 않는 한 그 법률의 입법취지와 목적, 입법연혁 등을 고려한 목적론적 해석이 배제되는 것은 아니다(대법원 2002. 2. 21. 선고 2001도2819 전원합의체 판결 등 참조). (대법원 2003. 1. 10. 선고 2002도2363 판결)

▶ 형벌법규는 문언에 따라 엄격하게 해석·적용하여야 하고 피고인에게 불리한 방향으로 지나치게 확장 해석하거나 유추 해석하여서는 안 된다. 그러나 형벌법규를 해석할 때에도 <u>가능한 문언의 의미 내에서</u> 해당 규정의 <u>입법 취지와 목적 등을 고려</u>한 법률체계적 연관성에 따라 그 문언의 논리적 의미를 분명히 밝히는 체계적·논리적 해석 방법은 그 규정의 본질적 내용에 가장 접근한 해석을 하기 위한 것으로 죄형 법정주의의 원칙에 부합한다.(대법원 2017. 12. 7. 선고 2017도10122 판결)

형벌조항은 엄격 해석에 따라 확장 해석을 허용하지 않는다. 지나치지 않는다는 이유로 형벌조항을 확장 해석을 할 수는 없다.

▶ 일반적으로 형벌법규 이외의 법규범에서는 법문의 의미가 명확하지 않거나 특정한 상황에 들어맞는 규율을 하고 있는 것인지 모호할 경우에는, 입법목적이나 입법자의 의도를 합리적으로 추론하여 문언의 의미를 보충하여 확정하는 체계적, 합목적적 해석을 할 수도 있고, 유사한 규범이나 유사한 사례로부터 확대 해석을 하거나 유추 해석을 하여 법의 흠결을 보

---

[488] U.S. v. Moore, 84 F.3d 1567 (1996), 1573쪽

충할 수도 있으며, 나아가 법률의 문언 그대로 구체적 사건에 적용할 경우
에는 오히려 부당한 결론에 도달하게 되고 입법자가 그러한 결과를 의도
하였을 리가 없다고 판단되는 경우에는 문언을 일정부분 수정하여 해석하
는 경우도 있을 수 있다. 그러나 형벌조항을 해석함에 있어서는 앞서 본
바와 같은 헌법상 규정된 죄형 법정주의 원칙 때문에 입법목적이나 입법
자의 의도를 감안하는 확대 해석이나 유추 해석은 일체 금지되고 형벌조
항의 문언의 의미를 엄격하게 해석해야 하는 것이다.(헌재 2015. 11. 26.
2013헌바343)

▶[다수의견] (가) 법 해석의 목표는 어디까지나 법적 안정성을 저해하지
않는 범위 내에서 구체적 타당성을 찾는 데에 두어야 한다. 그리고 그 과
정에서 가능한 한 법률에 사용된 문언의 통상적인 의미에 충실하게 해석
하는 것을 원칙으로 하고, 나아가 법률의 입법 취지와 목적, 제·개정 연
혁, 법질서 전체와의 조화, 다른 법령과의 관계 등을 고려하는 체계적·논
리적 해석방법을 추가적으로 동원함으로써, 법 해석의 요청에 부응하는
타당한 해석이 되도록 하여야 할 것이다. 형벌법규는 문언에 따라 엄격하
게 해석·적용하여야 하고 피고인에게 불리한 방향으로 확장해석하거나
유추해석을 하여서는 안 되는 것이지만, 문언이 가지는 가능한 의미의 범
위 안에서 규정의 입법 취지와 목적 등을 고려하여 문언의 논리적 의미를
분명히 밝히는 체계적 해석을 하는 것은 죄형 법정주의 원칙에 어긋나
지 않는다.(대법원 2020. 8. 27. 선고 2019도11294 전원합의체 판결)

12. 행정부의 유권 해석

행정부의 유권 해석(Administrative Interpretation)이나 업무지침, 관행도 법
해석의 참고자료로 사용될 수 있다.

◆ 민간기업 직원이 공무원으로 채용되기로 결정되었지만 아직 공무원이 되기 이전에, 근무하던 회사로부터 아무런 대가 없이 상당한 퇴직금을 받은 경우 뇌물방지법의 목적에 따라 뇌물 수수에 해당한다고 해석할 것인지가 문제되었다.[489] 즉, 공무원의 이해 충돌을 방지하려는 뇌물방지법에서 현재 민간인이지만 향후 공무원으로 고용되기로 예정된 때에도 공무원에 해당한다고 해석할 수 있는지가 쟁점이 되었다.

이에 관하여 미국 케네디 대통령은 법률 제정 과정에서 의회에 수정 요구 의견서를 보낸 사실이 있다. 그 내용은 "광범하게 적용되는 이해충돌 방지조항은 높은 도덕적 기준을 설정한다. 그러나 정부가 전문적 능력을 가진 우수한 인재를 모집하는 것을 방해해서는 안 된다. 현재 정부는 날로 복잡하고 기술적으로 어려워진 문제를 다루기 위해 최고의 능력, 경험, 지식을 가진 많은 수의 행정 인력을 필요로 한다. 가장 중요한 사업인 공무를 다룰 풍부한 인력자원이 필요하다. 퇴직금은 법이 우려하는 이해 충돌이라는 부적정한 외관을 초래할 가능성은 있다. 그러나 기업으로 하여금 자격이 있는 직원이 공익을 위해 정부에서 특별한 기술을 사용할 수 있도록 해야 함을 고려해야 한다."라는 내용이다.[490]

미 연방대법원은 미 의회에 보낸 케네디(Kennedy) 대통령의 법안 수정 요구 의견서를 법해석의 참고자료로 삼았다.

◆ 간통죄에 있어서 혼인한 자는 처벌하는 조항이 있지만, 혼인하지 않는 상간자를 처벌하는 조항은 없었다. 이때 혼인한 여자와 간통한 상대방인 혼인하지 않은 남자를 처벌할 수는 없다. 형벌조항에 상간자를 처벌하는 조항이 없으므로 죄형 법정주의에 의하면 당연하다.

1791년 펜실베이니아 주 최고법원은 상간자는 형벌조항에 해당하지 않고, 나아가 지난 85년간의 상간자를 처벌하지 않는 일관된 관행을 고려할 때에도 처벌할 수 없다고 판결했다.[491]

---

489 Crandon v. U.S., 494 U.S. 152 (1990)

490 Crandon v. U.S., 494 U.S. 152 (1990), 167~168쪽

491 Respblica v. Roberts, 2 U.S. 124 (1791)

Ⅶ. 법해석의 지도 원리

법해석의 지도 원리(Canon of Construction)는 법조항을 해석함에 있어 도움이 되는 지침(Guiding Principle)이다. 이 원리는 반드시 적용되어야만 하는 것은 아니다.

법해석의 지도 원리는 항상 예외가 있고, 반대되는 원리가 존재한다. 특정 법해석 지도 원리와 다른 해석을 할 수 있는 가능성은 항상 존재한다. 그러므로 법해석의 지도 원리는 절대적 의미를 가지지 않는다. 가령 과잉 언어가 없다고 해석한다는 법해석의 지도 원리도 어떤 단어의 과잉이 명확하다면, 적용하지 않는다.[492]

법해석의 지도 원리는 법조항의 의미를 해석하는데 있어 가능한 방향을 제시해 준다. 해석 가능한 구체적 의미를 제안해 주는 기능을 한다. 따라서 다른 방법으로 불명확성을 해결할 수 없을 때 법해석의 지도 원리를 활용할 수 있다.

1. 문자적 원리(Semantic or Textual Canons)

이는 언어를 규율하는 문자 및 문법을 반영하여 법조항을 해석하는 원리

---

[492] Valerie. C. Brannon, "Statutory Interpretation: Theories, Tools, and Trends", CONG, RSCH. SERV. R45153 (2018), 35쪽; Conn. Nat'l Bank v. Cermain, 503 U.S. 249 (1992)

이다.

가) 의미론적 원리(Semantic Cannon)

○ 조문에 전문적인 의미를 가진다고 기재되어 있거나 맥락상 전문적인 의미라고 해석되지 않는 이상 단어는 일반적이며 일상적 의미로 해석한다(Ordinary-Meaning Canon).

○ 일반적 단어는 일반성을 가진다고 해석한다(General-Terms Canon).

○ 문장의 의미가 분명하여 뜻이 명확할 때에는 비록 다른 해석이 지혜롭다고 하더라도 그 분명한 의미대로 해석한다(Plain Meaning Rule).

○ 만일 오탈자가 있거나 혹은 합리적인 사람이라면 아무도 용인하지 않을 어리석은 결과를 초래할 문장이 있다면 문장 그대로의 분명한 의미를 무시하거나 시정하는 해석을 할 수 있다(Absurdity Doctrine).

○ 단어는 그 문장이 입법된 때의 의미로 해석한다(Fixed-Meaning Canon).

○ 그 문장이 표현하고 있거나 내포하고 있다고 합리적으로 해석되는 것을 제외한 어떠한 다른 의미도 추가해서는 안 된다(Omitted-Case Canon). 법조항에 포함되지 않은 것은 의도적으로 제외한 것으로 해석한다(Casus Omissus).

○ 한 가지의 의미의 표현은 다른 의미를 배제하는 것으로 해석한다(Negative-implication Canon; Expressio Unius est exclusio alterius). 특히 표현 대상이 관련 있는 그룹이나 일련의 구성원(members of an associated group or series)

이어서 우연이 아닌 의도적인 배제로 추정될 때 더욱 그렇게 해석한다.

그러나 '~을 포함한다.'나 '예들 들어 ~같은'이 예를 든 경우에는 다른 것을 배제하지 않는다.

○ 해야 한다는 단어는 의무를, 할 수 있다는 단어는 재량을 의미한다 (Mandatory/Permissive Canon).

○ '그리고'는 연결된 명단(conjunctive list)을, '또는'은 분리된 명단 (disjunctive list) 또는 선택적 명단을 의미한다. 그러나 부정사, 복수, 다양한 구체적 단어에 따라 뉘앙스가 달라질 수 있다(Conjunctive/Disjunctive Canon).

○ '~할 경우 그에 따라(subject to~)' 혹은 '~에도 불구하고(despite)'는 단지 조항이 충돌할 경우에 어느 조항이 우위에 있는지를 의미할 뿐이고, 조항 자체가 충돌된다는 것을 의미하지 않는다(Subordinating/Superordinating Canon).

○ 반대 표시가 있지 않는 한 남성은 여성을, 여성은 남성을 포함하고, 단수는 복수를 복수는 단수를 포함한다(Gender/Number Canon).

○ 포함한다(include)는 동사는 일반 원칙이 적용되는 예를 소개하는 것일 뿐이고 그 밖의 것을 배제하는 의미가 아니다(Presumption of Nonexclusive "Include").

○ 법조항은 반드시 해석하고 이해할 수 있어야 한다. 그렇지 않으면 문장은 적용할 수 없어 무효다(Unintelligibility Canon).

나) 구문론적 원리(Syntactic Canon)

○ 법률은 문법에 따라 작성되었다고 본다. 따라서 올바른 문법과 사용법에 따라 해석한다(Grammar Canon).

가령 "집에서 해로운 행동을 하거나, 파티를 하면 안 된다."라는 문장이 있다고 하자. 이때 집에서 파티를 했으면, 그 결과가 집에 해롭지 않다고 하더라도 금지된 범위에 속한다고 해석한다. 파티는 집에 해로운지 여부를 불문하고, 문법상 금지되었기 때문이다.[493]

○ 대명사(Pronoun), 관계대명사(Relative Pronoun) 혹은 지시형용사(Demonstrative Adjective)는 일반적으로 합리적으로 가장 밀접하다고 보이는 선행사(the Nearest Reasonable Antecedent)를 언급하는 것으로 해석한다(Last-Antecedent Canon).

일반적으로 구문이 일련의 명사나 동사의 병행적 나열이 아닌, 이질적인 것을 포함할 때에는 전치 혹은 후치 수식어는 합리적으로 가장 관련 있다고 보이는 것에만 적용한다(When the syntax involves something other than a parallel series of nouns or verbs, a prepositive or postpositive modifier normally applies only to the nearest reasonable referent).

일련의 명사나 동사들만으로 이루어진 연쇄적, 병행적 구문에서 앞 혹은 후의 수식어는 일반적으로 전체 명사나 동사에 적용된다(When there is a straightforward, parallel construction that involves all nouns or verbs in a series, a prepositive or postpositive modifier normally applies to the entire series: Series-Qualifier Canon).

예를 들어 '키 큰 남자와 낙타'라는 표현에서 '키 큰'이라는 수식어는 바로 앞의 '남자'만을 수식하고 그 이상 확장해서 이질적인 단어, 즉 '낙타'를 수식

---

493 Valerie. C. Brannon, "Statutory Interpretation: Theories, Tools, and Trends", CONG, RSCH. SERV. R45153 (2018), 27쪽

하지 않는다고 해석한다. 그러나 이는 절대적이지 않고 자연스럽고 합리적이라면 달리 해석할 수 있다.[494]

가령 '키 큰 남자와 여자'와 같이 수식 대상이 병행적이고 대등한 단어라면 모두를 수식한다고 해석할 수 있다.

예를 들어 '아동을 상대로 한 성적 행위 또는 성적 학대, 중한 성적 학대'로 되어 있을 때 '아동을 상대로 한'이 '성적 행위'만을 수식한다는 해석은 직근 수식 원칙이고, 모두를 수식한다는 해석은 연속 수식 원칙이다.

● 형법

제166조(일반건조물 등 방화) ① 불을 놓아 제164조와 제165조에 기재한 외의 건조물, 기차, 전차, 자동차, 선박, 항공기 또는 지하채굴시설을 불태운 자는 2년 이상의 유기징역에 처한다.
② 자기 소유인 제1항의 물건을 불태워 공공의 위험을 발생하게 한 자는 7년 이하의 징역 또는 1천만원 이하의 벌금에 처한다.

제167조(일반물건 방화) ① 불을 놓아 제164조부터 제166조까지에 기재한 외의 물건을 불태워 공공의 위험을 발생하게 한 자는 1년 이상 10년 이하의 징역에 처한다.
② 제1항의 물건이 자기 소유인 경우에는 3년 이하의 징역 또는 700만원 이하의 벌금에 처한다.

제170조(실화) ① 과실로 제164조 또는 제165조에 기재한 물건 또는 타인 소유인 제166조에 기재한 물건을 불태운 자는 1천500만원 이하의 벌금에 처한다.
② 과실로 자기 소유인 제166조의 물건 또는 제167조에 기재한 물건을 불태워 공공의 위험을 발생하게 한 자도 제1항의 형에 처한다.

제170조 제2항에서 ① '자기 소유인'이 '제166조의 물건'만을 수식하는지 또는 ② '제166조의 물건 또는 제167조에 기재한 물건' 전체를 수식하는지

---

[494] Morell E. Mullins, Sr., "Tools, Not Rules: The Heuristic Nature of Statutory Interpretation", 30 J. Legis 1 (2003), 71쪽

가 문제된다. ①의 해석은 직근 수식 원칙에 의한 것이고 ②의 해석은 연속 수식 원칙에 의한 것이다.

　제170조 제2항과 같은 표현은 타인 소유인 제167조에 기재한 물건이 포함되는지에 대한 해석을 요한다. 애매성을 제거하기 위해는 '자기 소유인 제166조의 물건, 자기 또는 타인 소유인 제167조에 기재한 물건'과 같이 명확히 표현해야 한다. 피고인에게 불이익한 확장 해석을 제한하고, 법조항 문구 자체를 통한 예견 가능성 제고를 위해서이다.

　영어의 경우 "A, B, C involving D"[495]와 같은 문구 중 'involving D'와 같은 한정적 수식어구를 해석하는 데는 두 가지 방법이 있다. ① D가 A, B, C 모두를 수식한다는 연속 수식 원칙(Series-Qualifier Rule)과 ② C만을 수식한다는 최종 선행사 수식 원칙(Last Antecedent Rule)이다.

　전자는 수식어가 목록 모두를 포함한다고 해석하는 것이 상식에 부합하고(make sense), 또 하나의 통합된 목록(a single, integrated list)의 마지막에 수식어가 있을 경우에 적용된다.[496] 즉 열거된 A, B, C가 복수의 병행적 용어로서 통합된 성격일 때는 전체를 수식한다고 본다.

　후자는 제한적 수식어구나 절(a limiting clause or phrase)은 바로 그 앞뒤의 것을 한정해 수식한다고 해석함이 일반적으로 맞는다는 것이다. 이는 문리 해석에 부합할 때, 그리고 입법 의도에 부합할 때 적용한다.[497] 일반인이 보았을 때 A, B, C가 하나의 목록으로 열거되었다고 보기 어렵거나 수식어구가 전체에 적용된다는 점에 익숙하지 않을 때에는 직접 수식하는 것으로 한

---

[495] Lockhart v. United States, 577 U.S. 347(2016), 원 문구는 "aggravated sexual abuse, sexual abuse, or abusive sexual conduct involving a minor or ward"이다. 여기서 'involving a minor or ward'가 전체를 수식하는지 아니면 마지막 'abusive sexual conduct'만을 수식하는지가 문제된다.

[496] Jama v. Immigration & Customs Enforcement, 543 U.S. 335, 344 n.4 (2005)

[497] Hassan Shaikh, "May the best canon win: Lockhart v. United States and the battle of statutory interpretation", 12 Duke J. Const. L. & Pub. Pol'y Sidebar 203,(2017), 213쪽

정한다고 해석한다.

◆ "(a) 출생지 국가. (b) 국적지 국가. (c) 위 (a), (b)가 불가능할 경우 입국 허용
의사를 표시한 다른 국가."로 되어 있다고 하자.

이때 '입국 허용 의사를 표시한'은 출생지 국가 및 국적지 국가를 제외한 '다른 국
가'만을 수식하고, 출생지 국가 및 국적지 국가를 포함하지 않는다고 해석한다.[498] 그
러므로 출생지 국가나 국적지 국가는 입국 허용 의사를 표시하지 않아도 해당한다.

○ 한 단어는 그 옆의 다른 단어와 관련된 의미를 가진다(noscitur a sociis, a
word is known by the company it keeps). 연결되어 있는 단어는 서로 다른 단어
의 의미와 관련하여 해석한다(Associated-Words Canon).

○ 조건은 바로 앞에 연결된 선행 주제에 대한 것으로 해석한다(A proviso
conditions the principal matter that it qualifies- almost always the matter immediately
preceding; Provisio Canon). 이는 조건은 직전의 문장을 수정하거나 제한하는
것이기 때문이다.

가령 "통근 비용은 지불하지 않는다; 그러나 만일 비가 온다면 1,000원
을 준다."라는 문장에서 1,000원을 준다는 것은 오직 통근할 때 비가 오면
1,000원을 준다는 의미일 뿐, 아무 때나 비가 오면 1,000원을 준다는 의미
는 아니다.

◆ "아동은 반드시 구금 후 즉시 또는 늦어도 그 다음날에는 판사에게 인치하여야 한
다; 만일 판사가 없을 때에는 치안 판사에게 즉시 인치하여야 한다."라는 조항이 있다.

이때 '반드시'를 예외를 허용하지 않는 것으로 해석하지 않는다. 즉 그 뒤의 조건절
은 그 앞의 문장을 제한하거나 수정하는 것이므로 '반드시'는 판사가 없을 때에는 예

---

[498] Jana v. Immigration and Custums Enforcement, 543 U.S. 335 (2005)

외를 인정하는 뜻으로 해석한다.[499] 즉 조건에 해당할 경우 치안 판사에게 인치를 허용한다고 해석한다.

O **마침표는 의미를 가진다고 해석할 수 있다**(Punctuation is a permissible indicator of meaning; Punctuation Canon).

◆ 조문이 "(a) 출생지 국가. (b) 국적지 국가. (c) 위 (a), (b)가 불가능할 경우 입국 허용 의사를 표시한 다른 국가."로 되어 있다고 하자.

이때 '입국 허용 의사를 표시한'은 출생지 국가 및 국적지 국가를 제외한 '다른 국가'만을 수식하고, 출생지 국가 및 국적지 국가를 포함하지 않는다고 해석한다. 특히 (a), (b), (c)에 마침표가 있어 각각 독립적인 의미로 해석함이 상당하다.[500]

O **문단에서 안으로 들어간 하위 부분에 있는 것은 오직 그 하위 부분에 한정한다. 안으로 들어가 있지 않는 문장에 표현된 것은 그 뒤 혹은 앞에 있는 안으로 들어가 있는 하위 부분 모두에 연관되어 있다고 해석한다**(Material within an indented subpart relates only to that subpart; material contained in unindented text relates to all the following or preceding indented subparts; Scope-of-Subparts Cannon).

이는 『_____ .

_____

_____

_____ .』와

같이 일부 문장을 안으로 들여 쓴 경우에 해당한다.

---

499 State v. Ellsworth, 175 W.Vaq. 64 (1985)

500 Jana v. Immigration and Custums Enforcement, 543 U.S. 335 (2005), 344쪽

다) 맥락적 원리(Contextual Canon)

○ 문장은 고립적으로 해석해서는 안 된다. 전체로서 해석해야 한다 (Whole-Text Canon).

○ 두 개의 서로 다른 법률의 조항이 같은 주제를 대상으로 하고, 각각 부분적으로 그 대상을 규율할 때에는 두 조항을 함께 해석한다(Statutes in pari materia are to be interpreted together, as though they were one law; Related-Statutes Canon). 한 조항의 의미가 애매할 경우 같은 주제를 다른 조항을 참조하여 그 의미를 해석할 수 있다.

○ 동일한 단어나 구는 문장 전체에 걸쳐 같은 의미를 가지는 것으로 추정한다. 용어가 상당히 변경되었다면 의미도 변경되었음을 의미한다 (Presumption of Consistent Usage).

○ 가능하면 모든 단어나 모든 조항은 실질적으로 의미가 있다고 해석한다. 어느 것도 의미가 없다고 해석해서는 안 된다. 즉 다른 조항과 중복되어 아무런 영향을 미치지 않는 필요 없는 것으로 해석해서는 안 된다(Rule Against Surplusage Canon).

○ 법조항은 양립할 수 있도록 해석해야 하고 모순되는 것으로 해석해서는 안 된다(Harmonious-Reading Canon).

○ 같은 수준의 일반성(혹은 특별성)을 가진 진정하게 양립할 수 없는 모순되는 조항이 있고 동시에 입법되었을 때에는 어느 것도 효력이 없다 (Irreconcilability Canon).

○ 일반적 조항과 구체적 조항이 충돌할 때에는 구체적 조항이 우선한다 (General/Specific Canon). 구체적 조항은 나중에 시행된 일반적 조항에 흡수되지 않고 그대로 유지된다.

○ 어떤 행위를 허용하는 법은 그 행위에 필요한 선행 행위도 허용한다(Authorization of an act also authorizes a necessary predicate act. Predicate-Act Cannon).

○ 두 개 또는 그 이상의 사물을 나열한 후의 일반적 단어는 구체적으로 언급된 사물과 일반적으로 같은 종류의 것만 포함한다(Ejusdem Generis Canon).

○ 분배적 표현문구는 적절한 근거가 있는 각각의 어구에 적용한다 (Distributive phrasing applies each expression to its appropriate referent; Distributive-Phrasing Canon).

○ 문장의 어구는 각각에 상응한 부분에 해당한다고 해석한다(Reddendo singula singulis, rendering each to eacn)

예를 들어 "도둑이 집과 물건을 침입하고 절취했다."라는 문장은 도둑이 집에 침입해서 물건을 절취했다."라고 해석한다.

○ 서문(Preamble), 목적 조항(Purpose Clause), 설명(Recital)은 의미를 해석하는 자료로 사용할 수 있다(Prefatory-Material Canon). 그러나 해석을 결정적으로 좌우하는 것은 아니다.

○ 제목(Title)과 각 장의 소제목(Heading)은 의미를 해석하는 자료로 사용할 수 있다(the title and headings are permissible indicator of meaning; Title-and-

Headings Canon). 그러나 해석을 결정적으로 좌우하는 것은 아니다.

○ 정의 조항과 해석 조항은 해석에 있어 주의를 기울여 반드시 따라야만 한다(Interpretive-Direction Canon).

2. 실체적 원리(Substantive Cannons)

이는 어떤 가치나 정책적 결과를 증진시키기 위한 해석을 추구하는 원리이다. 특정한 실체적 결과가 발생하도록 유도하거나, 혹은 저지하기 위해 해석에 있어 일정한 추정을 한다. 예를 들면 헌법적 가치를 지키기 위해, 법률로 명확하게 규정하지 않으면, 필요한 합의가 있지 않는 한 기본권을 제한하는 쪽으로 해석할 수 없다는 명확한 표현 원칙(Clear Statement Rule)이 이에 해당한다.[501]

실체적 원리는 다른 해석 방법을 사용해도 불명확성이 남아있을 때 참조하는 원리이다. 실무에 있어서는 실제로 이 원리를 사용해야 할 정도로 불명확한지에 대해서 견해 차이가 발생한다.[502]

가) 기대되는 의미 원리(Expected Meaning Cannon)

○ 법률을 통합하거나 새로 구성하지 않고, 법조항을 수정하거나 재제정한 때에도 언어에 큰 변경이 있으면 그 의미가 변화되었다고 추정한다(Reenactment Canon).

---

501 Valerie. C. Brannon, "Statutory Interpretation: Theories, Tools, and Trends", CONG, RSCH. SERV. R45153 (2018), 29쪽

502 Valerie. C. Brannon, "Statutory Interpretation: Theories, Tools, and Trends", CONG, RSCH. SERV. R45153 (2018), 31쪽

○ 법률은 입법부가 소급 적용됨을 명시하지 않는 한 장래 사건에 적용된다(A civil statute presumptively has no retroactive application: Presumption Against Retroactivity).

○ 소송이 진행 중인 동안 법률이 변경된 경우 법원은 소급 적용금지에 위반되지 않는 한 새로운 법을 적용한다(Pending-Action Canon).

○ 일반 조항의 예외조항은 일반 조항의 기능을 유지할 수 있도록 좁게 해석한다(Presumption of Narrow Construction of Exception).

○ 법률은 법률에 명시되어 있지 않는 한 자국의 영역 외에서는 적용되지 않는다(Presumption Against Extraterritoriality Canon).

○ 사람(person)이라는 단어는 회사 및 기타 주체(corporations and other entities)를 포함하지만 국가를 포함하지는 않는다(Artificial-Person Canon).

○ 국내법은 국제법에 위반되지 않도록 해석한다(Charming Betsy Cannon).

○ 법률은 사회의 근본적 가치에 위반되지 않도록 해석한다(Interpretation light of fundamental values). 다만 입법부가 분명한 의미의 언어를 사용한 때에는 그렇지 않다.

○ 애매한 문장은 최대한 입법 의도를 실현할 수 있도록 해석한다(Purposive Canon).

나) 정부구성 원리(Government Structuring Canon)

○ 입법부는 자신의 권한 및 장래 구성될 입법부의 권한을 포기할 수 없다(The legislature cannot derogate from its own authority or the authority of its successors).

○ 현 입법부는 이전의 입법부가 통과시킨 법률을 폐지시킬 권한이 있다. 현 입법부는 장래 회기의 입법부의 권한을 축소시킬 수 없다(Repealability Canon).

○ 입법부는 구체적 지침이 없이 입법권을 위임할 수 없다(Nondelegation Doctrine).

▶ 犯罪와 刑罰에 관한 사항에 있어서도 委任立法의 根據와 限界에 관한 憲法 제75조는 적용되는 것이고, 다만 法律에 의한 處罰法規의 委任은, 憲法이 특히 人權을 최대한 보장하기 위하여 罪刑法定主義와 適法節次를 규정하고, 法律에 의한 處罰을 강조하고 있는 基本權保障 優位思想에 비추어 바람직하지 못한 일이므로, 그 요건과 범위가 보다 엄격하게 제한적으로 적용되어야 하는바, 따라서 處罰法規의 委任을 하기 위하여는 첫째, 특히 緊急한 필요가 있거나 미리 法律로써 자세히 정할 수 없는 부득이한 사정이 있는 경우에 한정되어야 하며, 둘째, 이러한 경우에도 法律에서 犯罪의 構成要件은 處罰對象行爲가 어떠한 것일 것이라고 예측할 수 있을 정도로 구체적으로 정하고, 셋째, 刑罰의 種類 및 그 上限과 폭을 명백히 규정하여야 하되, 委任立法의 위와 같은 예측 가능성의 유무를 판단함에 있어서는 당해 특정 조항 하나만을 가지고 판단할 것이 아니고 관련 법조항 전체를 유기적·체계적으로 종합하여 판단하여야 한다.(헌재 1997. 5. 29. 94헌바22)

○ 입법부는 실제로 상당한 효과 발생을 의도하여 법률을 개정했다고 해석한다(Presumption of Purposive Amendment).

○ 조세법은 국가 권한을 제한하기 위해 그리고 납세자를 보호하기 위해서 엄격하게 해석한다(Strict construction of revenue provisions).

○ 공적인 지원법은 국가에게 유리하도록 좁게 해석한다(Strict construction of public grants).

○ 국가 면책특권은 이를 포기하는 것으로 명백히 표시하지 않는 한 포기하지 않는 것으로 해석한다(Presumption Against Waiver of Sovereign immunity).

○ 법률이 명백히 규정하지 않는 한 국가 면책에 있어 정부나 공무원은 포함하지 않는 것으로 추정한다(Negative Presumption/Strict construction of statutes in derogation of sovereignty-Governments and their agencies are presumptively not included unless the statute clearly says so).

○ 사법부는 분쟁이 된 사안에 대하여서는 분쟁의 사법적 심사를 배제하는 특별한 법률이 없는 한 심사한다(Presumption in Favor of Judicial Process).

○ 특정한 쟁점에 있어 관련 법률을 담당하는 행정부의 해석이 합리적이라면 사법부는 이를 존중한다(Deference to Administrative Interpretation).[503]

다) 사적 권리의 원리(Private Right Canon)

○ 법률이 어떤 행위를 처벌하면 그 행위는 불법성을 가지게 된다

---

[503] Chevron v. Natural Resources Defense Council, 467 U.S. 837 (1984)

(Penalty/Illegality Canon).

○ 신분이나 상태를 범죄로 한 처벌은 금지된다(Rule Against Criminalizing States of Being)

○ 법률이 어떤 행위를 금지하고 있다는 것만으로는 그 위반한 행위에 대한 개인적 소송의 권리(cause of action)가 창설되지 않는다. 개인적으로 소송할 수 있는 권리는 법률에 명시되어 있거나 입법 의도가 명확할 때 창설된다(Presumption Against Implied Right of Action).

○ 입법부는 막연한 언어나 부가적 조항으로 규제 구조의 근본적 세부사항을 바꿀 수 없다. 쥐구멍에 코끼리를 숨겨서는 안 된다(Presumption Against Hiding Elephants in Mouseholes).

○ 입법부는 법률의 명확한 표현 없이 법적 권리나 의무를 중단시킬 수 없다(Presumption of Continuity).

라) 안정의 원리(Stabilizing Canons)

○ 성문 법률이 판례법을 변경하는 내용임을 명백히 한 때에만 판례법을 변경하는 것으로 해석한다(Presumption Against Change in Common Law).

○ 성문 법률이 판례법의 용어를 사용하는 때에는 다른 정의 조항이 없는 한 판례법의 의미로 해석한다(Cannon of Imputed Common-Law Meaning).

○ 만일 최고 사법부의 해석이 있었거나 혹은 하급 사법부나 권한 있는 행정부의 통일된 해석이 있다면 그 해석에 따라 조문이 이해되고 있다고 추

정한다(Prior-Construction Canon).

○ 묵시적인 사실상 법률의 폐지는 인정되지 않는다. 법률은 적용되지 않
거나 필요가 없다고 하여 폐지되는 것이 아니다(Desuetude Canon). 구 법률과
정면으로 배치되는 조항이 있으면 그 구 법률을 폐지하는 것으로 추정한다.
그러나 신설된 일반적 조항은 구법의 구체적 조항을 폐지하는 것으로 보지
않는다(Presumption Against Implied Repeal).

○ 폐지를 시킨 법조항을 폐지하거나 폐지를 시킨 법조항이 시간이 지
나 효력이 없게 되었다고 해서 원래의 법조항이 부활되지 않는다(Repeal-of-
Repealer Canon).

○ 입법부는 어떤 쟁점이나 사안에 대한 기존의 사법부의 선례나 법
령 해석, 행정부의 유권 해석에 대해 묵인함으로써 이를 수용할 수 있다
(Presumption of Legislative Acquiesence). 그러나 입법부가 사법부나 행정부의
행위에 입법적인 대응을 하지 않았다는 점만으로는 큰 의미를 부여할 수 없
는 사안도 있다.

마) 위헌 회피 원리(Constitutional Avoidance Cannon)

○ 법조항이 심각한 헌법적 문제를 포함하고 있지만 합헌으로도 해석될
수 있을 때에는 사법부는 그러한 문제를 제거하는 해석을 통해 그 한도 내
에서 합헌으로 해석해야 한다.[504] 그러나 그러한 해석이 입법부의 의도에 반
함이 명백할 때에는 그렇지 않다. 이는 입법부의 권한과 재량을 최대한 존

---

[504] Lisa A. Kloppenberg, "Avoiding Serious Constitutional Doubts: The Supreme Court's
Construction of Statutes Raising Free Speech Concerns", 30 U.C. Davis L. Rev. 1 (1996), 11쪽

중하기 위해서이다.[505]

○ 두 가지 이상의 합리적 해석이 가능할 때에는 사법부는 헌법적 문제가
발생하지 않는 한도 내에서 법률의 효력이 유지되도록 해석한다(Avoidance
Canon).

○ 유효하다는 해석을 무효라는 해석보다 우위에 둔다. 가급적 유효하다
고 해석해야 한다(Presumption of Validity).

○ 법조항은 합헌성에 의문이 생기지 않도록 하는 방향으로 해석한다
(Constitutional-Doubt Canon).

○ 가장 자연스러운 해석이 아니더라도 그에 대체할 합리적인 해석이 가
능하면 합헌으로 해석한다. 물론 비합리적인 해석은 불가능하다. 그리고 법
조항을 사법부가 원하는 대로 재작성할 권한은 없다.[506]

○ 법률의 특정 부분이 위헌일 때 그 부분을 제외한 나머지를 분리할 수
있다면 나머지는 위헌이 아니라고 해석한다(Severability Canon).

○ 사법부는 불명확한 형벌조항의 효력이 유지되도록 하기 위해 해석으
로 새로운 형벌조항을 만들 수 없다.[507] 막연한 형벌조항은 무효임을 선언하
여 입법부로 하여금 형벌조항을 제정하도록 해야 한다.

---

[505] Lisa A. Kloppenberg, "Avoiding Serious Constitutional Doubts: The Supreme Court's
Construction of Statutes Raising Free Speech Concerns", 30 U.C. Davis L. Rev. 1 (1996), 3쪽

[506] Valerie. C. Brannon, "Statutory Interpretation: Theories, Tools, and Trends", CONG, RSCH.
SERV. R45153 (2018), 30쪽; Jennings v. Rodriguex, 138 S. Ct. 830, (2018), 843쪽

[507] United States v. Davis, 139 S. Ct. 2319 (2019)

Ⅷ. 무죄 취지 법해석을 변경하여 유죄 판결 시 당해 피고인에 대한 적용

선행 판례에 따르면 무죄지만, 그 선행 판례의 해석이 잘못되었고, 유죄가 정확하다고 판단한 경우 선행 판례에 기속되어 피고인에게 무죄 판결을 선고해야만 하는 것은 아니다. 또 반드시 소급적으로 그 선행 판결을 무효로 해야 하는 것도 아니다.

사법부가 선행 판례를 존중하는 선례 기속의 근거는 법의 불변성과 일관성이다. 법에 불변성과 일관성이 없으면 사회는 미래를 예견할 수 없는 불확실성에 놓이게 된다. 법의 가치는 감소한다. 따라서 특정 판결에 사용된 논리의 정당성을 그 시대의 사회가 인정하고 있으면 사법부는 그 선행 판결을 유지하게 되어 있다. 이러한 선례 기속성에 의하여 법의 확실성, 안정성, 예견 가능성이 제고된다.

그런데 이는 선행 판결이 자의적이지 않고 정당한 이성과 논리에 근거하였다는 것을 전제로 한다. 법은 반드시 견고한 이성에 기초해야 하며, 정의를 추구해야만 한다. 이성과 정의는 법에 생명을 불어 넣는 것이다. 만일 선행 판결이라고 하더라도 그 시대의 정당한 이성과 논리에 근거하지 않았다면 더 이상 유지될 수 없고 변경되어야 한다.

▶ 설령 남편이 폭력으로서 강제로 처를 간음하였다 하더라도 강간죄는 성립되지 아니한다.(대법원 1970. 3. 10. 선고 70도29 판결)

▶ 실질적인 부부관계가 유지되고 있을 때에는 설령 <u>남편이 강제로 아내를 간음하였다고 하더라도 강간죄가 성립하지 아니한다고 판시한 대법원 1970. 3. 10. 선고 70도29 판결</u>은 이 판결과 배치되는 범위에서 이를 변경하기로 한다....... 원심은 그 채택 증거에 의하여 그 판시와 같은 사실을 인정한 다음, 부부인 피고인과 피해자가 불화로 부부싸움을 자주 하면서 각방을 써오던 상황에서 피고인이 흉기를 사용하여 피해자를 폭행, 협박한 후 강제로 성관계를 하였으므로, 준강간죄 및 성폭력범죄의 처벌 등에 관한 특례법 위반(특수강간)죄가 성립한다고 판단하였다.(대법원 2013. 5. 16. 선고 2012도14788, 2012전도252 전원합의체 판결)

▶ 동거자중의 1인이 부재중인 경우라도 주거의 지배관리관계가 외관상 존재하는 상태로 인정되는 한 위 법리에는 영향이 없다고 볼 것이니 남편이 일시 부재중 간통의 목적하에 그 처의 승낙을 얻어 주거에 들어간 경우라도 남편의 주거에 대한 지배관리관계는 여전히 존속한다고 봄이 옳고 사회통념상 간통의 목적으로 주거에 들어오는 것은 남편의 의사에 반한다고 보여지므로 처의 승낙이 있었다 하더라도 남편의 주거의 사실상의 평온은 깨어졌다 할 것이므로 이러한 경우에는 주거침입죄가 성립한다고 할 것이다.(대법원 1984. 6. 26. 선고 83도685 판결)

▶ 외부인이 공동거주자 중 주거 내에 현재하는 거주자로부터 현실적인 승낙을 받아 통상적인 출입방법에 따라 주거에 들어간 경우라면, 특별한 사정이 없는 한 사실상의 평온상태를 해치는 행위태양으로 주거에 들어간 것이라고 볼 수 없으므로 주거침입죄에서 규정하고 있는 침입행위에 해당하지 않는다. ......

이와 달리 공동거주자 중 한 사람의 승낙에 따라 주거에 출입한 것이 다른 거주자의 의사에 반한다는 사정만으로 다른 거주자의 사실상 주거의 평온을 해치는 결과가 된다는 전제에서, 공동거주자 중 주거 내에 현재하는 거주자의 현실적인 승낙을 받아 통상적인 출입방법에 따라 주거에 출입하였는데도 부재중인 다른 거주자의 추정적 의사에 반한다는 사정만으로 주거침입죄가 성립한다는 취지로 판단한 앞서 본 대법원 83도685 판결을 비롯한 같은 취지의 대법원판결들은 이 사건 쟁점에 관한 이 판결의 견해에 배치되는 범위 내에서 모두 변경하기로 한다.(대법원 2021. 9. 9. 선고 2020도12630 전원합의체 판결)

1. 유죄 해석 적용 가능 여부

선행 판례의 무죄 해석을 바꾸어 유죄로 판결하는 때에 당해 사건 피고인에게 유죄 판결을 선고할 수 있는지가 문제된다.

가) 장래효 한정 사례

이에 대해 소급 입법 금지 원리에 준하여 형벌조항의 해석은 장래효만 인정해야 한다는 판결이 있다. 비록 재판에서의 법해석에 대해 누구도 권리를 주장할 수 없고, 또 법률의 부지를 방어수단으로 사용할 수는 없지만, 사법부 최종심의 판결을 신뢰하고 행한 행위를 처벌하는 것은 불공정하고 부정의하다는 점이 근거다.

이에 의하면 사법부 최종심이 형벌조항을 해석하면서 어떤 행위가 그 형벌조항에 해당하지 않는다고 판결하였는데, 다시 그 판결을 파기하고 형벌조항에 해당한다고 판결한 사이에 피고인이 행위를 한 때에는 그 피고인을

처벌할 수 없다.[508]

나) 본래적 범죄와 금지적 범죄 분류 사례

살인, 방화와 같이 일반인이 본질적으로 잘못이 있다고 인식하는 범죄, 즉 본래적 범죄(Malum In Se)는 당해 피고인에 대해 유죄 판결이 가능하지만, 심야영업, 미성년자 출입 등과 같이 본래 비도덕성은 없고 단지 법률로 금지되었을 뿐인 범죄, 즉 금지적 범죄(Malum Prohibitum)는 유죄 판결이 불가능하다는 판결이 있다.[509]

사법부의 법해석은 법률이 아니고, 본래적 범죄에 대해서는 피고인의 신뢰를 보호하지 않아도 불공정, 부정의하지 않다는 논리에 근거한다.

이에 따라 다음과 같은 판례가 있다.

◆ 미 연방 대법원은 1902년과 1906년에 각각 주류 판매 처벌조항이 위헌이라고 판결했다가 1907년에는 선행 대법원 판결이 잘못되었고 위헌이 아니라고 판결했다.[510]

피고인은 선행 위헌 판결이 선고된 이후 위헌 판결을 믿고 주류를 판매했다. 피고인은 자신의 재판에서 주류 판매 처벌조항이 위헌이 아니라고 판결하더라도 그 판결의 효력은 자신에게 소급 적용되어서는 안 된다고 주장했다.

이에 대해 미 연방법원은 피고인을 처벌할 수 없다고 판결했다. 그 취지는 다음과 같다.

「선행 판례의 해석은 다른 사건의 재판에서 활용할 뿐이며, 그 선행 판례의 해석을 다른 사건에서 그대로 적용해야 하는 것은 아니다.[511] 사법부의 역할은 장래 사건에

---

508 State v Longino, 67 So 902 (1915)

509 State v. Mellenberger, 163 Or. 233 (1939), 258쪽

510 State v O'neil, 126 N.W. 454 (1910)

511 State v O'neil, 126 N.W. 454 (1910), 454쪽; (only by analogy, not of adjudication)

서의 법을 만드는 것이 아니라 심판 대상 사건에 있어 법해석을 선언하는 것이다.[512] 상급 법원이 판결의 논리를 기재하고, 나중에 다른 사건의 재판에서 그 해석을 이해하고, 참고로 활용하는 것은 중요한 일이다. 그러나 어떤 법원도 장차 발생할 사건에서 적용할 법을 미리 예견하여 선언할 수는 없다. 장래의 사건은 현재 재판의 대상인 사건과 동일하지 않고, 다르기 때문이다. 따라서 판결에 있어 해석의 변경은 법의 변경이 아니고, 헌법에서 금지하는 소급 입법이 아니다.

그러나 피고인이 자신이 위법 행위를 하는지를 판단함에 있어 합리적으로 그리고 선의로[513] 선행 판례의 법해석에 의존한 점을 고려해야 한다. 형사 사건은 민사 사건과 달리 공익이 문제될 뿐이다. 그런데 본래적 범죄가 아니라 금지적 범죄에 있어 형벌조항이 위헌으로 무효라는 판결이 있고 그 판결을 믿고 행동하였는데 처벌하면 합리적인 사람은 명백하게 불공정하다고 본다.[514] 법해석에 오인이 있는 선행 판례라는 사실을 믿고 피고인이 행동한 것이다. 결국 피고인에게 고의가 없으므로 처벌할 수 없다.」[515]

이에 대해서는 법조항의 해석은 법의 일부이고, 따라서 법조항이 합헌이라는 판결도 법이기 때문에 소급효 금지가 적용되어야 한다는 반대 의견이 있었다.[516]

◆ 사기 도박의 피해자는 사기범과 함께 도박을 하였으므로 도박의 공범인 범죄자이다. 따라서 사기 도박의 피해자는 범죄자이므로 피해자로 보호할 필요가 없다는 이유로 사기범을 무죄라고 해석한 선행 판례가 있었다.

그러나 미 연방법원은 이를 변경하였다. 즉 피해자에게 불법이 있다는 점과 별론으로 피고인이 사기죄를 범한 것은 명백하고, 범죄는 공익적 차원에서 처벌함이 상당하

---

[512] (It is not the function of a court to lay down the law for future cases, but to announce the law for the case which it is deciding.)

[513] (relied reasonably and in good faith)

[514] State v O'neil, 126 N.W. 454 (1910), 456쪽

[515] (If a mistake of facts is due to mistake of law, so that it appears there in no guilty mind, punishment should not be imposed.) 이에 대해서는 착오를 인정하려면 형벌조항에 고의가 범죄 구성요건으로 규정되어 있어야만 한다는 Deemer, CJ의 반대 견해가 있다.

[516] State v O'neil, 126 N.W. 454 (1910), 459쪽

며, 사기죄는 본래적 범죄라는 논리로 피고인에게 유죄 판결을 선고했다.[517]

◆ 극장에서 극장표를 구입한 사람들을 추첨하여 당첨자에게 상금을 준 행위에 대하여 극장표는 복권에 해당하지 않아 무죄라는 선행 판례가 있었다.

미 연방법원은 이 판례를 변경하여 영화 관람과 무관하게 극장표를 추첨하여 당첨금을 준 행위는 복권발행에 해당한다고 해석했다. 그러나 이 해석은 피고인에게는 적용되지 않고 장래에 적용된다고 하면서 무죄를 선고했다.[518] 금지적 범죄이기 때문이다.

◆ 담보권자의 동의 없이 담보로 제공된 물건을 처분하면 처벌하는 조항이 있었다.

담보 채무자가 담보권자에 대하여 담보된 물건의 액수보다 많은 채권이 있으면 처벌할 수 없다고 해석한 선행 판결이 있었다.

미 연방법원은 피담보채무가 소멸되지 않은 이상 단순히 채무자의 채권이 담보권자의 채권을 상회한다고 해서 처벌할 수 없다는 해석은 형벌조항의 분명한 의미에 반한다는 이유로 선행 판결의 법해석을 변경했다. 그러나 장래 사건에만 적용된다고 했다. 금지적 범죄에 해당하기 때문이다.

여기서 장래 사건에 적용된다고 함은 변경된 판례 이후 피고인이 행동한 것을 대상으로 한다는 의미다. 판례 변경 이전에 행위가 있었지만 판례 변경 이후에 사건화된 것은 포함하지 않는다. 피고인이 선행 판례에 따라 행위 했음에도 변경된 판례에 따라 처벌하면 정의에 반한다는 점이 이유다.[519]

2. 무죄 선고의 방법

무죄의 선행 판례를 변경하고 유죄로 해석을 하면서도 당해 사건 피고인

---

517 State v. Mellenberger, 163 Or. 233 (1939), 258쪽

518 State v. Jones, 107 P.2d 324 (1940)

519 State v. Bell, 49 S.E. 163 (1904)

에게 무죄를 선고할 경우 2가지 방법이 있다.

가) 판결 이유에의 기재

장래에 대해서만 효력이 미치도록 선행 판례를 파기하는 방법이다. 현재 재판 대상인 피고인에 대해서는 무죄 판결을 선고하면서 이후의 피고인에 대해서는 유죄 판결을 선고한다는 내용으로 판결에 의견을 제시한다.

나) 법률의 착오 인정

다음으로는 선행 판례를 변경하면서 피고인의 법률의 착오(Mistake of Law)를 인정하여 무죄를 선고하는 방법이다.[520]

법률의 착오는 사실의 착오와 구별된다. 법률의 착오, 즉 법률을 몰랐다는 것은 고의를 조각하지 않는다. 이는 법률을 알아야 하는 것은 국민의 책임이고, 법률을 몰랐을 때에 그 부담을 범죄행위를 한 개인에게 부과하여 공익을 보호하기 위해서이다. 만일 법률을 몰랐다고 하여 고의를 조각하면 법률을 모르는 자에게 부당하게 유리하게 되어 법률을 외면하도록 조장하는 결과가 된다. 법률을 알고 있었다는 입증은 사람의 마음을 증명하는 일로 현실적으로는 매우 어렵기도 하다.

이처럼 법률의 부지나 법률의 착오는 원래 고의를 조각하지 않는다. 그러나 어떤 행위가 금지대상인지에 대한 공정한 고지가 있어야 피고인을 처벌할 수 있다. 그렇지 않으면 무고한 일반인이 처벌받기 때문이다. 그런데 사법부 최종심의 판결에 금지대상이 아니라는 법해석이 있고, 피고인이 이에 따라 행위 한 때에는 법률의 착오를 인정할 정당한 사유가 된다. 이러한 상황에서의 처벌은 적정절차에 반한다.

---

[520] Wayne R. LaFave, 『Criminal Law』(4th edition), Thomson West, (2003), 102쪽

▶ 원심은 그 판시와 같은 이유로, 피고인이 변호사의 의견을 듣고 이사회의 결의를 거쳤다고 하더라도 그러한 사정만으로는 법률의 착오에 정당한 이유가 있는 경우라거나 적법행위에 대한 기대가능성이 없는 경우라고 볼 수 없다고 판단하였다. 관련 법리와 적법하게 채택된 증거들에 비추어 보면, 원심의 위와 같은 판단은 정당하고, 거기에 상고이유 주장과 같이 형법 제16조의 법률의 착오, 적법행위에 대한 기대가능성에 관한 법리를 오해한 위법이 없다.(대법원 2018. 2. 8. 선고 2015도7397 판결)

▶ 형법 제16조에서 "자기가 행한 행위가 법령에 의하여 죄가 되지 아니한 것으로 오인한 행위는 그 오인에 정당한 이유가 있는 때에 한하여 벌하지 아니한다."라고 규정하고 있는 것은 단순한 법률의 부지를 말하는 것이 아니고, 일반적으로 범죄가 되는 경우이지만 자기의 특수한 경우에는 법령에 의하여 허용된 행위로서 죄가 되지 아니한다고 그릇 인식하고 그와 같이 그릇 인식함에 정당한 이유가 있는 경우에는 벌하지 않는다는 취지이다(대법원 2005. 9. 29. 선고 2005도4592 판결 등 참조).
운전교습용 비디오 카메라 장치의 특허권자에게 대가를 지불하고 사용승낙을 받았다고 하여 불법교육이 허용되는 것으로 오인할 만한 정당한 이유가 있었다고 할 수는 없고, 달리 상고이유에서 내세우는 사정들을 포함하여 기록에 나타난 모든 사정에 의하더라도 그와 같은 오인을 정당화할 만한 사유가 있었다고 할 수 없다. 같은 취지에서 피고인들의 주장을 배척한 원심의 조치는 정당하고, 거기에 법리오해 등의 위법이 있다고 할 수 없다.(대법원 2006. 1. 13. 선고 2005도8873 판결)

법률의 부지는 방어 방법이 되지 않음이 원칙이지만 예를 들어 어떤 형벌조항이 매우 복잡해서 일반 국민으로는 그 조항이 적용되는 범위를 알기 어려운 때나 본래적으로 범죄적이지 않은 행위가 형벌의 대상이 될 때 일반 국민이 그러한 행위가 죄가 된다는 것을 알기 어렵거나 불가능할 때에는 예외가 인정된다. 정직하게 법을 준수하려는 사람이 합리적인 주의를 기울였음에도 불구하고 착오를 일으켰거나 알지 못했을 때, 즉 순수한 의미에서 법을 모르거나 착오한 사람이 처벌되지 않도록 하는 것이다. 그러므로 일반적으로 법률의 부지는 고의를 조각하지 않지만 법조항을 모르거나 법조항의 오해 또는 부지에 있어 객관적으로 합리적인 선의의 사유가 있으면 벌하지 않아야 한다. 사회 일반인이 볼 때 비난 가능성이 없는 행위를 처벌하는 것은 그 사회로서는 수용하기 힘든 것이기도 하다.

IX. 에필로그

법은 어떻게 하면 인간과 사회가 더 번영할 수 있는가라는 질문에 대한 이성적인 대답이다. 법은 넓게 보면 개인과 사회가 어떻게 하면 잘 사는지에 대하여 질문하고 답하는 일반 상식의 앎이다.

법치주의는 단지 법이 무엇이라는 것을 알려주고, 그것을 준수해야 한다는 내용의 한정된 원리가 아니다. 여기에 머무른다면 이는 마치 자신이 무슨 행동을 하는지는 알지만, 왜 하고 있는지는 모르는 것과 같다. 이런 경우에는 목적의 전도(goal displacement) 현상을 피할 수 없다. 왜 하는지를 모른 채 같은 일만 반복한다면 변화하는 문제를 해결할 수 없다. 해결해야 할 문제가 무엇인지를 묻고, 이미 알고 있는 것에 갇히지 않고, 어디로 가야할지 그리고 그곳에 갈 다른 방법이 없는지를 탐색할 수 있어야 한다.

법치주의는 ① 자의적이거나 불공정한 권력행사로부터 개인을 보호함과 ② 다른 사람들은 제약 없이 자유롭게 행동함에도 불구하고, 특정 개인이 부적정하게 강제로 사회적 제약을 받는 일이 없도록 함을 내용으로 한다.

역사적으로는 자의적인 권력행사, 즉 권력의 남용을 문제로 보고 이를 해결하기 위해서 법이 필요하다고 보았다.[521] 따라서 법치주의에는 비자의적·비지배적인 권력 행사방식의 설정이라는 개념이 내재되어 있다.[522]

---

[521] Martin Krygier, "What's the Point of the Rule of Law", 67 BUFF. L. REV. 743 (2019), 760쪽

[522] Martin Krygier, "What's the Point of the Rule of Law", 67 BUFF. L. REV. 743 (2019), 761쪽

권력은 다음과 같은 때 자의적이다. 먼저 권력 행사자가 일반적 통제나 제한 혹은 책임의 대상이 되지 않는 때이다. 또 권력이 예견할 수 없게 즉, 짐작할 수 없게 행사되어 그 영향을 받는 사람들이 알거나 예상하거나 이해하거나 따를 수 없는 때이다. 그리고 권력의 행사 대상자가 자신의 입장을 말하고, 질문하고, 알림으로써 권력 행사자에게 영향을 줄 공간이나 수단이 없는 때이다.[523]

자의적인 권력은 상대방을 자신의 마음대로 할 수 있는 지배의 대상으로 취급한다. 이는 그 자체로 인간을 모욕적 상태에 처하게 한다. 자의적 권력은 두려움의 근원이 될 뿐 아니라 자유와 존엄에 위협이 되고, 복잡한 사회가 의존하는 다양한 사람들의 협력을 위협한다.[524] 자의적 권력은 국가의 어려움을 해결할 필요가 있다는 주장을 하지만 어리석음 나아가 광기의 강력한 원천이 된다.[525] 따라서 법치주의는 권력 행사의 자의성을 줄이는 방어적이고 소극적 방식의 선(善) 즉, 피해의 통제를 추구한다. 이는 법을 통해 무엇을 만들거나 장려하는 것이 아니라 자의성을 제거하는데 목적이 있다는 것을 이해하는 데서 출발한다.[526] 실제로 21세기의 많은 비극은 자만에 차고, 이데올로기에 지배되고, 제약되지 않은 전제주의에 의한 것이다.[527]

그러나 법치주의는 여기에 그치지는 않는다. 법치주의는 국가가 해야 할 일을 하지 못하게 하는 방해 장치가 아니다. 제한된 정부는 제한되지 않은 정부보다 더 강하다. 자의적 권한을 제한하면 해결해야 할 특별한 문제에 집중할 수 있고, 이에 필요한 국가의 능력을 증가시키며, 공통의 목적을 위해 필요한 집단적 자원을 동원할 수 있기 때문이다.[528]

---

523 Martin Krygier, "What's the Point of the Rule of Law", 67 BUFF. L. REV. 743 (2019), 762~763쪽

524 Martin Krygier, "What's the Point of the Rule of Law", 67 BUFF. L. REV. 743 (2019), 767쪽

525 Martin Krygier, "What's the Point of the Rule of Law", 67 BUFF. L. REV. 743 (2019), 767쪽

526 Martin Krygier, "What's the Point of the Rule of Law", 67 BUFF. L. REV. 743 (2019), 769쪽

527 Martin Krygier, "What's the Point of the Rule of Law", 67 BUFF. L. REV. 743 (2019), 771쪽

528 Martin Krygier, "What's the Point of the Rule of Law", 67 BUFF. L. REV. 743 (2019), 774쪽

제한된 정부는 매우 복잡하게 달성되는 일종의 명품이다. 오직 감성과 인상(impression)을 추구하는 전제적 정부와 다르다. 제한된 정부는 어렵고 복잡하게 균형을 이루며, 통제된 권력을 가진다. 해야만 할 일을 할 수 없게 된 혹은 약화된 권력이 아니다.[529]

전제 국가는 자의적이고 예견 불가능한 권력 행사때문에 국가는 포식자가 되고, 사회는 먹이감이 된다. 국가는 물론 사회도 생산적이지 않다. 사회는 약해진다. 사회주의는 자신의 진로에 방해가 되는 독립된 힘과 부의 원천인 시민을 제거하는 데서 출발하기 때문에 몰락하게 된다.[530] 전제 국가는 견고한 시민의 힘이 없기 때문에 겉으로 보이는 것과 달리 실제로는 무너지기 쉽다.[531] 선동가는 사회의 문제를 지적하고 공격하면서 단순하고, 멋진 해결책을 제시한다. 그런데 핵심은 그 해결책이 잘못된 것이라는 데 있다. 이들은 문제를 해결하겠다고 하면서 결국 사회를 약화시키고, 프로퍼갠더를 동원해 제한 없는 권력을 만들고 키우려 한다. 이들의 위험성은 여기에 있다.[532]

법치주의는 정부 권한을 나누어 각각의 기관에 부여함으로써 토론을 통한 의사 결정의 경연장을 창설한다. 이를 통해 공적 결정과정에서의 숙고가 제도화된다. 이 과정에서는 필요한 정보를 제공하여야만 하고, 일방적 정보가 아닌 대립하는 정보의 경쟁을 통해 정당성을 가림으로써 법치주의는 긍정적인 결과를 생산한다. 따라서 법치주의는 "불가능하게 하는 권력 제한"이 아닌 "가능하게 하는 권력 제한"을 추구한다. 선을 위한 집중되고 효과적인 권력의 사용을 가능하게 하고, 악을 위한 권력 행사를 어렵게 한다.[533] 권력의 분배(distribution)는 연결과 협력, 상호 감시를 가능하게 하여 건강한 권

---

529 Martin Krygier, "What's the Point of the Rule of Law", 67 BUFF. L. REV. 743 (2019), 775쪽

530 Martin Krygier, "What's the Point of the Rule of Law", 67 BUFF. L. REV. 743 (2019), 773쪽

531 Martin Krygier, "What's the Point of the Rule of Law", 67 BUFF. L. REV. 743 (2019), 777쪽

532 Martin Krygier, "What's the Point of the Rule of Law", 67 BUFF. L. REV. 743 (2019), 777쪽

533 Martin Krygier, "What's the Point of the Rule of Law", 67 BUFF. L. REV. 743 (2019), 782쪽

력이 단절되고 약화되는 것을 막는다.[534]

사회와 함께 하는 법치주의는 상대적이고 변화하는 성취물이지, 전부 또는 전무인 고정된 물체가 아니다.[535] 다른 상황에서는 답은 물론 문제도 달리 볼 것을 요구한다. 그러므로 법치주의를 위한 법해석에는 절제와 비평적 숙고, 자기 이해가 필요하다.

법치주의는 기존의 법을 의심한 인간들의 노력의 성취물이다. '감성적', '혁명적'이 아닌 '이성적' 노력으로 얻은 결과물이다. 법치주의는 선대들이 쌓아올린 등대다. 문명의 유산이다.

그러므로 법이 개인과 사회가 더 잘 사는 결과를 낳지 못하면 법을 고치거나 폐지해야 한다. 법은 삶이라는 실체를 비추는 거울일 뿐이다. '잘 사는 삶'을 방해하는 법을 억지로 시행한다면 삶이 아닌 거울이 주인이 되는 격이다.

현 시대의 사람들은 법치주의의 현실을 관찰해야 한다. 현실의 법이 과연 잘 사는 삶에 대한 답을 주는가라는 질문을 해야 한다. 그에 대한 대답을 찾아보고 검증해 보아야 한다. 비평적으로 숙고해야 한다.

법이 어떻게 더 좋은 결과를 낳게 할 것인가, 어떻게 국회로 하여금 더 정확하고 효율적인 입법을 하도록 할 것인가, 법이 행정부 결정의 전문성과 민주성을 보장하는 방법은 무엇인가를 고려할 필요가 있다.

인간은 사회적 동물이므로 자신의 사적인 이익에 반하더라도 사회의 기준을 따른다. 이를 '규범준수(Norm Compliance)'라 한다.[536]

사람들은 잘못된 법이라도 일단 규범이 되면 그에 순응하고 점차 무관심해진다. 법의 폐지는 입법 자체의 방지보다 어렵다. 그러므로 상황이 어렵다고 해서 나쁜 법을 만들어서는 안 된다. 더욱 지혜가 축적된 법치주의를

---

534 Martin Krygier, "What's the Point of the Rule of Law", 67 BUFF. L. REV. 743 (2019), 784쪽

535 Martin Krygier, "What's the Point of the Rule of Law", 67 BUFF. L. REV. 743 (2019), 789쪽

536 Russell B. Korobkin, "Behavioral Analysis and Legal Form: Rules vs. Standards Revisited", 79 Or. L. Rev. 23 (2000), 44쪽

후대에 물려주어야 한다.

현실 이성에 부합하게 법을 만들고, 정확하게 해석하도록 하는 것은 국민이 해야 할 일의 하나이다.[537]

이 책은 법치주의와 관련이 있다. 특히 법치주의의 핵심인 형벌조항을 어떻게 해석해야 하는지에 대한 원칙을 설명한다.

항고 사건을 처리하면서 상당수 국민들이 형벌조항의 의미를 오해하고 있음을 알게 되었다. 이러한 오해를 해소하는 일은 의미가 있다.

미국의 사례를 소개하는 이유는 우리보다 앞선 현실 경험을 반영하기 위함이다. 사례의 비교를 통하여 깨닫지 못한 문제가 있는지, 문제가 무엇인지, 해결책은 무엇인지 등에 대해 비평적 숙고를 할 수 있다.

많은 비평적 숙고자들에 의해 앞으로 대한민국 법치주의가 더욱 발전되기를 기대한다.

---

[537] Pavlos Eleftheriadis, "Legality and Reciprocity: A Discussion of Lon Fuller's the Morality of Law", JRSLM. REV. LEGAL STUD. 1 (2014), 2쪽

● 참고문헌

1. 국내 문헌

김대휘 · 김신, 『주석형법』〔각칙(2)〕(5판), 한국사법행정학회, (2017)

오영근, 『형법각론』(5판), 박영사, (2019)

김일수 · 서보학, 『새로 쓴 형법각론』(9판), 박영사 (2018)

2. 외국 문헌

Wayne R. LaFave, 『Criminal Law』(4th edition), Thomson West, (2003)

Alfredo Contreras, Joe McGrath, "Law, Technology, And Pedagogy: Teaching Coding To Build A "Future-Proof "Lawyer", 21 Minn. J. L. Sci. & Tech. 297 (2020)

Amanda C. Pustilnik, "Pain as Fact and Heuristic: How Pain Neuroimaging Illumi-nates Moral Dimensions of Law", 50 CT. REV. 78 (2014)

Amanda K. Branch, "Hyde in plain sight -- Back to basics with the Hyde amendment", 33 Rev. Litig. 371 (2014)

Antonin Scalia, "Assorted Canards of Contemporary Legal Analysis", 40 Case W. Res. L. Rev. 581 (1989)

Ben Self, "The Bo Xilai Trial and China's Struggle with the rule of law", 14 Wash. U. Global Stud. L. Rev. 155 (2015)

Bostjan M. Zupancic, "On legal Formalism: The principle of Legality in Criminal Law", 27 Loy. L. Rev. 369. (1981)

Bruce Chen, "The Principle of Legality: Issue on Rationale and Application", 41 Monash U. L. Rev. 329 (2015)

Charlotte S. Alexander, "Anticipatory retaliation, threats, and the silencing of the brown collar workforce", 50 Am. Bus. L. J. 779, (2013)

Chelsea A. Bunge-Bollman, "United We Stand, Divided We Fall? An Inquiry into the Values and Shortcomings of a Uniform Methodology for Statutory Interpretation", 95 NOTRE DANE. L. REV. ONLINE 101 (2019)

Christine Jolls, Cass R. Sunstein, and Richard Thaler, "A Behavioral Approach to Law and Economics", 50 Stan. L. Rev. 1471 (1997)

Christopher R. J. Pace, "Admitting and excluding general causation expert testimony: The eleventh circuit construct", 37 Am. J. Trial Advoc. 47 (2014)

Cristina D. Lockwood, "Creating Ambiguity in the Void for Vagueness Doctrine by Avoiding a Vagueness Determination in Review of Federal Laws", 65 Syracuse L. REV. 395 (2015)

Dan Meagher, "The Principle of Legality as Clear Statement Rule: Significance and Problems", 36 Sydney L. Rev. 413 (2014)

Dan M Kahan, "Lenity And Federal Common Law Crimes", 1994 Sup. Ct. Rev. 345 (1994), 362쪽; United States v. Kozminski, 487 U.S. 931 (1988)

David Hackett Fisher, "Constitutional Traditions in Open Societies: A Comparative Inquiry", 12 NZJPIL 1 (2014)

David L. Eaton, "Scientific judgment and toxic torts- A primer in toxicology for judges and lawyers", 12 J. L. & Pol'y 5 (2004)

Edgar Bodenheimer, "Hart, Dworkin, and the Problem of Judicial Lawmaking Discretion", 11 GA. L. REV. 1143 (1977)

Eric W. Orts, "The Rule of Law in China", 34 VAND. J. TRANSNATL. L. 43 (2001)

Evgeny Tikhonravov, "Nulla Poena Sine Lege In Continental Crimnal Law: Historical And Theoretical Analysis", 13 Crim. L. & Phil. 215 (2019)

Francis Cardell-Oliver, "Parliament, the Judiciary and Fundamental Rights: The Strength of the Principle of Legality", 41 Melb. U. L. Rev. 30, (2017)

George P. Fletcher, "On the Moral Irrelevance of Bodily Movements", 142 U. Pa. L. Rev. 1443 (1994)

Gideon Newmark, "The Strong Medicine of Overbreadth as Applied to Criminal Libel", 59 Case W. Res. L. Rev. 553 (2009)

Glen Staszewski, "Statutory Interpretation as Contestatory Democracy", 55 MW. & MARY L. REV. 221 (2013)

Hassan Shaikh, "May the best canon win: Lockhart v. United States and the battle of statutory interpretation", 12 Duke J. Const. L. & Pub. Pol'y Sidebar 203, (2017)

Henry T. Greely, "Neuroscience, Mindreading, and the Courts: The Example of Pain", 18 J. HEALTH CARE L. & Pol'y 171 (2015)

James Dawson, "Public Danger", 36 Cardozo L. Rev. 2183, (2015)

James M. Boland, "A Progressive Revolution: Man, Superman, and the Death of Constitutional Government", 4 Charlotte L. Rev, 249 (2013)

Jane S. Schacter, "Metademocracy: The Changing Structure of Legitimacy in Statutory Interpretation", 108 HARV. L. REV. 593 (1009)

Jared A. Goldstein, "Equitable balancing in the age of statutes", 96 Va. L. Rev. 485, (2010)

Jesus Fernandez-Villaverde, "MAGNA CARTA, THE RULE OF LAW, AND THE LIMITS ON GOVERNMENT", 47 Int'l Rev. L. & Econ. S22(2016)

John F. Decker, "Addressing Vagueness, Ambiguity, And Other Uncertainty In American Criminal Laws", 80 Denv. U. L. Rev. 241 (2002)

John Poulos, "The Metamorphosis of the Law of Arson", 51 Mo. L. Rev. 295 (1986)

Julian R. Murphy, "Lenity and the Constitution: Could Congress Abrogate the Rule of Lenity", 56 HARV. J. on Legis 423 (2019)

Julie Rose O'sullivan, "Skilling: More Blind Monks Examining the Elephant", 39 FORDHAM URB. L. J. 343 (2001)

Lawrence M. Solan, "Why Laws Work Pretty Well, but Not Great: Words and Rules in Legal Interpretation", 26 Law & Soc. Inquiry 243 (2001)

Leslie A. Dickinson, "Revisting the 'merger problem' in money laundering prosecutions post-Santos and the fraud enforcement and recovery act of 2009", 28 Notre Dame J.L. Ethics & Pub. Pol'y 579, (2014)

Li Li, "Nulla Poena Sine Lege In China: Rigidity Or Flexibility?", 43 Suffolk U.L.Rev. 655 (2010)

Lisa A. Kloppenberg, "Avoiding Serious Constitutional Doubts: The Supreme Court's Construction of Statutes Raising Free Speech Concerns", 30 U.C. Davis L. Rev. 1 (1996)

Lyric Chen, "A Way Out of Vagueness: The Sources of Indeterminacy of the Honest Services Fraud Statute and Potential Solutions", 25 No. 3 Crim. Law Bulletin ART 2 (2014)

Maisie A. Wilson, "The Law of Lenity: Enacting a Codified Federal Rule of Lenity", 70 DUKE L.J. 1663 (2021)

Martin Krygier, "What's the Point of the Rule of Law", 67 BUFF. L. REV. 743 (2019)

Martin T. Moe, "Participatory Workplace Decisionmaking and the NLRA: Section 8(A)(2), Electronmation, and the Specter of the Company Union", 68 N.Y.U.L.Rev. 1127 (1993)

Matthew T. Fricker & Kelly Gilchrist, "United States v. Nofziger and the Revision of 18 U.S.C. § 207: The Need for a New Approach to the Mens Rea Requirements of Federal Criminal Law", 65 Notre Dame L. Rev. 803 (1990,

Michael Curtotti, Eric McCreath, "A right to access implies a right to know: an open online platform for research on the readability of law", 1 J. Open Access L. 1, (2013)

Michael L. Travers, "Mistake of law in mala prohibita crimes", 62 U. Chi. L. Rev. 1301 (1995)

Michael Ray Harris, "A Right of Ethical Consideration for Non-Human Animals", 27 Hastings ENVT'l L. J. 71 (2-21)

Morell E. Mullins, Sr., "Tools, Not Rules: The Heuristic Nature of Statutory Interpretation", 30 J. Legis 1 (2003)

Mo Zhang, "The Socialist Legal System with Chinese Characteristics: China's Discourse for the Rule of Law and a Bitter Experience", 24 Temp. Int'l & Comp. L. J. 1 (2010)

Paul H. Robinson, "Fair Notice And Fair Adjudication: Two Kinds Of Legality", 154 U. Pa. L. Rev. 335 (2005)

Pavlos Eleftheriadis, "Legality and Reciprocity: A Discussion of Lon Fuller's the Morality of Law", JRSLM. REV. LEGAL STUD. 1 (2014)

Peter Westen, "Impossibility Attempts: A Speculative Thesis", 5 Ohio St. J. Crim. L. 523 (2008)

Rebecca Prebble, John Prebble, "Does the Use of General Anti-Avoidance Rules to Combat Tax Avoidance Breach Principle of The Rule of Law? A Comparative Study", 55 St. Louis U.L.J. 21 (2010)

Richard M. Re, "Clarity Doctrines", 86 U. Chi. L. Rev. 1497 (2019)

Robert Batey, "Judicial Exploitation of Mens Rea Confusion, At Common Law and Under the Model Penal Code", 18 Ga. St. U. L. Rev. 341, (2001)

Robert Batey, "Vagueness and the Construction of Criminal Statutes- Balancing Acts.", 5 Va. J. Soc. Pol'y & L. 1 (1997)

Ross E. Davies, "A public trust exception to the rule of lenity", 63 U. Chi. L. Rev. 1175 (1966)

Rudolph J. Gerber, "Arizona Criminal Code Revision: Twenty Years Later", 40 Ariz. L. Rev. 143 (1998)

Russell B. Korobkin, "Behavioral Analysis and Legal Form: Rules vs. Standards Revisited", 79 Or. L. Rev. 23 (2000)

Samuel A. Thumma, "State Anti-Lenity Statutes and Judicial Resisitance: "What a Long Strange Trip It's Been"", 28 GEO. Mason L. REV. 49 (2020)

Sanford H. Kadish, "Why substantive criminal law- A dialogue", 29 Clev. St. L. Rev. 1 (1980)

Shelby Stemberg Moylan, "Context to Overcome Definition: How the Supreme Court Used Statutory Interpretation to Define "Person" and "Sex", 69 U. KAN. L. REV. 171 (2020)

Shon Hopwood, "Clarity in Criminal Law", 54 Am. Crim. L. Rev. 695 (2017)

Stephen J. Schulhofer, "Toward a just and rational body of substantive criminal law", 5 Ohio St. J. Crim. L. 367(2008)

Steven R. Morrison, "Strictissimi Juris", 67 Ala. L. Rev. 247, (2015)

Valerie. C. Brannon, "Statutory Interpretation: Theories, Tools, and Trends", CONG, RSCH.SERV. R45153 (2018)

YoungJae Lee, "Reasonable Doubt And Moral Elements", 105 J. Crim. L. & Criminology 1 (2015)

Zachary Price, "The Rule of Lenity as a Rule of Structure", 72 Fordham L. Rev. 885 (2004)

안 성 수

약력
서울대학교 국제경제학과, 사법학과 졸업
34회 사법시험 합격, 사법연수원 제24기
미국 뉴욕 주 컬럼비아 법과대학 졸업(LL. M.)
인하대학교 법학박사(형사법전공)
미국 뉴욕 주 변호사시험 합격, 미국 뉴욕 브루클린 검찰청 단기 연수
인천, 안동, 부천, 대구, 서울중앙(대검찰청 중앙수사부 파견), 창원, 대검 검찰연구관,
서울북부 검사
인천 외사부장, 대검 디지털수사담당관, 법무연수원 교수, 인천 형사4부장, 춘천 부장,
법무부 형사사법공통시스템운영단장
제주 차장, 대검찰청 과학수사기획관, 서울서부 차장
서울고등 검사, 現 광주고등검찰청 검사

논문
피의자나 참고인 등의 허위진술·증거조작 등 사법정의실현을 저해하는 죄, 피고인신문
제도와 미국의 피고인증언제도, 미국 증거법상 전문법칙 및 피의자나 참고인 등의 수사
단계에서의 진술이나 조서의 증거능력

저서
『형사소송법-쟁점과 미래』, 박영사, (2009)

형벌조항의 해석방법

초판발행	2022년 3월 25일
초판2쇄발행	2022년 5월 16일
초판3쇄발행	2023년 1월 30일

지은이	안성수
펴낸이	안종만·안상준
편 집	장유나
기획/마케팅	조성호
표지디자인	BEN STORY
제 작	고철민·조영환
펴낸곳	(주) **박영사**
	서울특별시 금천구 가산디지털2로 53, 210호(가산동, 한라시그마밸리)
	등록 1959.3.11. 제300-1959-1호(倫)
전 화	02)733-6771
f a x	02)736-4818
e-mail	pys@pybook.co.kr
homepage	www.pybook.co.kr
ISBN	979-11-303-4097-5 93360

* 파본은 구입하신 곳에서 교환해드립니다. 본서의 무단복제행위를 금합니다.
* 저자와 협의하여 인지첩부를 생략합니다.

정 가 26,000원